Betriebspädagogik als
generische Managementfunktion

T0316893

Michaela Trummer

Betriebspädagogik als generische Managementfunktion

PETER LANG

Frankfurt am Main · Berlin · Bern · Bruxelles · New York · Oxford · Wien

Die Deutsche Bibliothek - CIP-Einheitsaufnahme

Trummer, Michaela:

Betriebspädagogik als generische Managementfunktion /
Michaela Trummer. - Frankfurt am Main ; Berlin ; Bern ;
Bruxelles ; New York ; Oxford ; Wien : Lang, 2001
    Zugl.: Graz, Univ., Habil.-Schr., 2000
    ISBN 3-631-37049-0

Gedruckt mit Unterstützung
des Bundesministeriums für Bildung,
Wissenschaft und Kultur in Wien.

Gedruckt auf alterungsbeständigem,
säurefreiem Papier.

ISBN 3-631-37049-0

© Peter Lang GmbH
Europäischer Verlag der Wissenschaften
Frankfurt am Main 2001
Alle Rechte vorbehalten.

Printed in Germany 1 2   4 5 6 7

INHALTSVERZEICHNIS

1. Einleitung

1.1. Ausgangssituation

> *„Um die Welt zu ändern, sie neu zu gestalten,*
> *müssen zuvor die Menschen sich selbst umstellen."*
> *Fjodor M. Dostojewski*

Diese Aussage von Dostojewski beinhaltet eigentlich die ganze Bandbreite der Bedeutung des individuellen Lernens im Zusammenhang mit organisationalem Lernen.

Die Globalisierung, die Internationalisierung, der Wandel der Märkte, die Geschwindigkeit der Veränderung und die stetig sinkende Halbwertszeit des Wissens erfordern Menschen und Organisationen[1], die in der Lage sind, sich permanent weiterzuentwickeln, sich zu verändern, zu lernen, zu verbessern und die dadurch fähig sind, gemeinsam Visionen zu entwickeln. Bildung, Wissen und Kompetenz respektive die Fähigkeit zur laufenden Weiterentwicklung werden vermehrt zu entscheidenden ökonomischen sowie kulturellen Ressourcen unserer Gesellschaft, in der Neues immer schneller durch Neueres ersetzt wird. Gemeinsame Visionen bedeuten gemeinsame Weiterentwicklung, d. h. gemeinsame Veränderung bzw. Transformation in die gleiche Richtung –

---

[1] Dem Organisationsbegriff können grundsätzlich zwei unterschiedliche Grundauffassungen zugeordnet werden. Einerseits bezieht sich der Begriff *Organisation* auf eine Institution mit bestimmten Eigenschaften und andererseits handelt es sich bei diesem Begriff um Mittel und Instrumente, die zur Zielerreichung einer Institution beitragen sollen. vgl. Schanz, G. (1992a), Sp 1460. In der vorliegenden Arbeit wird der *institutionale Organisationsbegriff* verwendet. Die Ausführungen beziehen sich nicht nur auf Unternehmen, sondern auf alle Organisationen unserer Gesellschaft. Wenn der Begriff Unternehmen verwendet wird, so geschieht dies entweder im Zusammenhang mit einem Zitat oder wenn es sich um einen gewachsenen Wortsinn wie beispielsweise *Unternehmenskultur, Unternehmenspolitik* handelt und auf eine neue Wortkreation verzichtet wird.

unterschiedliche Interessen sind so unter dem Dach gemeinsamer Visionen und daraus abgeleiteter Ziele zu vereinen.

Wann immer man sich mit der Literatur im Bereich der sehr breiten und facettenreichen Managementlehre auseinander setzt, so stößt man unweigerlich auf den Hinweis der sich zunehmend schneller ändernden Umweltgegebenheiten und der sich daraus ergebenden steigenden Anforderungen an eine Organisation und ihre Mitarbeiter[2]. Für die Sicherung der Überlebensfähigkeit einer Organisation ist deren laufende Veränderung ein zentraler Ansatzpunkt. So findet man in der einschlägigen Literatur in diesem Zusammenhang einerseits eine Vielzahl von Konzepten beispielsweise zu Fragen der strukturellen Organisationsgestaltung, zur Führung einer Organisation, zum Wissensmanagement oder zur Nutzung der in der Organisation vorhandenen Potentiale, und andererseits werden Themen wie Bildung, Lernen und Qualifikation bzw. Fragen der Personalentwicklung in multidimensionaler Sichtweise als Anknüpfungspunkte gesehen, damit Organisationen und ihre Mitarbeiter den gegenwärtigen und zukünftigen Herausforderungen gewachsen sein können.

Lernen ist im Kontext der Weiterentwicklung ein wesentlicher Prozess; lebenslanges Lernen ist in unserer Gesellschaft zwar grundsätzlich nichts Neues, gegenwärtig ist es jedoch zu einem Modewort avanciert, um das sich alles dreht und bewegt. Auch wenn lebenslanges Lernen nichts Neues ist, so hat es doch im Kontext der Veränderungsanforderungen einer Organisation und in Bezug auf den

---

2 An dieser Stelle wird darauf hingewiesen, dass in der vorliegenden Arbeit aus Gründen der besseren Lesbarkeit auf ein gesondertes Anführen der weiblichen und männlichen Form verzichtet wird. Es wird nur in der männlichen Form geschrieben, wobei es sich aber von selbst versteht, dass dabei jedoch immer beide Geschlechter angesprochen sind. Mit der gewählten Schreibweise ist weder eine Wertung, Bevorzugung noch Benachteiligung beabsichtigt. Sie hat ausschließlich pragmatische Gründe.

Faktor Zeit eine andere Dimension erhalten. Es stellt sich hier aber die Frage, *wer* lernt *was, in welchem Umfang* und *wie* bzw. welche Rahmenbedingungen müssen in einer Organisation geschaffen werden, damit Lernen, Weiterentwicklung sowie Bildung zum Fundament der Gestaltung der Lebenswirklichkeit werden können.

Menschen mussten schon immer lernen, um überleben zu können[3], d. h. der Mensch als ein instinktreduziertes Wesen war von jeher darauf angewiesen zu lernen, „um zur Existenzbewältigung auf die Umweltgegebenheiten in adäquater Weise reagieren zu können"[4]. So kennt beispielsweise der lernorttheoretische Ansatz eine Vielzahl von Lernorten[5], wobei die Pluralität dieser Lernorte als Optimierungsparadigma betrachtet wird, innerhalb dessen organisiertes und beabsichtigtes Lernen stattfinden kann. In diesem Sinne sind auch Organisationen grundsätzlich Träger unterschiedlicher Lernorte, wobei im Kontext der *Lernenden Organisation* die Organisation als Ganzes sich als Lernort verstehen muss.[6]

Betrachtet man die Strukturierung von Organisationen, so können Organisationen heute nicht mehr primär als funktional gegliederte verstanden werden, sondern müssen vielmehr als an Geschäfts- und Wertschöpfungsprozessen orientierte, oft temporär gestaltete Konstrukte begriffen werden. Rasche Veränderungsfähigkeit sowie die Entwicklung hin zu virtuellen Organisationen sind dafür zukunftsweisend.

---

[3] Münch beschreibt dieses Faktum sehr treffend mit dem Satz: „Das Leben als einziger ‚Lernort'." Münch, J. (1995), S 84
[4] Wellenhofer, W. (1978), S 237
[5] Mit Lernort ist hier jene Ebene gemeint, wo Lernen organisiert bzw. institutionalisiert wird, d. h. wo Rahmenbedingungen für das Lernen geschaffen werden, denn würde man *Lernort* im Sinne des Wortes als *Ort des Lernens* verstehen, so wäre der menschliche Körper der einzige Ort, an welchen das menschliche Lernen gebunden ist. vgl. Sloane, P.; Twardy, M.; Buschfeld, D. (1998), S 222f
[6] vgl. Münch, J. (1995), S 86

Menschen sind als Produktionsfaktor der Zukunft zentraler Faktor für die langfristige Überlebensfähigkeit einer Organisation, denn in Zukunft sind Geist, Idee, Kreativität im Sinne einer Ideenführerschaft sowie eines Wettbewerbs des Geistes[7] von zentraler Bedeutung und alte betriebswirtschaftliche Gesetze verlieren an Wichtigkeit. Was für das Überleben einer Organisation langfristig zählt, ist die Fähigkeit, neue Ideen zu haben, kreativ zu sein und etwas schneller und besser umsetzen zu können als andere. In diesem Kontext kann festgestellt werden, dass gegenwärtig die Zeit des Ideenwettbewerbs angebrochen ist, denn Produkte und Dienstleistungen sind nach Preis und Qualität für Konsumenten meist nicht mehr zu unterscheiden. Was in der Zukunft zählt, ist die Idee, die Kreativität, die dann den Unterschied ausmacht. Folgende Beispiele aus der betrieblichen Praxis können dafür exemplarisch angeführt werden, die zeigen sollen, dass neue Ideen sowie Kreativität und nicht das Festhalten an bestehenden Bereichen einen Wettbewerbsvorteil verschaffen:

➤ Shell macht bereits 2/3 des Umsatzes mit Nicht-Mineralölprodukten;

➤ Meilensammeln beim Kauf von Autoreifen als neuer Ansatz bei Michelin;

➤ Mannesmann stellt nicht nur Rohre und Stahl her, sondern auch High-Tech-Geräte;

➤ Delphi Packard Electric Systems produziert nicht nur Autokabel, sondern ist Ideenwerkstatt für technische Entwicklungen.

Nach dem Grundsatz: *Der Mensch trägt alle Ressourcen in sich*[8], ist der Mensch für zielorientierte Veränderungen in einem weit höheren Maße geeignet, als dies derzeit von den meisten Organisationen genutzt wird. D. h. die wichtigste und bedeutendste Ressource der Zukunft – der Mensch mit seinem Wissen, seinen Fähigkeiten, Fertigkeiten und Leistungspotentialen – bleibt in einer Organisation

---

[7] vgl. Geffroy, E. (1999), S 154

weitgehend ungenutzt. Will eine Organisation langfristig überlebensfähig bleiben, darf sie auf ihre Lern- und Entwicklungspotentiale keinesfalls verzichten. Vielmehr müssen diese Potentiale in die Visionen sowie die Strategien und Planungen einer Organisation eingegliedert werden. In diesem Zusammenhang sind Aussagen wie: *„Denken Sie nicht, sondern arbeiten Sie, denn dafür werden Sie bezahlt!"* oder *„Wenn hier wer denkt, dann bin ich es! Überlassen Sie das Denken denjenigen, die es können!"* nicht tragbare Aussagen, die es (leider) noch immer gibt, deren Sender aber wenig Zukunftschancen haben, denn nicht denkende Mitarbeiter wird sich bald keine Organisation mehr leisten können und wollen. Das gegenwärtig vorhandene Wissen und Können sowie die alleinige Erhaltung des Status quo reichen nicht mehr aus, um den Bestand einer Organisation langfristig zu sichern, vielmehr geht es um die gemeinsame Weiterentwicklung und laufende Veränderungsfähigkeit und Bereitschaft zum Wandel sowie das Schaffen und Ermöglichen dieser. Damit eine Organisation wettbewerbsfähig bleibt, stellt sich die Frage nach ihren Kernkompetenzen; damit ein Mitarbeiter beschäftigbar bleibt, stellt sich die Frage nach seinen individuellen und beruflichen Handlungskompetenzen.

Der Bildungsbereich stellt somit ein eigenes Board auf strategischer Ebene dar und ist nicht einfach ein Aufgabenfeld der Personalabteilung unter vielen anderen. Vergleicht man Controlling und Betriebspädagogik[9] von ihren grundlegenden Funktionen her, so steuert Controlling[10] die Organisationsabläufe, die Betriebspädagogik hingegen gestaltet und entwickelt die Ausrichtung der gesamten Organisation. Mit dieser Perspektive können zwei Schienen verfolgt werden, wobei diese nicht ersatzweise, sondern ergänzend zu verstehen sind. Die eine

---

[8] Dies ist eines der Axiome aus dem NLP (Neurolinguistische Programmierung), deren Entdecker und Entwickler Richard Bandler und Milton Erickson sind.
[9] vgl. dazu auch die Ausführungen zum Bildungscontrolling im Kapitel 4.3.
[10] vgl. beispielsweise Horváth, P. (1996)

Schiene umfasst die klassische Organisation mit Controlling; die zweite Schiene betrifft die Organisation und ihre Bildungsaufgaben, denn jede Organisation ist nur so gut wie ihre Mitarbeiter.

Betrachtet man nun auch noch die Ebene des Managements einer Organisation, so wird als Manager kein *„Wunderwuzi"* und keine *„eierlegende Wollmilchsau"* gesucht, der die Quadratur des Kreises beherrscht; vielmehr gilt der Ansatz der Personalunion – jeder konzentriert sich auf jene Bereiche, in denen seine Stärken liegen, denn für jeden Bereich nur mehr pädagogische Fähigkeiten zu fordern, würde keinen Sinn machen. Ökonomische Zielsetzungen haben im Gesamtgefüge einer Organisation nicht an Wichtigkeit verloren, es ist nur die Form ihrer Ausschließlichkeit, die für die Zukunft nicht haltbar erscheint, denn nur ein Gemeinsam von harten und weichen Faktoren bei der Ausrichtung einer Organisation kann der Weg zu einer *Lernenden Organisation* sein.

1.2. Zielsetzung und Aufbau der Arbeit

„Wenn ihr's nicht fühlt,
ihr werdet's nicht erjagen. "
Faust in Goethes Faust I

Um bestimmen zu können, ob man seine Ziele erreicht hat bzw. ob die gesetzten Handlungen zielführend waren, ist als Grundvoraussetzung eine Zielfestlegung erforderlich. In diesem Sinne werden für die vorliegende Arbeit folgende drei Zielparameter festgelegt:

➢ Als Erstes gilt es, eine metatheoretische Analyse der Betriebspädagogik als wissenschaftliche Disziplin durchzuführen, wobei die Wirtschaftswissenschaft und die Erziehungswissenschaft als die beiden Referenzwissenschaften der Betriebspädagogik zu verstehen sind. Es soll eine Standortbestimmung der Betriebspädagogik innerhalb der disziplinären Matrix erfolgen, wobei die Transdisziplinarität als Prinzip für die *Öffnung der Grenzen* zwischen den Referenzwissenschaften herangezogen werden soll.

➢ Als Zweites gilt es, die Betriebspädagogik als integrativen Organisationsbestandteil zu definieren. In diesem Sinne sollen Ansätze der Implementierung bzw. Integration der Betriebspädagogik in eine Organisation aufgezeigt werden, wobei die Verknüpfung betrieblicher und menschlicher Belange in einer Organisation als Orientierungslinie dienen werden. Es soll hier das Verhältnis der Betriebspädagogik zu anderen betrieblichen Funktionsbereichen des Managements aufgezeigt werden. Die Sichtweise der Betriebspädagogik als funktional-dynamischer

Teilaspekt[11] einer Organisation als Gesamtes sowie der Betriebspädagogik als generische Managementfunktion soll hier als Ansatz generiert werden, um das Handlungsfeld der Betriebspädagogik umfassend mit einer Organisation verschmelzen zu können.

> Als Drittes gilt es, die Betriebspädagogik als Integrationsmodell von organisationaler Veränderung und Personal- sowie Persönlichkeitsentwicklung zu generieren und ihre Agenden auf den einzelnen Ebenen des Managements aufzuzeigen. Mensch und Organisation, wobei die Organisation letztlich auch nur etwas ist, was Menschen erschaffen haben und ihrerseits Menschen wiederum prägt, sollen hier im Mittelpunkt der Betrachtung stehen.

Auf Grund dieser Zielparameter der vorliegenden Arbeit soll herausgearbeitet werden, wie – ausgehend vom metatheoretischen Basiskonzept – die einzelnen Handlungsvariablen der Betriebspädagogik im Gesamtgefüge des Managements gesehen werden müssen, um zu einem gemeinsamen Gestalten, Lenken und Entwickeln gelangen zu können. Bewusst soll in den einzelnen Kapiteln ausführlich auf die speziellen Variationen und Besonderheiten des Managements einerseits und der Betriebspädagogik andererseits eingegangen werden, um daraus auch das enorme Entwicklungspotential für die Organisationen klar umreißen zu können.

So wird bei der disziplinären Standortbestimmung der Betriebspädagogik auffallen, dass allein schon durch die sie tangierenden unterschiedlichen

---

[11] Für die betriebswirtschaftliche Forschung und Lehre lässt sich in den letzten Jahren ein verstärktes Hinwenden zur funktionalen bzw. aspektorientierten Gliederung (Gliederung nach Funktions- bzw. Aspektbereichen, die sich in verschiedenen Organisationen zeigen) der Betriebswirtschaft ausmachen, nachdem die institutionale Gliederung (Gliederung nach Branchen) lange Zeit vorherrschend war. vgl. Schierenbeck, H. (1998), S 9f

16

Wissenschaftsbereiche hier zwei Welten[12] zusammentreffen, die aber ein gemeinsames Ziel haben – Überleben, Weiterentwicklung, Sicherung des Bestandes, Qualität des Lebens sowohl für den Menschen als auch für die Organisation. Veränderung, Wandel, Weiterentwicklung sind hierbei zentrale Aspekte. Lernen ist alltäglich und die Mitarbeiter können als Organisationsmitglieder aktiv an der Gestaltung des Systems mitwirken, wobei sie sich aber immer wieder die vom Biologen Maturana so trefflich formulierte Frage „What do we keep when we change?"[13] stellen werden müssen, um das richtige Maß zwischen Verändern und Bewahren finden zu können.

Innovation und Wettbewerb des Geistes bedingen lebenslanges Lernen von Individuen und Organisationen. Das Lernen nimmt so im gesamten Veränderungsprozess von Menschen und Organisationen eine zentrale Rolle ein. Bildung, Lernen, Wissen und Kompetenz sowie die Fähigkeiten des Menschen in Bezug auf die Sicherung der Überlebens- und Wettbewerbsfähigkeit einer Organisation stehen im Mittelpunkt der Betrachtungen in der vorliegenden Arbeit. Ein weiterer Aspekt, der in dieser Arbeit eingehend durchleuchtet werden soll, ist das breite Spektrum des Managements einer Organisation mit der Zentrierung auf sein Aufgabenfeld und der Bezugsetzung zum Handlungsfeld der Betriebspä-

---

[12] Stellt man für die beiden Welten eine Metapher auf, so kann die Welt der Wirtschaftswissenschaften mit den *Sachfragenfressern* bzw. jenen, die in Rechtecken denken, der so genannten *Rechteckkultur,* verglichen werden. Im Gegenzug dazu kann die Welt der Erziehungswissenschaft mit den *Beziehungstierchen* bzw. denjenigen, die in Kreisen denken, der so genannten *Rundkultur,* verglichen werden. Beide Welten haben ihre Berechtigung, aber beide Welten verstehen nicht die Sichtweise der anderen bzw. kennen die andere Welt nur aus der eigenen Sichtweise heraus, welche durch viele Annahmen und wenige Daten und Fakten gekennzeichnet ist. Jeder der beiden Welten fehlt aber etwas und sie ist mit ihrer Welt allein nicht glücklich. Für die Qualität des Lebens, die Weiterentwicklung und Sicherung des Bestandes ist *eine* Perspektive, Denkhaltung sowie Kultur einfach nicht ausreichend. vgl. dazu die „Geschichte" im Anhang, Krämer, K. (1985), S 78ff

[13] Aussage von Maturana bei einer Präsentation des Society for Organizational Learning Member's Meeting, Amherst MA im Juni, 1998; bzw. siehe in diesem Zusammenhang auch das Paper zum Vortrag, das allerdings kein Transcript des Vortrages ist. vgl. Maturana, H.; Bunnell, P. (1998)

dagogik. Legt man den Fokus auf das Management einer Organisation, so ist ökonomische Bildung respektive fachbezogenes Wissen der Führungskräfte für das Management der Zukunft lange nicht mehr ausreichend, vielmehr bedarf es ebenso einer pädagogischen Bildung und der diesbezüglichen Denkhaltung. Betriebliche Bildung bzw. das gesamte Handlungsfeld der Betriebspädagogik muss eine zentrale Managementfunktion, ein essenzieller Bestandteil im Gesamtgefüge einer Organisation sein oder werden, denn Fähigkeiten wie beispielsweise Gespräche führen, Zuhören können, fruchtbaren Boden zum Lernen schaffen, eine Kultur des Lernens entwickeln, Entwicklung und Veränderung der Mitarbeiter zulassen und fördern, Berater, Coach und Supervisor der Mitarbeiter sein, Freiräume für selbstgesteuertes und eigenverantwortliches Lernen schaffen, die Organisation als Ganzes zum Lernort entwickeln oder das Wissen und die Fähigkeiten sowie Kreativität und Innovationsgabe der Mitarbeiter fördern und nutzen, werden in der Zukunft immer stärker zum Aufgabenfeld des Managements gehören.

Durch das Erkennen der Wichtigkeit der menschlichen Ressource kann der Bereich der Personalentwicklung in Zukunft kein Teilaufgabengebiet der Personalabteilung oder ein Unterzuständigkeitsfeld im umfassenden Bereich des Personalmanagements sein, in dem neben jeder Menge an Verwaltung eben auch ein *bisschen* Bildung *„gemacht"* wird. Solange die Mitarbeiter nur als kostenintensiver Produktionsfaktor gesehen werden, im Sinne des *Objekt*verständnisses, und es rein um die entpersonifizierte Nutzbarmachung der Arbeitskraft für die betriebliche Leistungserstellung geht, ist es dem Management einer Organisation noch nicht bewusst geworden, dass das *Subjekt* Mensch sein wichtigster Produktionsfaktor ist und dass nur mit den Mitarbeitern gemeinsam letztendlich die Wettbewerbsfähigkeit gesichert werden kann. In diesem Kontext muss Lernen und Bildung respektive das gesamte Handlungsfeld der

Betriebspädagogik sowie das klassische Planen, Entscheiden, Organisieren und Kontrollieren eine Führungsaufgabe sein.

Das St. Galler Management-Modell mit seinem integrativen Managementansatz bildet mit den zentralen Funktionen Steuern, Gestalten und Entwickeln den Ausgangspunkt für die Darstellung des Handlungsfeldes der Betriebspädagogik in den einzelnen Managementdimensionen. Betriebspädagogik soll hier als funktional-dynamischer Teilaspekt im Gesamtbereich der Organisation sowie als generische Managementfunktion betrachtet werden, d. h. *Betriebspädagogik als betrieblicher Teilprozess sowie auch als Anliegen aller im dynamischen System Organisation.*

Was die methodische Ausrichtung der vorliegenden Arbeit anbelangt, so soll deren Positionierung durch den Bezug auf Theo Herrmann[14] begründet werden, der in seinem Buch *Psychologie als Problem* sehr anschaulich die unterschiedlichen wissenschaftlichen Ausrichtungen dargestellt und erläutert hat.

Im Bereich der Forschung können verschiedene Theorietypen, je nach Einsatzbereich und Anwendungswert bzw. -zielsetzung, ausgemacht werden. Prinzipiell kann zwischen dem Bereich der Grundlagenforschung (Typ 1) – Herrmann bezeichnet dies als nomologische Wissenschaft bzw. g-Innovation (Gesetzesinnovation)[15] – und dem Bereich der angewandten Forschung (Typ 2) – Herrmann bezeichnet diesen Bereich als technologische Forschung bzw. a-Innovation (Artefakte-Innovation)[16] – unterschieden werden.

---

[14] vgl. zu den folgenden Ausführungen Herrmann, T. (1979)
[15] Diesen Begriff verwendet Herrmann in Anlehnung an Klages (1967)
[16] Auch bei diesem Begriff verweist Herrmann auf Klages (1967)

Im Bereich der *nomologischen Forschung* geht es primär darum, für die Realität Modelle zu finden, die den Prinzipien der Idealisierung, Abstraktion und Sparsamkeit folgen, d. h. es werden inner- oder außerwissenschaftlich provozierte Themenbereiche problematisiert und dafür Explikationsmittel gesucht. Beispiele im Bereich des Lernens für diese *realitätsvereinfachenden bzw. -idealisierenden* Modelle wären die klassische und operante Konditionierung, welche gut formalisierbar sind. Ziel dieses Forschungsbereiches ist nicht, die Realität in ihren Einzelheiten 1:1 abzubilden, sondern es erfolgt nur in bestimmten ausgewählten Zügen eine strukturhomogene Modellierung der Realität. Solche Modelle lassen sich auf verschiedenste Realitätsbereiche mit mehr oder weniger Erfolg anwenden. Eine Falsifikation eines Modells führt aber nicht dazu, dass solche Modelle verworfen bzw. ausgeschieden werden, sondern sie führt nur dazu, dass Modelle auf eine bestimmte Realität mangels Erfolg nicht mehr angewendet werden.

Im Bereich der *technologischen Forschung* verhält es sich genau in umgekehrter Weise. Der anwendungsorientierte Bereich der Forschung fokussiert die Lösung konkreter Entwicklungsprobleme zum Zweck der Optimierung der Praxis. D. h. in die Theorie werden möglichst viele Merkmale der Realität aufgenommen, da es darauf ankommt, für praktische Handlungssituationen wissenschaftlich bewährte Theoriefragmente zu finden – die Auffindung geschlossener, die Komplexität der Natur reduzierender Systeme von Gesetzmäßigkeiten wie bei der nomologischen Forschung ist hier eher irrelevant. Herrmann führt dazu als Beispiel den Bereich der pädagogischen Psychologie[17] an.

Die oben angeführten Darstellungen zeigen, dass sich Theorien des Typs 1 der Modellbildung, Formalisierung und Mathematisierung bedienen und primär in

---

[17] vgl. Herrmann, T. (1979), S 149ff

„experimenteller und die Natur ‚dekomponierender' Weise auf Erklärungen und *Gesetzmäßigkeiten*"[18] ausgerichtet sind, wobei sie aber beispielsweise schlecht auf die Realität des pädagogischen Alltags anwendbar sind. Diese Theorien bzw. Gesetzmäßigkeiten fokussieren idealisierte Modelle der Realität. Theorien des Typs 2 zielen dahingegen auf Innovation, die auf Artefakte gerichtet ist. Diese Theorien sind auf die Realität gut anwendbar, allerdings muss auf die Modellbildung und Formalisierung verzichtet werden. Die vorliegende Arbeit beschäftigt sich im Zentrum der Ausführungen mit dem Handlungsfeld der Betriebspädagogik, mit anwendungsorientiertem Wissen, wo Ansätze gesucht werden, um das *von Menschen Gemachte sowie das betriebspädagogische Handlungsfeld* weiterzuentwickeln. Die nomologische Forschung findet im Bezug auf das Lernen beispielsweise im Bereich der Chaos-, Spiel-, Komplexitäts- und Entscheidungstheorie ihren Niederschlag. Hier werden Lernsituationen mathematisch modelliert und simuliert. In der vorliegenden Arbeit soll aber auf diese Forschungsfelder entsprechend der gewählten Themenstellung nicht näher eingegangen werden, sondern es steht das Feld der anwendungsorientierten bzw. technologischen Forschung im Mittelpunkt der Betrachtungen.

Betrachtet man den Aufbau der Arbeit, so wird, nach einer Einleitung und Zielsetzung im ersten Kapitel, im zweiten Kapitel der wissenschaftstheoretische Rahmen der Betriebspädagogik abgesteckt und die Transdisziplinarität als Basis für eine disziplin-ineinandergreifende Sichtweise herangezogen. Im zweiten Kapitel wird auch die Eingliederung der Betriebspädagogik in den umfassenden Bereich der Betriebswirtschaft als funktional-dynamischer Teilaspekt entwickelt. Im dritten Kapitel soll die Betriebspädagogik als generische Managementfunktion im Gesamtgefüge einer Organisation diskutiert werden, wobei das organisationale Lernen als Impulsgeber für Transdisziplinarität einen Schwerpunkt in diesem

---

[18] Herrmann, T. (1979), S 135

Kapitel bildet. Im Anschluss an die Darstellung der wesentlichen Parameter wird im vierten Kapitel das Handlungsfeld der Betriebspädagogik als Integrationsmodell von organisationaler Veränderung, Personal- und Persönlichkeitsentwicklung verdeutlicht. Das fünfte Kapitel der Arbeit fokussiert die Agenden und Konzepte der Betriebspädagogik in den einzelnen Managementebenen, wobei der Ansatz des integrativen Managements als Rahmen für das Handlungsfeld der Betriebspädagogik herangezogen wird. Die Arbeit schließt mit einer Zusammenfassung und einem Ausblick auf die Entwicklungspotentiale der Betriebspädagogik.

2. Wissenschaftstheoretischer Rahmen der Betriebspädagogik

2.1. Betriebspädagogik – Begriffsklärung und -abgrenzung

> *„Alles Gescheite ist schon einmal gedacht worden,*
> *man muss nur versuchen, es noch einmal zu denken."*
> *Johann Wolfgang von Goethe*

Bevor auf die Positionierung der Betriebspädagogik und ihre Verankerung in den wissenschaftlichen Disziplinen eingegangen werden kann, bedarf es einer Explikation und Bestimmung der Betriebspädagogik zu anderen mit der Betriebspädagogik in Beziehung stehenden Begriffen. Einleitend soll ein kurzer geschichtlicher Abriss über die Entwicklung der Betriebspädagogik einen Orientierungsrahmen geben, um in der Folge auf unterschiedliche Begriffsbestimmungen und Positionierungen der Betriebspädagogik eingehen zu können. Den Abschluss bildet ein Herausfiltern einer für die vorliegende Arbeit und die darin angestellten Betrachtungsweisen relevanten Definition der Betriebspädagogik.

Geschichtliche Entwicklungslinien der Betriebspädagogik

Folgt man den Darstellungen von Arnold[19], so findet man die Wurzeln der Betriebspädagogik als eigenständige pädagogische Disziplin im 19. Jahrhundert, obwohl der Begriff *Betriebspädagogik* erst im Jahre 1922 erstmals durch den

---

[19] vgl. zu den folgenden Ausführungen der geschichtlichen Entwicklung Arnold, R. (1997), S 45ff

Psychologen Willy Hellpach[20] geprägt wurde. Betriebspädagogische Grundfragen waren schon von jeher immanenter Bestandteil von berufs- und wirtschaftspädagogischen Fragestellungen, doch kann von der eigentlichen Betriebspädagogik erst seit den 30er Jahren gesprochen werden.[21] Im Wesentlichen lassen sich folgende drei Schritte in der Entwicklung der Betriebspädagogik seit den 30er Jahren skizzieren:[22]

1935 – 1960	Konzeptionsphase
1960 – 1980	Diversifizierungsphase
1980 – heute	Innovationsphase

Die *Konzeptionsphase* war durch das Bemühen um möglichst geschlossene Konzepte[23] einer eigenständigen Betriebspädagogik, um das Klären von Grundbegriffen und um die wissenschaftliche Standortbestimmung geprägt. So war es zu Beginn der wissenschaftlichen Entwicklungen durchaus umstritten, „ob die Betriebspädagogik ihren Standort innerhalb der Wirtschaftswissenschaften, der Sozialwissenschaften, der Arbeitswissenschaften oder der Erziehungswissenschaften habe"[24]. Mitte der 50er Jahre hat sich aber die Auffassung herauskristallisiert, dass die Betriebspädagogik eine *Besondere Erziehungswissenschaft* bzw. eine Teildisziplin der *Allgemeinen Erziehungswissenschaft* ist, wobei sich dies durch die besonderen Aufgaben in den konkreten Situationen der Lebenswirklichkeit legitimieren lässt. In diesem

---

[20] vgl. Müller, K. (1975), S 168, nach Müller hat Hellpach Betriebspädagogik als „pädagogische Maßnahmen zur Vorbereitung der Arbeiter auf die Funktion der Produktionsbestimmung" definiert.

[21] vgl. Schurer, B. (1997), S 111, vgl. Arnold, R. (1997), S 47

[22] vgl. zu den folgenden Ausführungen Arnold, R. (1997), S 47ff

[23] Wesentliche Beiträge in dieser Zeit sind z. B. Arbeiten von Feld, F. (1936), Geck, L. (1953), Krasensky, H. (1952) sowie Abraham, K. (1953)

[24] Müller, K. (1975), S 168f

Sinne reflektiert die Betriebspädagogik aus der Situation des Menschen am Arbeitsplatz.[25]

Für die Betriebspädagogik wurden in dieser Phase eigene Begriffe entwickelt, wobei die Entwicklung von Begriffen und Definitionen u. a. Merkmal einer Wissenschaft sind. Es wurde für die Betriebspädagogik frühzeitig versucht, Begriffssysteme und Schlüsselbegriffe aufzubauen, mit denen beispielsweise nach dem *Wesen der Betriebsgemeinschaft als Erziehungsgemeinschaft* oder dem *Wesen der Betriebspersönlichkeit* gefragt und geforscht wurde oder der Begriff der *funktionalen Erziehung* (heute: *moralische Sozialisation durch den Betrieb*) entwickelt wurde.

Die **Diversifizierungsphase** in der betriebspädagogischen Theorienbildung führte zu weiteren Entwicklungen von betriebspädagogischen Gesamtkonzepten, aber auch zu einer Neuordnung der betriebspädagogischen Gegenstandsbereiche auf der Grundlage sozialwissenschaftlicher Paradigmen. In einer ersten Phase orientierte man sich an normativen, beispielsweise system- und entscheidungstheoretischen Ansätzen und ab Mitte der 70er Jahre wurden auch interaktions- und sozialisationstheoretische Ansätze als Konzeptionalisierungsrahmen herangezogen. Es hat sich aber „neben solchen ‚second-hand'-Konzeptionen, die teilweise ... stark von betriebswirtschaftlichen Denkmodellen (z. B. Entscheidungstheorie) beeinflußt zu sein scheinen"[26], auch die empirische Fragestellung für die betriebspädagogische Theorienbildung wesentlich weiterentwickelt.

---

[25] vgl. Müller, K. (1975), S 169ff
[26] Arnold, R. (1997), S 51

Als Entwicklungslinien können für die *Innovationsphase* der betriebspädagogischen Theorienbildung folgende wesentlichen Bereiche charakterisiert werden, wobei die Entwicklungen schwerpunktmäßig in der Mitte der 80er Jahre begonnen haben:

> Neuorientierung der Mitarbeiterqualifikationen, d. h.:

* Revision alter Konzepte

* Erstellen neuer Konzepte

* Entwerfen von Qualifizierungsprofilen.

> Neben der quantitativen Steigerung wird betriebliche Weiterbildung immer mehr integrativer Bestandteil der Weiterentwicklungen in Organisationen mit einer steigenden Tendenz zur Professionalisierung.

> Interdisziplinarität und praxisorientierte Forschung sowie eine Pädagogisierung der Bildungsarbeit in Organisationen werden als Herausforderungen der Zukunft angesehen.

Begriffsabgrenzungen

Der Begriffskanon um die Betriebspädagogik ist mannigfaltig – für ein klareres Begriffsverständnis soll hier eine Abgrenzung zu einer Reihe von artverwandten Forschungs- und Praxisfeldern gegeben werden. Wie die nachfolgenden Ausführungen zeigen werden, findet sich weder in der theoretischen Literatur noch in der Praxis eine allgemein anerkannte Abgrenzung der Disziplinen, die sich generell mit Berufserziehung beschäftigen. Bei Preyer[27] findet man, gerade was die Begriffsdifferenzierung bis 1978 betrifft, eine recht umfassende Darstellung von Fachvertretern und ihren teilweise willkürlich anmutenden Abgrenzungen zwischen den einzelnen Disziplinen. Die nachfolgenden Ausführungen soll dazu dienen, eine Begriffsbestimmung und Positionierung der

---

[27] vgl. Preyer, K. (1978), S 53ff

Betriebspädagogik vorzunehmen, da dies für die weiteren Darstellungen unerlässlich ist.

➤ **Wirtschaftspädagogik** – Was die Standortbestimmung der Wirtschaftspädagogik anbelangt, zeichnen sich in der neueren Literatur grundsätzlich zwei Zugänge ab. Einerseits versteht man in der engeren Sichtweise unter Wirtschaftspädagogik eine Disziplin, die sich primär „auf die Erziehung zum kaufmännisch-betrieblichen Handeln beschränkt"[28], und andererseits versteht man in einer weit gefassten Sichtweise dieser Disziplin eine Theorienbildung, die „sich auf die erzieherische Problematik aller Wirtschaftsbereiche"[29] ausweitet und sich so allen die Wirtschaft fokussierenden Bildungs- und Erziehungsfragen widmet[30]. Bei beiden Zugängen geht es aber immer um die Erforschung der Beziehungen zwischen Wirtschaft und Erziehung[31]. Arnold unterscheidet die Wirtschaftspädagogik ganz klar von der Arbeits- und auch Betriebspädagogik[32], und in älterer Literatur wird die Wirtschaftspädagogik oft als übergeordnete Disziplin zu den Teildisziplinen Berufs-, Betriebs- oder Arbeitspädagogik dargestellt[33], wobei diese meist wiederum als Teildisziplin der Erziehungswissenschaft gesehen wird. Die Wirtschaftspädagogik ist eine Teildisziplin der Erziehungswissenschaft. Als *Leitdisziplin* macht sie jenen Teilbereich dieses umfassenden Wissenschaftsbereiches aus, der die pädagogischen Belange beruflicher Bildungs- und Sozialisationsprozesse, vor allem Jugendlicher, erforscht, reflektiert und konstruktiv zu klären sucht.[34] Letztendlich kann als zentrale Fragestellung der Wirtschaftspädagogik die

---

[28] Kaiser, F. (1999), S 394
[29] Kaiser, F. (1999), S 394
[30] vgl. Arnold, R.; Krämer-Stürzl, A. (1999), S 18
[31] vgl. Georg, W.; Grüner, G.; Kahl, O. (1995), S 240
[32] vgl. Arnold, R. (1997), S 47
[33] vgl. Preyer, K. (1978), S 64ff, vgl. Müller, K. (1975), S 169f
[34] vgl. Stratmann, K. (1979), S 285

Frage nach dem Verhältnis von Arbeit und Bildung herauskristallisiert werden, wobei man auch dies als eine die gesamte Erziehungswissenschaft durchziehende Fragestellung sehen kann,[35] denn „selbst dort, wo ganz allgemein Personwerdung als individuelle Entfaltung der dem Menschen innewohnenden Kräfte als oberstes Ziel der Erziehung betrachtet und reflektiert wird, kann in der Praxis nicht abgesehen werden von Ertüchtigung zur Lebensbewältigung; auch nicht von der Tatsache, daß die Normen der Erziehung nicht allgemeingültige, sozusagen von Ewigkeit zu Ewigkeit geltende Maßstäbe sind, sondern Ausdruck der auf eine bestimmte Weise wirtschaftlich und juristisch verfaßten Gesellschaft"[36].

➢ **Industriepädagogik** – Die Industriepädagogik bezieht sich nicht auf Erst- und Weiterbildung, sondern auf die generelle Verbesserung von institutionellen Gegebenheiten, individuellen Arbeitsbedingungen und sozialen Beziehungen in den entsprechenden Betrieben[37]; sie wird in der Literatur auch als Teildisziplin der Betriebspädagogik[38] oder als gleichrangig zur Berufs- und Wirtschaftspädagogik[39] im Sinne einer bereichsorientierten Differenzierung[40] angeführt. Industriepädagogik wird aber auch als die Anwendung der Pädagogik in allen Bereichen der Industrie verstanden, um so für die entsprechende Ausbildung und Erziehung des technischen Nachwuchses Sorge zu tragen.[41]

---

[35] vgl. Lisop, I. (1976), S 41
[36] Lisop, I. (1976), S 41
[37] vgl. Arnold, R. (1997), S 46
[38] vgl. Müller, K. (1975), S 169
[39] vgl. Pätzold, G. (1999), S 124
[40] Im Sinne dieser bereichsorientierten Differenzierung wird beispielsweise ebenso zwischen Hauswirtschaftspädagogik, Landwirtschaftspädagogik oder Handwerkspädagogik unterschieden.
[41] vgl. Georg, W.; Grüner, G.; Kahl, O. (1995), S 126

➤ **Berufspädagogik** – Berufspädagogik ist die Wissenschaft von der Berufsbildung. Die Berufspädagogik sieht ihr Forschungs- und Praxisfeld in der „systematischen Beschreibung, Deutung, Erklärung, Gestaltung, Kritik und Normierung beruflicher und berufsrelevanter Bildungs-, Qualifizierungs- und Sozialisationsprozesse ohne Besonderung auf bestimmte Lernorte und unter Einschluß aller Altersstufen"[42]. Die Berufspädagogik ist weder auf bestimmte Bildungsphasen noch auf einen bestimmten Bildungsgang beschränkt[43] und kann als *Leitdisziplin* im Bereich der beruflichen Bildung bezeichnet werden[44]. In der Literatur findet man allerdings auch eine Abgrenzung zur Wirtschaftspädagogik in der Art, als sich die Berufspädagogik vordergründig „um gewerblich-technische Ausbildungsgänge bemüht, während die Wirtschaftspädagogik für die kaufmännisch-verwaltenden Ausbildungsberufe verantwortlich zeichnet"[45]. Ebenso findet man in der älteren Literatur[46] oft auch die Zuordnung der Berufspädagogik als Teildisziplin der Wirtschaftspädagogik. Lipsmeier definiert Berufspädagogik als Disziplin, „die sich mit den Zielen, Bedingungen, Möglichkeiten und Realitäten der Qualifizierung von Menschen (vornehmlich von Jugendlichen) durch (in der Regel institutionalisierte) Maßnahmen (unter Ausschluß der Qualifizierung durch Hochschulen) für eine Erwerbstätigkeit und für das Leben in der Gesellschaft beschäftigt"[47]. Die jeweils herrschende Staatsauffassung und die Intentionen der Wirtschaft[48] waren in der Geschichte für die Berufspädagogik richtungweisend.

---

[42] Neuweg, G. (1997), S 88
[43] vgl. Wieser, I. (1986), S 55, vgl. Georg, W.; Grüner, G.; Kahl, O. (1995), S 55f
[44] vgl. Arnold, R.; Krämer-Stürzl, A. (1999), S 17
[45] Pätzold, G. (1999), S 124
[46] vgl. Müller, K. (1975), S 169
[47] Lipsmeier, A. (1975), S 243
[48] vgl. Seubert, R. (1976), S 65

➤ **Arbeitspädagogik** – Die menschliche Arbeit generell wird hier zum originären Untersuchungsgegenstand, d. h. die Arbeitspädagogik untersucht „Voraussetzungen, Durchführung und Ergebnisse von Arbeitsprozessen"[49]. Arbeitspädagogik wird oft auch als eine Teildisziplin der Wirtschaftspädagogik[50] respektive als eine mit ihr eng verwandte Disziplin der Erziehungswissenschaft[51] gesehen. Bei der Arbeitspädagogik ist die Perspektive ebenso wie bei der Industriepädagogik derart gelagert, als arbeitspsychologische Theorien und Handlungsregulationen verstärkt aufgegriffen werden[52] und im Unterschied zur Berufs- und Wirtschaftspädagogik vordergründig einer Berufserziehung im Sinne einer berufsbegleitenden Aktivität gefolgt wird.[53] Die Arbeitspädagogik, in deren Mittelpunkt die Zusammenhänge von Arbeit und Lernen stehen, ist als eigenständige Disziplin stark interdisziplinär ausgerichtet.[54] Zentrale Aufgabenfelder der Arbeitspädagogik sind somit die Vermittlung der Arbeitsfähigkeit (im Sinne einer bestmöglichen Verrichtung der vorgegebenen Arbeit) sowie das Lernen durch Arbeit als Methode der Arbeitserziehung.[55]

➤ **Sozialpädagogik** – Wird in der Literatur die Sozialpädagogik als eigenständiger Bereich angeführt, so erfolgt dies gleichrangig mit der Wirtschafts- und Berufspädagogik als eine Spezialdisziplin der Erziehungswissenschaft.[56] Bei Krasensky[57], der die Betriebspädagogik ursprünglich als Sozialwissenschaft definiert hatte, ist die Sozialpädagogik die

---

[49] Arnold, R.; Krämer-Stürzl, A. (1999), S 19
[50] vgl. Kaiser, F. (1997), S 574, vgl. Müller, K. (1975), S 169
[51] vgl. Kipp, M. (1999), S 23
[52] vgl. Georg, W.; Grüner, G.; Kahl, O. (1995), S 24f
[53] vgl. Arnold, R. (1997), S 46f
[54] vgl. Kipp, M. (1999), S 23f, vgl. Arnold, R. (1997), S 46
[55] vgl. Dedering, H. (1998), S 45
[56] vgl. Kaiser, F. (1997), S 574
[57] vgl. Krasensky, H. (1952), S 3ff

der Wirtschaftspädagogik übergeordnete Disziplin und die Betriebspädagogik wiederum eine Teildisziplin der Wirtschaftspädagogik.[58] In der Literatur versteht man aber unter Sozialpädagogik auch die Theorie der Arbeit mit Jugendlichen im Sinne der Jugendhilfe und der in diesem Zusammenhang auftretenden Probleme.[59]

> **Betriebspädagogik** – In der Folge sollen einige ausgewählte Definitionen der Betriebspädagogik gegeben werden, um danach den wissenschaftlichen Bezugsrahmen festlegen zu können. Wie bei den oben bereits erläuterten fachverwandten Begriffen erfolgt auch die Definition und Zuordnung der Betriebspädagogik in der Literatur unscharf sowie uneinheitlich.

So stellt **Schurer**[60] in seinen Ausführungen über Betriebspädagogik die grundsätzliche Frage, wie sich pädagogische Überlegungen sowie Zielsetzungen im betrieblichen Arbeitsprozess in der Ausgestaltung von Bildungsprozessen einerseits theoretisch begründen und andererseits praktisch umsetzen lassen. Betriebspädagogik meint also sowohl praktisches pädagogisches Handeln als auch wissenschaftliche Theorienbildung. Betriebspädagogik ist von der Theorienbildung her eine Teildisziplin einer breit angelegten Wirtschaftspädagogik und hat als eigene Disziplin ihren methodologischen Standort in der speziellen Erziehungswissenschaft, wobei sie hier sowohl als analytisch-erklärende als auch als hermeneutisch-verstehende Theorie zu sehen ist. Die Betriebspädagogik ist durch eine Dualität der Zielrichtung geprägt – sie ist teils durch eine objektive Perspektive (bis hin zur funktionalen Anpassung an technisch-ökonomische Anforderungen der Organisation), teils durch eine subjektive Perspektive (im Sinne einer persönlichen Entwicklung sowie einer

---

[58] vgl. Müller, K. (1975), S 169
[59] vgl. Georg, W.; Grüner, G.; Kahl, O. (1995), S 204

31

emanzipatorischen Gestaltungsmöglichkeit der Organisation) bestimmt. Es stellt sich somit die Frage, „wie sich das Zusammenwirken von Menschen in der Arbeits- und Sozialorganisationsform Betrieb so gestalten läßt, daß den humanen und sozialen Bedürfnissen des einzelnen möglichst weitgehend Rechnung getragen wird, ohne daß die prävalente ökonomisch-technische Instrumentalität des Individuums Schaden nimmt."[61] Diese Dualität der betriebspädagogischen Zielrichtung kann als Ambivalenz oder Herausforderung gesehen werden. Zentrale Frage ist jedenfalls die Gestaltung des Zusammenwirkens von Menschen in der Arbeits- und Sozialorganisationsform – d. h. das Zusammenwirken von Menschen und Organisation, so dass den humanen und sozialen Bedürfnissen des Einzelnen so weit als möglich Rechnung getragen werden kann. Durch den grundlegenden Wandel der Bedeutung von Qualifikation[62] von der traditionellen Fachkompetenz hin zur Fach-, Methoden- und Sozialkompetenz kommt der Entwicklung und Analyse adäquater Lerninhalte, Lehr- und Lernformen sowie den Medien für die betriebliche Bildung zentrale Bedeutung zu. In diesem Kontext ist auf der einen Seite die Bildung für den betrieblichen Arbeitsvollzug zu thematisieren, und auf der anderen Seite steht der Aspekt der Bildung im betrieblichen Arbeitsvollzug im Mittelpunkt der theoretischen Betrachtungen und praktischen Handlungen der Betriebspädagogik.

Nach **Tilch**[63] ist die Betriebspädagogik eine eigenständige Disziplin, die unter folgenden zwei Perspektiven zu betrachten ist: Einerseits hat die Betriebspädagogik eine pädagogischen Perspektive, in der das Individuum als ein in seinen Möglichkeiten zu bildendes und entwickelndes Subjekt im Mittelpunkt der Betrachtungen steht. Andererseits hat die Betriebspädagogik ein betriebliche

---

[60] vgl. zu den folgenden Ausführungen Schurer, B. (1997), S 110ff
[61] Schurer, B. (1997), S 110
[62] vgl. dazu auch die Ausführungen in Kapitel 4.2.3.
[63] vgl. zu den folgenden Ausführungen Tilch, H. (1999), S 141f

Perspektive, in der das Umfeld mit seinen Bedingungen für die Entwicklung des Individuums fokussiert wird, wobei sich die Betriebspädagogik aber keinesfalls auf betriebliche Qualifizierungsmaßnahmen alleine begrenzen lässt. Alle Sachverhalte in Organisationen, die für die berufliche Bildung der Mitarbeiter und für die Gestaltung der betrieblichen Zusammenarbeit sowie der Arbeit relevant sind, bilden den Gegenstand der Betriebspädagogik. „Die Frage nach der Gestaltung des Verhältnisses von individuellen und betrieblichen Ansprüchen stellt die betriebspädagogische Grundfrage dar, deren normativer Gehalt vor allem in den Aspekten der betrieblichen Bildungsprozesse und der Gestaltung lernförderlicher Arbeit und Partizipation"[64] im Sinne einer Verbindung von Qualifikation, Bildung und der betrieblichen Arbeit zu verstehen ist.

In den Ausführungen von **Preyer**[65] zur Betriebspädagogik findet man einen Überblick über den Stand der Sichtweise dieser Disziplin in der Literatur von 1953 bis 1975. Als Hauptvertreter für die Entwicklung der Betriebspädagogik sind hier Abraham und Dörschel angeführt, wobei Sichtweisen von Stütz, Lipsmeier, Müller, Bunk, Feld, Krasensky, Löbner und Schmiel ebenso eingebunden sind. Preyer kommt zu dem Schluss, „daß – von wenigen Ausnahmen abgesehen – eine pädagogische Rechtfertigung der Betriebspädagogik bis heute noch nicht gelungen ist"[66]. Folgende Punkte werden für diese Schlussfolgerung von Preyer als noch zu bewältigende Schwierigkeiten angeführt, wobei die Disziplin Betriebspädagogik grundsätzlich durch das Zielsystem, die Methoden und das Verfahren determiniert wird:

➤ Tendenzielle Uneinigkeit über betriebspädagogische Ziele sowie die unmöglich scheinende Trennung von erklärten und wirklichen Zielen;

---

[64] Tilch, H. (1999), S 142
[65] vgl. zu den folgenden Ausführungen Preyer, K. (1978), S 93ff
[66] Preyer, K. (1978), S 99

> Methoden und Verfahren der Betriebspädagogik sind noch zu wenig erforscht und strukturiert.

Müller[67] versucht in seinen Ausarbeitungen zur Betriebspädagogik eine Systematisierung der betriebspädagogischen Ansätze und unterscheidet *terminologische, deskriptive, theoretische (empirisch-kognitive)* und *praxeologische* Theorien (Aussagensysteme)[68]. Nach Müller ist die Begriffskonstruktion für die Entwicklung einer eigenständigen betriebspädagogischen Theorienbildung von wesentlicher Bedeutung, da sie den Zugang zum Gegenstand der Forschung wesentlich erleichtern. Modelle für die Beschreibung des Tuns bzw. als Basis der Hypothesenbildung haben einen bereits sehr früh entwickelten erziehungswissenschaftlichen Ansatz, womit auch in der Betriebspädagogik versucht wird, das aktuelle pädagogische Tun und Geschehen zu beschreiben und zu analysieren. Die Beschreibung der Betriebserziehungspraxis, d. h. die distanzierte Beobachtung der betrieblichen Wirklichkeit in Bezug auf Erziehung (relevante Probleme und dazugehörende regelmäßige Beziehung) und deren Beschreibung sind wesentliches Entwicklungskriterium für die Disziplin der Betriebspädagogik. Was die empirisch-kognitiven bzw. theoretischen Ansätze der Betriebspädagogik anbelangt, so sind diese bis Mitte der 70er Jahre bis auf wenige Erklärungsskizzen von Lempert praktisch nicht vorhanden. Dies bedeutet, es fehlt der Disziplin an grundlegenden erklärungs- und prognosefähigen Ansätzen für eine wissenschaftstheoretische Fundierung.[69] Betriebspädagogik als praxeologische Theorie ist klar auf ein zweckgerichtetes, gestaltendes Handeln fokussiert, wobei

---

[67] vgl. zu den folgenden Ausführungen Müller, K. (1975), S 170ff

[68] Dieser Versuch einer Einordnung und Klassifizierung ist als typisch für die Entwicklungsphase der Betriebspädagogik in den 60er und 70er Jahren zu werten.

[69] Begründet wird dieses Fehlen der theoretischen Ansätze mit einer grundlegenden Frage in der gesamten Erziehungswissenschaft, ob Erziehungshandeln und ebenso Erziehungsgeschehen überhaupt zu erklären und zu prognostizieren ist oder nicht.

hier auch von einer technologischen bzw. angewandten Theorie gesprochen werden kann. Dieses pragmatische Wissenschaftsziel bedarf einer anwendungsorientierten Umgestaltung der Theorie, denn es hat als primären Ansatz die Gestaltung und nicht die Prognose der betrieblichen Erziehungspraxis.

Arnold[70] definiert die Betriebspädagogik als pädagogische Disziplin bzw. als eine erziehungswissenschaftliche Teildisziplin, in welcher der Mensch als zu entwickelndes und bildendes Subjekt im Mittelpunkt der Betrachtungen steht und nicht die Organisation. Letztere ist nur soweit Gegenstand der Fokussierung, als sie den Bildungsprozess der in ihr tätigen Individuen determiniert. Konstruktives betriebspädagogisches Handeln (im Sinne von *pädagogischem Mitgestalten* der Arbeitsumwelt im Zuge der Weiterentwicklung von Organisationen) wird von Arnold als zielführender Zugang der Betriebspädagogik dargestellt, denn das Aufgeben, Ausklammern, Beharren oder Verfälschen des ureigenen pädagogischen Prinzips kann keinesfalls helfen, die Spannung zwischen pädagogischen Prinzipien und ökonomischen Gestaltungskräften in der betrieblichen Realität aufzulösen. Gegenstand und Fragestellung der Betriebspädagogik finden sich auf allen Handlungsebenen einer Organisation. Die Betriebspädagogik ist eine berufspädagogische Regionalisierung, d. h. sie geht von einem betrieblichen Lern- und Arbeitsort aus und versteht die Berufserziehung eher im Sinne einer funktional-sozialisierenden und berufsbegleitenden Aktivität.[71]

Abraham[72] gilt mit seinem Werk *Der Betrieb als Erziehungsfaktor. Die funktionale Erziehung durch den modernen wirtschaftlichen Betrieb* als der

---

[70] vgl. zu den folgenden Ausführungen Arnold, R. (1997), S 19ff
[71] vgl. Arnold, R. (1994a), S 37
[72] vgl. Abraham, K. (1953)

Wegbereiter der Betriebspädagogik[73], wobei mit seinem Namen aber auch kritische Auseinandersetzungen[74] verbunden sind. So hat Abraham den Begriff der funktionalen Betriebspädagogik nicht nur begrifflich in den Vordergrund gestellt, sondern er hat diesen auch in der Forschung praktiziert. Die folgenden zwei Fragestellungen waren Zentrum seiner Untersuchungen: Einerseits ist es von wesentlicher Bedeutung,

> „wie durch die im modernen wirtschaftlichen Betrieb wirkenden geschichtlichen Kräfte eine Erziehung zu Geschichtsbewußtsein verursacht wird"[75].

Andererseits ist es ebenso wichtig,

> „wie die in dem modernen wirtschaftlichen Betrieb wirkenden Ordnungsprinzipien die funktionale Erziehung durchdringen und dadurch das Ordnungsbewußtsein des Menschen formen"[76].

Abraham konzentriert sich in seinem betriebspädagogischen Konzept ausschließlich auf diesen funktionalen Ansatz, indem er sich ausdrücklich vom individualpädagogischen Denken der Erziehungswissenschaft distanziert bzw. eine individualpädagogische Rechtfertigung von Bildungszielen als eine zwar mögliche, aber beliebige Orientierung diskutiert.[77] Nach seiner Auffassung ist der betriebspädagogische Auftrag primär darin begründet, „die Erziehungsprobleme derjenigen Menschen zu untersuchen, die Glieder eines wirtschaftlichen Betriebes sind und dadurch eine typische Gemeinsamkeit ihrer Existenz besitzen. Sie ist dasjenige Gebiet der Erziehungswissenschaft, in dem die Ergebnisse der

---

[73] vgl. Arnold, R. (1997), S 53ff, vgl. Pleiß, U. (1982), S 237f – Neben der Arbeit von Abraham werden die Rezensionen dieser beiden Autoren zum Werk von Abraham für die Ausführungen herangezogen.
[74] Es bestand die Vermutung eines Zusammenhangs zwischen den Schriften von Abraham und nationalsozialistischer Ordnungspraxis. vgl. dazu weitere Ausführungen in Arnold, R. (1997), S 54
[75] Abraham, K. (1953), S 35
[76] Abraham, K. (1953), S 35

Erforschung des wirtschaftlichen Betriebes für die Erforschung des Problems der Erziehung des Menschen zu wirtschaftlichem Handeln ausgewertet werden"[78]. Abraham weist in seinem betriebspädagogischen Grundlagenwerk ausdrücklich darauf hin, dass die betriebspädagogischen Fragestellungen immer im Zusammenhang mit dem betrieblichen Umfeld betrachtet werden müssen, da wirtschaftliches Handeln nur im gesellschaftlichen Verbund möglich ist[79] und somit auch keinesfalls aus dem pädagogischen Blickwinkel ausgeklammert werden kann. In den Schlussbetrachtungen sind in seinem Werk aber bereits Ansätze einer intentionalen Erziehungsleistung von Betrieben zu finden.[80]

---

[77] vgl. Arnold, R. (1997), S 55
[78] Abraham, K. (1953), S 37
[79] vgl. Abraham, K. (1953), S 36f
[80] vgl. Pleiß, U. (1982), S 245

Die folgende Grafik soll den Zusammenhang und die aufgezeigten Schnittmengen der oben dargestellten Bereiche der Pädagogik nochmals verdeutlichen:

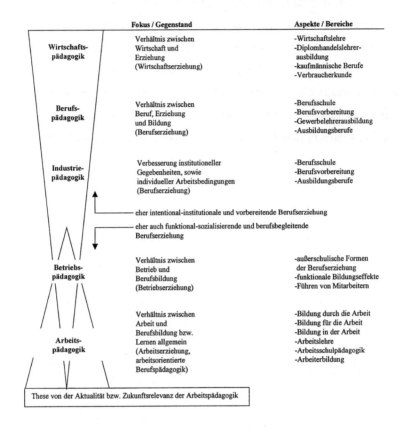

	Fokus / Gegenstand	Aspekte / Bereiche
Wirtschaftspädagogik	Verhältnis zwischen Wirtschaft und Erziehung (Wirtschaftserziehung)	-Wirtschaftslehre -Diplomhandelslehrerausbildung -kaufmännische Berufe -Verbraucherkunde
Berufspädagogik	Verhältnis zwischen Beruf, Erziehung und Bildung (Berufserziehung)	-Berufsschule -Berufsvorbereitung -Gewerbelehrerausbildung -Ausbildungsberufe
Industriepädagogik	Verbesserung institutioneller Gegebenheiten, sowie individueller Arbeitsbedingungen (Berufserziehung)	-Berufsschule -Berufsvorbereitung -Ausbildungsberufe

eher intentional-institutionale und vorbereitende Berufserziehung

eher auch funktional-sozialisierende und berufsbegleitende Berufserziehung

Betriebspädagogik	Verhältnis zwischen Betrieb und Berufsbildung (Betriebserziehung)	-außerschulische Formen der Berufserziehung -funktionale Bildungseffekte -Führen von Mitarbeitern
Arbeitspädagogik	Verhältnis zwischen Arbeit und Berufsbildung bzw. Lernen allgemein (Arbeitserziehung, arbeitsorientierte Berufspädagogik)	-Bildung durch die Arbeit -Bildung für die Arbeit -Bildung in der Arbeit -Arbeitslehre -Arbeitsschulpädagogik -Arbeiterbildung

These von der Aktualität bzw. Zukunftsrelevanz der Arbeitspädagogik

Abbildung 1: Zusammenhang unterschiedlicher Bereiche der Pädagogik[81]

Die Definition der Betriebspädagogik von Arnold[82] bildet die Basis für das betriebspädagogische Begriffsverständnis der vorliegenden Arbeit: „Die

---

[81] in Anlehnung an Arnold, R. (1994a), S 37
[82] vgl. dazu auch die oben dargestellten Ausführungen zur Definition der Betriebspädagogik nach Arnold

Betriebspädagogik als die Wissenschaft von der betrieblichen Bildungsarbeit hat nicht die betrieblichen Organisations- und Funktionszusammenhänge als solche zum Gegenstand, sondern das Individuum (den Mitarbeiter bzw. die Mitarbeiterin) als das in seinen Möglichkeiten zu entwickelnde und zu bildende Subjekt. Betriebliche Organisations- und Funktionszusammenhänge stellen für die Betriebspädagogik deshalb nur insofern einen Gegenstand dar, als sie diese Bildungsprozesse determinieren d. h. auslösen, fördern oder auch behindern."[83] Für diese Arbeit soll allerdings der Begriffsinhalt noch um das Aufgabenfeld der Schaffung von bildungsfreundlichen Strukturen und dem Gewähren von Support, Beratung sowie Betreuung für das Aufzeigen/Artikulieren der individuellen Bildungsbedürfnisse der Mitarbeiter und deren Befriedigung erweitert werden. D. h. Betriebspädagogik hat sehr wohl die Organisations- und Funktionszusammenhänge in einer Organisation als zentralen Gegenstand, denn nur durch das Schaffen der erforderlichen Rahmenbedingungen (Struktur und Kultur) kann selbstgesteuertes und eigenverantwortliches Lernen erfolgen. Im Sinne der Lernenden Organisation muss die gesamte Organisation zum Lernort avancieren, womit gerade das Handlungsfeld der Betriebspädagogik in Bezug auf Subjekt und Objekt gefordert ist. Trotz ihrer genuinen Eigenständigkeit als Wissenschaftsdisziplin soll die Betriebspädagogik im Sinne eines transdisziplinären Ansatzes als funktional-dynamischer Teilaspekt[84] im Gesamtgefüge der Organisation verstanden werden.

---

[83] Arnold, R. (1997), S 23
[84] Dieser Ansatz soll im Verlauf der Arbeit aufgegriffen und durch das Integrationsmodell der Betriebspädagogik (vgl. Kapitel 4) diskutiert werden.

2.2. Referenzwissenschaften der Betriebspädagogik

„The only things you can learn
are the things you do not already know."
Myron Tribus

Betriebspädagogik wird in der einschlägigen Literatur, wie oben dargestellt, als pädagogische Disziplin eindeutig der Erziehungswissenschaft zugeordnet. Gerade aus der Perspektive ihres Handlungsfeldes heraus ergeben sich zwei Referenzwissenschaften für die Betriebspädagogik – einerseits die Wirtschaftswissenschaft und andererseits die Erziehungswissenschaft. Im Zuge der Neuorientierung und Neugestaltung der Arbeitswelt, beispielsweise auf Grund des Brechens alter Paradigmen[85], des schnellen Wandels der Märkte, der sinkenden Halbwertszeit des Wissens, der Entwicklung der Organisationen von Produktorganisationen hin zu Wissensorganisationen, der Orientierung an Kompetenzen[86] sowie der steigenden Bedeutung lernfähiger bzw. lernfördernder Organisationen (Organisationales Lernen, Lernende Organisation) für die Sicherung der Wettbewerbsfähigkeit, rückt das gemeinsame Handlungsfeld in den Mittelpunkt der Betrachtungen. Die Gegensätze zwischen außerbetrieblichem pädagogischen Prinzip und außerpädagogischem ökonomischen Prinzip[87] sind als Herausforderung an eine gemeinsame Gestaltungsmöglichkeit, die Nutzung der jeweiligen Stärken sowie vorhandener Synergien im Sinne einer Weiterentwicklung zu sehen und rufen zum Versuch eines Brückenschlags zwischen diesen beiden Wissenschaftsbereichen auf. Die entsprechenden Konzepte der Referenzwissenschaften müssen als Bezugspunkte hinsichtlich ihrer Erklärungs- bzw. Verstehensmodelle bestimmt werden, bevor es möglich ist, die

---

[85] vgl. dazu die Ausführungen in Kapitel 5.1.1.
[86] vgl. dazu die Ausführungen in Kapitel 4.2.4.
[87] vgl. Arnold, R. (1997), S 25

40

Bedeutung und Möglichkeiten der Betriebspädagogik im Kontext des betrieblichen Handlungsfeldes in wissenschaftlicher Hinsicht festlegen zu können.

Folgende Grafik soll die *zwei Welten* von *Betrieb* und *Pädagogik* in ihren extremen begrifflichen Ausformulierungen als Zugang zu den Darstellungen der Referenzwissenschaften verdeutlichen.

Betrieb	Pädagogik
-Reich der Notwendigkeit	*-Reich der pädagogischen Freiheit*
-Zweckrationales Handeln Gewinnorientierung	-Sinn- und wertbezogenes Handeln Bildungsorientierung
-Harte und *rücksichtslose* Realität	*-Behütete* Realität
-Verwertung der menschlichen Arbeitskraft	-Umfassende Entwicklung und Förderung der menschl. Fähigkeiten
-Unterwerfung unter die *Gesetze* des Arbeitsmarktes	-Selbstentwicklung, Selbstfindung, Identität

Abbildung 2: Bedeutungshöfe zu Betrieb und Pädagogik[88]

Generell kann festgehalten werden, dass eine Wissenschaft grundsätzlich durch folgende zentrale Kriterien gekennzeichnet ist:[89]

> ➢ Streben nach Erkenntnis im Sinne von Fragen nach Wahrheit und Antwortsuche;

> ➢ Festlegen von Erkenntnisobjekten und Erkenntniszielen zur Abgrenzung zwischen den Disziplinen;

---

[88] in Anlehnung an Arnold, R. (1997), S 25
[89] vgl. Wöhe, G. (1990), S 24, vgl. Stein, von J. (1993), Sp 470

41

➢ Anwendung von entsprechenden spezifischen Forschungsmethoden für die Erkenntnisgewinnung;

➢ Streben nach Systematisierung und Sicherung der Wahrheit der Urteile über das Erkenntnisobjekt.

Diese grundlegenden Kriterien dienen als Orientierung für die Standortbestimmung der jeweiligen Wissenschaft im Bezugsrahmen der vorliegenden Arbeit. Wesentlich ist auch noch die Unterscheidung zwischen theoretischer und anwendungsorientierter Wissenschaft. Folgende Grafik soll dies verdeutlichen:

Wissenschaft Merkmale	Theoretische Wissenschaften	Anwendungsorientierte Wissenschaften
Entstehung der Probleme	In der Wissenschaft selbst	In der Praxis
Art der Probleme	disziplinär	adisziplinär
Forschungsziele	Theorienentwicklung sowie Theorienprüfung, Erklärung der bestehenden Wirklichkeit	Entwurf möglicher Wirklichkeiten
Angestrebte Aussagen	deskriptiv, wertfrei	normativ, wertend
Forschungsregulativ	Wahrheit	Nützlichkeit
Fortschrittskriterien	Allgemeingültigkeit Bestätigungsgrad Erklärungskraft Prognosekraft von Theorien	Praktische Problemlösungskraft von Modellen, Konzepten und Regeln

Abbildung 3: Differenzierung der theoretischen und anwendungsorientierten Wissenschaften[90]

---

[90] in Anlehnung an Thommen, J.; Achleitner, A. (1998), S 53

Ein weiterer Punkt im Kontext der Referenzwissenschaften ist die Frage der Methoden (Wissenschaftsmethodologie). Im allgemeinen Sinnverständnis sind wissenschaftliche Methoden grundsätzlich als systematisch aufgebaute sowie gestaltete Verfahrenstechniken zu verstehen, die der Darstellung von Sachverhalten dienen und zur Lösung der sich daraus ableitenden Probleme führen bzw. beitragen.[91] Folgende Methoden sollen hier angeführt werden:

➢ Bei den *verstehenden Methoden,* die sich mit nichtkausalen Fragestellungen befassen, sind im Besonderen die *finale* und *dialektische Methode* anzuführen. Die *Hermeneutik* als eine Spezialform des finalen Ansatzes ist eine Methode des Wahrnehmens und Verstehens. „Für den Bereich des sozialen Lebens wird die Methode des Verstehens als eine Methode des Erklärens als überlegene Alternative offeriert"[92], da sie nicht nur Tatsachen analysiert, sondern den Zugang zum Sinn der Ordnung weist und die innere Dynamik der Lebenssituation erschließt[93].

➢ Bei den *erklärenden* bzw. *nomologischen Methoden,* die sich mit kausalen Fragestellungen befassen, können folgende Zugänge unterschieden werden:[94]

o *Induktion*[95] ist die Methode, bei der versucht wird, aus der Beobachtung von Einzelereignissen verallgemeinernde Schlüsse zu ziehen.[96] Induktion ist als Methode zur Begründung genereller Aussagen kaum geeignet, allerdings kommt ihr für die Gewinnung von Hypothesen wesentliche Bedeutung zu.[97]

---

[91] vgl. Lechner, K. et al. (1999), S 44f

[92] Raffée, H. (1993), S 14

[93] vgl. Raffée, H. (1993), S 14, vgl. Lechner, K. et al. (1999), S 45, vgl. dazu aber auch die Ausführungen bei Olechowski, R. (1994), S 14ff über Fragen der empirisch-pädagogischen Forschung

[94] vgl. Wöhe, G. (1990), S 34ff

[95] vgl. Popper, K. (1963)/(1994)

[96] vgl. Lechner, K. et al. (1999), S 45

[97] vgl. Raffée, H. (1993), S 15

o *Deduktion* ist die Methode, mit der versucht wird, von allgemeinen Annahmen und Gesetzmäßigkeiten eine Aussage für einen einzelnen Fall zu treffen,[98] d. h. die Deduktion lässt nur „Schlüsse von allgemeinen auf besondere Sätze zu"[99].

2.2.1. Wirtschaftswissenschaft – Ökonomisches Modell – Wirtschaftssubjekt

Geht man vom Untersuchungs- und Erkenntnisinteresse der Wirtschaftswissenschaften[100] aus, welche generell als Objektwissenschaften und in diesem Bereich als Realwissenschaften den Geistes- und Sozialwissenschaften zugeordnet werden können, so geht es primär darum, Erkenntnisse zu gewinnen, die dazu beitragen, die Wettbewerbsfähigkeit von Organisationen (Wirtschaftssubjekt) zu sichern bzw. zu verbessern.[101] Die Betriebswirtschaftslehre ist eine selbstständige Teildisziplin der Wirtschaftswissenschaften[102] und von der ganzen Anlage her eine äußerst heterogene Disziplin,[103] die einerseits als theoretische, andererseits als angewandte

---

[98] vgl. Lechner, K. et al. (1999), S 45
[99] Raffée, H. (1993), S 16
[100] Die wirtschaftswissenschaftliche Forschung kann in die drei Dimensionen der Wirtschaftstheorie, der Wirtschaftstechnologie und der Wirtschaftsphilosophie eingeteilt werden, wobei eine klare Trennung dieser Dimensionen im Einzelfall schwierig erscheint, aus wissenschaftlicher Sicht aber als geboten zu betrachten ist. vgl. Schierenbeck, H. (1998), S 5
[101] In der Literatur wird in diesem Zusammenhang auf „die Funktion der Wissenschaft als ‚Diener' der Praxis" (Schanz, G. (1992b), S 61) hingewiesen, wo es darum geht, einerseits Erkenntnisse zu gewinnen und andererseits das soziale und natürliche Geschehen zu beherrschen. vgl. Schanz, G. (1992b), S 61f
[102] Die Wirtschaftswissenschaften befassen sich mit theoretischen, pragmatischen, deskriptiven und ebenso normativen Fragen des Wirtschaftens, wobei sie die beiden wirtschaftlichen Einzelwissenschaften der Betriebswirtschaftslehre (Betriebswirtschaft) und der Volkswirtschaftslehre (Nationalökonomie) mit einbeziehen. vgl. Schweitzer, M. (1992), S 17, vgl. Schierenbeck, H. (1998), S 6ff
[103] vgl. Schanz, G. (1993), S 44

Wissenschaft verstanden werden kann und deren Gegenstand klassisch die Organisationen (Betriebe) und alles wirtschaftliche Handeln in diesen sowie deren Wechselbeziehungen zu anderen sind.[104] Die Betriebswirtschaftslehre ist somit ein wissenschaftliches Aussagensystem über die Organisationen bestimmenden Kausalbeziehungen.[105]

Die Eigenständigkeit einer Disziplin definiert sich u.a. über den Gegenstand der Forschungen. So gilt für die Betriebswirtschaftslehre, Erkenntnisse über den Aufbau des Betriebes[106] und die darin ablaufenden Prozesse zu erhalten, Theorien daraus abzuleiten sowie Möglichkeiten der zielgerichteten Gestaltung von Strukturen und Prozessen zu finden.[107] In diesem Sinne sind Verfahren für die Realisierung der praktischen betrieblichen Zielsetzungen[108] daraus zu entwickeln. Der Betrieb ist definiert als „zielgerichtete, planvoll organisierte Wirtschaftseinheit, die Sachgüter und Dienstleistungen erstellt und absetzt"[109].

Neben der Analyse der Organisation und der betrieblichen Funktionen[110] bilden heute die wirtschaftenden Individuen (Mitarbeiter ebenso wie Konsumenten) einen zentralen Gegenstand in der modernen betriebswirtschaftlichen Forschung.[111] In Anbetracht der Tatsache, dass Organisationen von Menschen gebildet sowie gesteuert werden und somit grundsätzlich keine *Erscheinungen* an sich sind, ist der Schluss zulässig, dass man, wenn man betriebliche Strukturen

---

[104] vgl. Wöhe, G. (1990), S 28, vgl. Schweitzer, M. (1992), S 18
[105] vgl. Loitelsberger, E. (1983), S 71
[106] Im Gegensatz zur Volkswirtschaftslehre ist die Betriebswirtschaftslehre einzelwirtschaftlich orientiert, d. h. ihr Interessens- und Forschungsgebiet liegt vordergründig im Bereich der einzelnen Wirtschaftseinheiten. vgl. Schierenbeck, H. (1998), S 7
[107] vgl. Stein, von J. (1993), Sp 471
[108] vgl. Wöhe, G. (1990), S 28
[109] Stein, von J. (1993), Sp 472
[110] Auf diese beiden Bezugsgrößen für die wissenschaftliche Analyse soll in der Folge genauer eingegangen werden.
[111] vgl. Raffée, H. (1993), S 7, vgl. Schierenbeck, H. (1998), S 9

und betriebliches Handeln beschreiben, erklären und ebenso gestalten will, „prinzipiell auf Eigenschaften und Verhalten der institutionen-konstituierenden Personen zurückgehen"[112] muss. Es liegt somit nahe, dass für die Betriebswirtschaft als Leitidee das sozialwissenschaftliche Basiskonzept herangezogen wird, für welches das Streben nach Bedürfnisbefriedigung zentraler Ansatzpunkt ist. „Wirtschaftliche Vorgänge werden als Ergebnis des Strebens nach Bedürfnisbefriedigung mittels wirtschaftlicher Güter begriffen."[113] Folgende Übersicht stellt das sozialwissenschaftliche und das wirtschaftswissenschaftliche Basiskonzept gegenüber.

Sozialwissenschaftliches Basiskonzept	Wirtschaftswissenschaftliches Basiskozept
Betriebswirtschaftslehre ist eine spezielle, interdisziplinär geöffnete Sozialwissenschaft	Betriebswirtschaftslehre ist eine eigenständige, autonome Wirtschaftswissenschaft
Idee der Bedürfnisbefriedigung	Idee der Einkommensorientierung

Abbildung 4: Basiskonzepte der Betriebswirtschaftslehre[114]

Der Versuch, die Betriebswirtschaftslehre zu gliedern, führt zu verschiedenen Einteilungs- und Gliederungsdarstellungen in der Literatur[115], wobei in den meisten Gliederungsschemata immer auch zwischen Allgemeiner Betriebswirtschaftslehre und Spezieller Betriebswirtschaftslehre[116] unterschieden

---

[112] Raffée, H. (1993), S 7
[113] Raffée, H. (1993), S 26
[114] in Anlehnung an Raffée, H. (1993), S 27
[115] vgl. dazu beispielsweise Schweitzer, M. (1992), S 18ff, vgl. Schierenbeck, H. (1998), S 9f, vgl. Lechner, K. et al. (1999), S 39ff, Wöhe, G. (1990), S 19ff, vgl. Thommen, J.; Achleitner, A. (1998), S 54, vgl. Loitelsberger, E. (1983), S 72ff
[116] Schierenbeck beispielsweise geht nicht konform mit den meisten Einteilungen und bezeichnet die *Spezielle Betriebswirtschaftslehre* als *Besondere Betriebswirtschaftslehre*, wobei dies

wird[117]. Grundsätzlich können nach Loitelsberger[118] folgende drei Fragestellungen nach Kausalbeziehungen in der Betriebswirtschaftslehre differenziert werden:

> Betriebsindividuelle Fragestellungen (auf Grund der fehlenden Allgemeingültigkeit sind dies keine wissenschaftlichen Fragestellungen)

> Branchenbezogene Fragestellungen (*Spezielle Betriebswirtschaftslehre*)

> Allgemeine, alle Branchen betreffende Fragestellungen (*Allgemeine Betriebswirtschaftslehre*).

Die *Spezielle Betriebswirtschaftslehre* wird in der einschlägigen Literatur auf die unterschiedlichen Wirtschaftsbereiche respektive -zweige bezogen. Die Spezielle Betriebswirtschaftslehre[119] beschäftigt sich somit mit betriebswirtschaftlichen Fragestellungen und Sachverhalten, die durch die Besonderheiten der einzelnen Branchen (z. B. Bank, Industrie, Handel, Versicherungen oder Verkehr) bedingt und somit nicht für alle Organisationen relevant sind.

Anders verhält es sich mit der *Allgemeinen Betriebswirtschaftslehre*. Die Allgemeine Betriebswirtschaftslehre ist ein wissenschaftliches Aussagensystem über betriebliche Prozesse und Sachverhalte, ohne Rücksicht auf die jeweilige Branche.[120] Im Bereich der Allgemeinen Betriebswirtschaftslehre ist zwischen

---

allerdings lediglich eine verbale Abweichung gegenüber anderen darstellt. vgl. Schierenbeck, H. (1998), S 9

[117] Diese in der betriebswirtschaftlichen Forschung gängige Zweiteilung soll auch für die vorliegende Arbeit herangezogen werden.

[118] vgl. Loitelsberger, E. (1983), 72f

[119] Beispielsweise bezeichnen Schweitzer, Schierenbeck, Thommen/Achleitner die Spezielle Betriebswirtschaftslehre auch als *institutionelle Betriebswirtschaftslehre* bzw. Institutionenlehre oder institutionelle Gliederung. vgl. Schweitzer, M. (1992), S 18f, vgl. Thommen, J.; Achleitner, A. (1998), S 56f, Schierenbeck, H. (1998), S 9f

[120] vgl. Loitelsberger, E. (1983), S 71f, vgl. Wöhe, G. (1990), S 19f, vgl. Schierenbeck, H. (1998), S 9f

Sachverhalten, die in allen Lebensphasen[121] einer Organisation zu beobachten sind, und Phänomenen, die sich in der Organisation entwicklungsspezifisch[122] zeigen, zu unterscheiden.

Das Forschungsgebiet der Allgemeinen Betriebswirtschaftslehre hat sich im Ablauf der Zeit zu einem so umfangreichen wissenschaftlichen Feld entwickelt, dass sich die einzelnen Teilbereiche und Forschungsgebiete zu eigenen Wissenschaften, d. h. zur funktionalen Betriebswirtschaftslehre entwickelt haben bzw. laufend entwickeln. Diese funktional gegliederte Betriebswirtschaftslehre ist ein dynamisches System von Gesetzen, welches sich nach konkreten betrieblichen Teilprozessen, wie beispielsweise Planung, Führung, Investition, Beschaffung, Leistungserstellung, Absatz[123] oder Gründung[124], die in allen Organisationen mehr oder weniger ausgeprägt vorzufinden sind, bestimmt. Folgende Grafik soll, ausgehend von den oben angesprochenen Dimensionen der Betriebswirtschaftslehre, diese funktionale Gliederung veranschaulichen:[125]

---

[121] Loitelsberger bezeichnet diese als institutionelle Phänomene, d. h. er verwendet den Begriff der institutionellen Zuteilung im Gegensatz zu beispielsweise Schierenbeck oder Schweitzer im Zusammenhang mit der Allgemeinen Betriebswirtschaftslehre. vgl. Loitelsberger, E. (1983), S 75
[122] Diese können auch als dynamische Phänomene bezeichnet werden.
[123] Dieses sind Funktionsbereiche in einer Organisation, die immer bestehen, d. h. unabhängig von der Entwicklungsstufe der Organisation sind.
[124] Dies ist ein Funktionsbereich, der abhängig von der jeweiligen Entwicklungsphase einer Organisation zu betrachten ist bzw. Relevanz für eine Organisation hat.
[125] vgl. Loitelsberger, E. (1983), S 79f

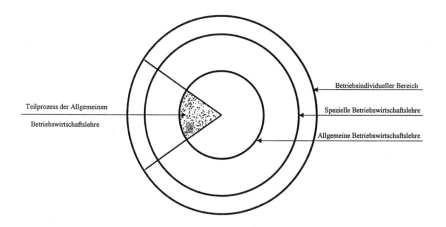

Abbildung 5: Dimensionen der Betriebswirtschaftslehre und ihre funktionale Gliederung[126]

Die oben dargestellten Unterschiede der jeweils zu betrachtenden Gegenstände der Betriebswirtschaftslehre sowie ihre unterschiedlichen Basiskonzepte bringen das Problem der methodologischen Heterogenität mit sich, dementsprechend hat auch die Spezialisierung auf Teilaspekte zu einer sehr differenzierten Ansatzentwicklung[127] innerhalb der Betriebswirtschaftslehre geführt. In der Folge sollen nun verschiedene Forschungsansätze[128] der Betriebswirtschaftslehre[129] kurz dargestellt und in Bezug auf das jeweilige Basiskonzept durchleuchtet werden.

---

[126] in Anlehnung an Loitelsberger, E. (1983), S 79

[127] vgl. Stein, von J. (1993), Sp 472, vgl. Schanz, G. (1993), S 44f, vgl. Raffée, H. (1993), S 7

[128] Zur besseren Übersichtlichkeit werden Literaturverweise in der Folge den Überschriften beigefügt. Wenn es erforderlich erscheint, wird zusätzlich noch auf entsprechende Literaturstellen hingewiesen.

[129] Die Aufstellung der Forschungsansätze erhebt keinen Vollständigkeitsanspruch. Vielmehr wurden jene Ansätze ausgewählt, die für die Arbeit von Relevanz sind sowie dazu beitragen, einen Überblick zu verschaffen.

Der faktortheoretische Ansatz[130]

Der faktortheoretische bzw. Produktionsfaktor-Ansatz basiert auf Überlegungen von Gutenberg[131]. Nach diesem Ansatz, mit dem der Betrieb als System der produktiven Faktoren[132] verstanden wird, führt die Kombination der Faktoren zu betrieblichen Leistungen und in weiterer Folge zum Ertrag aus diesem Faktoreinsatz. Hier erfolgt eine Trennung zwischen ausführender und dispositiver Arbeit, wobei in die Produktionsfunktion aber nur ausführende Arbeit eingeht und die dispositive Arbeit eliminiert wird – d. h. es kommt zum Trennen von Denken und Tun. Das Menschenbild des *homo oeconomicus* und die Trennung zwischen Ausführung und Disposition lassen Ansätze aus dem Scientific Management erkennen.[133] Der faktortheoretische Ansatz ist ein rein wirtschaftswissenschaftlicher ohne Berücksichtigung verhaltenswissenschaftlicher Erkenntnisse.

Der entscheidungstheoretische Ansatz[134]

Der entscheidungstheoretische Ansatz lässt sich auf Heinen[135] zurückführen und ist ein umfassendes Konzept der modernen Betriebswirtschaftslehre. Auf der Basis der Theorie des menschlichen Entscheidungsverhaltens wird versucht zu erklären, wie betriebliche Entscheidungsprozesse ablaufen. Unterschieden wird zwischen Ziel- und Mittelentscheidungen. Zielentscheidungen (Willensbildung) befassen sich mit der Frage, *welche* betrieblichen Ziele durch wirtschaftliches

---

[130] vgl. Kieser, A. (1999a), S 65ff, vgl. Hopfenbeck, W. (1989), S 15f, vgl. Stein, von J. (1993), Sp 475, vgl. Raffée, H. (1993), S 30f, vgl. Oechsler, W. (1992), S 9ff, vgl. Lechner, K. et al. (1999), S 53, vgl. Staehle, W. (1991), S 22ff
[131] vgl. Gutenberg, E. (1951)
[132] Klassische Produktionsfaktoren sind Menschliche Arbeit, Betriebsmittel, Kapital sowie Grund und Boden.
[133] vgl. Oechsler, W. (1992), S 11f
[134] vgl. Cyert, R.; Feigenbaum, E.; March, J. (1990), S 45ff, vgl. Stein, von J. (1993), Sp 475f, vgl. Raffée, H. (1993), S 31f, vgl. Lechner, K. et al. (1999), S 53f, vgl. Berger, U.; Bernhard-Mehlich, I. (1999), S 133ff
[135] vgl. Heinen, E. (1968)

Handeln gesetzt werden sollen. Mittelentscheidungen (Willensdurchsetzung) befassen sich hingegen mit der Frage, *wie* die betrieblichen Ziele erreicht werden sollen. A priori gegebene Ziele des betrieblichen Handelns werden nicht angenommen, diese müssen vielmehr erst gefunden werden. Der entscheidungstheoretische Ansatz weist eine starke verhaltenswissenschaftliche Orientierung auf, und es wird dadurch für die Betriebswirtschaftslehre ein interdisziplinäres Zusammenarbeiten unumgänglich, da sich die entscheidungsorientierte Betriebswirtschaftslehre im Sinne einer angewandten Wissenschaft nicht nur auf die Analyse der betrieblichen Sachverhalte beschränkt, sondern im Mittelpunkt ihrer Zielsetzungen stehen Handlungsempfehlungen. Auf Grund seiner Flexibilität und Ausbaufähigkeit ist der entscheidungstheoretische Ansatz meines Erachtens ein bedeutender Ansatz für die Betriebswirtschaftslehre.

Der systemtheoretische Ansatz[136]

Im systemtheoretischen Ansatz werden betriebswirtschaftliche Sachverhalte mit Unterstützung von Systemtheorie und Kybernetik als formales Instrumentarium für Regelungs- und Steuerungstechniken gesehen. Der bedeutendste Vertreter ist Ulrich[137] mit seinem Werk *Die Unternehmung als produktives soziales System*. Zentrales Anliegen dieses Ansatzes ist die Ausarbeitung von geeigneten Gestaltungsmodellen für die zukünftige Wirklichkeit einer Organisation. Die Organisation wird als offenes, soziales, produktives, kybernetisches System[138] gesehen, in dem vordergründig das Zusammenwirken von Individuen bzw. sozialen Gruppen im Mittelpunkt der Forschung steht. Die Systemtheorie erfordert ebenso wie der entscheidungstheoretische Ansatz Interdisziplinarität und unterstützt die ganzheitliche Sichtweise der Organisation zur Lösung betrieblicher

---

[136] vgl. Stein, von J. (1993), Sp 476f, vgl. Raffée, H. (1993), S 33f, vgl. Lechner, K. et al. (1999), S 54f, vgl. Staehle, W. (1991), S 40ff
[137] vgl. Ulrich, H. (1970)

Aufgaben- und Problemstellungen. Betriebliche Führungs- sowie Steuerungsfragen stehen ebenso wie die Einbettung der Organisation in die Umwelt und die daraus resultierenden Erfordernisse des vielfältigen Reagierens auf die Einflüsse von außen im Mittelpunkt dieses Ansatzes. Die Entwicklung von wissenschaftlich fundierten Handlungsempfehlungen für die Praxis zeigt hier die Gestaltungsaufgabe der Betriebswirtschaftslehre.

Der arbeitsorientierte Ansatz[139]

Dieser Ansatz kann als Reaktion auf den Vorwurf an die Betriebswirtschaftslehre gesehen werden, sich vordergründig nur mit kapitalorientierten Interessen auseinander zu setzen und die Interessen der Arbeitnehmer zu vernachlässigen. Das Konzept der *Arbeitsorientierten Einzelwirtschaftslehre* legt in seinen Untersuchungen besonderes Augenmerk auf Arbeitsbedingungen und Verhaltensweisen von Arbeitnehmern. Lebensqualität, Arbeitsmotivation oder Konsuminteresse, Sicherung von Arbeitsplatz und Einkommen werden in den Mittelpunkt der wissenschaftlichen Betrachtungen gerückt. Da dieser Ansatz die Leistungsfähigkeit des marktwirtschaftlichen Systems äußerst negativ bewertet und für ausgeprägte planwirtschaftliche Komponenten in der Wirtschaftsordnung plädiert, wird er als Fremdkörper in der marktwirtschaftlichen Betriebswirtschaftslehre gesehen. Dieser Ansatz hat jedoch insofern Bedeutung erlangt, als er dazu herausfordert, die herrschende Lehre kritisch zu hinterfragen.

---

[138] System ist die Gesamtheit aller Elemente, zwischen denen Beziehungen bestehen bzw. hergestellt werden können.
[139] vgl. Stein, von J. (1993), Sp 477f, vgl. Oechsler, W. (1992), S 13f, vgl. Lechner, K. et al. (1999), S 56, vgl. Hopfenbeck (1989), S 54

Der verhaltenswissenschaftliche Ansatz[140]

Im Vordergrund des verhaltenswissenschaftlichen Ansatzes steht das menschliche Verhalten in Organisationen. Einer der Hauptvertreter ist Kirsch mit seinen Arbeiten über *Entscheidungsprozesse*. Ausgangspunkt für diesen Ansatz ist die Annahme, dass das Streben nach Bedürfnisbefriedigung das wirtschaftliche Handeln der Menschen begründet, allerdings aber nicht auf den ökonomischen Nutzen beschränkt, wie dies in betriebswirtschaftlichen Ansätzen üblich ist. Man versucht vielmehr in diesem wissenschaftlichen Konzept, Arten, Entstehung sowie Unterschiede der menschlichen Bedürfnisse zu erforschen und setzt sich mit Verhaltensweisen, Erwartungen, den wechselseitigen Einflussfaktoren sowie den Möglichkeiten zur Förderung von Verhaltensveränderungen auseinander. Der verhaltenswissenschaftliche Ansatz ist ebenso wie der bereits dargestellte entscheidungstheoretische und auch der systemtheoretische Ansatz interdisziplinär angelegt. Er versteht sich aber neben der Theorienbildung auch als angewandte Wissenschaft.

Der situative Ansatz (Kontingenz-Ansatz)[141]

Der situative Ansatz hat seine Wurzeln in der umfassend empirisch orientierten vergleichenden Organisationstheorie. Kieser/Kubicek[142] (1978) zählen mit ihrem Buch *Organisationstheorien* zu den Hauptvertretern dieses Ansatzes. Ebenso fand dieser Ansatz schon früh Beachtung in der Führungslehre, wobei hier wesentliche Impulse von Kormann (1966), Morse/Reimer (1956) und Fiedler (1967) ausgingen. Das Beschreiben und Messen der realen Organisationsstrukturen sowie

---

[140] vgl. Kieser, A.; Kubicek, H. (1992), S 42f, vgl. Stein, von J. (1993), Sp 478f, vgl. Oechsler, W. (1992), S 11f, vgl. Lechner, K. et al. (1999), S 55, vgl. Staehle, W. (1991), S 36ff, vgl. Cyert, R.; March, J. (1995), S 18ff, vgl. Cyert, R.; Feigenbaum, E.; March, J. (1990), S 44ff
[141] vgl. Kieser, A. (1999b), S 169ff, vgl. Raffée, H. (1993), S 37ff, vgl. Kieser, A.; Kubicek, H. (1992), S 45ff, vgl. Staehle, W. (1991), S 47ff, vgl. Lechner, K. et al. (1999), S 55f, vgl. Hopfenbeck, W. (1989), S 49ff, vgl. Schreyögg, G. (1995), Sp 995f
[142] vgl. Kieser, A.; Kubicek, H. (Hrsg.)(1978)

das Einwirken situativer Faktoren (wie beispielsweise Organisationsgröße, Technologie oder Umwelt) auf formale Strukturen bzw. das Erklären der Differenzen zwischen den jeweiligen Strukturen stehen im Mittelpunkt dieses Ansatzes. Ebenso wesentlich ist für diesen Ansatz, wie sich situative Faktoren und die Organisationsstruktur auf das Verhalten der Mitarbeiter einer Organisation und deren Effizienz auswirken. Die folgende Grafik soll einen Überblick über diesen Ansatz geben.

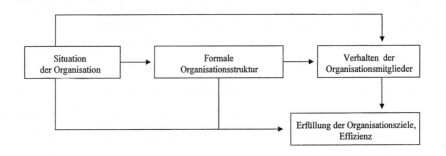

Abbildung 6: Grundlegende Struktur des situativen Ansatzes[143]

Der evolutionstheoretische Ansatz[144]

Die massiven Veränderungen der Rahmenbedingungen von Organisationen und deren Umwelt haben für das Management offen gelegt, dass das Denken in rein statischen Systemen und das Ausgehen von einheitlichen Strukturen keine adäquaten Ausgangspunkte mehr sein können.[145] Vielmehr sind Dynamik, das Denken in Prozessen, Systemdenken und Wandel relevante Bezugsgrößen. Der evolutionstheoretische Ansatz in der Betriebswirtschaftslehre basiert auf der Erkenntnis, dass die Gesellschaftsordnung als Ganzes grundsätzlich nicht als ein

---

[143] in Anlehnung an Raffée, H. (1993), S 37
[144] vgl. Macharzina, K. (1995), S 66ff, vgl. Probst, G.; Naujoks, H. (1995), Sp 915ff, vgl. Malik, F. (1996), S 48ff
[145] vgl. Probst, G.; Naujoks, H. (1995), Sp 915f

Ergebnis der Planung und Lenkung des Menschen zu sehen ist, sondern nur als ein Zwischenergebnis betrachtet werden kann, welches die sogenannte *Vorwelt* der Organisation mit den in ihr tätigen Individuen im Interessenverband und dem darauf abgestimmten Zusammenwirken widerspiegelt.[146]

Nach Malik[147] sind die zentralen Denkmuster für evolutionstheoretisch geleitetes Management darin zu sehen, dass

- Management in seinem Streben nicht auf Optimalität, sondern auf Steuerbarkeit (*Manageability*) im Sinne von Flexibilität, Anpassungsfähigkeit sowie Lernfähigkeit ausgerichtet ist,

- Management nicht nur als Menschenführung, sondern als Gestaltung und Lenkung eines ganzen Systems in seiner Umwelt zu verstehen ist,

- Management als Führung vieler Personen statt als Führung einiger weniger Personen zu verstehen ist,

- Management nicht als Aufgabe einiger weniger Personen, sondern als Aufgabe vieler Personen in einer Organisation zu verstehen ist,

- Management die Prozesse der Transformation in der Organisation auf indirekte Weise durch Modifikation der vorhandenen Strukturen und Regeln in einem System steuern kann und die Regelung nicht in direkter Form durch vollständige Detailbestimmungen für Funktionen aller Elemente und Beziehungen erfolgen soll,

- Management von der Annahme ausgeht, in keinem Fall[148] über genügend Wissen zu verfügen, anstelle der Annahme, ausreichend Informationen zur Verfügung zu haben,

---

[146] vgl. Macharzina, K. (1995), S 67
[147] vgl. Malik, F. (1996), S 48ff
[148] Hier gibt Malik die Einschränkung für einige wenige Spezialfälle, wo genügend Informationen zur Verfügung stehen, um Entscheidungen wirklich rechtfertigen zu können.

> das Handeln des Managements davon geleitet sein soll, die Lebensfähigkeit der Organisation und nicht den Gewinn zu maximieren.

Eine besondere Form des evolutionstheoretischen Ansatzes ist der entwicklungsorientierte Ansatz, in dem ebenso entwicklungspsychologische wie auch lerntheoretische Aspekte und Erkenntnisse mit einbezogen werden.[149] Die Zielsetzung eines entwicklungstheoretisch orientierten Managements ist die Möglichkeit, Perspektiven aufzuzeigen, „wie soziale Systeme aktiv und selbstbestimmend Veränderungsprozesse in der Umwelt aufgreifen und in systemische Entwicklungsprozesse umsetzen"[150] können.

Wie der systemtheoretische Ansatz ist auch der evolutionstheoretische Ansatz eher allgemein und wenig operational gestaltet, was sicherlich noch einer Weiterentwicklung der angestellten Überlegungen bedarf.

Der ressourcenbasierende Ansatz[151]

Vertreter des ressourcenbasierenden Ansatzes bezweifeln in Bezug auf die Bestimmungsfaktoren des Erfolges einer Organisation die Dominanz der auf die Umwelt bezogenen Faktoren und „gehen im Umkehrschluß sogar davon aus, daß der Erfolg oder Nichterfolg von Unternehmen vorrangig durch deren spezifische oder einzigartige Potentiale bestimmt wird"[152]. Diese werden oft als Kernkompetenzen oder allgemein als Ressourcen bezeichnet. Bei der Frage nach der Kompetenz[153] eines Mitarbeiters können prinzipiell folgende Bereiche unterschieden werden:

---

[149] vgl. Probst, G.; Naujoks, H. (1995), Sp 923
[150] Probst, G.; Naujoks, H. (1995), Sp 923
[151] vgl. Macharzina, K. (1995), S 58ff, vgl. Pullig, K.; Selbach, R. (1992), Sp 529ff
[152] Macharzina, K. (1995), S 59
[153] vgl. dazu auch die Darstellungen in Kapitel 4.2.4.

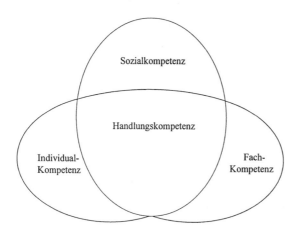

Abbildung 7: Kompetenzsegmente der Mitarbeiter[154]

Entsprechend der Grafik kann bei den Kompetenzen zwischen Individualkompetenz (Kreativität, Spontaneität, Verlässlichkeit oder Verantwortungsbewusstsein), der Sozialkompetenz (Teamfähigkeit, Konfliktfähigkeit, Kooperationsbereitschaft) und Fachkompetenz (berufsspezifische Qualifikation und Handlungsfähigkeit) unterschieden werden.[155] Beim ressourcenbasierenden Ansatz geht es aber um die Kernkompetenzen der Organisation. Der Ansatz unterscheidet zwischen *tangiblen* und *intangiblen* Ressourcen. Tangible[156] Ressourcen sind solche, die extern über den Markt beschafft werden können wie beispielsweise Roh-, Hilfs- und Betriebsstoffe, Halb- und Fertigfabrikate oder technische Ausstattung. Intangible Ressourcen sind solche, die fest mit der Organisation verbunden sind, die in ihrer Verwertung auch an die Organisation gebunden sind und dadurch schwer bis gar

---

[154] in Anlehnung an Pullig, K.; Selbach, R. (1992), Sp 531f
[155] vgl. Pullig, K.; Selbach, R. (1992), Sp 531, vgl. Reetz, L. (1999), S 245

nicht extern beschaffbar und verwertbar sind. Intangible Ressourcen sind beispielsweise mit „problemspezifischem Wissen, der Lernfähigkeit und dem Qualitätsbewußtsein von Arbeitnehmern, mit dem Know-how-Potential von dem Unternehmen freundschaftlich verbundenen Lieferanten oder Handelsmittlern, mit innerhalb und außerhalb des Unternehmens bestehenden informationellen und sozialen Netzwerken, mit dem Unternehmensimage, aber auch mit rechtlich abgesichertem Wissen"[157] in einer Organisation gegeben. Dieser Ansatz stellt eine neue Perspektive der Sichtweise des Managements dar, es bleibt aber die Frage offen, worin der Wettbewerbsvorteil der Organisation liegt, wenn all die intangiblen Ressourcen, die auch als Tacit-Knowledge bezeichnet werden, zu Public-Knowledge werden.[158]

Der kulturtheoretische Ansatz[159]

Im Mittelpunkt dieses Ansatzes steht die These, dass eine stark ausgeprägte Unternehmenskultur als immens ausschlaggebender Faktor für den wirtschaftlichen Erfolg einer Organisation angesehen wird. Diese Überlegungen, hergeleitet aus der erfolgreichen japanischen Unternehmensphilosophie, werden als richtungweisend für die hoch entwickelte, aber in einer gewissen Sinn- und Orientierungskrise befindliche europäische und amerikanische Wirtschaft gesehen. Gemeinsame Vorstellungen über Werte und Normen bzw. gemeinsame Denk- und Verhaltensmuster im betrieblichen Entscheidungsprozess prägen das Handeln des einzelnen Individuums ebenso wie seine Einbindung in entsprechende Gruppen einer Organisation. Wert- und Normvorstellungen einer Organisation können aber nur im Zusammenhang mit ihrem geschichtlichen

---

[156] Macharzina bezeichnet diese Form von Kernkompetenzen auch als dinglich-physische bzw. explizite *Aktiva*. vgl. Macharzina, K. (1995), S 60
[157] Macharzina, K. (1995), S 60
[158] vgl. Macharzina, K. (1995), S 60ff
[159] vgl. Marr, R. (1993), S 68f, vgl. Heinen, E. (1985), S 980ff, vgl. Lechner, K. et al. (1999), S 57, vgl. Staehle, W. (1991), S 465ff, vgl. Frese, E. (1993), S 125ff

Hintergrund verstanden werden. Das Erforschen des Phänomens der Unternehmenskultur kann der Schlüssel für ein umfassendes Menschenbild sein, das dann auch das Streben des Individuums nach Sinn und beispielsweise die Bedeutung von Symbolen beinhaltet. Der kulturtheoretische Ansatz ist als Erweiterung des entscheidungsorientierten Ansatzes zu verstehen. Beispielsweise werden Fragen der Unternehmenskultur, des Wertewandels oder der rasanten Veränderung im Fortschritt und der Umwelt im entscheidungstheoretischen Ansatz berücksichtigt, was für großen Realitätsgehalt und flexible Gestaltungsfähigkeit dieses wissenschaftlichen Ansatzes spricht.

Die oben diskutierte funktionale Gliederung in der Betriebswirtschaftslehre soll unter Bezugnahme auf entwicklungsspezifische Prozesse das analytische Fundament für die vorliegende Arbeit bilden. Der entscheidungstheoretische Ansatz mit kulturtheoretischen und ressourcenbasierenden Überlegungen zeigt sich als sehr geeigneter betriebswirtschaftlicher Ansatz im Gesamtgefüge der betrieblichen Weiterentwicklung sowie im Zusammenspiel mit der Betriebspädagogik. Wenn der Brückenschlag zwischen Pädagogik und Betriebswirtschaft ein fruchtbarer sein soll, so müssen sich beide Wissenschaftsbereiche im Sinne des gemeinsamen Erkenntniszuwachses weg von ihren streng monistischen Sichtweisen hin zur Interdisziplinarität bzw. Transdisziplinarität entwickeln. Eine sachgerechte und rege Wechselbeziehung zwischen Wirtschafts- und Sozialwissenschaft sowie Erziehungswissenschaft kann demnach nutzbringend für Gesellschaft und Organisation wirken und den Faktor Mensch in den Mittelpunkt rücken. Es gilt, diesen Ansatz im Handlungsfeld der Betriebspädagogik im Verlauf der Arbeit noch genauer zu spezifizieren.

2.2.2. Erziehungswissenschaft – Pädagogisches Modell – Erziehungssubjekt

Wie in Kapitel 2.1. bereits dargestellt, hat die Betriebspädagogik als wissenschaftliche Disziplin ihren methodologischen Standort in der speziellen Erziehungswissenschaft, wobei sie sowohl als analytisch-erklärende als auch als hermeneutisch-verstehende Theorienbildung zu sehen ist. Sie ist von der Theorienbildung her eine Teildisziplin der Wirtschaftspädagogik in einem weit gefassten Begriffsverständnis. Im Mittelpunkt der Betrachtungen aus pädagogischer Sicht steht der Mensch als erziehungsfähiges und erziehungsbedürftiges Wesen – die Höherführung der menschlichen Persönlichkeit ist das Rationalitätsmodell des pädagogischen Handelns. Steht die pädagogische Zielsetzung im Vordergrund, so „sind die Bedürfnisse und Interessen des Individuums, seine persönlichen Entfaltungsmöglichkeiten, seine Fähigkeiten, sich selbständig mit neuartigen Problemen auseinanderzusetzen, seine berufliche Autonomie, seine Mündigkeitsansprüche"[160] wichtiger als die „Abrichtung auf berufliche Außenanforderungen"[161]. Primär richtet sich die Erziehungswissenschaft am Erziehungssubjekt aus – das Individuum und seine Erziehung und Bildung stehen im Mittelpunkt. Kernpunkt der Betriebspädagogik ist somit die betriebliche Bildung des Menschen.

Die Erziehungswissenschaft bzw. Pädagogik[162] als eigenständige Disziplin hat sich erst Ende des 18., Anfang des 19. Jahrhunderts etabliert. Das Nachdenken über Erziehung war so bis ins 19. Jahrhundert ein Bestandteil der Philosophie

---

[160] Wieser, I. (1986), S 49
[161] Wieser, I. (1986), S 49
[162] Die Begriffe *Pädagogik* und *Erziehungswissenschaft* sollen in der Folge gleichbedeutend verwendet werden.

bzw. der Theologie und beispielsweise bei den Griechen Bestandteil der Politik.[163] Zentrale Ziele der Erziehungswissenschaft sind:

> wissenschaftliche Ergebnisse überprüfbar zu machen und
> praktisches Handeln zu leiten.

Bei der Frage nach der richtigen bzw. besten Methode für die Erreichung dieser Ziele und vor allem, was die Erziehungswissenschaft mit ihren Erkenntnissen dem handelnden Menschen für das praktische Handeln zur Verfügung stellen kann, zeigt sich, dass ein Methodenmonismus wenig zielführend sein kann und nur eine Kombination aus Methoden sinnvoll erscheint. Diese Methodenkombination kann folgendermaßen aussehen:[164]

Philosophische Methoden – Im Bereich der philosophischen Argumentation in der Theorienbildung geht es einerseits um die Festlegung von Grundbegriffen für die erziehungswissenschaftlichen Theorienbildungen und andererseits um die Moralphilosophie in der Erziehung mit der zentralen Frage nach der Begründung von Normen und Werten.

Hermeneutische Methoden (auf Verstehensleistungen beruhend) – Erkenntnisse aus der Sozialwissenschaft zeigen, dass menschliches Verhalten nicht reines Reagieren auf äußere Reize ist (Aktion – Reaktion), sondern durch Einstellungen, Erwartungen, Empfindungen und Absichten der handelnden Person mitbestimmt wird. Es ist unerlässlich, Erziehungssituationen zu verstehen, d. h. hermeneutische Methoden zu entwickeln, um möglichst exakte Informationen über Einstellungen, Erwartungen, Empfindungen und Absichten der handelnden Person gewinnen zu

---

[163] vgl. Kron, F. (1999), S 127, vgl. Lisop, I. (1976), S 41
[164] vgl. König, E. (1986), S 186ff

können. Die Hermeneutik kann so als eine Interpretation der Erziehungswirklichkeit verstanden werden.[165]

Empirische Methoden (empirisch-erklärend) – Pädagogische Forschung hat nach Fischer von der pädagogischen Praxis auszugehen.[166] Das Untersuchen und Erklären von Zusammenhängen zwischen verschiedenen Faktoren ist charakteristisch für die Erziehungswissenschaft und ihre Theorienbildung, wobei der Feldforschung für die Entdeckung möglicher Zusammenhänge eine zentrale Bedeutung in der empirischen Forschung zukommt. In der Folge sollen diese beiden Zugänge in der Betriebspädagogik grafisch dargestellt werden:

		Paradigmen	
Ebenen pädagogischen Wissens		**Hermeneutik**	**Empirie**
Wozu?	Berufsbildungstheorien	Anthropologie, Bildungsphilosophie	Bedarfsforschung, Qualifikationsforschung
Was?	Gegenstandstheorien	Motive, Deutungsmuster, Lernkultur betrieblicher Bildungsarbeit	Determinanten betrieblicher Bildungsarbeit
Wie?	Handlungstheorien (Handeln, Gestalten)	Pädagogisches Verstehen, situative Anwendung didaktischer Theorien	Curriculumforschung, Methodenpraxis und -innovation
	Erklärung	Nachvollzug *fremden* Sinns bzw. sozialen Handelns	Variablenisolierung, Zusammenhangs- berechnung

Abbildung 8: Paradigmen und Dimensionen der Betriebspädagogik[167]

---

[165] vgl. Kron, F. (1999), S 135 ff
[166] vgl. Kron, F. (1999), S 135
[167] in Anlehnung an Arnold, R. (1997), S 42

Im Zusammenhang mit der Erziehungswissenschaft und ihrer Theorienbildung werden die Begriffe *Bildung* und *Erziehung* teilweise deckungsgleich[168] bzw. teilweise differenziert[169] verwendet. In der Folge sollen diese beiden Begriffe kurz erläutert und ihre Differenzierung theoretisch fundiert werden, wobei vordergründig auf *Bildung* eingegangen wird.

Erziehung ist als Begriff aus der alltäglichen Lebenspraxis[170] vertraut[171] und bezeichnet eine Norm[172], mittels derer Soll-Zustände für ein Individuum beschrieben werden. Grundsätzlich ist die „Bildung zur Humanität"[173] letztendlich „nicht nur die Aufgabe der Erziehung des einzelnen Menschen, sondern vor allem Weg und Ziel des Geschichtsganges der Menschheit"[174] als Ganzes.[175] Brezinka verweist in seinen Arbeiten zur Definition des Erziehungsbegriffes auf das Faktum, dass Erziehung grundsätzlich der allgemeinste und höchste Begriff in der Erziehungswissenschaft ist, der zwar den geringsten Informationsgehalt hat, aber dafür über den weitesten Geltungsbereich verfügt.[176] Im Sinne eines handlungsorientierten Begriffs, wobei erzieherisches Handeln seitens des Erziehers normativ bestimmt ist, wird festgelegt, was wünschenswertes Verhalten ist.[177] *„Unter Erziehung werden soziale Handlungen verstanden, durch die*

---

[168] vgl. Sloane, P. (1997), S 41
[169] vgl. Giesecke, H. (1997), S 66ff, vgl. Kron, F. (1999), S 138ff, vgl. Jank, W.; Meyer, H. (1994), S 137ff, vgl. Troeger, W. (1986), S 189f, vgl. König, E. (1986), S 180ff
[170] Dies ist oftmals ein Hindernis in der wissenschaftlichen Theorienbildung der Erziehung, da vorwiegend Begriffe der Alltags- und Umgangssprache verwendet werden, wobei diese je nach Einsatzfeld und Person mit unterschiedlichen Bedeutungen versehen sind. vgl. Brezinka, W. (1971), S 567f
[171] vgl. König, E. (1986), S 180
[172] vgl. Troeger, W. (1986), S 189
[173] Herder, J. zitiert nach Röhrig, P. (1990), S 157
[174] Röhrig, P. (1990), S 157
[175] In den Ausführungen von Röhrig wird vor allem der klassische Bildungsbegriff angesprochen respektive ein Überblick über die Entwicklung der Bildung und die Herausbildung der Arbeitsbildung gegeben. vgl. Röhrig, P. (1990), S 157ff
[176] vgl. Brezinka, W. (1971), S 613
[177] vgl. Giesecke, H. (1997), S 68, vgl. Abraham, K. (1953), S 2f

Menschen versuchen, das Gefüge der psychischen Dispositionen anderer Menschen mit psychischen und (oder) sozial-kulturellen Mitteln in irgendeiner Hinsicht dauerhaft zu verbessern oder seine als wertvoll beurteilten Komponenten zu erhalten. "[178] Bildung und Lernen sind zum Unterschied von Erziehung frei von jeglicher Form von Macht- und Gewaltbeziehungen zwischen den Individuen. Erziehung hat so auch seinen Stellenwert für die Weitergabe von Kultur.[179] Zu Zeiten eines geringen gesellschaftlichen und ökonomischen Wandels hatte die Tradition eine durchaus beherrschende Stellung im Erziehungsprozess.[180] Heute gewinnen neue Inhalte, neues Wissen und neue Informationen immer mehr an Gewicht – Tradition in der Erziehung verliert an Bedeutung. „In Zeiten rascher Wandlungen und Veränderungen nimmt die durch Erfahrung und Lebensreife begründete Überordnung der Generationen ab zugunsten einer Art gemeinsamer Solidarität gegenüber gleichen Lebensproblemen, die unter anderem durch Lernen von allen lebenden Generationen gelöst werden müssen. Diese Tatsache kann nicht ohne Einfluß auf das Verständnis von Erziehung überhaupt bleiben. An die Stelle eines hierarchischen Gefälles von ‚Wissenden', und ‚Unwissenden', von ‚Mündigen' und ‚Unmündigen', von ‚Erfahrenen' und ‚Unerfahrenen' tritt immer stärker ein Verhältnis der Wechselseitigkeit der Lernenden."[181]

Bildung ist ein Begriff mit vielfältigen Bedeutungshöfen und ebenso unterschiedlich wird der Begriff Bildung[182] auch verwendet. Hier sollen folgende

---

[178] Brezinka, W. (1971), S 613
[179] vgl. König, E. (1986), S 180f, vgl. Troeger, W. (1986), S 190f
[180] vgl. Giesecke, H. (1997), S 68
[181] Giesecke, H. (1997), S 75
[182] vgl. Beck, J. (1990), S 197ff, wo eine sehr kritische Stellungnahme zum Begriff Bildung und dessen Missbrauch zu finden ist. Bildung ist hier charakterisiert als „anspruchsvolles Wort. Es enthielt die Hoffnung der Selbstbefreiung, der Erkenntnis und möglicher Praxis, wie Aufklärung sie meinte. Letztlich ging es um Freiheit." Beck, J. (1990), S 199

Varianten des Begriffsverständnisses in Anlehnung an Giesecke angeführt werden:[183]

> *Bildung im Sinne eines historischen Verständnisses* – Das Wort *Bildung* entstand in der deutschen Klassik bzw. im europäischen Neuhumanismus. Bildung ist bestimmt durch Selbstbestimmung und Selbsttätigkeit.[184] Es wird damit ein pädagogisches Ideal von *Gebildeten* proklamiert, welches sich eindeutig gegen den ökonomischen Utilitarismus wendet, d. h. Bildung im Hinblick auf die Verwertbarkeit in der Arbeitswelt wird ausgeschlossen.

> *Formalisierter Bildungsbegriff* – Der Blick ist hier grundsätzlich auf die lernenden Subjekte gerichtet, die nicht einfach von anderen gebildet werden, sondern ihre Fähigkeiten und Kenntnisse selbst bilden müssen. „Bildung als Anspruch individueller menschlicher Selbstverwirklichung, dem das Bildungswesen zu dienen hat."[185] Bildung ist somit losgelöst von einer bestimmten Inhaltlichkeit[186] und wird als Zielbegriff schlechthin verwendet.

> *Bildung als Begriff für die gesamte Entwicklung des Menschen* – Bildung ist verbunden mit der Fähigkeit, dass sich der Mensch von seinen unmittelbaren gesellschaftlichen und privaten Interessen distanzieren kann, um diese kritisch zu hinterfragen bzw. um sie in einer reflektierten und sozial adäquaten Form verfolgen zu können. Bildung folgt somit durchaus dem Ansatz des Utilitarismus und ist für die politische und freizeitkulturelle Existenz des Individuums unbedingt erforderlich. Je mehr kooperative Beziehungsformen die klassischen hierarchischen Beziehungsformen im Berufsleben ersetzen, desto bedeutungsvoller

---

[183] vgl. Giesecke, H. (1997), S 84ff
[184] vgl. Jank, W.; Meyer, H. (1994), S 138
[185] Giesecke, H. (1997), S 87

werden allgemeine Qualifikationen, die über die berufliche Qualifikation hinausgehen, auch für die Arbeitswelt.

Versucht man die Vielfalt der Definitionen und Abgrenzungen von Erziehung und Bildung auf einen gemeinsamen Nenner zu bringen, so lassen sich folgende Kriterien anführen:[187]

> Die Differenzierung zwischen Bildung und Erziehung erfolgt aus dem Blickwinkel der Dialektik von Subjektwerdung (das Subjekt, d. h. der Mensch und seine Stärkung stehen im Mittelpunkt) und Vergesellschaftung (Anpassung an die gesellschaftlichen Anforderungen und Normen stehen im Mittelpunkt) des Individuums.

> Wird von Bildung gesprochen, so ist immer eher das Subjekt und seine Stärkung gegenüber den gesellschaftlichen Anforderungen gemeint.

> Wird von Erziehung gesprochen, so ist immer eher die Durchsetzung gesellschaftlicher Anforderungen und die Anpassung an allgemein gültige Normen gegenüber dem einzelnen Subjekt oder den Subjekten gemeint.

Jank/Meyer formulieren in Anlehnung an Klafki folgende vier Charakteristika der klassischen Bildungstheorie, die auch heute noch als verbindlich gelten:

„1. Bildung zielt auf die Befähigung zu vernünftiger Selbstbestimmung.

2. Bildung wird im Rahmen der historisch-gesellschaftlich-kulturellen Gegebenheiten erworben.

3. Bildung kann jede(r) nur für sich selbst erwerben.

4. Der Bildungsprozeß erfolgt aber in der Gemeinschaft."[188]

---

[186] Wie es bei den Neuhumanisten war, denn diese verwendeten Bildung für eine bestimmte Zielvorstellung.
[187] vgl. Drechsel, R. (1987), S 112f
[188] Jank, W.; Meyer, H. (1994), S 138f

66

In der Bildung und gerade in der betrieblichen Bildung muss man aber von einem rein pädagogischen Modell abgehen – es ist eine neue Perspektive von Bildung auch in pädagogischer Sicht erforderlich. Da pädagogische Ideen immer eng verknüpft mit der ökonomischen Realität sind, pädagogische und ökonomische Modelle oft in Konkurrenz zueinander stehen und die gesellschaftliche Praxis vordergründig durch das ökonomische Modell geprägt ist, kann Bildung ohne Berücksichtigung der betrieblichen Praxis als wesentliche Organisationsform in unserer Gesellschaft nicht erfolgreich funktionieren. Dies wäre auch kontraproduktiv; der Anspruch nach Höherführung des Menschen ohne Berücksichtigung der *Verwertbarkeit* (im Sinne von Handlungsvermögen des Bildungssubjekts in einer technisch-ökonomisch determinierten Umwelt) ist meines Erachtens als unrealistisch zu betrachten.

Richtet man unter Berücksichtigung der oben angeführten Gegebenheiten unserer Umwelt bzw. Realität den Betrachtungswinkel auf die Anforderungen an die Bildung im beruflichen Gefüge, so lassen sich nach Blankertz folgende drei wesentliche Kriterien für Bildung festhalten:[189]

> ➢ Der Mensch ist primär Zweck und nie bloßes Mittel. Die Bildung darf den Menschen keinesfalls nur als Arbeitskraft verfügbar machen und hat immer zur Personwerdung des einzelnen Individuums beizutragen.

> ➢ Bildung hat immer im Bereich der erfahrbaren Sinnhaftigkeit zu erfolgen, d. h. Kernpunkt einer pädagogisch geplanten Bildung ist die teilweise Identifikation des Individuums mit seiner Arbeit, und

> ➢ Ausbildung und Bildung sind nicht getrennt zu betrachten, sondern als Einheit zu fassen.

---

[189] vgl. Blankertz, H. (1975), S 291

Ein betriebspädagogisches Konzept der Bildung unter Berücksichtigung des Wandels der gesellschaftlichen Ansprüche kann folgendes Anforderungsprofil haben:[190]

> *Realistischer Bildungsbegriff* – Die Erziehungswirklichkeit ist so zu thematisieren, wie sie wirklich ist, und nicht so, wie sie idealtypisch sein sollte.

> *Didaktischer Bildungsbegriff* – Bildung soll hier unter dem Blickpunkt der didaktischen Konzeptionierung im Sinne der Gestaltung von Lehr- und Lernarrangements interpretiert und betrachtet werden.

> *Qualifikatorischer Bildungsbegriff* – Bildung wird im Sinne von Handlungskompetenz interpretiert, d. h. Bildung bezeichnet „die Fähigkeit eines Menschen, kritisch, sachkompetent, selbstbewußt und solidarisch zu denken und zu handeln."[191] Bildung ist somit eine Kombination aus Fertigkeiten, Kenntnissen, Fähigkeiten und Einstellungen, die es dem Individuum ermöglicht, in einer durch ökonomische (erwerbswirtschaftliche und arbeitsteilige) Prinzipien determinierten Gesellschaft zu handeln und diese zu gestalten.

> *Bildungsökonomischer Bildungsbegriff* – Im Sinne des Humankapitals[192] als eine immaterielle Summe von Fähigkeiten und Kenntnissen ist die Bildung ein ganz wesentlicher Aktionsparameter im ökonomischen Modell. Über Bildung können wirtschaftliche Ziele erreicht werden. Bildung ist sowohl Investition als auch Konsum – Investition dann, wenn Bildung aus technisch-ökonomischen Anforderungen (manpower-approach) begründet wird, und Konsum dann, wenn Bildung aus sozialen

---

[190] vgl. Sloane, P. (1997), S 42f

[191] Jank, W.; Meyer, H. (1994), S 139

[192] vgl. dazu beispielsweise die Ausführungen bei Stewart, der sich mit dem vierten Produktionsfaktor – dem Faktor Mensch bzw. Humanvermögen – auseinander gesetzt hat und zu dem Schluss gekommen ist: „Es ist in der Tat das wichtigste Vermögen." Stewart, T. (1998), S 91

sowie individuellen Bedürfnissen (social demand approach) begründet wird.

> *Gesellschaftstheoretischer Bildungsbegriff* – Bildung soll immer einerseits zur beruflichen Tüchtigkeit (Erwerbs- und Arbeitsfähigkeit) als auch andererseits zur beruflichen Mündigkeit (persönliche Selbstverwirklichung) innerhalb der Gesellschaft, an der jedes Individuum aktiv teilnimmt, führen bzw. beitragen. Bei einer rein bildungsökonomischen und qualifikatorischen Betrachtung der Bildung ohne gesellschaftstheoretische Orientierung läuft man sonst gerade im Bereich der betrieblichen Bildung Gefahr, Bildung auf Anpassungsbildung zu reduzieren im Sinne einer ökonomischen Mittelfunktion.

Diese methodologischen Darstellungen bzw. Akzentuierungen für die Bildung auf die Gegebenheiten der Praxis im Sinne einer umsetzbaren Betriebspädagogik sind Voraussetzung, um überhaupt eine Transdisziplinarität zwischen den beiden Wissenschaftsbereichen zu ermöglichen.

Wie bereits angesprochen, ist Veränderung ein Charakteristikum unserer Zeit. Betriebspädagogik sowie die Managementlehre unterliegen einem ständigen Wandel. In der Betriebspädagogik vollzieht sich ein Paradigmenwechsel hin zu einem neuen Verständnis[193], in Form einer „Ermöglichungsdidaktik"[194]. Eine evolutionäre und systemorientierte Betriebspädagogik verfügt in diesem Sinn über ein integratives Verständnis von Bildung und Qualifikation, verlässt das Paradigma[195] der pädagogischen Machbarkeit (didaktischer Realismus von Eigenverantwortung sowie Selbststeuerung) und distanziert sich von der

---

[193] Dürr beispielsweise spricht von einem *neuen Bewusstsein in der Pädagogik*; vgl. Dürr, W. (1987), S 645ff
[194] Arnold, R. zitiert nach Arnold, R. (1994c), S 288
[195] vgl. dazu die Ausführungen in Kapitel 5.1.1.

Vorherrschaft des rein fachlichen Lernens (Bedeutungssteigerung des außerfachlichen Lernens).[196] Betriebspädagogik hat somit nicht nur die Höherführung des Individuums als Ausrichtungslinie, sondern das Handlungsfeld der Betriebspädagogik soll dazu beitragen, dass sich die Organisationskultur durch die Lernkultur weiterentwickeln kann. Wie bereits im vorangegangenen Kapitel dargestellt, erscheint der entscheidungstheoretische Ansatz, ergänzt durch kulturtheoretische und ressourcenbasierende Überlegungen, als sehr geeigneter betriebswirtschaftlicher Ansatz im Gesamtgefüge der betrieblichen Weiterentwicklung sowie im Zusammenspiel mit der Betriebspädagogik. Gerade der kulturtheoretische Ansatz bietet für die Betriebspädagogik den erforderlichen Zugang, damit sich organisationales Lernen entwickeln sowie stärken kann und sich die Lern- und Bildungswirksamkeit der laufenden innerbetrieblichen Kooperation verstärken.

---

[196] vgl. Arnold, R. (1994c), S 284ff

2.3. Transdisziplinarität zwischen Betriebswirtschaft und Erziehungswissenschaft

„Bildung ist das was übrig bleibt,
wenn wir vergessen,
was wir gelernt haben."
Lord Halifax

Der Begriff der *Betriebspädagogik* besteht aus den Teilen *Betrieb,* der als Synonym für die rationale, vernunftbestimmte, harte Welt des ökonomischen Prinzips steht, und aus dem Teil *Pädagogik,* der als Synonym für die beziehungsbestimmte weiche Welt des pädagogischen Prinzips steht.

Dieser Begriff und seine Zerlegung und Zuweisung zu den einzelnen Bedeutungshöfen lässt sofort die Assoziation mit Spannungsverhältnis, Gegensatz, Unvereinbarkeit, Unverträglichkeit u. ä. zutage treten. So wie sich diese beiden Begriffe aber zu einem geschmeidig-abgestimmten und stimmig-wohlklingenden Wort zusammenfügen lassen, so wäre es auch für die Praxis (Lebens- ebenso wie Betriebspraxis) wünschenswert.

Es ist richtig, dass sich beide Wissenschaften von ihrer Entstehungsgeschichte und ihrem Wissenschaftsanspruch her auf den ersten Blick widersprechen – worin liegt aber ein hinreichender Grund, der eine Entwicklung in die gleiche Richtung verhindert oder gar ausschließt?

Bei der Darstellung der beiden Referenzwissenschaften hat sich gezeigt, dass beide Wissenschaftsbereiche über ausreichend Potential verfügen, um gemeinsam zu Höherführung und Weiterentwicklung von Menschen und Organisationen beitragen zu können. Bei den Ausführungen wurde schon deutlich, dass beide

Wissenschaftsbereiche und auch die Praxis bereits erkannt haben, dass ein wissenschaftlicher Monismus bzw. eine enge Sichtweise, auf die eigene Disziplin beschränkt, auf Grenzen stößt. Interdisziplinarität[197] wird von beiden Disziplinen als notwendig erachtet und in einzelnen Ansätzen gefordert. Zusätzlich ist anzuführen, dass beide die Zuordnung zum gleichen Wissenschaftsbereich haben, denn wenn man Betriebspädagogik in seinen Ursprüngen betrachtet, so wurde sie früher den Sozialwissenschaften zugeordnet, und wenn man die neuen Ansätze der Betriebswirtschaft betrachtet, so ist das Basiskonzept ebenso die Sozialwissenschaft.

Beide Prinzipien haben gezeigt, dass sie voneinander abhängig sind. Für die Pädagogik gilt, dass eine Organisation, die ökonomisch nicht überleben kann, auch keine Mitteln hat, um betriebliche Bildung anzubieten bzw. zu finanzieren. Für ein traditionelles Verständnis der Pädagogik mag dies ärgerlich erscheinen, es ist aber ein Faktum, dass betriebliche Bildungsarbeit nun eben auch finanziert werden will. Arnold stellt diesbezüglich für die Pädagogik die zentrale Frage: „Können die Bildungsansprüche des Individuums ... aus einer Abhängigkeit des pädagogisch Notwendigen vom wirtschaftlich, technologisch und unternehmerisch Möglichen heraus realisiert werden?"[198]

Für die Betriebswirtschaftslehre gilt, dass faktortheoretische Ansätze bzw. das reine Ausrichten auf die Organisation und das darin stattfindende wirtschaftliche Handeln heute ganz deutlich an ihren Grenzen angelangt sind. Wenn man nicht auf die Mitarbeiter und ihre Bedürfnisse Bedacht nimmt bzw. akzeptiert, dass Menschen und ihre Beziehungen zueinander die Organisation letztendlich

---

[197] vgl. dazu die Ausführungen in Kapitel 2.2.
[198] Arnold, R. (1997), S 26

ausmachen, dann kann wirtschaftlicher Erfolg bzw. die Wettbewerbsfähigkeit der Organisation immer weniger sichergestellt werden.

Erfolg und Fortschritt einer Organisation sind immer mehr vom Faktor Mensch abhängig. Die menschliche Arbeitskraft wird zum wichtigsten Produktionsfaktor der Organisation, wobei aber immer eine wechselseitige Beziehung und Beeinflussung zwischen Menschen und Organisationen besteht.[199] Menschen, die wissensbasierende Arbeit verrichten, sogenannte „Wissensarbeiter"[200], verfügen über die *Schlüsselressource* bzw. ihr *Produktionsmittel* Wissen und sind längst nicht mehr als Untergebene[201], sondern als Mitglieder einer Organisation im Sinne einer Gemeinschaft[202] zu sehen.[203] Wissen[204] und Können sind die zentralen Ansatzpunkte. Wie kann das Wissen in den Köpfen der Mitarbeiter der Organisation verfügbar gemacht werden, wie wird neues Wissen generiert, wie wird implizites Wissen zu explizitem Wissen, wie kann Lernen in Organisationen erfolgen und was sind Voraussetzungen dafür, wie müssen Organisationen gestaltet werden, damit sie eine lernfördernde Umgebung bieten? Das sind

---

[199] vgl. Walter, J. (1999), S 147

[200] Drucker, P. (1999), S 9

[201] Im Zusammenhang mit der Entwicklung eines Betriebsbildungswerkes in der Steiermark wurde Folgendes festgehalten: Jede Organisation „ist ein partnerschaftliches Werk, gleichgültig, in welchen arbeits- und dienstrechtlichen Verhältnissen Arbeitgeber und Arbeitnehmer" (Stock, A.; Kojalek, K. (1999), S 480) zueinander stehen.

[202] Diese Rollenveränderung der Mitarbeiter wird bei Drucker sehr treffend mit folgenden Worten beschrieben: „Selbst wer in einer Organisation fest angestellt ist, ist längst kein ‚Untergebener' mehr, und das gilt auch für Arbeiten auf sehr niedrigem Niveau. Immer häufiger ist der ‚Wissensarbeiter' anzutreffen. Und Wissensarbeiter sind keine Untergebenen, sie sind Mitglieder der Gemeinschaft. Hat ein ‚Wissensarbeiter' seine Lehrzeit abgeschlossen, muß er mehr über seine Arbeit wissen als sein Chef – anderenfalls reichen seine Leistungen nicht aus. Es ist ein Teil der Definition des Wissensarbeiters oder der Wissensarbeiterin, daß er oder sie mehr über seine Arbeit weiß als irgend jemand sonst innerhalb einer Organisation." Drucker, P. (1999), S 34f

[203] vgl. Drucker, P.(1999), S 8f und 34

[204] vgl. dazu beispielsweise Schneider U. (1996), S 17ff, wo im Kapitel 2. „Woraus ist der Stoff beschaffen: Variationen über die Begriffe Wissen und Wissensmanagement" eine zweidimensionale Definition von Wissen dargeboten wird.

Beispiele für Fragen, die nur mit Hilfe der Betriebspädagogik zielführend und befriedigend für Mensch und Organisation beantwortet werden können.

Bedingung für die angeführten Forderungen bzw. Fragestellungen in beiden Wissenschaftsbereichen ist allerdings, dass man sich in beiden Wissenschaftsbereichen und im Zuge der Ableitung von Handlungsempfehlungen aus den wissenschaftlichen Erkenntnissen für die Praxis vom disziplinären Alleinanspruch löst und lernt, gegenseitige Vorteile aus den einzelnen Disziplinen zusammenzuführen. Nur ein gemeinsames Vorgehen kann hier zielführend sein.

Interdisziplinarität wird von den einzelnen Wissenschaften selbst proklamiert. So wird beim verhaltensorientierten Ansatz, ebenso wie beim entscheidungstheoretischen oder kulturtheoretischen Ansatz, Interdisziplinarität gefordert. Auch in der Betriebspädagogik ist eine solche Tendenz zu erkennen. Arnold zeigt Ansätze einer Abkehr vom strengen Trennungsgedanken zwischen der pädagogischen und der ökonomischen Rationalität auf und er betont, dass sich das *neue Bewusstsein* in Organisationen als zentrale Herausforderung an die Betriebspädagogik darstellt, da mit diesem neuen Bewusstsein Absichten verbunden sind sowie ein Menschenbild,[205] das „dem der Bildungstheorie in zentralen Punkten sehr wesensverwandt ist, weshalb sich auch die erziehungswissenschaftliche Betriebspädagogik veranlaßt sehen könnte, die vom Aufklärungspostulat hergeleitete prinzipielle ‚Unversöhnlichkeit' von ökonomischem Prinzip einerseits und pädagogischem Prinzip der Persönlichkeitsentwicklung andererseits neu zu überdenken"[206]. Für eine mögliche Überwindung dieses disziplinären Monismus hat Zabeck folgende

---

[205] vgl. Arnold, R. (1997), S 14
[206] Arnold, R. (1997), S 14

fakultative Varianten für die Bedeutung der Interdisziplinarität herausgearbeitet:[207]

> Interdisziplinarität im Sinne von Kooperation bzw. Teamwork
> Interdisziplinarität im Sinne der Ganzheitlichkeit, d. h. Aufhebung der
  akademischen Arbeitsteilung
> Interdisziplinarität als eine logische Verknüpfung der einzelnen
  Disziplinen im Sinne eines fächerübergreifenden
  Wissenschaftsverständnisses.

Es erscheint grundsätzlich erstrebenswert, gerade den dritten Punkt von Zabecks
Aufgliederung, das fächerübergreifende Wissenschaftsverständnis, zu erreichen,
allerdings wird eingeschränkt, dass bestehende Wissenschaftsgrenzen nicht
einfach aufgehoben werden können bzw. dass kein übergeordnetes Korrektiv der
Wissenschaften mit entsprechenden Methoden gefunden werden kann. So
erscheint das Ansinnen zwar als gut, aber nicht als erreichbar.[208]

Interdisziplinarität geht von getrennten wissenschaftlichen Disziplinen aus.
Welsch[209] geht in seinem Ansatz der Transdisziplinarität von einer Theorie der
transversalen Vernunft aus und wendet sich gegen das Denken in Disziplinen,
denn er legt offen, dass alle wissenschaftlichen Disziplinen im Grunde genommen
nicht geschlossen, sondern ineinander verwoben sind, d. h. sie sind „durch
Verflechtungen   bestimmt   und   von   Übergängen   durchzogen"[210].
Interdisziplinarität ist ein alter Begriff und er fordert den Begriff der
Transdisziplinarität, denn der „Sache nach gebietet der Verflechtungscharakter
der Rationalitäten die Überwindung des Disziplinendenkens und den Übergang zu

---

[207] vgl. Zabeck, J. (1992), S 199ff
[208] vgl. Zabeck, J. (1992), S 200
[209] vgl. Welsch, W. (1995), S 946ff
[210] Welsch, W. (1995), S 946

einem Denken in Formen der Transdisziplinarität. Die Disziplinen sind in Wahrheit nicht durch einen ‚Kern' konstituiert, sondern um netzartige Knoten organisiert. Die Aufgabe läge darin, deren Stränge auszuarbeiten und ihre Verbindungslinien zu verfolgen. Man wird eine Disziplin veritabel nicht anders als transdisziplinär betreiben können. Erst im Modus der Transdisziplinarität lassen sich die Hoffnungen der Interdisziplinarität einlösen."[211] Ohne diese Erkenntnis kommen Vertreter unterschiedlicher Disziplinen mit ihren differenzierenden Rationalitätstypen zwar mit der guten Absicht zusammen, sich auszutauschen, aber sie gehen dann wieder in ihre alten Disziplinen zurück, als hätte sich nichts verändert.[212]

Gerade in dieser Transdisziplinarität liegt für die Betriebspädagogik ein immenses Potential für ihre Bedeutung in der Organisation bzw. für die Verbindung hin zur Wirtschaftswissenschaft.

Der kulturtheoretische Ansatz ist ein betriebswirtschaftlicher Ansatz[213], vor allem ist er grundsätzlich ein mit kulturtheoretischen Inhalten angereicherter entscheidungstheoretischer Ansatz. Die Unternehmenskultur, verbunden mit den gemeinsamen Werten und Normen, mit der Identifikation der Mitarbeiter mit ihrer Organisation und gemeinsam ausgerichtetem Handeln, bekommt zentralen Stellenwert. In diesem Ansatz findet man ein altes betriebspädagogisches Konzept der Betriebsgemeinschaft[214] aus den Beginnzeiten der wissenschaftlichen Entwicklungsphase dieser Disziplin wieder. Ziel kann nur sein, dass die

---

[211] Welsch, W. (1995), S 947
[212] vgl. Welsch, W. (1995), S 946
[213] vgl. dazu die Ausführungen in Kapitel 2.2.1.
[214] Dieses Konzept ist aber im Blickpunkt auf die politischen Entwicklungen dieser Zeit sehr kritisch zu betrachten.

Betriebspädagogik die Organisation mitgestaltet – gerade Personalentwicklung[215] und organisationale Veränderung[216] sind zentrale Ansatzpunkte.

Dieses Faktum legt ebenso die bereits vorhandene Transdisziplinarität zwischen den Wissenschaftsbereichen offen wie auch den Sachverhalt, dass beide, die Betriebspädagogik ebenso wie die Betriebswirtschaftslehre, neben anderen Klassifizierungsvorstellungen auch den Sozialwissenschaften zugeordnet waren bzw. werden.

Es wäre fatal, würde man unter diesen wissenschaftlichen Rahmenbedingungen ein getrenntes disziplinäres Denken und verankerte Separationslinien zwischen der Erziehungswissenschaft und der Wirtschaftswissenschaft mit dem Argument einer vermeintlichen Tradition der Aufklärung aufrechterhalten wollen. Des Weiteren sind die Ökonomisierung der gesamten Lebenswelt ebenso wie die Entwicklung unserer Gesellschaft zu einer Wissensgesellschaft und die Entwicklung der Organisationen zu Lernenden Organisationen und die Bedeutungszunahme des lebenslangen Lernens zusätzliche Argumente, die die besonders gute Zugangsmöglichkeit der Betriebspädagogik zur Forschung der Erziehungswissenschaft und der Betriebswirtschaft offen legen.

---

[215] vgl. dazu die Ausführungen in Kapitel 4.2.
[216] vgl. zur organisationalen Veränderung die Ausführungen in Kapitel 4.1.

3. Positionierung der Betriebspädagogik im Managementgefüge

> *„Was ist der Weg zur optimalen Organisationsform?*
> *Wissenschaftler und Praktiker der Management-Theorie*
> *und des Management-Trainings haben die Antwort auf diese*
> *Frage immer wieder gesucht, seitdem klar wurde, daß*
> *Führung mehr Wissenschaft als Kunst und daß sie erlernbar ist. "*
> **Blake/Mouton**

3.1. Konzeptionelle und theoretische Grundlagen

Soll die Betriebspädagogik zur Lern- und Weiterentwicklungsfähigkeit einer Organisation beitragen, bedarf es auf der Ebene des Managements wie auch im Handlungsfeld der Betriebspädagogik einer *Politik des Ermöglichens anstelle des Machens*, denn weder Bildung noch Organisationskultur sowie deren Weiterentwicklung können letztendlich *gemacht* werden, sondern sie können nur *ermöglicht* werden. In diesem Sinne können Rahmenbedingungen geschaffen werden, und es bedarf eines lern- und entwicklungsfördernden Umgangs mit der Selbstorganisation und Lebendigkeit der lernenden Systeme[217] (Menschen und Organisationen). Als Beispiel für die Forderung nach evolutionärer Pädagogik bringt Arnold ein Exempel von Ed Nevis, der ein Bild für einen solchen Pädagogen mit den Detektiven Columbo und Sherlock Holmes zeichnet. So stellt Ed Nevis fest, dass ein solcher Pädagoge mehr mit Columbo als mit Sherlock Holmes gemeinsam hat, und erklärt dies folgendermaßen:

---

[217] vgl. Arnold, R. (1994c), S 290f

79

„Ganz im Gegensatz zu Sherlock Holmes, der gut organisiert, präzis, wissend, überlegen in der Wahrnehmung und im logischen Argumentieren, rational und deduktiv ist, ist Columbo (scheinbar) naiv, ungeschickt, langsam ... . Er scheint keine genauen Punkte zu haben, die er klären will, noch scheint er zu wissen, welches sein nächster Schritt sein wird. Es scheint, als wisse er nicht, wo er seinen Fuß als nächstes hinsetzen will, während er in der Szene des Verbrechens herumgeht. Während man Holmes kaum je einen Fehltritt machen sieht ..., scheint Columbo ziellos wie ein Falter herumzuschwirren. Von Columbo mag man sagen, daß er wie ein Schwamm handelt, indem er in sein Milieu eintaucht und auf wichtige Hinweise wartet, die man ihm zuträgt, so wie Metallteile zu einem Magneten hingezogen werden. Holmes andererseits gleicht einem gut trainierten Jagdhund, der seine Umgebung attackiert, und er bleibt nie ruhig, bis er in seinem Geist die verschiedenen Teile des Puzzles zusammengebracht hat."[218]

Im ersten Schritt soll nun die Betriebspädagogik als Handlungsfeld in den Mittelpunkt der Betrachtungen gerückt werden, wobei es allerdings gilt, vorab eine Definition sowie eine terminologische Abgrenzung auch im Bereich der betriebswirtschaftlichen Begriffswelt vorzunehmen. Betriebspädagogik als generische[219] Managementfunktion[220] ist keinesfalls ein alter Mythos neu verpackt. Vielmehr ist Betriebspädagogik eine pädagogische Disziplin,[221] die sich am Menschen, den Bildungsmöglichkeiten jedes Einzelnen und dem damit verbundenen pädagogischen Handeln im Umfeld des betrieblichen Geschehens orientiert. Im Bereich der Betriebspädagogik stand bisher primär das Individuum und seine persönliche Weiterentwicklung im Vordergrund, d. h. die „Pädagogik

---

[218] Nevis, E. zitiert nach Arnold, R. (1994c), S 290

[219] Entsprechend der etymologischen Deutung stammt das Wort „*generisch*" vom Lateinischen „*genergenus*" – als synonyme Adjektive können *generell, allgemein, gemeinsam* oder *universell* angeführt werden; das Gegenteil zu generisch ist speziell bzw. spezifisch. vgl. Merriam-Webster's Collegiate Dictionary http://www.suchfibel.de/4spez/4frame2.htm und vgl. auch beispielsweise Cassirer, E. (1973)

[220] Unter *generischer Managementfunktion* soll das Handlungsfeld der Betriebspädagogik verstanden werden, das sich nicht nur auf einen weiteren Funktionsbereich im Gesamtgefüge des Managements bezieht, sondern das alle Funktionen und Ebenen einer Organisation durchzieht. Betriebspädagogik ist nicht die spezielle Angelegenheit und das Aufgabenfeld eines Managers alleine, sondern muss generelles Anliegen sowie gemeinsame Aufgabe aller sein und in den Werten und Normen einer Organisation verankert werden.

[221] vgl. Arnold, R. (1997), S 33

der Moderne war eine Pädagogik über und für das Individuum"[222]. Soll das Handlungsfeld der Betriebspädagogik im Sinne einer generischen Managementfunktion aber evolutionär und systemorientiert gestaltet werden bzw. soll eine selbstgesteuerte und eigenverantwortliche Weiterentwicklung von Mitarbeitern in einer Organisation ermöglicht werden, so bedarf es eines Paradigmenwechsels[223], d. h. „die Pädagogik der Postmoderne muß demgegenüber eine Pädagogik über und für Organisationen sein"[224]. Dieser Wechsel setzt aber voraus, dass eine Vorstellung darvon entwickelt wird, wie die Organisation letztendlich als bildungsfähiges Lernsubjekt betrachtet werden kann,[225] um zu ihrer Weiterentwicklung beizutragen.

In einem zweiten Schritt werden grundlegende Begriffsexplikationen im Bereich des Managements dargestellt, um damit den Rahmen des Betrachtungsfeldes abstecken zu können. Der Begriff *Management* hat eine so mannigfache Verwendung bzw. Bedeutung, dass eine Auseinandersetzung mit Grundelementen des Begriffskanons *Management* für ein klares Verständnis im Rahmen der vorliegenden Arbeit erforderlich ist.

3.1.1. Betriebspädagogik als Handlungsfeld und -ebene

Im Kapitel 2.1. erfolgte eine Abgrenzung des Begriffes Betriebspädagogik zu anderen fachverwandten Feldern der Erziehungswissenschaft. Ebenso ist es auch erforderlich, eine Abgrenzung zu Bereichen der Betriebswirtschaftslehre

---

[222] Geißler, H. (1991), S 24
[223] vgl. dazu die Darstellungen in Kapitel 5.1.1.
[224] Geißler, H. (1991), S 24
[225] vgl. Geißler, H. (1991), S 24

vorzunehmen, um gleich zu Beginn klarstellen zu können, dass es sich im Falle der Betriebspädagogik als generische Managementfunktion um keine Kreation eines weiteren Begriffes im Sinne von *alter Wein in neuen Schläuchen* bzw. um einen sogenannten *Etikettenschwindel* handelt, sondern um einen neuen Zugang über die Betriebspädagogik zu den Aufgabenfeldern einer Organisation. Gegenstand und Fragestellungen für betriebspädagogisches Handeln ergeben sich auf allen Ebenen einer Organisation – sei es das Management, das Strukturen schafft, Verhaltensformen bestimmt bzw. dadurch Klima und Kultur einer Organisation prägt, ebenso wie jeder einzelne Mitarbeiter, der entsprechende Kompetenzen[226] braucht, um mitgestalten und -entwickeln zu können. Zugleich ist es auch eine zentrale Frage, wie der Lernort Organisation gestaltet und entwickelt werden kann, um eben diese Kompetenzen erlernbar bzw. erwerbbar und *erleb-* sowie *lebbar* zu machen.

Begriffe wie *Bildungsmanagement, Personalmanagement, Human Resources Management, Wissensmanagement, Knowledge Management* und viele ähnliche Termini durchziehen die betriebswirtschaftliche Literatur. In der Folge sollen nun die hier angeführten Begriffe erläutert werden.

Im Begriffskanon von *Bildungsmanagement* sind unterschiedliche Akzentuierungen zu finden. Der Bogen in Bezug auf das Begriffsverständnis des Bildungsmanagements reicht von *Management von Bildungseinrichtungen* bis hin zu einem der *Betriebspädagogik sehr angenäherten Begriffsverständnis.*

Für das Management von Bildungseinrichtungen findet man auch in der Betriebswirtschaftslehre im Feld der Speziellen Betriebswirtschaftslehre[227] den

---

[226] vgl. dazu die Ausführungen in Kapitel 4.2.4.
[227] vgl. dazu auch die Ausführungen in Kapitel 2.2.1.

Bereich einer Bildungsbetriebslehre,[228] in dem die Erforschung von Lehr- sowie Lernsachverhalten zum Thema der wissenschaftlichen Untersuchung wird und man sich im Speziellen mit dem Management von beispielsweise Schulen, Fachhochschulen oder Universitäten beschäftigt.

Folgt man den Ausführungen von Decker[229], so sind unter Bildungsmanagement folgende drei Bereiche zu verstehen:

➢ Pädagogisches Management (Managementqualifikationen für Lehr- und Lernprozesse),

➢ Dispositives Management (Management von Bildungseinrichtungen[230]) und

➢ Führung und Leitungsmanagement (Wandel von Führungskultur und Veränderung der klassischen Lehrerrolle).

Dieses Begriffsverständnis nach Decker ist sehr umfassend und zielt letztendlich auf alle Bildungsbereiche unserer Gesellschaft ab, während die Betriebspädagogik die Organisation mit all ihren Kontextfaktoren fokussiert.

Geißler[231] zielt mit der Festlegung des Aufgabenfeldes des Bildungsmanagements hingegen sehr konkret auf die Bereiche:

➢ Erschließen der Adressaten für das Lernen,

➢ Gestaltung des Lernens bzw. des Lernfeldes sowie

➢ Evaluation des Lernens

und versteht unter Bildungsmanagement nicht ein weiteres Managementfeld, sondern einen zusätzlichen Aspekt in jedem Management.

---

[228] vgl. Loitelsberger, E. (1983), S 73
[229] vgl. Decker, F. (1995), S 6ff
[230] vgl. hierzu auch die Ausführungen bei Merk zum Management für Bildungsunternehmen; vgl. Merk, R. (1998), S 19ff

Das Begriffsverständnis von Bildungsmanagement nach Geißler ist vergleichbar mit dem für diese Arbeit festgelegten Verständnis von Betriebspädagogik. Allerdings gilt es hier noch zu zeigen, dass Betriebspädagogik einerseits natürlich als zusätzlicher Aspekt eines jeden Managementfeldes zu verstehen ist, andererseits aber sehr wohl als eigenes Managementfeld[232] zu definieren ist.

Bildungsmanagement ist somit keinesfalls als Gegensatz zur Betriebspädagogik zu betrachten, sondern je nach Begriffsauffassung als ein Teilbereich oder als weit umspannender Kontext der Betriebspädagogik zu verstehen.

Personalmanagement[233] bzw. *Human Resources Management*[234] [235] hat nach Scholz[236] folgende Aufgabenfelder: Personalbestandsanalyse als Informationsbasis für die Personalplanung in quantitativer und qualitativer Hinsicht, Personalbedarfsbestimmung als Ermittlung des Sollbestandes an Personal einer Organisation, Personalbeschaffung im Sinne von Neueinstellung oder interner Rekrutierung, Personalentwicklung als Instrument für die bedarfsorientierte

---

[231] vgl. Geißler, H. (1994b), S 14ff
[232] vgl. dazu die Ausführungen in Kapitel 3.2.7.
[233] Jede Entwicklung in einer Organisation geht letztendlich vom Menschen aus. Mitarbeiter wurden aber als einzig wirklich aktive Ressource viele Jahre in Literatur und Praxis sehr vernachlässigt. Betrachtet man die letzten vier bis fünf Jahrzehnte, so wurden Themenbereiche wie Produktionstechnologie/Kostenrechnung, Marketing, Informationsmanagement/EDV oder Strategie fokussiert. Folgende Gründe führten in den 90er Jahren zur Konzentration auf die humanen Ressourcen in einer Organisation: Entwicklung des Marktes in Richtung einer Dienstleistungsgesellschaft, Wertewandel in der Gesellschaft und das Erkennen, dass der Mitarbeiter die wichtigste Ressource einer Organisation darstellt. vgl. Nußbaum, A.; Neumann, B. (1995), S 121ff
[234] vgl. dazu beispielsweise die Ausführungen bei Dubs, wo aus der Fülle der Definitionen für das Human Resources Management drei praxisrelevante Ansätze gegenübergestellt werden. vgl. Dubs, R. (1997a), S 21ff
[235] Personalmanagement und Human Resources Management werden in der Literatur teilweise identisch und teilweise unterschiedlich definiert. So arbeitet beispielsweise Dubs in einem ersten Schritt mögliche Unterscheidungsmerkmale heraus, setzt beide Begriffe in der Folge aber in Anlehnung an Hilb (1994) gleich. vgl. Dubs, R. (1997a), S 16ff – Für die vorliegende Arbeit werden beide Begriffe auch synonym eingesetzt.

Anpassung der Mitarbeiterqualifikationen, Personalfreisetzung, Personal-veränderung als die integrative Abstimmung von Beschaffungs-, Entwicklungs- und Freisetzungsplanung für das betriebliche Personal, Personaleinsatz als ein formalisiertes Abstimmen von Stellenanforderungen und Fähigkeiten der Mitarbeiter, Personalführung, Personalkostenmanagement als Bindeglied zur Finanz- und Budgetplanung und Personalinformationsmanagement als elektronische Verarbeitung aller Informationen zum Produktionsfaktor Mensch. In der folgenden Übersicht soll das Zusammenspiel der einzelnen Aufgabenfelder im Personalmanagement ersichtlich gemacht werden:

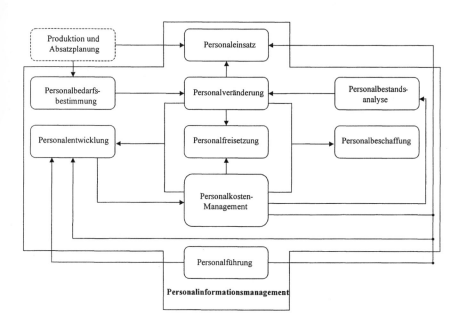

Abbildung 9: Zusammenhang der Personalmanagementfelder[237]

---

[236] vgl. Scholz, C. (1989), S 8ff
[237] in Anlehnung an Scholz, C. (1989), S 11

Wenn die zentralen Gedanken zum *Human Resources Management* zusammengefasst werden sollen, so können folgende Aspekte angeführt werden:[238]

> ➤ Personal ist nicht länger als Kostenfaktor, sondern als Aktivposten einer Organisation zu verstehen. Human Resources Management ist in diesem Sinne als Investition zu sehen und setzt an der Annahme an, dass alle Mitarbeiter leistungswillig sowie leistungs- und entwicklungsfähig sind.

> ➤ Wenn Arbeitsplatz und -inhalt es den Mitarbeitern erlauben sowie adäquate Möglichkeiten für ihre Partizipation geschaffen werden, so können sich die Mitarbeiter in ihrer Organisation am besten weiterentwickeln.

> ➤ Die Einsatzbereitschaft der Mitarbeiter steigert sich mit der steigenden Berücksichtigung von Kommunikation, Autonomie und Partizipation in der Kultur einer Organisation.

> ➤ Die Entwicklung einer Organisation gestaltet sich um so besser, je stärker die Harmonie zwischen den Zielen der Mitarbeiter und der Organisation gegeben ist.[239]

Personalmanagement steht keinesfalls im Gegensatz zur Betriebspädagogik, sondern es besteht vielmehr eine wechselseitige Beziehung dieser beiden Bereiche. Zielorientiertes Personalmanagement ist Grundvoraussetzung für eine wirkungsvolle Betriebspädagogik, allerdings umspannt das Personalmanagement ein wesentlich umfassenderes Aufgabenfeld[240] und ist als ein spezieller

---

[238] vgl. Dubs, R. (1997a), S 28

[239] Bei all diesen Leitgedanken ist aber zu bedenken, dass ein Human Resources Management nur dann *funktionieren* kann, wenn es nicht nur Lippenbekenntnisse sind, sondern wenn dies in einer Organisation *ehrlich gelebt* wird.

[240] Es ist aber anzumerken, dass der größte Teil der Mitarbeiter einer Personalabteilung noch immer mit Verwaltungsaufgaben beschäftigt ist. „Der gestalterischen und qualitativen Personalarbeit wird nicht in jedem Fall die Aufmerksamkeit gewidmet, die notwendig wäre, um im Bewußtsein der Führungskräfte einen Servicebeitrag und eine Unterstützungsfunktion durch

Funktionsbereich im Gesamtgefüge einer Organisation zu sehen. Betriebspädagogik hingegen ist einerseits als ein das Lernen und die Bildung betreffender Aspekt eines jeden Managementbereiches und andererseits aber auch als konkret das Lernen und die Bildung betreffendes eigenes Managementfeld[241] in einer Organisation zu verstehen.

Wissensmanagement bzw. *Knowledge Management* findet in der Literatur keine eindeutige Definition respektive ist es auch nicht als geschlossenes Konzept[242] zu verstehen, sondern es gibt in der Forschung und Praxis eine Reihe von Ansätzen und Methoden, abhängig von den jeweiligen Zielsetzungen, Perspektiven oder Erwartungen. Information ist primär eine unabdingbare Voraussetzung für den Erfolg einer Organisation[243], wobei Information alleine aber noch nicht ausreichend ist, sondern es kommt vielmehr auf die Art und Weise der Handhabung[244] dieser an. Oft wird Wissensmanagement mit Informationsmanagement überlappend verwendet. Dieser Linie soll hier nicht gefolgt werden, da sie als zu oberflächlich zu bewerten ist. Vielmehr muss Wissensmanagement als Teil des gesamten Informationsmanagements[245] gesehen werden, denn Wissen besteht aus gelernten Informationen, d. h. aus jeder Information kann auch Wissen generiert werden[246]. Nach Chen ist to „maximize the quality, usability and value of the information resources of the organization

---

die Mitarbeiter des Personalbereiches für die tägliche Führungspraxis fest zu verankern." Fröhlich, W. (1997), S 306

[241] vgl. dazu die Ausführungen in Kapitel 3.2.7.

[242] vgl. Schmitz, C.; Zucker, B. (1999), S 178f, vgl. Güldenberg, S. (1999), S 521f, vgl. Deiser, R. (1996), S 50f, vgl. Crainer, S. (1999), S 29ff

[243] vgl. Ulsamer, L. (1995), S 275

[244] So besteht die Forderung nach einem ganzheitlichen Informationssystem zur Verhinderung des Entstehens redundanter und überflüssiger Daten sowie Funktionen. vgl. Biethahn, J. (1998), S 412

[245] vgl. dazu beispielsweise ausführliche Darstellungen bei Chen, R. (1998), S 18ff, Biethahn, J. (1998), S 412ff und Heinrich, L. (1993), Sp 1749ff sowie die Arbeiten von Heinrich, L. (1999), Krcmar, H. (1997)

[246] vgl. Heinrich, L. (1993), Sp 1749

and to share them across the organization"[247] das eigentliche Ziel von Informationsmanagement[248]. Hingegen ist es Ziel des Wissensmanagements, das in einer Organisation vorhandene „Potential an Wissen derart aufeinander abzustimmen, daß ein integriertes unternehmensweites Wissenssystem entsteht, welches eine effiziente gesamtunternehmerische Wissensverarbeitung im Sinne der Unternehmensziele gewährleistet. Dazu bedarf es vor allem der Gestaltung des gesamten Wissens des Unternehmens unter gleichberechtigtem Einsatz natürlicher und künstlicher Ressourcen zur Wissensverwaltung und -verarbeitung"[249]. Organisationale Kernprozesse wie einerseits Produktion und Absatz der betrieblichen Leistung sowie andererseits organisationale Veränderungen sind ohne eine kreative Kombination der in der Organisation vorhandenen individuellen und kollektiven Wissenspotentiale nicht leistbar.[250] Barbara J. Peterson, Verantwortliche für Informationsservices (director of information services) bei 3M, definiert Wissensmanagement einfach als „using knowledge created inside and outside of the company for the benefit of the company"[251]. Es lassen sich folgende typische Bereiche anführen, in die Wissensmanagement hinein spielt:[252]

> Personalentwicklung, Organisationsentwicklung und Human Resources Management

> Informationsmanagement

> Forschung und Entwicklung generell

> Topmanagement

---

[247] Chen R. (1998), S 19

[248] „Wer weder in der Informationswüste verdursten noch von der Informationsflut weggespült werden möchte und wer sich im Dschungel der Informationen nicht verirren will, der muß das gesamte Informationssystem optimieren." Ulsamer, L. (1995), S 279

[249] Albrecht, F. (1993), S 100f

[250] vgl. Schüppel, J. (1995), S 191

[251] Peterson, B. zitiert nach Chen, R. (1998), S 20

[252] vgl. Schmitz, C.; Zucker, B. (1999), S 179

Heinrich definiert Wissensmanagement als „die zielgerichtete, geplante Versorgung einer Organisation mit Wissen, deren Hauptaufgaben das Auffinden von Wissensquellen und die Produktion, Speicherung, Verteilung und Verwendung von Wissen mit technischen und nicht-technischen Hilfsmitteln sind"[253]. Wissensmanagement umfasst somit ein ganzes Bündel an Fähigkeiten, mittels diesem Informationen selektiert, verarbeitet und bewertet werden sowie Wissen generiert, entwickelt, verknüpft, verteilt und genutzt wird,[254] damit die richtigen Informationen und das richtige Wissen zur richtigen Zeit, am richtigen Ort, in der richtigen Form, den richtigen Personen zur Verfügung gestellt werden kann. Aus empirischen Untersuchungen zum Wissensmanagement ist ersichtlich, dass die Ressource Wissen von Organisationen oft als Schlüssel zur Wettbewerbsfähigkeit bzw. diese Ressource als bedeutend für die Wertschöpfung einer Organisation gesehen wird.[255] Als Botschaft des Wissensmanagements kann grundsätzlich Folgendes formuliert werden: „Der Glaube an die Bedeutung der Wissensgenerierung muss mit einer konzentrierten Aktion gepaart sein, um Wissen auf allen Unternehmensebenen zu fördern und zu ermöglichen."[256]

Willke[257] unterscheidet im Zusammenhang mit dem Wissensmanagement eine menschenbezogene Seite und eine organisationale Seite der Wissensbasierung und Intelligenz. Beide Seiten sind lose verbunden und weichen in bestimmten Grenzen voneinander ab, deshalb kommt es auch, „daß intelligente Personen in dummen Organisationen operieren können, und umgekehrt"[258].

---

[253] Heinrich, L. (1999), S 276
[254] vgl. Reinmann-Rothmeier, G.; Mandl, H. (1998), S 201
[255] vgl. Jäger, W.; Straub, R. (1999), S 20f
[256] Crainer, S. (1999), S 30
[257] vgl. Willke, H. (1995), S 288f
[258] Willke, H. (1995), S 288

Schneider[259] geht auch von einer unterschiedlichen Sichtweise im Zusammenhang mit Wissen aus und stellt diese zwei Sichtweisen mit dem Zugang zu Wissen einerseits im Sinne der *Leibniz-Welt*[260] und andererseits im Sinne der *Konstruierten Welt*[261] dar. Die folgende Grafik zeigt diese Sichtweise.

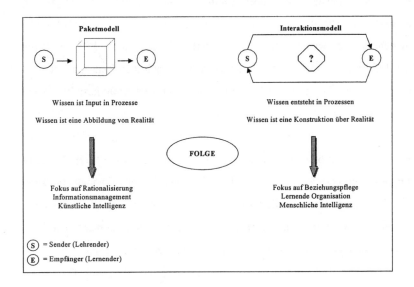

Abbildung 10: Modelle des Wissens[262]

---

[259] vgl. Schneider, U. (1996), S 17ff

[260] Hinter der Leibniz-Welt steht der Ansatz eines durch Berechnung vollständig darstellbaren Universums: „Wissen gilt als teilbar, positiv gegeben und weder körper- noch kontextgebunden. Prozesse der Weitergabe und Nutzung haben nach dieser Meinung keinerlei Einfluß auf das Wissen. Es ist als Fakten- und Verfügungswissen definiert, welches Auskunft über eine gegebene Realität vermittelt." Schneider, U. (1996), S 18. Wissen wird hier als eine Summe von Paketen gesehen, die sich weder durch Prozesse noch durch Nutzung verändert, und insofern ist der Inhalt dieser Pakete (sprich das jeweilige Wissen) beliebig in seiner Größe und Zusammensetzung durch entsprechende Hilfsmittel manipulierbar. vgl. Schneider, U. (1996), S 18

[261] Konstruiertes Wissen geht über ein Verständnis von organisationalem Lernen von einem konstruktivistischen Weltbild aus. „Wissen gilt nicht mehr als ,Paket' im Sinne eines Ergebnisses, ... sondern als Prozeß. Es wird nicht als objektiv gesehen, sondern als objektiviert, dadurch daß Menschen Konstruktionen miteinander teilen. Es gilt als kontextgebunden und als im wesentlichen durch Tun erworben." Schneider, U. (1996), S 18

[262] in Anlehnung an Schneider, U. (1996), S 19

Für die vorliegende Arbeit wird das Interaktionsmodell als konstruktivistischer Denkansatz für Wissen und Wissensmanagement zugrunde gelegt, d. h. zentraler Ansatzpunkt ist eine nicht-technisch ausgerichtete Auffassung von Wissensmanagement. Die technische Seite der Wissensverwaltung ist zwar nicht außer Acht zu lassen, allerdings ist es eine zu triviale und eindimensionale Form der Sichtweise von Wissen, nur von der technischen Handhabung des Wissens auszugehen, denn Wissen ist mehr als ein Paket von Informationen im Sinne eines beliebig teilbaren, kontext- und personenunabhängigen Inputs[263] in einen Prozess.

Im Bereich des Wissensmanagements ist es vordergründig auch nicht die informationstechnologische Umsetzung respektive die Schaffung der erforderlichen technischen Infrastruktur, die die Schwierigkeiten für die Realisierung darstellt, sondern vielmehr begründen sich diese in einer noch fehlenden bzw. nicht ausreichend weiterentwickelten Kultur für das Management des intellektuellen Kapitals[264], in der Wissen in Interaktionsprozessen entsteht.

Nach einer Studie des Institutes für Lernende Organisation und Innovation (ILOI) werden in Organisationen nur 40 Prozent des vorhandenen Wissens der Mitarbeiter genutzt.[265] Die Verschwendung von Ressourcen in unseren ökonomisch ausgerichteten Organisationen scheint doch keine Schwierigkeit zu sein!

Folgende Grafik soll zeigen, was Führungskräfte planen, um brachliegende Ressourcen des Humankapitals zu nutzen:

---

[263] vgl. Schneider U. (1996), S 18ff
[264] vgl. Schneider Ul. (1999), S 221
[265] vgl. Papmehl, A. (1999), S 236f

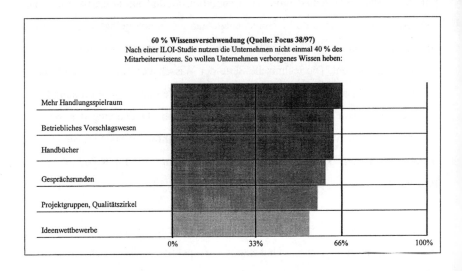

Abbildung 11: Wissen im Wandel – Wissensverschwendung[266]

Wissensmanagement steht ebenso wie Personalmanagement nicht im Gegensatz zur Betriebspädagogik, sondern es besteht eine wechselseitige Beziehung dieser Bereiche. Zwischen Personalmanagement und Wissensmanagement besteht die Dualität in der Form, als das Wissen in den Köpfen aller Mitarbeiter u.a. auch dazu genutzt wird bzw. transparent gemacht werden muss, um zielorientiertes respektive wirkungsvolles Personalmanagement durchführen zu können. Personalmanagement schafft seinerseits aber auch Wissen über die Organisation, indem durch entsprechende Dokumentation das Personalmanagement transparent gemacht wird. Zentrales Betrachtungselement ist so einerseits der Mensch und andererseits das Wissen der Menschen und der Organisation, wobei Willke[267]

---

[266] in Anlehnung an Papmehl, A. (1999), S 236
[267] vgl. Willke, H. (1995), S 329f

folgende Dimension des Wissensmanagements in diesem Zusammenhang unterscheidet:

Dimension	Wissensform	Systemproblem
sozial	**Personenwissen**	Human Resources Management
sachlich	**Strukturwissen**	Restrukturierung
zeitlich	**Prozesswissen**	Prozessoptimierung
operativ	**Projektwissen**	Integration von Expertisen
kognitiv	**Steuerungswissen**	Erfindung von Identität

Abbildung 12: Dimensionen des Wissensmanagements[268]

Versucht man einen Brückenschlag zwischen den einzelnen oben angeführten Begriffsdefinitionen zu finden, so kann *Betriebspädagogik* als wesentliche Bereicherung gesehen bzw. als anderer Betrachtungswinkel des Individuums und seiner Entwicklungs- und Fördermöglichkeiten im Rahmen der Organisation verstanden werden. Betriebspädagogik als evolutionärer und systemorientierter Ansatz bedeutet ein Loslassen alter Paradigmen aus den Referenzwissenschaften[269] und ein Hinwenden zu einer Entwicklung der Unternehmenskultur zur Förderung der Lern- und Entwicklungsfähigkeit einer Organisation und ihrer Mitarbeiter[270]. Personalmanagement hat ebenso wie die Betriebspädagogik als Subjekt den Menschen, hier ist Bildung aber nur einer unter vielen Bereichen im Gesamtaufgabenfeld des Personalmanagements und wird dementsprechend meist rein aus der Sicht der ökonomischen Verwertung betrachtet. Wissen in den Köpfen der Menschen entsteht durch Lernen (vgl.

---

[268] in Anlehnung an Willke, H. (1995), S 330
[269] vgl. dazu auch die Ausführungen in Kapitel 2.2.
[270] vgl. Arnold, R. (1994c), S 292f

Unterschied zwischen Information und Wissen), Bildung[271] ist die Höherführung des Menschen und steht im engen Zusammenhang mit Lernen. Lernen als Prozess[272] sowie Bildung sind zentrale Kernelemente des betriebspädagogischen Handlungsfeldes. Gerade die betriebspädagogischen Überlegungen im Zusammenhang mit Lernen, die Entwicklung einer Lernkultur, das Ermöglichen von eigenverantwortlicher und selbstgesteuerter Erschließung und Aneignung von Wissen finden in Organisationen eine viel zu geringe Berücksichtigung, stellen gerade sie doch die Herausforderung und auch Chance an die Organisation in Richtung der Entwicklung zur Lernenden Organisation dar.

Bezieht man das Handlungsfeld der Betriebspädagogik auf die funktionale Gliederung der Betriebswirtschaftslehre[273], so kann Betriebspädagogik als funktional-dynamischer Teilaspekt des Gesamtgefüges Organisation gesehen werden. Funktional, da es sich um einen betrieblichen Teilprozess handelt, der auf alle Organisationen zutrifft. Nachdem das Handlungsfeld der Betriebspädagogik durch die Entwicklungsphasen[274] einer Organisation determiniert wird, ist sie ebenso ein dynamischer Bereich im betriebswirtschaftlichen Gliederungsschema. Die folgende Grafik soll die Einbettung der Betriebspädagogik als funktional-dynamischer Teilaspekt einer Organisation veranschaulichen.

---

[271] vgl. dazu auch die Darstellungen in Kapitel 2.2.2.

[272] Hierzu sei auch auf die Auseinandersetzung bei Arnold verwiesen, in der *Bildung durch Lernen* als zentrale Fragestellung der Pädagogik diskutiert wird. vgl. Arnold, R. (1995), S 14ff

[273] vgl. dazu die Darstellung in Kapitel 2.2.1.

[274] Klassisch können *Entstehung*, *Wachstum*, *Anpassung* und *Beendigung* als entwicklungsspezifische Bereiche in einer Organisation unterschieden werden. vgl. Loitelsberger, E. (1983), S 80f

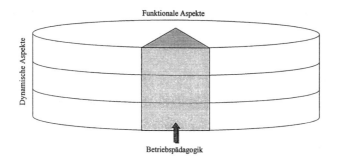

Abbildung 13: Betriebspädagogik als funktional-dynamischer Teilaspekt einer Organisation

In diesem Sinne ist das Handlungsfeld der Betriebspädagogik einerseits als funktional-dynamischer Teilaspekt einer Organisation zu verstehen. Andererseits muss sie aber auch als Anliegen eines jeden Managementbereiches verstanden werden, da sich nur so eine evolutionär systemorientierte Betriebspädagogik verwirklichen lässt, die dazu beitragen kann, langfristige Wettbewerbsfähigkeit einer Organisation sicher zu stellen, indem ermöglicht wird, dass sich die Organisationskultur durch die Lernkultur weiterentwickeln kann.

3.1.2. Grundlagen zum Management

Bevor nun die Position und Funktion der Betriebspädagogik im Managementgefüge genauer erläutert werden kann, soll hier ein konzentrierter Überblick über den Stand der Theorie und Praxis in Bezug auf das Management gegeben werden. Die Darstellung erhebt keinen Anspruch auf Vollständigkeit und dient letztendlich der Rahmenbestimmung für die Positionierung und theoretisch fundierte Eingliederung der Betriebspädagogik in das Managementgefüge sowie ihrer Praxisrelevanz.

Im Folgenden soll zuerst der Begriff *Management* definiert werden. Es werden darauf folgend die Entwicklungslinien der Managementforschung innerhalb der Betriebswirtschaftslehre umrissen, um dann grundlegende Ziele des Managements darstellen zu können.

Management – eine Begriffspositionierung

Management als Begriff erfuhr im Laufe der Geschichte viele Interpretationen und Ursprungserklärungsansätze. Die etymologischen Deutungen vom englischen Verb *to manage* sind vielschichtig sowie immer im Zusammenhang mit dem entsprechenden Gesellschaftsbild des jeweiligen Autors zu sehen und somit sehr kontrovers, so dass die Interpretation von James Burnham (1974), der es auf das lateinische *manus agere* im übertragenen Sinne von *an der Hand führen* bzw. genauer *ein Pferd in allen Gangarten üben* (Kontroll- und Disziplinierungsfunktion) zurückführt und deutet, am ehesten plausibel erscheint. Boettcher (1963) vertritt hingegen die Meinung, dass *to manage* von *mansionem agere* im Sinne von *das Haus für einen (Eigentümer) bestellen* herzuleiten ist. Manager ist nach dieser Wortherleitung somit derjenige, der das Haus für einen Eigentümer bestellt. Diese Interpretation scheint der heutigen Realität am nächsten zu kommen.[275]

Im heutigen Sprachverständnis, sowohl in der anglo-amerikanischen und in Annäherung dazu auch in der deutschsprachigen Literatur, wird Management[276] in

---

[275] vgl. Staehle, W. (1991), S 65
[276] Der Begriff *Management* wird und wurde oft auch ins Deutsche übersetzt. In der Literatur findet man dafür Begriffe wie *Führung, Leitung, Unternehmensführung, Unternehmensleitung, Betriebsführung* oder *Betriebspolitik*. Teilweise werden die Begriffe Management

den folgenden beiden Bedeutungsvarianten (Dimensionen der Führung) verwendet:[277]

> **Managerial roles approach** – Management in **institutionalem** Sinn: Ansatzpunkt sind die Personen bzw. Personengruppen, die Managementfunktionen (-aufgaben) wahrnehmen, sowie ihre Rollen und Tätigkeiten. Zentraler Betrachtungspunkt ist das Managerhandeln – empirisch-handlungsorientierter Ansatz.

> **Managerial function approach** – Management in **funktionalem** Sinn: Ansatzpunkt sind notwendige Prozesse und Funktionen in arbeitsteiligen Organisationen. Zentraler Betrachtungspunkt sind die Managementfunktionen – analytisch-funktionsorientierter Ansatz.

Die **funktionale Sichtweise** wird besonders in der deutschsprachigen Literatur meist auch noch in folgende zwei Aufgaben untergliedert:[278]

> **Sachbezogene Aufgaben** – d. h. Aufgabenerfüllung im Rahmen des Managementprozesses zur Realisierung der Organisationsziele, wie beispielsweise Planung, Entscheidung oder Organisation.

> **Personenbezogene Aufgaben** – d. h. Manipulation des Mitarbeiterverhaltens zur gemeinsamen Zielerreichung – Menschenführung im Sinne von Betreuung, Förderung und soziale Integration der Mitarbeiter, Arbeitsplatzgestaltung.

(systemorientierter Ansatz) und Unternehmensführung (verhaltensorientierter Ansatz) unterschiedlich bzw. einander widersprechend interpretiert. Für diese Arbeit gilt aber, so wie beispielsweise bei vgl. Hopfenbeck, W. (1989), S 451 oder vgl. Kirsch, W.; Maaßen H. (1990), S 2, das synonyme Verwenden von *Management* und *Unternehmensführung*, wobei es aber sinnvoll erscheint, den Originalbegriff *Management* beizubehalten.

[277] vgl. Ulrich, P.; Fluri, E. (1992), S 13f, vgl. Staehle, W. (1991), S 74f, vgl. Hopfenbeck, W. (1989), S 409f, vgl. Hofmann, M. (1988), S 10ff, vgl. Krcmar, H. (1997), 27f

[278] vgl. Wunderer, R. (1997), S 162, vgl. Hopfenbeck, W. (1989), S 409f, vgl. Krcmar, H. (1997), S 28

Bei der **funktionalen** Betrachtungsebene ist weiters noch zu berücksichtigen, auf welche Aufgabenbereiche man sich bezieht. Es können nach Bleicher folgende Aufgabenbereiche unterschieden werden:[279]

> **Originäre Aufgabenbereiche** des Managements
>
> Ex-Ante-Harmonisation
>
> Ex-Post-Harmonisation

> **Derivative Aufgabenbereiche** des Managements
>
> sach-rationale Dimension → **Lokomotion** (Goal Achievement)
>
> sozio-emotionale Dimension → **Motivation** und **Kohäsion** (Group Maintenance, Verhaltensgitter von Blake/Mouton 1968)

Der **originäre Aufgabenbereich** des Managements ist jener Bereich der ziel- und zweckorientierten Aufgaben im sozialen System Organisation, der immer durch die Führungskräfte wahrgenommen wird und primär die Berücksichtigung von extra- und intrasystemischen Komponenten umfasst, wobei bei diesen originären Aufgaben grundsätzlich zwischen Integration (Ex-Ante-Harmonisierung) und Koordination (Ex-Post-Harmonisierung) unterschieden werden kann.

Durch den **derivativen Aufgabenbereich** des Managements erfolgt eine Konkretisierung der Führungsaufgaben, mittels derer einerseits sach-rationale Faktoren[280] im Vordergrund stehen, um zielorientiert die Aufgabenerfüllung zu unterstützen, wobei dies auch als „Vorwärtsgehen"[281] bezeichnet wird.

---

[279] vgl. Bleicher, K. (1992), Sp 1277f

[280] Entsprechend den Group Dynamics Studien sind dies vor allem Handlungsanweisungen, Bereiche der operativen Planung, Strukturierung der Aufgaben und das Beachten der Zielerreichung, vgl. Staehle, W. (1991), S 320

[281] Wunderer, R. (1997), S 164

Andererseits werden sozio-emotionale Faktoren[282] fokussiert, innerhalb derer die Motivation der Mitarbeiter und das Zusammenhalten der Gruppe im Mittelpunkt der Aktivitäten stehen und dies auch als „Zusammenhalten"[283] im Sinne der zweiten Dimension der Führungsrolle zu sehen ist.

Entwicklungslinien der Managementforschung

Wie in Staehle[284] sehr ausführlich dargestellt, können die Anfänge in der Managementlehre am Ende des 19. Jahrhunderts in der anglo-amerikanischen Literatur ausgemacht werden. Als zentrales Ereignis und Grundsteinlegung der Managementlehre wird von Managementhistorikern die am 26. Mai 1886 gehaltene Rede von Henry Towne, Präsident der American Society of Mechanical Engineers, zum Thema „The Engineer as an Economist" vor Mitgliedern dieser Gesellschaft[285] gesehen. Als Meilenstein in der Entwicklung des Managements ist die im Jahr 1911 veröffentlichte Studie „Scientific Management" von Taylor[286] anzuführen. Taylor spricht in seinem auch noch heute bedeutenden Werk als einer der ersten Autoren bereits davon, dass für ein erfolgreiches Management einer Organisation wesentlich zu berücksichtigen ist, dass arbeitsteilige Organisationen auch immer wissensbasierende Systeme sind und es somit von elementarer Bedeutung ist, individuelle Lernprozesse und Erfahrungen in Wissenssystemen der Organisation zu speichern.[287] Im deutschsprachigen Raum können in diesem Zusammenhang als wichtige Vertreter in den 60er Jahren Gutenberg und Mellerowicz angeführt werden.

---

[282] Entgegen den sach-rationalen Faktoren sind dies hier die Förderung der zwischenmenschlichen Beziehungen, des Kooperationsverhaltens und der Selbstständigkeit, Unterstützung der Mitarbeiter, Konflikthandhabung und Minoritätenschutz, vgl. Staehle, W. (1991), S 320
[283] Wunderer, R. (1997), S 164
[284] vgl. Staehle, W. (1991), S 21ff
[285] Die Vereinigung wurde 1880 gegründet, u. a. gehörte Chefingenieur Frederick Winslow Taylor dieser Vereinigung an.
[286] vgl. Taylor, F. (1911)
[287] vgl. Willke, H. (1995), S 288

Die folgende Abbildung soll die historische Entwicklung des Managements in übersichtlicher Form darstellen und als Orientierungsrahmen für weitere Ausführungen dienen:

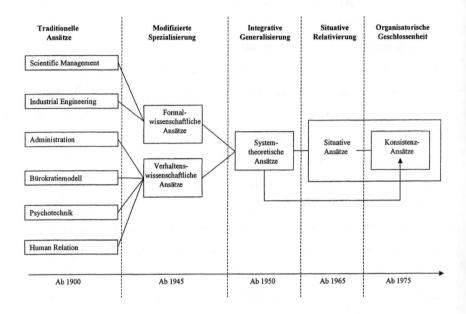

Abbildung 14: Historische Entwicklung des Managementwissens[288]

In Kapitel 2.2.1. wurden bereits verschiedene Forschungsansätze in der Betriebswirtschaftslehre dargestellt. In Bezug auf das Management können diese Ansätze herangezogen werden, wobei aber zu bedenken ist, dass jeder Ansatz für sich einzelne Faktoren aufzeigt, die für die Weiterentwicklung des Managements unter Nutzung der Leistungsfähigkeit der Betriebspädagogik wesentlich sind, dass aber keiner der Ansätze allein den Anforderungen in Richtung einer Lernenden

---

[288] Staehle, W. (1991), S 21

100

Organisation gerecht werden kann. Vielmehr ist es unerlässlich, eine Kombination der einzelnen Ansätze zu realisieren, um eine

> Optimierung der Überlebensfähigkeit der Organisation,

> Struktur der selbsterzeugenden und selbsterhaltenden (Autopoiese[289] [290], Selbstreferenz)[291] Organisation zu ermöglichen, wobei die Selbstreferenz der Organisation nur dann aufrechterhalten bleiben kann, wenn eine Erhöhung der

> Plastizität der Strukturen der Organisation langfristig gesichert werden kann. Diese Erhöhung der strukturellen Plastizität kann durch die oben angeführten Managementaufgaben

> Lokomotion, Kohäsion und Motivation erfolgen.

Management muss als entwicklungsorientiertes, ganzheitliches, lernorientiertes, wissensbasierendes, systemisches Kontinuum verstanden werden, um den Anforderungen des evolutionären Wandels gerecht werden zu können und um der Forderung nach Transdisziplinarität, wie sie in Kapitel 2.3. dargestellt wurde, entsprechen zu können, denn nur darin ist auch die Chance einer wettbewerbsfähigen Organisation in der Zukunft zu sehen.

Management im oben dargestellten Sinn ist somit die Summe der Aufgaben, die im sozialen System Organisation, als zweckgerichtete Institution unserer Gesellschaft,[292] erfüllt werden müssen, um die Wettbewerbsfähigkeit und

---

[289] Autopoiese ist als der grundlegende Mechanismus aller lebendigen Systeme zu verstehen, vgl. Maturana, H.; Varela, F. (1987), S 14 und ist in diesem Sinne „der Mechanismus, der Lebewesen zu autonomen Systemen macht". Maturana, H.; Varela, F. (1987), S 55.

[290] Geißler stellt das *Prinzip* der Autopoiese im Zusammenhang mit Lernen folgendermaßen dar: „Das, was das Lernsystem ist, wird nicht durch seinen Kontext festgelegt, sondern bestimmt das Lernsystem in tätiger Auseinandersetzung mit seinem Kontext selbst, und zwar durch Lernen." Geißler, H. (1994a), S 97, d. h. Lernen und Lernsystem sind als Einheit zu begreifen.

[291] vgl. Staehle, W. (1991), S 63

[292] vgl. Staehle, W. (1991), S 74

Überlebenschancen der Organisation zu optimieren. Die Summe der Funktionen zeigt sich vor allem in der Systemeigenschaft, der Selbstreferenz und der strukturellen Plastizität – die Organisation ist als evolutionäres lebensfähiges System zu begreifen.

Diese Darstellung soll nur einen Überblick für die theoretischen Ansätze des Managements geben. Im Kapitel 3.2.4.1. sollen diese diskutiert und im Hinblick auf die Betriebspädagogik kritisch hinterfragt werden.

Ziele des Managements

Ziele eines Managementsystems können, abhängig vom Zugang, unter verschiedensten Blickwinkeln gesehen werden. So kann sich das Zielspektrum des Managements vom Handeln der Manager bis hin zur Betrachtung des Systems Organisation und den in ihr vorhandenen Elementen und Strukturen oder von reduktionistisch-technomorphen bis hin zu systemisch-evolutionären Ansätzen[293] erstrecken. Management mit seinen Zielen erstreckt sich ebenso von einer rein ökonomisch ausgerichteten bis hin zu einer verhaltenswissenschaftlich geprägten Orientierung. Ziel einer Organisation und ihres Managements aus ökonomischer Sicht ist letztendlich die Maximierung bzw. Optimierung der Überlebensfähigkeit des Systems Organisation, respektive die Standortsicherung und Schaffung, Erhaltung sowie Verbesserung der Wettbewerbsfähigkeit der Organisation im Gesamtgefüge der Wirtschaft. Folgende Übersicht zeigt das Ergebnis einer empirischen Studie über die Wichtigkeit von Organisationszielen in drei Unternehmensgruppen, wobei die Überlebensfähigkeit im Sinne von Sicherung des Bestandes der Organisation als bedeutendstes Ziel des Managements gesehen werden kann.[294]

---

[293] vgl. dazu die Ausführungen in Kapitel 2.2.1.
[294] vgl. Macharzina, K. (1995), S 189f

Industrieunternehmen	Kaufhauskonzerne und Versandhandel	Einzelhandelsbetriebe
1. **Sicherung** des Unternehmensbestandes	1) **Sicherung** des Unternehmensbestandes	1. Qualität des Angebotes
2. Qualität des Angebotes	2) Gewinn	2. Rentabilität
3. Gewinn	3) Rentabilität	3. **Sicherung** des Unternehmensbestandes
4. Deckungsbeitrag	4) Deckungsbeitrag	4. Gewinn
5. soziale Verantwortung	5) hohe Lagerumschlagsgeschwindigkeit	5. Umsatz
6. Ansehen in der Öffentlichkeit	6) Qualität des Angebotes	6. Ansehen in der Öffentlichkeit
7. Unternehmenswachstum	7) Unternehmenswachstum	7. hohe Lagerumschlagsgeschwindigkeit
8. Verbraucherversorgung	8) soziale Verantwortung	8. Unternehmenswachstum
9. Marktanteil	9) Ansehen in der Öffentlichkeit	9. Verbraucherversorgung
10. Macht / Einfluss am Markt	10) Unabhängigkeit von Lieferanten	10. Unabhängigkeit von Lieferanten
11. Umweltschutz	11) Marktanteil	11. soziale Verantwortung
	12) Umsatz	12. Deckungsbeitrag
	13) Macht / Einfluss am Markt	13. Marktanteil
	14) Verbraucherversorgung	14. Umweltschutz
	15) Umweltschutz	15. Macht / Einfluss am Markt

Abbildung 15: Organisationsziele und ihre Bedeutung[295]

[295] in Anlehnung an Macharzina, K. (1995), S 190

3.2. Erklärungsfelder im Managementgefüge für die Positionierung der Betriebspädagogik

„God may be forgiving but systems are not."
Ivan Webb, Tasmania

3.2.1. Management im Kontext unterschiedlicher Betrachtungswinkel

Wenn man von Management spricht, bedarf es einer differenzierten Begriffsexplikation, denn die Betrachtungswinkel, unter denen Management gesehen wird, sind sehr vielfältig. In der Folge sollen nun verschiedene Sichtweisen des Managements diskutiert werden, um sie im Hinblick auf die Einordnung und das Zusammenspiel mit der Betriebspädagogik und das gemeinsame Leistungsvermögen zum Nutzen der Mitarbeiter und der Organisation beurteilen bzw. kritisch reflektieren zu können.

Die folgende Abbildung soll diese Vielfältigkeit der möglichen Betrachtungswinkel des Managements verdeutlichen.

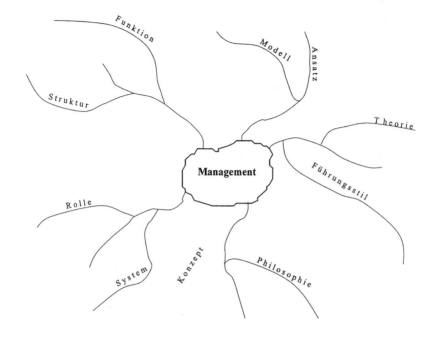

Abbildung 16: Betrachtungswinkel des Managements

Die Ausführungen in den nun folgenden Kapiteln orientieren sich an begrifflichen Konventionen in der Literatur[296], wobei sich die darzustellenden Managementsichtweisen aber nicht immer eindeutig trennen lassen, da in der einschlägigen Literatur oft begriffliche und inhaltliche Unterschiede bei den Sichtweisen sowie Auslegungen von Management in einzelnen Bezugsfeldern festgestellt werden können. In der vorliegenden Arbeit soll zwischen folgenden zentralen Aspekten unterschieden werden:

---

[296] vgl. dazu beispielsweise Ausführungen bei Staehle, W. (1991), Wunderer, R. (1997), Macharzina, K. (1995), Malik, F. (1996), Eckardstein, von D.; Kasper, H.; Mayrhofer, W. (1999), Schreyögg, G. (1998), Thommen, J.; Achleitner, A. (1998) oder Picot, A.; Reichenwald, R.; Wigand, R. (1998)

➤ *Management als System* – Das Management wird hier unter dem Blickwinkel des systemischen Ansatzes betrachtet bzw. es soll auf die dynamischen Beziehungen in einer Organisation Bezug genommen werden.

➤ *Management als Rolle* – Unterschiedliche Rollendefinitionen sowie der Zugang, dass Management im Sinne der Erwartungen an eine Position (Rolle) gesehen werden kann, bilden die Basis für diesen Betrachtungswinkel des Managements.

➤ *Managementansätze* – In diesen Ausführungen werden unterschiedliche Ansätze für das Management diskutiert, wobei für die Managementansätze divergierende Führungstheorien sowie -stile bestimmend sind, die in diesem Kapitel dargestellt werden sollen.

➤ *Managementmodelle und -konzepte* – Der Betrachtungswinkel in diesem Kapitel[297] liegt auf unterschiedlichen Modellen und Konzepten des Managements, welche implizit oder explizit auf einem oder mehreren Managementansätzen basieren. *Managementmodelle* sind als vereinfachte pragmatische Darstellungen zu verstehen, die einen theoretischen bzw. gesamtheitlichen Rahmen bilden und im Sinne von *Sollmodellen* als Ausschnitte der Realität gesehen werden können. *Managementkonzepte* können hingegen als von der Praxis ausgehende Modelle betrachtet werden.

➤ *Managementphilosophie* – Hier wird der Betrachtungswinkel auf das Werte- und Normengefüge als Grundlage für das Verhalten des Managements gelegt.

---

[297] Für die in diesem Kapitel dargestellten Ansätze können die Leitbegriffe des *Modells* und des *Konzeptes* festgemacht werden.

➤ *Managementfunktion* – Unterschiedliche Zugänge zum Aufgabenfeld des Managements in funktionaler Sichtweise stehen im Mittelpunkt der Betrachtungen dieses Kapitels.

Im Anschluss an diese Darstellungen werden nun die unterschiedlichen Betrachtungswinkel des Managements in Bezug auf ihren Zusammenhang und ihre Wechselwirkung mit der Betriebspädagogik diskutiert.

3.2.2. Management als System

Ein System ist eine Menge von Elementen, zwischen denen Beziehungen bestehen und Kräfte wirken. Ulrich als einer der ersten Hauptvertreter der systemischen Sichtweise einer Organisation definiert System als „eine geordnete Gesamtheit von Elementen, zwischen denen irgendwelche Beziehungen bestehen oder hergestellt werden können"[298]. Wie bereits in Kapitel 3.1.2. dargestellt, ist das Managementsystem als Zusammenwirken von Autopoiese, struktureller Plastizität sowie Lokomotion, Kohäsion und Motivation als positive Selbstverstärkung im Sinne einer Systementwicklung der Organisation zu sehen. Es ist somit das gemeinsame Zusammenspiel von Organisation, Mitarbeiterführung und den Steuerungsfunktionen.[299] Für das Management lässt sich die systemische Sichtweise wohl mit der steigenden Umweltdynamik und -komplexität und dem Faktum begründen, dass vielschichtig gestufte Hierarchien und straff organisatorische Regelungen zunehmend an Bedeutung verlieren.[300] Das System Organisation respektive das Wirkungs- bzw. Handlungsfeld des

---

[298] Ulrich, H. (1970), S 105
[299] vgl. Thommen, J.; Achleitner, A. (1998), S 704, vgl. Hinz, W. (1994), S 116ff
[300] vgl. Macharzina, K. (1995), S 74ff

Managements kann durch folgende Eigenschaften[301] grundsätzlich charakterisiert werden:[302]

> Die Organisation ist ein sozio-technisches System, in dem die Elemente (Individuen und Sachmittel) im Sinne der betrieblichen Leistungserstellung zweckorientiert zusammenwirken.

> Die Organisation ist ein offenes und komplexes System, in dem die Offenheit des Systems Abhängigkeit von und ein Netz an Transaktionen mit dem Umfeld schafft.

> Die Organisation ist als zielgerichtetes und zielsuchendes System an den Organisationszielen orientiert, wobei Ziele den sich ändernden Umfeldbedingungen angepasst oder auch neu definiert werden müssen.

> Die Organisation ist ein multifunktionales System und erfüllt die Ansprüche verschiedener Interessenpartner (Stakeholder).

> Die Organisation ist ein wirtschaftlich selbsttragendes System und muss langfristig zumindest kostendeckend arbeiten.

> Die Organisation ist ein probabilistisches und dynamisches System, welches auf Grund der laufend möglichen Änderungen der Rahmenbedingungen (intern und extern) flexibel reagiert.

> Die Organisation ist ein lebendiges soziales System, das auf Veränderungen auf Grund interner oder externer Einflüsse im Sinne von Weiterentwicklung reagiert und somit als ein lernendes bzw. lernfähiges und selbstgesteuertes System gesehen werden kann.

> Die Organisation ist ein wissensbasierendes, lernorientiertes, ganzheitliches System.

---

[301] Diese Eigenschaften des Systems Organisation sollen exemplarisch für eine *normale* Organisation stehen; es steht außer Frage, dass es nicht die eine oder andere Abweichung in der Praxis gibt.

Damit Organisationen den Herausforderungen und Entwicklungspotentialen der immer komplexer werdenden Aufgabenstellungen gewachsen sind, sind Arbeitsteilung und laufende Planung und Entwicklung unerlässlich, Veränderung sowie Innovation müssen selbstverständliche Bestandteile jeder Organisation sein.

3.2.3. Management als Rolle

Bevor Management als Rolle beschrieben werden kann, bedarf es der Festlegung des Betrachtungswinkels bzw. der grundlegenden Fragestellungen des Konzeptes, wobei unter diesen Aspekten folgende Zugänge zum Rollenkonzept des Managements möglich sind:[303]

Art der Rollendefinition	Grundlegende Fragestellung
➤ Eigenschaftsorientierte Rollendefinition	Über welche Eigenschaften müssen erfolgreiche Manager verfügen?
➤ Funktionsorientierte Rollendefinition	Welche Funktionen hat ein Manager zu erfüllen?
➤ Erwartungsorientierte Rollendefinition	Welche Erwartungen werden an die Rolle eines Managers gestellt?
➤ Aktivitätsorientierte Rollendefinition	Welches Rollenverhalten zeigen Manager tatsächlich?
➤ Effizienzorientierte Rollendefinition	Welche Rollen soll ein Manager beherrschen, um effizient zu sein?
➤ Gruppenorientierte Rollendefinition	Wie lassen sich die verschiedenen Managementrollen auf Gruppenmitglieder aufteilen?

Abbildung 17: Bestimmungselemente für die Rollendefinition[304]

---

[302] vgl. Macharzina, K. (1995), S 74ff und S 699ff, vgl. Malik, F. (1996), S 22ff, vgl. dazu auch die Ausführungen bei Götz, K. (1997), S 47ff
[303] vgl. zu den folgenden Ausführungen zu *Management als Rolle* Wiswede, G. (1995), Sp 826ff
[304] in Anlehnung an Wiswede, G. (1995), Sp 827

Eigenschaftsorientierte Rollendefinition

Die Eigenschaftstheorie[305] stellt die Persönlichkeitsstruktur des Managers und die damit verbundenen Fragen nach den relevanten Führungseigenschaften in den Mittelpunkt der Betrachtungen. Mit diesem Ansatz werden unterschiedliche Führungseigenschaften identifiziert[306] und es ist historisch gesehen der älteste Ansatz,[307] um die Managementrolle zu erklären.

Die Firma FedEx hat beispielsweise einen Kriterienkatalog für die Identifikation von potenziellen Führungskräften ausgearbeitet, die hier nun exemplarisch für neue Anforderungen in Bezug auf Eigenschaften an das Management in heutigen Organisationen angeführt werden sollen. FedEx hat mit bemerkenswerter Genauigkeit neun persönliche Eigenschaften für Führungskräfte definiert. Entsprechend dieser *9 Gesichter der Führung (The 9 Faces of Leadership)* sind es folgende individuelle Attribute, auf die es bei potenziellen Führungskräften heute ankommt:

> **„Charisma**
> Instills faith, respect, and trust. Has a special gift of seeing what others need to consider. Conveys a strong sense of mission.
>
> **Individual consideration**
> Coaches, advises, and teaches people who need it. Actively listens and gives indications of listening. Gives newcomers a lot of help.
>
> **Intellectual stimulation**
> Gets others to use reasoning and evidence, rather than unsupported opinion. Enables others to think about old problems in new ways. Communicates in a way that forces others to rethink ideas that they had never questioned before.
>
> **Courage**
> Willing to stand up for ideas even if they are unpopular. Does not give in to pressure or to others' opinions in order to avoid confrontation. Will do what's right for the company and for employees even if it causes personal hardship.
>
> **Dependability**

---

[305] vgl. dazu auch die Ausführungen in Kapitel 3.2.4.1.
[306] vgl. Wunderer, R. (1997), S 161
[307] vgl. Staehle, W. (1991), S 307

Follows through and keeps commitments. Takes responsibility for actions and accepts responsibility for mistakes. Works well independently of the boss.

Flexibility

Functions effectively in changing environments. When a lot of issues hit at once, handles more than one problem at a time. Changes course when the situation warrants it.

Integrity

Does what is morally and ethically right. Does not abuse management privileges. Is a consistent role model.

Judgment

Reaches sound and objective evaluations of alternative courses of action through logic, analysis, and comparison. Puts facts together rationally and realistically. Uses past experience and information to bring perspective to present decisions.

Respect for others

Honors and does not belittle the opinions or work of other people, regardless of their status or position."[308]

Auch Maccoby[309] als einer der Hauptvertreter dieses eigenschaftstheoretischen Ansatzes hat vier Typen von Managern identifiziert, die sich folgendermaßen darstellen lassen:[310]

> *Fachmann* – Eigenschaften wie beispielsweise Sachlichkeit, Wissenschaftlichkeit, Objektivität und Klar- bzw. Nüchternheit stehen im Mittelpunkt für solche Manager.

> *Dschungelkämpfer* – der Manager wird geachtet, aber auch gefürchtet, er geht keinem Kampf bzw. Konflikt aus dem Weg, sondern sucht diesen.

> *Firmenmensch* – sein Leben ist die Organisation, dieser Manager geht voll in seinen Aufgaben auf.

> *Spielmacher* – das Aufgabenfeld stellt eine Herausforderung für solche Manager dar, sie agieren aber dann als Pragmatiker.

---

[308] Row, H. (1998), S 52
[309] vgl. Maccoby, M. (1979)
[310] vgl. Wiswede, G. (1995), Sp 827, vgl. Reuter, E. (1993), Sp 2671f

Als wesentlichste Kritik an diesem eigenschaftstheoretischen Ansatz ist anzuführen, dass situative Gegebenheiten sowie Anforderungen nicht berücksichtigt werden und er somit als eher starr und inflexibel zu beurteilen ist. So werden hier auch nicht die Veränderung des Managers im Zeitablauf, die Interaktion mit den Mitarbeitern sowie deren Charakteristiken berücksichtigt[311], und es wird deutlich sichtbar, dass Kontext und Methode richtungweisend für die jeweilige Typologie[312] sind. Dieser Ansatz gewinnt aber im Zusammenhang mit der Forderung nach einer charismatischen Führung[313] und ebenso auch „durch das Aufkommen von Attributionstheorien"[314] [315] gegenwärtig wieder mehr an Bedeutung.

Funktionsorientierte Rollendefinition

Die funktionalistische Sichtweise der Managementrolle lässt sich auf Fayol (1916) zurückführen und ist durch eine Auflistung unterschiedlichster Managementaufgaben charakterisiert.[316] Wie bereits in Kapitel 3.1.2. dargestellt, können Rolleninhalte rein sachbezogen, aber auch personenbezogen analysiert werden, und es wird in sozialwissenschaftlicher Sicht bei der Funktionsaufteilung zwischen sach-rationaler Dimension respektive Lokomotion (Goal Achievement) und sozio-emotionaler Dimension respektive Motivation und Kohäsion (Group Maintenance) unterschieden.[317] Geht man hingegen bei einer funktionalen Betrachtung davon aus, dass alle für die Erhaltung des Systems Organisation erforderlichen Inhalte der Managerrolle bekannt sind und vom Management gesteuert werden können, so werden diese funktional-analytischen

---

311 vgl. Staehle, W. (1991), S 307f
312 vgl. Reuter, E. (1993), Sp 2672
313 vgl. Wiswede, G. (1995), Sp 826f, vgl. Staehle, W. (1991), S 308
314 Staehle, W. (1991), S 308
315 vgl. dazu die Ausführungen in Kapitel 3.2.4.1.
316 vgl. Welge, M. (1992), Sp 942
317 vgl. Bleicher, K. (1992), Sp 1277f, vgl. Wiswede, G. (1995), Sp 829

Verhaltensbeschreibungen des Managements „mit Recht als normativ, vage, theoretisch und empirisch wenig gehaltvoll kritisiert"[318]. In diesem Zusammenhang wird meist auch nur festgelegt, was der Manager zu tun hat, allerdings wird nicht erforscht, was der Manager letztendlich eigentlich wirklich tut[319].

Erwartungsorientierte Rollendefinition

Entsprechend diesem Verständnis ist die „Führungsrolle nichts anderes als das Zentrum zahlreicher Erwartungen bestimmter Rollensender"[320]. Bei diesem Konzept spricht man auch von normativen Erwartungen, die an die soziale Rolle des Inhabers gestellt werden, d. h. die Rollenerwartungen an die Position[321] des Managers stehen im Mittelpunkt dieses erwartungsorientierten Ansatzes.

Das erwartungsorientierte und das funktionale Rollenmodell haben im Mittelpunkt die Einführung in das Anforderungsprofil der beruflichen Rolle, die der Mitarbeiter zu beherrschen hat. Das Identitätsmodell geht davon aus, dass jedes Individuum flexible Fähigkeiten und Fertigkeiten für das Handling unterschiedlicher Rollen erwerben muss. Das Identitätskonzept lässt, im Unterschied zum Rollenkonzept, den für die Persönlichkeitsentwicklung jedes einzelnen Menschen erforderlichen Raum für das Ausfüllen der beruflichen Rolle, da der Beruf ein wesentlicher Baustein für die Identität eines Menschen ist. Nach dem Identitätskonzept wird nicht der Einzelne an eine vordefinierte Rolle angepasst, sondern er gestaltet aktiv die Rolle mit. So ergibt sich auch, dass ein rein sachlich initiierter Lernprozess kaum möglich ist, da Lernen auch immer Arbeiten an der eigenen Identität bedeutet und meist die wesentlichere Rolle spielt

---

[318] Wiswede, G. (1995), Sp 829
[319] vgl. Welge, M. (1992), Sp 942
[320] Wiswede, G. (1995), Sp 828
[321] vgl. Wunderer, R. (1997), S 161

als der reine Qualifikationserwerb. Die Bildung und die Arbeit müssen deshalb auch immer danach beurteilt werden, welche Chance sie dem Individuum zur Wahrung und auch zur Weiterentwicklung seiner eigenen Identität bieten.[322] In der folgenden Übersicht sollen zentrale Grundsätze des Rollen- und Identitätsmodells dargestellt werden.

Rollenkonzept	Identitätskonzept
Sozialisation Einführung in das Repertoire an Rollen, die man als Erwachsener beherrschen muss	Ständige Balance von *role-taking* sowie *role-making* von personeller und sozialer Identität
Postulate, Implikation 1. Übereinstimmung von Rollennormen und Interpretation durch Rolleninhaber	1. Rollennormen nicht rigide definiert, sondern lassen Spielraum für subjektive Interpretation
2. Angesichts divergierender Normen Anlehnung an eine Rolle als konsistenten Bezugsrahmen für Interaktionen	2. Im Interaktionsprozess werden nicht nur die jeweils aktuellen Rollen übernommen, sondern auch auf eigene parallele oder frühere hingewiesen
3. Weitgehende Übereinstimmung der Rollenpartner im Hinblick auf ihre gegenseitigen Erfahrungen (Ausschaltung divergierender Interpretationen)	3. Im Regelfall nur vorläufiger, tentativer und kompromisshafter Konsens der Partner über die Interpretation ihrer Rollen erreichbar
4. Übereinstimmung individueller Bedürfnisse der Handelnden mit institutionalisierten Wertvorstellungen der Gesellschaft	4. Individuelle Bedürfnispositionen entsprechen den institutionalisierten Wertvorstellungen nicht voll
5. Gegenseitige Bedürfnisbefriedigung der Rollenpartner	5. Zur Sicherung des Fortganges von Interaktionen auf die von den eigenen verschiedenen Bedürfnispositionen des anderen eingehen und interagieren
6. Gleichsam automatische Erfüllung der Rollennormen (Internalisierung)	6. Stabilität nicht bei automatischer Normerfüllung, sondern im Rahmen des Interpretationsspielraumes eigene Bedürfnisse in der Interaktion zu befriedigen

Abbildung 18: Rollenmodell versus Identitätsmodell[323]

Aktivitätsorientierte Rollendefinition

Entsprechend der sogenannten *Work Activity School* liegt das Ziel dieses Ansatzes darin, möglichst operational zu beschreiben, was Manager wirklich tun.[324]

---

[322] vgl. Arnold, R. (1997), S 57f
[323] in Anlehnung an Arnold, R. (1997), S 59
[324] vgl. Welge, M. (1992), Sp 942, vgl. Wiswede, G. (1995), Sp 830

Mintzberg hat, die traditionelle funktionsorientierte Managementlehre kritisierend, auf Basis umfangreicher empirischer Untersuchungen die *Typologie von Führungsrollen* entwickelt.[325] Er unterscheidet zwischen interpersonellen, informationsbezogenen und entscheidungsbezogenen Führungsrollen[326], die in der folgenden Übersicht dargestellt werden:

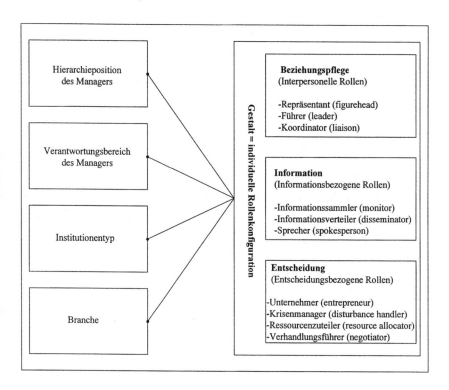

Abbildung 19: Determinanten der Managementrollen[327]

---

[325] vgl. Staehle, W. (1991), S 78f

[326] vgl. Macharzina, K. (1995), S 499ff, vgl. Welge, M. (1992), Sp 942f, vgl. Wiswede. G. (1995), Sp 831, vgl. Wunderer, R. (1997), S 168, vgl. Staehle, W. (1992b), S 87

[327] in Anlehnung an Macharzina, K. (1995), S 499

Fähigkeiten, die auf interpersonelle Beziehungen ausgerichtet sind, sind nach Mintzberg die Rolle als *Repräsentant,* welche die Darstellung und Vertretung der Organisation nach außen und nach innen umschreibt, die Rolle als *Führer,* diese betrifft Auswahl, Förderung und Motivation der Mitarbeiter und ist bestimmend für die Mitarbeiter-Führer-Beziehung, sowie die Rolle als *Koordinator,* welche den Aufbau und die Pflege eines funktionstüchtigen, nach innen und außen gehenden Kontaktnetzes umfasst. Informationsbezogene Rollen sind die eines *Monitors* im Sinne von kontinuierlicher Sammlung und Aufnahme von Informationen, die eines *Informationsverteilers* im Sinne von Übermittlung und Interpretation von relevanten Informationen und handlungsleitenden Werten und die eines *Sprechers* im Sinne von Information der Interessenten und der Öffentlichkeit allgemein. Als dritten Bereich sieht Mintzberg die entscheidungsbezogene Rolle des Managers, mit der Rolle als *Unternehmer,* in der unternehmerisches Handeln, Initiieren und Realisieren von geplantem Wandel im Mittelpunkt stehen, der Rolle als *Krisenmanager,* welche Konflikthandhabung sowie Beseitigung von Problemen und Störungen umfasst, der Rolle als *Ressourcenzuteiler*, welche eigenes Zeitmanagement, Kompetenzverteilung sowie alle ressourcenbezogene Fragestellungen betrifft, und die Rolle als *Verhandlungsführer,* welche eine politische Dimension annimmt, wenn es um das Verhandeln und Vertreten von Organisations- und Mitarbeiterinteressen geht und um die Vertretung der Organisation nach außen.[328]

Diese Rollenerwartungen lassen sich in den beiden Hauptdimensionen der Führungsrolle, in der Lokomotion und Kohäsion[329], zusammenfassen und liegen unter diesem Betrachtungswinkel eigentlich nicht weit vom funktionalen Ansatz

---

[328] vgl. Macharzina, K. (1995), S 500ff, vgl. Wunderer, R. (1997), S 168ff, vgl. Welge, M. (1992), Sp 942f

[329] vgl. dazu auch die Darstellungen in Kapitel 3.1.2.

entfernt[330]. Entgegen dem eigenschaftstheoretischen Ansatz braucht der Manager kein Auserwählter zu sein[331] und wird anerkannt, wenn er diese Dimensionen erfüllen kann, wobei beide Dimensionen wesentliche Voraussetzung für die systemische Sichtweise des Managements sind.

Effizienzorientierte Rollendefinition

Dieses Rollenverständnis hat die Frage nach der Effizienz des Managements zum Thema und „unterscheidet zwischen ‚erfolgreichen' und ‚effektiven' Managern"[332], wobei einerseits unter erfolgreichen Managern Personen zu verstehen sind, die bei der Verfolgung persönlicher Ziele, wie beispielsweise Karriere- und Gehaltsentwicklung, strebsam bzw. aussichtsreich sind, und andererseits unter effektiven Managern Personen gesehen werden können, die nach Maßgabe von Außenbedingungen, wie beispielsweise Erfolg des übertragenen Bereiches, Bewertung durch Mitarbeiter oder Vorgesetzte, Erreichen von Organisationszielen, erfolgreich sind.[333] Entsprechend dem *Effizienz-Modell* nach *Quinn*[334] muss das Management eine Vielzahl an Führungsrollen wahrnehmen können, wobei auch hier die Forderung nach einem Super-Manager die Annahme zulässt, dass es solche Universaltalente in der Praxis nur in den wenigsten Fällen geben wird[335] und, vergleichbar mit der Eigenschaftstheorie, der Effizienzansatz[336] dementsprechend Mängel für die Umsetzung aufweist.

---

[330] Voraussetzung für diese Feststellung ist natürlich, dass man beide Funktionen bzw. beide Zugänge zur funktionalen Sichtweise bedenkt, einerseits den sachlich-rationalen und andererseits den sozio-emotionalen Ansatz.

[331] vgl. Wunderer, R. (1997), S 164

[332] Wiswede, G. (1995), Sp 833

[333] vgl. Wiswede, G. (1995), Sp 833f

[334] vgl. Staehle, W. (1991), S 417, vgl. Wiswede, G. (1995), Sp 834f

[335] vgl. Wiswede, G. (1995), Sp 835

[336] Es gilt aber anzumerken, dass hier sehr wohl situative Komponenten berücksichtigt werden, aber dennoch die Forderung nach einem Manager mit allen nur erdenklichen Fähigkeiten als unrealistisch erscheint.

Gruppenorientierte Rollendefinition

Das gruppenorientierte Rollenkonzept geht von der realistischen Annahme aus, dass es den *Wundermanager* respektive die „Vorstellung eines *großen Mannes*"[337], der alle erforderlichen Rollen in sich vereinbaren kann, nur selten bis gar nicht gibt. Das Konzept der Gruppenorientierung der Rollenbeschreibung setzt bei der Überlegung an, entsprechend den Rollenkompetenzen das gesamte Handlungsfeld des Managements auf eine Gruppe aufzuteilen. In empirischen Untersuchungen konnte eine „personale Spezialisierung von Führungsaufgaben in Gruppen"[338] festgestellt werden, und je nach Neigungen und Fähigkeiten kommt es so zu Rollendifferenzierungen, wobei diese Erkenntnisse als Divergenztheorem im Sinne einer dualen Führung Niederschlag in der Literatur finden[339].

Entsprechend diesem Ansatz kann eine Rollendifferenzierung in der Art erfolgen, als eine Person die Führungsrolle im Sinne der personenorientierten Kohäsionsfunktion[340] und eine andere Person die aufgabenorientierte Lokomotionsfunktion[341] übernimmt, wobei es entsprechend der von Bales entwickelten *Interaktions-Prozess-Analyse*[342] immer zu einer Zweiteilung der Managementrollen in *Beliebtheitsmanager* sowie *Tüchtigkeitsmanager*[343] kommt, wodurch dieser Ansatz verdeutlicht, dass eine optimale Teamleistung über diese Rollenspezialisierung erzielt werden kann[344].

---

[337] Staehle, W. (1991), S 306
[338] Staehle, W. (1991), S 252
[339] vgl. Wunderer, R. (1997), S 170, vgl. Staehle, W. (1991), S 252 und S 291
[340] Hier stehen Motivation, Kommunikation und Mitarbeiterorientierung im Vordergrund.
[341] Hier stehen primär sachlich orientierte Managementaufgaben, das Vorantreiben der Organisation sowie Zielsetzung und -verfolgung im Vordergrund.
[342] vgl. Bales, R. (1970) zitiert nach Staehle, W. (1991), S 288ff
[343] vgl. Staehle, W. (1991), S 252 und S 290f
[344] vgl. Wunderer, R. (1997), S 170

Eine weitere Möglichkeit der Rollenspezialisierung ist die Verteilung der spezifischen Führungsrollen und der damit verbundene Ansatz von *Margerison* und *McCann* (1985),[345] welcher sich folgendermaßen darstellen lässt:

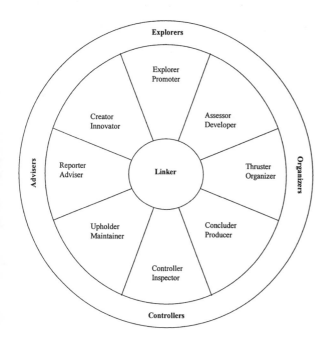

Abbildung 20: Gruppenorientierte Rollenaufteilung[346]

Die Führungsaufgabe in neuen Organisationsformen hat sich gewandelt. Nach wie vor kommt der Führung eine zentrale Rolle zu, allerdings hat sich das Anforderungsprofil dahingehend geändert, als eine Rollenkombination aus Vorbild, Moderator, Coach und Dienstleister den Mitarbeitern gegenüber in den Vordergrund gerückt ist. Ebenso ist für das Vorantreiben von Entwicklungs- und

---

[345] vgl. Wiswede, G. (1995), Sp 836
[346] Margerison und McCann (1985) zitiert nach Wiswede, G. (1995), Sp 836

Wandlungsprozessen ein hohes Maß an Vertrauen in die Mitarbeiter erforderlich, damit Verantwortung weitergegeben werden kann und *gemeinsames Lernen* möglich wird. Manager müssen auch wesentlich mehr indirekt führen als früher, denn es gilt Rahmenfaktoren zu schaffen, in denen Mitarbeiter erfolgreich werden können. Hierarchien in klassischem Sinne und die daraus begründete Autorität[347] haben keine Zukunft mehr. Zukunft haben Führungskräfte, die bereit sind für fachliche und personelle Prozesse Verantwortung zu übernehmen.[348] Nicht zuletzt gibt es aber auch keine Führungsrolle, die allen Situationen gerecht werden kann. Vielmehr ist im Rollenverständnis des Managements eine situative Variation erforderlich.

3.2.4. Managementansätze

Das Management einer Organisation kann, wie bereits angeführt, als kreativer Prozess[349] bezeichnet werden. Es gibt in der Wissenschaft und Praxis aber noch keine Managementansätze, die ein allgemein gültiges Konzept vorlegen würden, was damit begründet werden kann, „daß Führung ein komplexes, dynamisches und abstraktes Konstrukt darstellt, das mit realen, naturwissenschaftlich faßbaren Objekten nur wenig gemeinsam hat"[350].

---

[347] Drucker – vgl. Drucker, P. (1996), S 10f – verweist beispielsweise in diesem Zusammenhang darauf, dass in Bezug auf das Management Befehlsgewalt und Untergebene schon längst der Vergangenheit angehören müssten. Gegenwärtig wird Management aber noch immer „häufig auf das Führen Untergebener reduziert. Dies aber ist ein Ansatz, der aus den fünfziger oder sechziger Jahren stammt und nur die Kontrolle Untergeordneter im Auge hat. Die Realität sieht jedoch anders aus ...". Drucker, P. (1996), S 10
[348] vgl. Stihl, H. (1998), S 20, vgl. Küpper, H. (1995), Sp 1998
[349] vgl. Macharzina, K. (1995), S 43
[350] Wunderer, R. (1997), S 51

In der Folge sollen die Bereiche *Führungstheorie* und *Führungsstil* differenziert betrachtet werden, wobei hier nochmals darauf hingewiesen werden soll, dass diese getrennte Darstellung rein der Verdeutlichung der Erklärungslinien im gesamten Aufgabenfeld des Managements dient, da sich beide gegenseitig bedingen respektive beeinflussen und in der Praxis eng ineinander verwoben sind. Auf Grund der laufend zunehmenden Komplexität verursacht aber die eingeschränkte Anwendbarkeit theoretischer Ansätze in der Praxis eine Kluft zwischen Führungstheorie und -praxis.[351]

3.2.4.1. Führungstheorien

Als Ergänzung sowie auch als Erweiterung der im Kapitel 2.2.1. und 3.1.2. bereits dargestellten Ansätze soll hier nochmals der Theorieansatz für das Management aufgegriffen werden. Führungstheorien stammen zum überwiegenden Teil aus der empirischen Forschung der Soziologie sowie Sozialpsychologie.[352] Die Darstellung der Führungs- respektive Managementtheorien erfolgt primär in Anlehnung an Staehle[353], Wunderer[354] sowie Macharzina[355] und die gewählte Darstellung der Ansätze erhebt keinen Vollständigkeitsanspruch, sondern dient letztendlich der Argumentation der für die vorliegende Arbeit gewählten Erklärungslinien. Die einzelnen angesprochenen Theorien sollen auch nicht in vollem Umfang diskutiert werden, sie sollen vielmehr nur überblicksmäßig dargestellt werden. Die folgende Übersicht soll den Bezugsrahmen der gewählten Ansätze aufzeigen und nachvollziehbar machen, dass die einzelnen Theorien

---

[351] vgl. Domsch, M. (1998), S 423
[352] vgl. Domsch, M. (1998), S 423
[353] vgl. Staehle, W. (1991), S 322ff
[354] vgl. Wunderer, R. (1997), S 49ff, vgl. Wunderer, R. (1993), Sp 1323ff
[355] vgl. Macharzina, K. (1995), S 43ff

untereinander ihrerseits meist nicht klar abgetrennt[356] werden können und somit häufig Parallelen, Überschneidungen und Mehrfachzuordnungen bestehen:

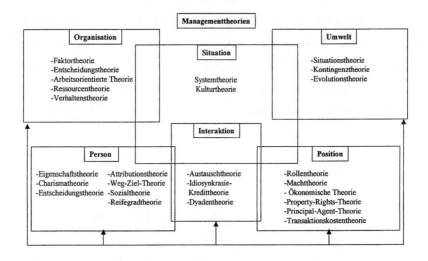

Abbildung 21: Beziehungsgeflecht der Führungstheorien[357]

➢ Personenorientierte Führungstheorien

Bei den personenorientierten Führungstheorien sind der Manager (Führer) oder die Mitarbeiter (Geführte) die zentralen Variablen der Erklärungsansätze[358], und menschliche Beziehungen (Interaktion) im Sinne von relations-oriented leadership[359] stehen in enger Verknüpfung mit diesen Führungstheorien. Folgende Ansätze können im Wesentlichen unter diesem Betrachtungswinkel unterschieden werden:

---

[356] Dies kann auch als nicht zielführend beurteilt werden, vor allem dann, wenn man dem transdisziplinären Gedankengut, welches in Kapitel 2.3. dargestellt wurde, Rechnung tragen möchte.

[357] in Anlehnung an Wunderer, R. (1997), S 53

[358] vgl. Wunderer, R. (1993), Sp 1325

[359] vgl. Staehle, W. (1991), S 323

> *Führerzentrierte Ansätze*

Dieser Ansatz geht von der Persönlichkeit des Managers sowie seinen damit verbundenen Führungsfähigkeiten aus und begründet sich in der Eigenschaftstheorie als ältester Ansatz der Führungstheorie,[360] wobei hier wiederum folgende Untergliederungen in den Ansätzen vorgenommen werden können:

Die *Eigenschaftstheorie*[361] wird auch als traitorientierter Ansatz (Trait-Theorie) bezeichnet und nimmt eine wesentliche Rolle im Kontinuum der gesamten Führungstheorien ein.[362] Die Eigenschaftstheorie geht von der Annahme aus, „daß die Eigenschaften der Führungspersönlichkeit die entscheidenden Einflußgrößen auf den Erfolg oder Mißerfolg von Führung darstellen"[363]. Die Problematik an diesem Ansatz ist aber das Faktum, dass sich Eigenschaften nur wenig für Vorhersagen von erforderlichem Führungsverhalten eignen. Den größten Nutzen dieses traitorientierten Ansatzes kann man dann sehen, wenn Führungseigenschaften „als Prädiktoren von Verhaltensaggregaten verwendet werden, von Führungsverhalten, das über verschiedene Ereignisse, Gelegenheiten und Situationen"[364] zu einer Einheit verbunden wird. Auch soll der tiefenpsychologische Ansatz hierunter subsumiert werden, da er in Bezug auf die Führungsrolle ebenso in die Eigenschaften des jeweiligen Managers hineinspielt, wobei der Hauptzweck eines tiefenpsychologischen Zugangs in der Führungstheorie darin besteht, dass er „den Blick für eine Reihe von Möglichkeiten schärft und daher schon frühzeitig festzustellen erlaubt, welche Entwicklung sich in einer konkreten Situation tatsächlich anbahnt"[365].

---

[360] vgl. Kuhn, A. (1987a), S 654
[361] vgl. dazu auch die Ausführungen in Kapitel 3.2.3.
[362] vgl. Delhees, K. (1995), Sp 897
[363] Wunderer, R. (1993), Sp 1325
[364] Delhees, K. (1995), Sp 905
[365] Hofstätter, P. (1995), Sp 1043

Die *Charisma-Theorie* beschäftigt sich mit außergewöhnlicher Führung und versucht, Rahmenbedingungen für Charaktereigenschaften von besonders erfolgreichen Managern abzubilden und zu erklären,[366] wobei Charisma ein ganz wesentlicher Faktor der von *Bass* entwickelten *transformationalen Führung*[367] ist und nicht einfach als Summe von bereits bestehenden und bekannten Führungseigenschaften verstanden wird, sondern eine neue Qualität dieser Führungseigenschaften darstellt[368]. „Charismatische Führer sind besonders gefragt in Krisen- oder Notsituationen, in denen der Glaube an eine Rettung durch den Führer die Zuversicht zu rationalen Problemlösungsstrategien verdrängt hat. Charismatische Führer können auf eine Unterstützung durch strukturelle Maßnahmen verzichten, denn sie beziehen ihren Erfolg vor allem aus dem persönlichen Auftritt."[369] Die Schwierigkeit dieses Ansatzes ist das Faktum, dass Charisma nur einige wenige Führungskräfte betrifft, charismatische Führung u.a. auch die Gefahr des Verlustes der eigenen Identität der Mitarbeiter bedeuten kann und charismatische Manager auch Mitarbeiter brauchen, die einen solchen Manager wollen, d. h. das Charisma der Führungskraft kann nur wirken, wenn es mit den diesbezüglichen Bedürfnissen der Mitarbeiter übereinstimmt. Durch diese Anforderungskriterien kann somit die Verbindung zur Eigenschaftstheorie und Attributionstheorie in der Managementtheorie vom konzeptionellen Ansatz aus hergestellt werden.[370]

Der *entscheidungstheoretische Ansatz* begründet sich in der Betriebswirtschaftslehre und bezieht in einem Weiterentwicklungsschritt verhaltenswissenschaftliche Aspekte in den Ansatz mit ein. Führung als spezielle Form der Einflussnahme und Entscheidung als eine Wahl zwischen mehreren

---

[366] vgl. House, R.; Shamir, B. (1995), Sp 878f
[367] Für umfangreiche Ausführungen zu diesem Ansatz vgl. Bass, B.; Steyrer, J. (1995), Sp 2053ff
[368] vgl. Wunderer, R. (1997), S 56f, vgl. House, R.; Shamir, B. (1995), Sp 878f
[369] Staehle, W. (1991), S 310

Verhaltensmöglichkeiten öffnet zwei Dimensionen in der Forschung, die durch die enge Verknüpfung von Entscheidungsfindung und Führung für die Erkenntnisgewinnung genutzt werden können.[371] Ansatzpunkte bei der Entscheidungsfindung unter prozessualer Betrachtungsweise sind Willensbildung und Willensdurchsetzung,[372] wobei dem Willensdurchsetzungsprozess insofern besonderes Augenmerk geschenkt wird, „indem die Akzeptanz von Entscheiden durch Geführte und damit die Legitimation der Führungsautorität – auch im Sinne von Verhandlungsmacht – einen zentralen Fokus der Entscheidungsforschung"[373] darstellt. Die Entscheidungstheorie wird oft als die Theorie des Führungsverhaltens beurteilt, die die höchste Validität und Praxisrelevanz aufweist, allerdings sind die Grenzen dieses Ansatzes dadurch erreicht, wenn die Mitarbeiter nicht ausreichend einbezogen werden, die Ergebnisse sehr stark von der Eigendarstellung des Managers abhängig sind und normative Entscheidungskalküle soziale Zusammenhänge nicht ausreichend berücksichtigen.[374]

> *Geführtenzentrierte Ansätze*

Bei Forschungsansätzen, die auf eine Zentrierung der Geführten aufbauen, steht der Mitarbeiter für die Erklärung von Führungsverhalten und -wirkung im Mittelpunkt der Betrachtungen. Folgende Ansätze sollen hier kurz dargestellt werden:

---

[370] vgl. Wunderer, R. (1997), S 57
[371] vgl. Martin, A.; Bartscher, S. (1995), Sp 906
[372] vgl. Macharzina, K. (1995), S 37
[373] Wunderer, R. (1993), Sp 1327
[374] vgl. Wunderer, R. (1997), S 63

Die *Weg-Ziel-Theorie* steht im Zentrum der Erwartungstheorien, wobei der Erfolg der Führung dahingehend begründet wird, dass dieser mit „Wahrnehmungen und Erwartungen der Geführten hinsichtlich der Unterstützung des Führers bei der Erreichung hoch bewerteter Ziele"[375] erklärt wird. Diese Theorie geht auf Arbeiten von Georgopoulos et al. (1957) und Vroom (1964) zurück respektive wurde sie u.a. durch Evans (1970) weiter zu einer Managementtheorie entwickelt.[376] Dieser Ansatz befasst sich als erste Managementtheorie mit dem Verhalten der Mitarbeiter (Geführten) und legt in ihren Ansätzen offen, dass effizientes Führungsverhalten durch das Ausmaß der Mitarbeitermotivation[377] determiniert wird. Entsprechend der Erwartungstheorie verfolgt jedes Individuum Ziele mit unterschiedlicher Wertigkeit, wobei die Ziele nur durch Maßnahmen (Anstrengung, Aktivität, Weg) erreicht werden können und die Maßnahmen unterschiedliche Erfolgschancen im Hinblick auf die Zielerreichung haben.[378] Bei der Weg-Ziel-Theorie werden die Arbeit, die Organisation und die persönlichen Eigenschaften der Mitarbeiter als situative Variablen berücksichtigt,[379] wobei diesem Ansatz in der betrieblichen Praxis große Bedeutung beigemessen wird, da er in engem Bezug zum Managementkonzept *Management by Objectives* steht.[380]

Die *Attributionstheorie* ist ein Ansatz, bei dem es um die Erforschung der Urteilsbildung von Individuen geht, d. h. dieser Ansatz setzt sich grundlegend damit auseinander, wie sich ein Individuum ein Urteil über die Gründe des

---

[375] Staehle, W. (1991), S 331

[376] vgl. Wunderer, R. (1993), Sp 1328, vgl. Evans, M. (1995), Sp 1075, vgl. Staehle, W. (1991), S 331

[377] vgl. Reber, G. (1992a), Sp 992, vgl. Staehle, W. (1991), S 331, vgl. Wunderer, R. (1997), S 63

[378] vgl. Evans, M. (1995), Sp 1076f, vgl. Staehle, W. (1991), S 331f, vgl. Wunderer, R. (1993), Sp1328

[379] Dies bedeutet aber, dass nur eine geringe Operationalität und empirische Überprüfbarkeit gegeben ist.

[380] vgl. Wunderer, R. (1997), S 64

eigenen Verhaltens und des Verhaltens von anderen Individuen bildet.[381] Somit sind Manager und Mitarbeiter „keine objektiven Gegebenheiten, zwischen denen (meßbare) Interaktionen stattfinden, sondern Wirklichkeitskonstruktionen der Beteiligten. Führung ist nicht ex ante definierbar oder Eigentum einer Person, sondern Inhalt und Objekt der Führung werden von Dritten attribuiert."[382] Dieser Managementansatz beschäftigt sich einerseits mit der Attribution der Mitarbeiter in Bezug auf das Managerverhalten und andererseits mit der Attribution des Managers in Bezug auf das Mitarbeiterverhalten.[383] In diesem Ansatz wird deutlich hervorgehoben, „daß Verhalten eine Funktion der Person und der Umwelt ist"[384]. Entgegen den meisten anderen Ansätzen steht hier nicht die Person mit ihren Eigenschaften, Fähigkeiten und Fertigkeiten sowie kognitiven Prozessen im Mittelpunkt der Forschungsbemühungen, sondern „der soziale Kontext und die physische Umwelt"[385] rücken als zentrale prognostische Variable (Prädiktor) in den Mittelpunkt der Forschungsarbeit,[386] wobei aber anzumerken ist, dass dieser Ansatz zu einer einseitigen individualistischen Ausrichtung tendiert, ebenso bestehende Organisations- und Machtstrukturen vernachlässigt und letztendlich eigentlich zu einer idealistischen Wunschvorstellung tendiert[387].

Die *soziale Lerntheorie*[388] in der Managementforschung beruht auf Arbeiten von Bandura (1968). Sie ist ein weiterer Ansatz[389] im Rahmen der

---

[381] vgl. Mitchell, T. (1995), Sp 847
[382] Staehle, W. (1991), S 341
[383] vgl. Mitchell, T. (1995), Sp 848ff, vgl. Wunderer, R. (1997), S 65, vgl. Staehle, W. (1991), S 341f
[384] Mitchell, T. (1995), Sp 860
[385] Mitchell, T. (1995), Sp 860
[386] vgl. Wunderer, R. (1997), S 65ff, vgl. Mitchell, T. (1995), Sp 859f
[387] vgl. Staehle, W. (1991), S 343
[388] Auf diesen Ansatz soll hier nur kurz hingewiesen werden, da dieser im Kapitel 3.3. ausführlich behandelt werden wird.
[389] Folgende Ansätze dienen neben der sozialen Lerntheorie ebenso auch zur Erklärung menschlichen Verhaltens: A. Verhalten wird durch die Person selbst bestimmt, B. Verhalten wird

verhaltenswissenschaftlichen (behavioristischen) Theorien, um menschliches Verhalten zu erklären. Nach diesem Ansatz entsteht Verhalten durch Erfahrung, d. h. es wird als erlernt angesehen[390], wobei Bandura die Hypothese aufstellt, „daß sich das Verhalten am besten als ständige reziproke Interaktion zwischen kognitiven Variablen und solchen des Verhaltes und der Umwelt erklären läßt"[391]. Für das Management bedeutet dies, dass Management bzw. Führung in diesem Sinne „als interagierender reziproker Determinismus zwischen dem Verhalten des Führers, den Persönlichkeitseigenschaften des Führers (einschließlich kognitiver Prozesse/psychologischer Dimensionen) und der Umwelt (Eigenschaften des Arbeitsplatzes, der Organisation, Attitüden/Verhaltensweisen der Vorgesetzten/Untergebenen)"[392] verstanden werden kann. Für den lerntheoretischen Ansatz kann die Bezeichnung Verhaltensmodifikation respektive OBM[393] in der Literatur festgemacht werden, wobei diese Technik auf einer Kombination aus sozialer Lerntheorie und der Theorie der operanten Konditionierung[394] aufgebaut ist und Verhaltensänderung letztendlich als eine Funktion ihrer Konsequenzen zu sehen ist.[395] Wesentliche Bedeutung ist diesem geführtenorientierten Ansatz in der hoch dynamischen Umwelt insofern beizumessen, als hier bei Selbststeuerungsprozessen der einzelnen Individuen im Sinne von autonomen Anpassungsprozessen angesetzt wird und die soziale Lerntheorie wesentliche Aspekte in moderne Führungsformen einbringt.[396]

---

durch Umwelt- sowie Situationsgegebenheiten bestimmt, C. Verhalten wird durch beide vorangehend angeführten Faktoren und durch deren Wechselbeziehungen und -wirkungen richtungweisend bestimmt. (vgl. Luthans, F.; Rosenkrantz, S. (1995), Sp 1006)

[390] vgl. Luthans, F.; Rosenkrantz, S. (1995), Sp 1006, vgl. Wunderer, R. (1997), S 67

[391] Bandura, A. zitiert nach Luthans, F.; Rosenkrantz, S. (1995), Sp 1006f

[392] Luthans, F.; Rosenkrantz, S. (1995), Sp 1008

[393] Organizational Behavior Modification

[394] vgl. zu sozialer Lerntheorie und operanter Konditionierung auch die Ausführungen in Kapitel 3.3.2.

[395] vgl. Staehle, W. (1991), S 352

[396] vgl. Wunderer, R. (1993), Sp 1330

Die *Reifegradtheorie* geht davon aus, dass das eigentliche Führungsverhalten von der Motivation und Fähigkeit[397] der Mitarbeiter abhängig ist, sich an Führungsaufgaben des Managers zu beteiligen, wobei der Stil der Führung durch den diesbezüglichen *Reifegrad*[398] der Mitarbeiter bestimmt wird, d. h. *unreife* Mitarbeiter brauchen eine autoritäre Führung, wohingegen *reife* Mitarbeiter delegativ bzw. kooperativ geführt werden sollen.[399] Dieser Ansatz entspricht der allgemeinen Auffassung, dass es keinen einheitlichen Führungsstil bzw. keine dergeartete Führungsform geben kann, sondern dass Führung immer entsprechend den Anforderungen der Mitarbeiter adaptiert sowie variiert werden muss. Eine zentrale Führungsaufgabe ist hier die Weiterentwicklung und Motivation der Mitarbeiter, um kooperative sowie delegative Führung umsetzen zu können.

Dieser Ansatz zeigt aber immense Schwächen, weil nur eine Persönlichkeitsvariable[400] der Mitarbeiter fokussiert und dies vom Manager selbst beurteilt wird[401], wodurch die Operationalität in Frage gestellt werden kann.

> **Positionsorientierte Führungstheorien**

Institutionelle Rahmenbedingungen stehen bei positionsorientierten Managementansätzen im Mittelpunkt der Betrachtungen, wobei die Rollentheorie und auch machttheoretische Führungsansätze[402] nur kurz dargestellt werden sollen[403].

---

[397] Zentrale Fragen sind hierbei einerseits die Fähigkeit, selbstständig Aufgaben zu lösen, und andererseits die Bereitschaft, Verantwortung zu übernehmen.

[398] Hersey/Blanchard (1988) entwickelten aufbauend auf diesen Ansatz eine Reifezyklustheorie, vgl. Schreyögg, G. (1995), Sp 1000f

[399] vgl. Wottawa, H.; Gluminski, I. (1995), S 257f, vgl. Kasper, H. (1995), Sp 1372, vgl. Schreyögg, G. (1995), Sp 1000

[400] Fokussiert wird nur der Reifegrad der Mitarbeiter in Bezug auf die Führung.

[401] vgl. Wunderer, R. (1997), S 70

[402] Die ökonomischen Theorien des Managements könnten auch hier bei den positionsorientierten Führungstheorien angeführt werden. Sie werden aber im Rahmen dieser Arbeit unter einem eigenen Punkt extra aufgegriffen. Siehe dazu die Ausführungen in Kapitel 2.2.1.

[403] Es würde über den Rahmen der vorliegenden Arbeit hinausgehen und entspricht auch nicht der Zielsetzung, alle theoretischen Ansätze umfassend zu diskutieren.

Die *Rollentheorie*, die bereits im Kapitel 3.2.3. dargestellt wurde, ist ein essenzieller Ansatz in der Mikrosoziologie. Entsprechend diesem Ansatz bilden Erwartungen, die von Personen aus unterschiedlichen anderen sozialen Positionen in eine bestimmte Position (Führungsposition) gestellt werden, die Hauptbestimmungsfaktoren für die Festlegung des Anforderungsprofils an diese Führungsrolle.[404] Somit ist Führung ein Interaktionsprozess zwischen Führungskräften und Mitarbeitern unter Berücksichtigung von gruppendynamischen und sozial-situativen Aspekten. Führung ist auch eine, zwar divergente, aber eindeutige und gleichwertige Rollenaufteilung, wobei die Rollentheorie bei rollenkonformem Verhalten ansetzt und Rollenkonflikte vordergründig unerklärt lässt.[405] Neuberger differenziert in seinen Ausführungen beim Rollenverständnis zwischen strukturellen und funktionalen Zugängen zur Rolle sowie dem interaktiven bzw. konstruktivistischen Ansatz, wobei der strukturorientierte Ansatz der am meisten vertretene ist.[406] Wie bereits erwähnt, ist die Rollentheorie in Forschung und Praxis als Ansatz sehr leistungsfähig, da sie einerseits die Verbindung zwischen Individuum und Gruppe sowie die Orientierung in Abhängigkeit der jeweiligen Situation herstellt und andererseits im Bereich der Analyse, Beschreibung und Weiterentwicklung von Führungsphänomenen weite Verbreitung findet.[407] Die Rollentheorie fokussiert somit primär strukturdeterminierte Faktoren. Führungserfolg wird durch den Übereinstimmungsgrad von Erwartungen an die Führungsrolle, Eigendefinition der Rolle des Rolleninhabers sowie „dessen persönlichkeitsbedingtem Erfüllungsprofil"[408] bestimmt.[409]

---

[404] vgl. Wunderer, R. (1993), Sp 1331
[405] vgl. Kuhn, A. (1987a), S 655
[406] vgl. Neuberger, O. (1995a), Sp 982f
[407] vgl. Wunderer, R. (1997), S 73, vgl. Wunderer, R. (1993), Sp 1332
[408] Wunderer, R. (1993), Sp 1332
[409] vgl. Neuberger, O. (1995a), Sp 980f, vgl. Wunderer, R. (1993), Sp 1332

Machttheoretische Ansätze gehen von der Annahme aus, dass Macht[410] ein „notwendiges Definitionsmerkmal von Führung als spezielle Ausprägungsform von Einflußnahme"[411] ist, und sie kann in Bezug auf verschiedene Führungstheorien untersucht werden. So kann beispielsweise bei der Attributionstheorie Macht als zentraler Faktor für die Autorität des Einzelnen betrachtet werden, bei der Eigenschaftstheorie ist die sogenannte *Machtmotivation* als wesentliches Persönlichkeitsmerkmal und somit als konstante Handlungsdisposition bedeutungsvoll, oder bei der Rollentheorie werden Macht, Status und Dominanz in der gruppendynamischen Differenzierung bezogen auf die Position als wesentliche Faktoren angesprochen.[412] Autorität kann als legitime Macht verstanden werden, und üblicherweise setzen Organisationen Autoritätsstrukturen ein, um ausgerichtet auf die Ziele der Organisation das Verhalten der Mitarbeiter beeinflussen zu können,[413] wobei machttheoretische Managementansätze sich entschieden von Persönlichkeitsfaktoren abwenden und strukturelle Rahmenbedingungen der organisatorischen Macht fokussieren und so die Handlungsspielräume offen legen, in denen Manager zu agieren haben[414]. Diese Erklärungsansätze sind nach wie vor wesentlich in der Führungsforschung.

➤ **Interaktionsorientierte Führungstheorien**

Die Interaktionstheorie steht in enger Verbindung mit der Situationstheorie und ist wohl einer der umfangreichsten Ansätze in der Managementtheorie, da die Interaktion[415] zwischen Führungskräften und Mitarbeitern unter Berücksichtigung der situativen Komponenten im Mittelpunkt der Betrachtungen steht.[416]

---

[410] vgl. umfassende Ausführungen dazu Neuberger, O. (1995b), Sp 954ff
[411] Wunderer, R. (1997), S 73
[412] vgl. Neuberger, O. (1995b), Sp 960ff, vgl. Wunderer, R. (1997), S 73f
[413] vgl. Staehle, W. (1991), S 371
[414] vgl. Neuberger, O. (1995b), Sp 963
[415] Interaktion ist eine wechselseitige interpersonale Beziehung, vgl. Staehle, W. (1991), S 329
[416] vgl. Kuhn, A. (1987a), S 655

Interaktionstheorien des Managements[417] sind als äußerst anspruchsvoll zu bewerten, allerdings auf Grund ihres komplexen Variablengeflechtes und der nahezu unbeschränkten Vielfalt der Beziehungsmöglichkeiten für die praktische Umsetzung in der reinen Form schwierig, wobei die Ansätze aber wesentlich für viele andere Führungstheorien sind, da diese Interaktionen als wichtigen Bestandteil in ihre Konzepte integriert haben.[418] Interaktionstheoretische Ansätze fokussieren Austausch- und Einflussprozesse, wobei bei den Austauschtheorien entsprechend einer Kategorisierung nach Zalesny/Graen[419] einerseits zwischen ökonomischen und sozialen sowie andererseits zwischen gruppenbezogenen und dyadischen Ansätzen unterschieden werden kann.[420] Sozialer Austausch unterscheidet sich von den ökonomischen Ansätzen der Transaktionstheorien in Bezug auf die Art der Belohnung und die auszutauschenden Ressourcen.

So sind ökonomische Transaktionen von der Art der Belohnung her direkt bzw. operational und verhaltensspezifisch, die auszutauschenden Ressourcen sind universell[421], sie können rasch erfüllt werden und eine Transaktion ist grundsätzlich ausreichend. Bei sozialen Transaktionen hingegen können zu den ökonomischen Belohnungen noch indirekte Belohnungen in Form von Ruhm und Ehre, Beziehungsbelohnungen und „zugeschriebene Belohnungen, d. h. Belohnungen, die aus der Interpretation der Beziehungsergebnisse durch die Austauschpartner abgeleitet werden"[422], als Ergebnis gezählt werden, wobei diese

---

[417] Wobei hier anzumerken ist, dass es jedoch eine eigene umfassende Interaktionstheorie des Managements bis jetzt noch nicht gibt, vgl. Staehle, W. (1991), S 331
[418] vgl. Staehle, W. (1991), S 330f
[419] vgl. Zalesny, M.; Graen, G. (1995), Sp 862ff, hier ist eine umfassende Darstellung der Austauschtheorie zu finden.
[420] vgl. Wunderer, R. (1993), Sp 1334
[421] wie beispielsweise Geld, Waren, Dienstleistungen oder Informationen
[422] Zalesny, M.; Graen, G. (1995), Sp 862

Belohnungen eher langfristig, stabil und nicht nur aufgabenbezogen und auf universelle Ressourcen[423] ausgerichtet gesehen werden können.[424]

Bezüglich der Führungstheorien setzen die meisten Ansätze an der Überlegung an, dass die Beeinflussung vom Manager ausgeht und auf das Verhalten der Mitarbeiter wirkt. Wird aber der Aspekt des sozialen Austausches in der Manager-Mitarbeiter-Beziehung berücksichtigt, der Ansatz von bidirektionaler Beeinflussung und Management somit als sozialer Transaktionsprozess zwischen Führung und Mitarbeitern verstanden, dann kann dies mit Konzepten wie der Idiosynkrasie-Kredit-Theorie[425] und der dyadischen Theorie[426] veranschaulicht werden.[427] Das *Idiosynkrasie-Kredit-Modell*[428] geht von dem Ansatz aus, dass Manager auch Mitarbeiter brauchen und „Führer und Geführte als allseitig aktive Akteure in wechselseitigen und dynamischen Einflußprozessen"[429] stehen, d. h. Führungsbeziehungen beruhen auf Transaktionen im Sinne von Leistung und Gegenleistung,[430] wobei sich der Ansatz auf die Managerrolle ausrichtet, „insbesondere wie dieser sich durch besondere Erfüllung der Gruppenerwartungen (hinsichtlich Kompetenz und Loyalität) einen besonderen Kredit (‚Idiosynkrasie-Kredit') erwerben kann, wodurch er in die Lage versetzt wird, später in der Gruppe auch abweichendes Verhalten zeigen zu können"[431]. Die *dyadische*

---

[423] vgl. Wunderer, R. (1993), Sp 1355
[424] vgl. Zalesny, M.; Graen, G. (1995), Sp 862f
[425] vgl. Hollander, E. (1995), Sp 926ff
[426] vgl. Graen, G.; Uhl-Bien, M. (1995), Sp 1045ff
[427] vgl. Zalesny, M.; Graen, G. (1995), Sp 864
[428] Man bezeichnet diesen Ansatz in der Literatur auch als IC-Modell (Idosyncrasy Credit Modell), vgl. Hollander, E. (1995), Sp 926
[429] Wunderer, R. (1997), S 79
[430] vgl. Staehle, W. (1991), S 336f
[431] Wunderer, R. (1993), Sp 1335

Managementtheorie richtet sich auf die direkte Zweierbeziehung[432] zwischen Manager und dem jeweiligen Mitarbeiter aus, und je nach Art der Dyade stehen ökonomische oder soziale Austauschprozesse im Vordergrund. In diesem Ansatz geht man von der Annahme aus, dass alle Führungsprozesse in Organisationen mit Zweierbeziehungen beginnen, wobei dies besonders die Weiterentwicklung des Ansatzes in Richtung eines differenzierten Führungsstils unterstützt.[433]

> **Situationstheorien der Führung**

Bei der Situationstheorie, welche im Bereich der Führungstheorien von Fiedler (1967) eingeleitet wurde,[434] ist die Führung in Abhängigkeit zu den situativen Gegebenheiten einer Organisation und ihrem Umfeld zu sehen, und es sind dabei personenspezifische ebenso wie aufgabenspezifische Einflüsse, die formelle Autorität (Positionsmacht) und Mitarbeiterbeziehungen von Relevanz.[435] Soll die größtmögliche Effizienz im Bereich des Managements erreicht werden, so muss man sich von dem Bestreben lösen, den universalen, in allen Situationen passenden Führungsstil finden zu können. In diesem Zusammenhang gilt vielmehr, dass „Führungswahl und Führungserfolg nicht eine Funktion bestimmter Führungseigenschaften sind, sondern nur in Abhängigkeit von einem situativen Kontext, in dem Führer und Geführte interagieren"[436], zu verstehen sind. In Bezug auf die Führungsebene sind Aspekte auf gruppenbezogener und dyadischer Ebene[437] einerseits und andererseits ebenso außer- und innerorganisationale Aspekte im Sinne der gesamten Führung des Systems

---

[432] Diese Zweierbeziehung wird als individueller Verhandlungsprozess gesehen, der je nach beteiligten Personen in Bezug auf Stil, Ausmaß, inhaltliche Gestaltung und Intensität sich differenziert gestalten kann.

[433] vgl. Wunderer, R. (1993), Sp 1335

[434] vgl. Reber, G. (1992a), Sp 991f

[435] vgl. Kuhn, A. (1987a), S 654f

[436] Staehle, W. (1991), S 322

[437] Man spricht in diesem Zusammenhang auch von der Mikroebene des Managements.

Organisation als Bezugsebene[438] mit in die Betrachtungen einzubeziehen[439]. Situatives respektive kontingentes Denken zeigt sich beispielsweise bei der *Systemtheorie, Kulturtheorie* oder *Kontingenztheorie*, die bereits im Kapitel 2.2.1. dargestellt wurden. Ebenso weisen die *soziale Lerntheorie*, die *Weg-Ziel-Theorie* oder auch die *interaktionsorientierten Theorien* situative Variablen in ihren Bezugselementen der Betrachtungen auf.

Als Beispiel für auf Situationsvariablen ausgerichtete Ansätze soll hier das Modell von Yukl[440] dargestellt werden. Das folgende Modell zeigt, dass nicht nur Führung, sondern auch organisationale Bedingungen in Form von Struktur, Umwelt und Technologie wesentliche Kriterien für den Erfolg oder Misserfolg des Managements sind:[441]

---

[438] Diese kann auch als Makroebene des Managements bezeichnet werden und es können Struktur, Umwelt und Technologie einer Organisation darunter verstanden werden, vgl. Staehle, W. (1991), S 328

[439] vgl. Schreyögg, G. (1995), Sp 1004

[440] Dieses Modell ist bisher, nicht zuletzt auf Grund seiner so offenen und vagen Hypothesen, noch nicht empirisch überprüft. Es soll aber hier auch nur den Bezugsrahmen für mögliche Einflussfaktoren darstellen, um Diskussionen im Bereich von Führungsprozessen und von der Entwicklung der Führungskonzepte zu ermöglichen. vgl. Staehle, W. (1991), S 327f

[441] vgl. Staehle, W. (1991), S 327f, vgl. Wottawa, H.; Gluminski, I. (1995), S 252ff

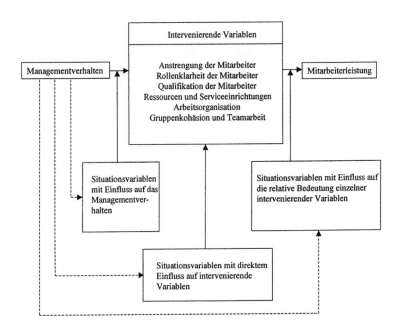

Abbildung 22: Modell multipler Verknüpfungen nach Yukl[442]

Resümierende Überlegungen zur Führungstheorie

Bei der Darstellung verschiedener Theorieansätze in diesem und im Kapitel 2.2.1.
zeigt sich als Erkenntnis, dass nur ein Zusammenführen der einzelnen Ansätze
letztendlich als zielführend erscheint, denn erst das Verbinden von
organisationsinternen und organisationsexternen sowie die Verknüpfung von
verhaltensbestimmten und sachorientierten Faktoren öffnet den Weg zu einem
realitätsnahen Bezugsrahmen und ermöglicht auch so die Weiterentwicklung der
Organisation und seiner Mitarbeiter. Gerade für den Bereich des Lernens bedeutet
dies eine weitere Erkenntnis. Denn nur mit einem realistischen Bezugsrahmen

---

[442] in Anlehnung an Yukl, G. (1981) zitiert nach Staehle, W. (1991), S 328

erscheint auch Bildungsarbeit in der Organisation als Maßnahme zur proaktiven Weiterentwicklung und nicht nur zur reaktiven Defizitminderung.

Entsprechend den oben dargestellten Ausführungen zeigt sich, dass Managementtheorien von ökonomischen bis hin zu verhaltenswissenschaftlich ausgerichteten Ansätzen, von entscheidungsorientierten bis hin zu systemorientierten Konzepten sowie von reduktionistisch-technomorphen[443] bis hin zu systemisch-evolutionären Ansätzen reichen. Malik[444] hat in einer Darstellung diese beiden letztgenannten extremen Gegensätze in folgender Form gegenübergestellt:

Konstruktivistisch-technomorph (K)	Systemisch-evolutionär (S)
Management . . .	Management . . .
1. . . . ist Menschenführung	1. . . . ist Gestaltung und Lenkung ganzer Institutionen in ihrer Umwelt
2. . . . ist Führung weniger	2. . . . ist Führung vieler
3. . . . ist Aufgabe weniger	3. . . . ist Aufgabe vieler
4. . . . ist direktes Einwirken	4. . . . ist indirektes Einwirken
5. . . . ist auf Optimierung ausgerichtet	5. . . . ist auf Steuerbarkeit ausgerichtet
6. . . . hat im Großen und Ganzen ausreichende Information	6. . . . hat nie ausreichende Information
7. . . . hat das Ziel der Gewinnmaximierung	7. . . . hat das Ziel der Maximierung der Lebensfähigkeit

Abbildung 23: Gegensatzfelder in der Führungstheorie[445]

Es kann für die Führungstheorie festgehalten werden, dass es die einzig richtige Theorie per se nicht gibt, und obwohl der hohe heuristische Wert der dargestellten

---

[443] Malik bezeichnet den Ansatz als *konstruktivistisch-technomorph*, wobei konstruktivistisch aber nicht im Sinne des Konstruktivismus zu verstehen ist, sondern eher konstruiert im Sinne auf reduziert zu sehen ist und somit diese Bezeichnung verwirrend wirken kann und umbenannt werden sollte.

[444] vgl. Malik, F. (1996), S 48ff

[445] in Anlehnung an Malik, F. (1996), S 49

Theorien für Forschung und Praxis der Führung außer Zweifel steht, „stehen wissenschaftlich abgesicherte Aussagen über menschliches Verhalten in Organisationen überwiegend noch aus"[446]. Für eine evolutionäre und systemorientierte Betriebspädagogik ist ein Ermöglichen des Lernens und der Bildung aber nur dann realisierbar, wenn von einem systemisch-evolutionären Ansatz ausgegangen wird. Hier sind Aspekte wie beispielsweise Mitgestalten, Lebensfähigkeit oder Führung als Aufgabe vieler Indikatoren dafür, dass selbstständige Erschließung und Aneignung von Wissen nur durch einen systemisch-evolutionären Managementansatz ermöglicht wird. Im Zusammenhang mit organisationalem Lernen und der Lernenden Organisation[447] soll darauf noch genauer eingegangen werden.

3.2.4.2. Führungsstil

Der Führungsstil bringt die Art und Weise des Wahrnehmens der Führungsfunktion[448] zum Ausdruck und kann als ein prinzipielles, einheitliches und personales Verhaltensmuster[449] charakterisiert werden. Führung ist als Interaktion zwischen Personen, die Führungsaufgaben wahrnehmen, und Personen, die geführt werden, zu verstehen. Je nach Art des Führungsstils zeigt sich die Führung unterschiedlich in der Berechtigung und Dimension der Wechselbeziehungen der beteiligten Personen: Der autokratische Führungsstil ist eindimensional und ungleichberechtigt, hingegen ist der kooperative Führungsstil eher wechselseitig und gleichberechtigt.[450] Ein Führungsstil, durch den das Management Entscheidungsmacht an die Mitarbeiter abgibt, wird auch als

---

[446] Domsch, M. (1998), S 429
[447] vgl. dazu die Ausführungen in Kapitel 3.3.
[448] vgl. Marr, R. (1993), S 68
[449] vgl. Hoff, H. (1987), S 651

partizipativer Führungsstil bezeichnet.[451] Der Führungsstil prägt die grundsätzliche Art der Führung einer Organisation.[452] Macharzina definiert Führungsstil als „regelmäßig wiederkehrende Muster des Führungshandelns"[453] und da die Bedeutung der Qualität der Beziehungen zwischen Individuen durch die Interaktionstheorie im Mittelpunkt steht, ist die Gestaltung des Führungsstils wesentlich[454]. Entsprechend einer terminologischen Untersuchung nach Seidel können folgende fünf Merkmale in Bezug auf den Führungsstil manifestiert werden:[455]

➢ Aufteilung der Entscheidungsaufgaben zwischen Führungskraft und Mitarbeitern

➢ Führungsverhalten in Bezug auf autoritäre versus kooperative Komponenten der Führungskraft

➢ Ausrichtung der Führungskraft einerseits in Richtung Aufgabenorientierung und andererseits in Richtung Mitarbeiterorientierung

➢ Statusverhalten sowie Basis für die Legitimierung der Führungskraft

➢ Verhalten der Führungskraft in Bezug auf die Mitarbeiter (Obsorgeverhalten).

In der Forschung findet man in Bezug auf den Führungsstil die unterschiedlichsten Ansätze und es wurde eine Vielzahl an Kategorien und Rastern entwickelt, um diese einteilen zu können, wobei sich die Führungsstiltypologie als Dichotomie, wie beispielsweise autoritär – demokratisch, Mitarbeiterorientierung – Aufgabenorientierung, autoritär –

---

[450] vgl. Wunderer, R. (1997), S 164f, vgl. Hörandtner, A. et al. (1998), S 54
[451] vgl. Hörandtner, A. et al. (1998), S 54
[452] vgl. Bleicher, K. (1993), Sp 1275
[453] Macharzina, K. (1995), S 447
[454] vgl. Wunderer, R. (1997), S 164
[455] vgl. Seidel, E. zitiert nach Steinle, C. (1992a), Sp 966f

autonom, durch die Literatur zieht.[456] In der Folge sollen nun in Anlehnung an Wunderer[457] drei Konzepte für die Klassifikation der Führungsstile vorgestellt werden.

Der eindimensionale Ansatz von Tannenbaum/Schmidt[458] ist wohl einer der bekanntesten Ansätze der Klassifikation der Führungsstile, bei dem sich der Führungsstil bipolar von autoritär bis autonom erstreckt. Mit dieser sogenannten Kontinuum-Theorie gehen die Forscher primär von empirischen Untersuchungen aus und ordnen das Führungsverhalten „nach dem Ausmaß der Anwendung von Autorität durch den Vorgesetzten und dem Ausmaß an Entscheidungsfreiheit der Mitarbeiter auf einem Kontinuum von extrem Vorgesetzten-zentrierten zu extrem Mitarbeiter-zentrierten Verhaltensmustern"[459]. Es gilt aber anzumerken, dass der Führungsstil auf das Entscheidungsverhalten des Managements reduziert wird[460] und weniger die Frage des Ergebnisses des Führungsverhaltens im Mittelpunkt der Betrachtungen steht als die Frage der moralischen Verpflichtung, einen kooperativen Führungsstil einem autoritären Führungsstil gegenüber zu bejahen[461]. Tannenbaum/Schmidt unterscheiden in ihrem Ansatz folgende sieben verschiedene Führungsstile:

---

[456] vgl. Staehle, W. (1991), S 321, vgl. Macharzina, K. (1995), S 447f, vgl. Miller, L. (1990), S 16ff, vgl. Wunderer, R. (1997), S 179ff
[457] vgl. Wunderer, R. (1997), S 179ff
[458] vgl. Tannenbaum, R.; Schmidt, W. (1958), S 96ff
[459] Staehle, W. (1991), S 311
[460] vgl. Wunderer, R. (1997), S 181
[461] vgl. Steinle, C. (1992a), Sp 969

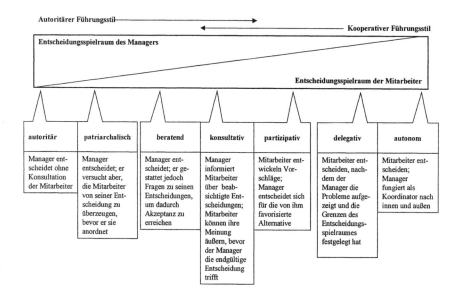

Abbildung 24: Kontinuum der Führungsstile[462]

Als zweiter Ansatz soll hier einer der bekanntesten zweidimensionalen Ansätze nach Blake/Mouton[463] dargestellt werden. Dieser Ansatz legt einerseits das angestrebte Führungsverhalten als Ergebnis eines Entwicklungsprozesses fest und definiert andererseits auch den Prozess als solchen.[464] Ausgangspunkt des Führungsstilansatzes nach Blake/Mouton ist ein erstrebenswerter Führungsstil, der sowohl personen- als auch aufgabenorientiert ist. Dieser Ansatz basiert auf den Annahmen der Ohio-Schule[465], in welchen behauptet wird, dass Beziehungsorientierung und Aufgabenorientierung sich nicht ausschließen, wobei dieses Konzept mit den „Ohio State Leadership Quadranten"[466] manifestiert

---

[462] in Anlehnung an Tannenbaum, R.; Schmidt, W. (1958), S 96
[463] vgl. Blake, R.; Mouton, J. (1968), S 33
[464] vgl. Schreyögg, G. (1998), S 513f
[465] vgl. Staehle, W. (1991), S 317, vgl. Steinle, C. (1992a), Sp 971
[466] Staehle, W. (1991), S 317

wird.[467] Der Ansatz von Blake/Mouton unterscheidet fünf Führungsstile und kann folgendermaßen dargestellt werden:

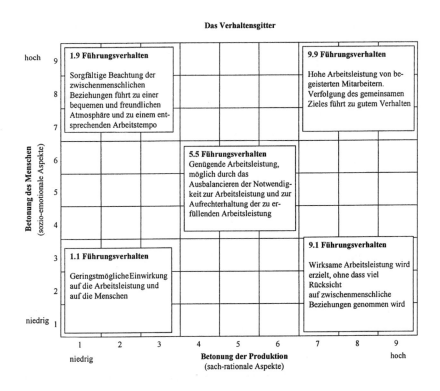

Das Verhaltensgitter

1.9 Führungsverhalten
Sorgfältige Beachtung der zwischenmenschlichen Beziehungen führt zu einer bequemen und freundlichen Atmosphäre und zu einem entsprechenden Arbeitstempo

9.9 Führungsverhalten
Hohe Arbeitsleistung von begeisterten Mitarbeitern. Verfolgung des gemeinsamen Zieles führt zu gutem Verhalten

5.5 Führungsverhalten
Genügende Arbeitsleistung, möglich durch das Ausbalancieren der Notwendigkeit zur Arbeitsleistung und zur Aufrechterhaltung der zu erfüllenden Arbeitsleistung

1.1 Führungsverhalten
Geringstmögliche Einwirkung auf die Arbeitsleistung und auf die Menschen

9.1 Führungsverhalten
Wirksame Arbeitsleistung wird erzielt, ohne dass viel Rücksicht auf zwischenmenschliche Beziehungen genommen wird

Betonung des Menschen (sozio-emotionale Aspekte)

hoch — niedrig

Betonung der Produktion (sach-rationale Aspekte)

niedrig — hoch

Abbildung 25: Verhaltensgitter nach Blake/Mouton[468]

Als ein integrierter Ansatz kann das Modell von Wunderer gesehen werden. Es orientiert sich am Ansatz von Tannenbaum/Schmidt, zeigt aber eine zweite Dimension auf und unterscheidet sechs Führungsstile, wobei es sich, wie bei den anderen Ansätzen auch, um idealtypische Stile handelt, welche „als

---

[467] vgl. Wottawa, H.; Gluminski, I. (1995), S 248ff
[468] in Anlehnung an Blake, R.; Mouton, J. (1968), S 33

Beschreibungskategorien für Theorie und Praxis vor allem heuristischen Wert haben"[469], und die Grenzen zwischen den einzelnen Führungsstilen fließend sind.[470] Der Ansatz von Wunderer kann folgendermaßen dargestellt werden:

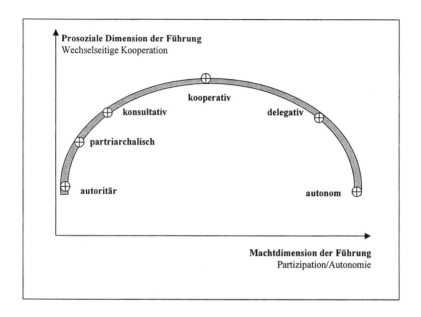

Abbildung 26: Führungsstiltypologie[471]

Wie schon bei den Führungstheorien hingewiesen[472], gibt es auch den richtigen Führungsstil per se nicht, ebenso kommen die oben dargestellten Ansätze und jeweilig darin beschriebenen Führungsstile in der Praxis in Reinform nicht vor. Vielmehr muss man die Umfeldbedingungen in Bezug auf die jeweilige Situation bedenken, wenn man den Führungsstil betrachtet; d. h. Kontextfaktoren sowie die

---

[469] Wunderer, R. (1997), S 183
[470] vgl. Wunderer, R. (1997), S 182f
[471] in Anlehnung an Wunderer, R. (1997), S 182
[472] vgl. dazu die Ausführungen in Kapitel 3.2.4.1.

Lernfähigkeit des jeweiligen Managers sind letztendlich ausschlaggebend für den Führungsstil. Eine Pauschalbeurteilung bzw. -kategorisierung der Führungsstile zeigt sich als nicht sinnvoll[473] und eine Korrelation respektive Kausalbeziehung zwischen Führungsstil und Erfolg einer Organisation konnte bisher empirisch nicht nachgewiesen werden.[474]

Wunderer stellt mit dem Ansatz des situativen Führungsstils folgendes Beziehungsgeflecht zwischen Person, Führungsstil und Führungserfolg auf:

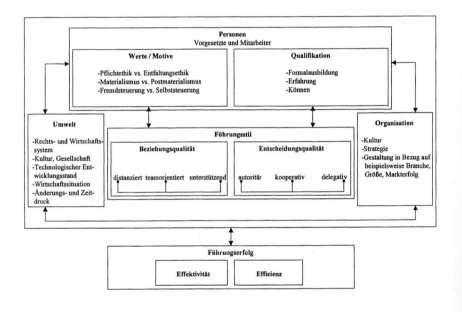

Abbildung 27: Wechselwirkungen zwischen Führungsstil und -erfolg[475]

[473] vgl. Staehle, W. (1991), S 321
[474] vgl. Wunderer, R. (1997), S 183f
[475] in Anlehnung an Wunderer, R. (1997), S 184

„Bei allen situativen Einschränkungen sollte jedoch nicht vergessen werden, daß kooperative Führungsbeziehungen anthropologischen, sozialphilosophischen, sozioemotionalen, bedürfnisorientierten, kurzum humanen Forderungen an die Gestaltung zwischenmenschlicher Beziehungen grundsätzlich besser entsprechen als autoritäre."[476]

3.2.5. Managementmodelle und -konzepte

Managementmodelle und -konzepte[477] finden in der Literatur und Praxis umfassende Aufmerksamkeit, wobei die verwendeten Begriffe ebenso zahlreich wie auch unterschiedlich sind. Begriffsabgrenzungen dazu wurden in der Literatur[478] mehrfach versucht, sind aber ebenso zahlreich wie divergent[479]. Der Bogen erstreckt sich für ein und denselben Sachverhalt neben *Modell* und *Konzept* von *Technik*[480], *Prinzip*[481], *Grundsatz*[482], *System*[483] bis hin zu *Ansatz*[484]. Für die vorliegende Arbeit wird die nun folgend dargestellte Abgrenzung gewählt werden.

---

[476] Wunderer, R. (1997), S 185

[477] Wie die Gesamtlinie der Arbeit zeigt, soll auch hier nicht zwischen Führung und Management begrifflich unterschieden werden. Es soll allerdings zwischen Konzept und Modell differenziert werden.

[478] vgl. Gabele, E. (1992), Sp 958, vgl. Steinle, C. (1992b), Sp 736f, vgl. aber auch Kron, F. (1999), S 77ff

[479] Sie erstrecken sich von einer genauen Unterscheidung wie beispielsweise vgl. Steinle, C. (1992b), Sp 736f bis hin zu einer synonymen Verwendung der Begriffe wie beispielsweise bei vgl. Rühli, E. (1995), Sp 760

[480] vgl. Thommen, J.; Achleitner, A. (1998), S 758ff, vgl. Fuchs-Wegner, G. (1975), Sp 2571ff, vgl. Macharzina, K. (1995), S 451

[481] vgl. Wöhe, G. (1990), S 134ff, vgl. Fuchs-Wegner, G. (1975), Sp 2571ff

[482] vgl. Schanz, G. (1993), S 587, vgl. Schreyögg, G. (1998), S 447

[483] vgl. Kuhn, A. (1987b), S 652, vgl. Bleicher, K. (1991), S 778

[484] vgl. Scholz, C. (1989), S 393ff

Es sollen die semantischen Begriffe *Modell* und *Konzept* verwendet werden, um ein klares Begriffsverständnis sicher stellen zu können. *Modelle* sind Realitätsausschnitte[485], d. h. sie sind „vereinfachte Abbildungen komplexer Sachverhalte"[486] im Sinne einer Abstraktion der Wirklichkeit. Modelle sind theoriebasierend und sollen grundsätzlich dazu beitragen, dass eine logische Konsistenz der korrespondierenden Theorien aufgezeigt werden kann.[487] *Konzepte* sind von bzw. in der Praxis formulierte *Modelle*.[488] Sie basieren auf theorie- und auch praxisfundierten Managementmodellen, wobei situative Aspekte in die Konzepte immer mit einbezogen werden.[489] *Technik*[490] im Sinne eines streng vordefinierten Handlungsprogramms erscheint als Verkürzung, da Modelle wie auch Konzepte immer ganzheitlich zu sehen sind, d. h. institutionelle ebenso wie funktionelle und personelle Dimensionen[491] haben.[492] Der Begriff *Technik* soll hier ausgegrenzt werden, da er zu handlungsanleitend orientiert ist. *Grundsatz*, *System* und *Ansatz* erscheinen als zu global und werden immer wieder in einem anderen Sinnzusammenhang verwendet, so dass sie auch nicht besonders geeignet für die hier beabsichtigten Ausführungen erscheinen. *Prinzip* im Sinne einer pragmatisch-praxeologischen Aussage[493] bzw. Handlungsempfehlung kommt dem Verständnis eines Konzeptes nahe und kann in diesem Rahmen synonym für die Management-by-Konzepte verstanden werden.

---

[485] vgl. Gabele, E. (1992), Sp 948
[486] Rühli, E. (1995), Sp 760
[487] vgl. Leopold-Wildburger, U. (1977), S 216, vgl. Kron, F. (1999), S 77
[488] vgl. Gabele, E. (1992), Sp 958
[489] vgl. Steinle, C. (1992b), Sp 737
[490] Managementkonzepte werden im täglichen Sprachgebrauch oft auf Grund ihrer instrumentellen Ausrichtung und Betonung mit Managementtechniken gleichgesetzt.
[491] Wobei sie sich natürlich im Umfang des Einbezugs all dieser Faktoren mitunter wesentlich voneinander unterscheiden.
[492] vgl. Seidel, E. (1993), Sp 1300f
[493] vgl. Fuchs-Wegner, G. (1975), Sp 2572

3.2.5.1. Managementmodelle

Modelle sind, wie bereits oben angesprochen, der theoretische bzw. gesamtheitliche Rahmen, auf den sich Konzepte beziehen. Modelle haben normativen Charakter[494], sind vereinfachte pragmatische Darstellungen und sind Sollmodelle[495], da sie sich auf das Soll und nicht auf das Ist einer Organisation beziehen. In der folgenden Darstellung soll ein Überblick über mögliche Managementmodelle und ihren theoretischen wie auch praktischen Bezugsrahmen gegeben werden:

Herkunft Umfang	Wissenschaftlich-theo- retischer Bereich	Pragmatisch-anwendungs- zentrierter Bereich
Partial- Modelle	-Managementtheoretische Basis-Positionen (Neuberger 1976; Wunder/Grunwald 1980) -Eigenschaftstheorie, Rollen- theorie, Interaktionstheorie Attributionsansätze (McElroy 1982) -Dyadisch-Vertikale Ansätze (Vecchio/Gobdel 1984) -Faktortheoretische Bezugs- systeme (Barrow 1980) -*Enge* Situationsansätze	-Wertrahmen / Menschenbilder (Steinle 1978, 1980; Weinert 1984) -Management-/Führungsprinzipien (MdC, MdD, MdE, MbS) (Baugut/ Krüger 1976; Häusler 1977) -Führungsstile (Letsch 1975; Lattmann 1975; Baumgarten 1976; Steinle 1985) -Führungstechniken (Steinle 1985) -Führungsgrundsätze (Wunderer/Klimecki 1990)
Übergangs- bereich	-Entscheidungs- (motivations- theoretische) Ansätze (Vroom/Jager 1991) -Weg-Ziel-Modelle (Neuberger 1976; Fulk/Wendler 1982) -Interaktions-Einfluss Systeme (Likert/Likert 1976)	-Verhaltensgitter (Blake/Mouton 1986) -Situations-Stilwahlmodell (Fiedler et.al. 1979) -Stil-Situationsmodell (Reddin 1981) -Situations-Motivationsmodell (Hersey/Blanchard 1982)
Totalmodelle	-Motivations-/ Interaktions-/ Prozessorientierte Ansätze (Steinle 1978; Wunder/ Grunwald 1980) -Handlungssituations-/Struktur- orientierte Ansätze (Bleicher/Me- yer 1976, Schindel/Wenger 1978) -Unternehmungspol.-/Führungs- orientierte Ansätze (Rühli 1984)	-Management durch das Setzen von Zielen (Humble 1970; Albrecht 1978 Odiorne 1980) -Kooperatives Management (Sprenger 1987) -Ökologisches Management (Rüdenauer 1991) -Strategisches Management (Ulrich 1970; Bleicher 1991)

Abbildung 28: Überblick über die Managementmodelle[496]

---

[494] vgl. Rühli, E. (1995), Sp 762, vgl. Seidel, E. (1993), Sp 1300
[495] vgl. Seidel, E. (1993), Sp 1300
[496] in Anlehnung an Steinle, C. (1992b), Sp 743

Wie die Übersicht zeigt, basieren die Managementmodelle explizit oder implizit auf einer oder auf mehreren Managementtheorien, grenzen sich voneinander rigide ab, greifen ineinander oder aber verstehen sich als integrierend, und es kann demzufolge grundsätzlich eine Unterscheidung zwischen

> *personenorientierten* Modellen,

> *organisationsorientierten* Modellen und

> *gesamtheitlich integrierenden* Modellen

vorgenommen werden.

Personenorientierte Modelle[497] können beispielsweise an den Eigenschaften, dem Führungsverhalten, der Wirkung des Führungsverhaltens (Kontingenzmodell[498], Vroom/Yetton-Modell[499]) oder der Interaktion zwischen Management und Mitarbeitern orientiert sein bzw. auf für diese Modelle entsprechenden theoretischen Ansätzen basieren.

Organisationsorientierte Modelle[500] können in traditioneller Form hierarchie-orientiert sein, sie können produkt- und marktorientiert ausgerichtet oder auf Geschäftsfelder fokussiert sein. Bei der Organisationsorientierung können Modelle als Strategie-Struktur-Modell oder als Strategie-Struktur-Kultur-Modell aufgebaut sein, wobei letzteres Modell sich auch dem Bereich der gesamtheitlich orientierten Modelle zuordnen ließe.

Gesamtheitlich integrierende Modelle streben ein Zusammenführen von personen- und organisationsorientierten Modellen an. Es ist Intention von

---

[497] vgl. Gabele, E. (1992), Sp 949ff
[498] vgl. dazu Kapitel 2.2.1. und 3.2.4.1.
[499] zu weiteren Ausführungen zu diesem Modell vgl. Jago, A. (1995), Sp 1058ff
[500] vgl. Gabele, E. (1992), Sp 954ff

Forschung und Praxis[501], bei einzelnen dieser gesamtheitlich integrierenden Modelle ebenso organisationskulturelle Aspekte mit einzubeziehen. So gesehen setzen diese Modelle gleichermaßen bei „Führungsphilosophien und Führungsgrundsätzen an und beziehen strategische, strukturelle, prozessuale und situative Merkmale der Organisation"[502] äquivalent in die Managementmodelle mit ein. Folgende ausgewählte Modelle sollen hier nun kurz vorgestellt und in Hinblick auf die Zielsetzung der Arbeit diskutiert werden:

- ➤ 7-S-Modell
- ➤ Situatives Managementmodell von Hersey/Blanchard[503]
- ➤ St. Galler Management-Modell

7-S-Modell[504]

Das 7-S-Modell wurde in Auseinandersetzung mit japanischen Management-praktiken zur Handhabung der vermeintlichen amerikanischen Managementkrise in den 80er Jahren in intensiver Zusammenarbeit von den Wissenschaftern Pascale/Athos und der Unternehmensberatungsgesellschaft McKinsey entwickelt.

Die 7 S des Modells werden „in Form eines **managerial molecule**"[505] wie folgt angeordnet:

---

[501] Bestreben einiger gesamtheitlicher Modelle ist der bewusste Dialog zwischen Wissenschaft und Praxis, insofern ist auch die Trennschärfe der vorhin gegebenen Unterscheidung zwischen Modell und Konzept nicht immer gegeben.
[502] Gabele, E. (1992), Sp 961
[503] vgl. Staehle, W. (1992a), Sp 667ff
[504] Zu den folgenden Ausführungen vgl. Staehle, W. (1991), S 475ff, vgl. Gabele, E. (1992), Sp 961, vgl. Rühli, E. (1995), Sp 767f
[505] Staehle, W. (1991), S 475

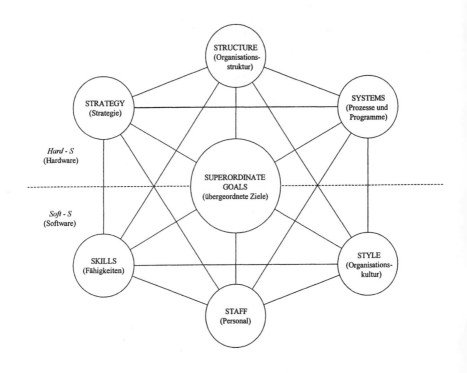

Abbildung 29: 7-S-Modell nach Pascale/Athos (1981)[506]

Mittelpunkt dieses ganzheitlichen Modells bilden die sogenannten Superordinate Goals. Sie gewährleisten auch den Zusammenhalt des Modells, wobei alle S *fit*[507] sein müssen, d. h. optimal aufeinander abgestimmt zu sein haben und zur Erreichung der Organisationsziele bestmöglich genutzt werden müssen. Wie die Grafik zeigt, kann zwischen harten S und weichen S unterschieden werden, wobei sich auch in diesem Modell wieder bestätigt, wie wesentlich die Berücksichtigung der Individuen und das Beziehungsgeflecht in einer Organisation ist. Das Modell

---

[506] in Anlehnung an Staehle, W. (1991), S 475
[507] Dieses Modell fokussiert primär den *internen Fit* im Sinne der Konsistenztheorie. Eine Mitberücksichtigung der externen Variablen im Sinne einer Kontingenztheorie scheint hier völlig außer Acht zu bleiben. vgl. Staehle, W. (1991), S 476

ist normativ, wobei aber weder die einzelnen Elemente noch ihre konkreten Beziehungsgeflechte genauer begründet werden und gerade die heute so wesentlichen Außenbeziehungen einer Organisation nahezu unberücksichtigt bleiben.

Situatives Managementmodell von Hersey/Blanchard[508]

Das situative Managementmodell basiert auf den vier Ohio State Leadership Quadranten[509] bzw. baut auf dem Konzept von Reddin[510] auf, wobei der Grad der Effektivität des Managerverhaltens auch hier im Mittelpunkt der Untersuchungen steht und dafür zwischen *telling, selling, participating* und *delegating* in Bezug auf den Führungsstil[511] zu unterscheiden ist. Die Effektivität des Managerverhaltens ist in diesem Modell abhängig von der richtigen Wahl eines situationsadäquaten Führungstils. Zentrales Augenmerk wird hier auf den *Reifegrad*[512] der Mitarbeiter gelegt, bei dem zwischen sach-rationaler und motivationaler Reife unterschieden wird und folgende Reifegrade[513] im Modell berücksichtigt werden:

> *geringe Reife* → Motivation, Wissen, Fertigkeiten und Fähigkeiten fehlen.

> *geringe bis mittlere Reife* → Motivation ist vorhanden, Wissen, Fertigkeiten und Fähigkeiten fehlen.

> *mittlere bis hohe Reife* → Motivation fehlt, Wissen, Fertigkeiten und Fähigkeiten sind vorhanden.

---

[508] vgl. Wottawa, H.; Gluminski, I. (1995), S 257f, vgl. Schreyögg, G. (1995), Sp 1000f, vgl. Staehle, W. (1991), S 777ff, vgl. Staehle, W. (1992a), Sp 667ff

[509] vgl. dazu auch die Ausführungen im Kapitel 3.2.4.1.

[510] Siehe dazu das unter Managementkonzepte in diesem Kapitel dargestellte 3-D-Konzept von Reddin.

[511] Wie in der folgenden Grafik ersichtlich, erstreckt sich der Führungsstil von S1 – S4, d. h. S1 ist ein autoritärer Führungsstil, S2 ist ein integrierender Stil, S3 ein partizipativer Führungsstil und S4 ein Delegationsstil.

[512] Der Reifegrad ist immer in Bezug auf die Aufgabe zu betrachten, vgl. Staehle, W. (1992a), Sp 667

[513] Wie in der folgenden Grafik ebenso dargestellt, ist M1 niedere Reife, M2 geringe bis mittlere Reife, M3 mittlere bis hohe Reife und M4 hohe Reife.

➤ *hohe Reife* → Motivation sowie Wissen, Fertigkeiten und Fähigkeiten sind vorhanden.

In der folgenden Grafik sollen die Zusammenhänge dieses Modells veranschaulicht werden, allerdings ist darauf zu verweisen, dass an den normativen Annahmen des situationstheoretisch fundierten Modells festgehalten wird und dass ein „Zusammenhang zwischen aufgaben-relevantem Reifegrad der Untergebenen, der Gruppe, dem Führungsverhalten des Vorgesetzten und der Effizienz"[514] besteht.

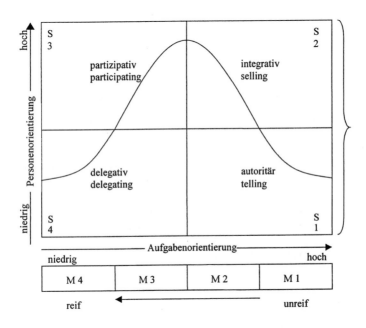

Abbildung 30: Situatives Managementmodell nach Hersey/Blanchard[515]

---

[514] Staehle, W. (1992a), Sp 668
[515] in Anlehnung an Staehle, W. (1992a), Sp 668

St. Galler Management-Modell[516]

Eines der wohl bekanntesten integrierten Managementmodelle ist das von Ulrich[517] in den 60er Jahren vorgestellte und von Bleicher[518] weiterentwickelte St. Galler Management-Modell[519]. Die folgende Grafik soll dieses veranschaulichen:

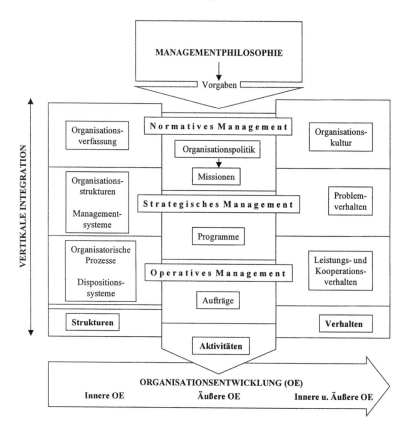

Abbildung 31: St. Galler Management-Modell[520]

---

[516] Zur Darstellung dieses Modells vgl. Bleicher, K. (1999), S 81ff, vgl. Rühli, E. (1995), Sp 765ff, vgl. Thommen, J.; Achleitner, A. (1998), S 761ff, vgl. Müller-Stewens, G.; Fischer, T. (1995), S 545ff
[517] vgl. Ulrich, H. (1970)
[518] vgl. Bleicher, K. (1999)

Dieses Modell besteht grundsätzlich aus drei Stufen, dem normativen, dem strategischen und dem operativen Management. Eine horizontale und vertikale Integration im Sinne einer permanenten inneren und äußeren Organisationsentwicklung wird angestrebt, wobei die einzelnen Bereiche in diesem Modell durchgehend zweidimensional dargestellt werden, was die Möglichkeit einer Wertung in den jeweiligen Kategorien gewährleistet.

Das St. Galler Management-Modell ist als ein ganzheitlich integrierendes respektive gesamtheitlich orientiertes Modell zu verstehen, mit dem verhaltensorientierte, organisationsorientierte, strukturelle, prozessuale und situative sowie organisationskulturelle Aspekte im Sinne einer internen und externen Ausrichtung zusammengeführt werden und so eine Vernetzung aller Teilprobleme und Entwicklungspotentiale offensichtlich erkennbar ist. Das St. Galler Management-Modell kann durch folgende, im Modell implizierte Werthaltungen charakterisiert werden:[521]

> ➢ Kultivierte und spontane Führungssysteme lösen ein technokratisches Führungsverständnis ab.

> ➢ Es werden humane und immaterielle Erfolgsfaktoren anstelle von materiell-physischen Faktoren fokussiert.

> ➢ Die symmetrische Kooperation tritt an die Stelle der asymmetrischen Führung.

Dieses St. Galler Management-Modell soll für die Entwicklung, Darstellung und Diskussion der bescheunigenden sowie integrierenden Agenden der Betriebspädagogik in den einzelnen Managementebenen als Rahmenmodell herangezogen werden, welches in Kapitel 5 erfolgen wird.

---

[519] vgl. Thommen, J.; Achleitner, A. (1998), S 761
[520] Bleicher, K. (1999), S 82

3.2.5.2. Managementkonzepte

Managementkonzepte sind umfassende Handlungsempfehlungen an das Management, die je nach Konzept sehr eng (beispielsweise Beschränkung auf den Ausnahmefall) oder sehr weit gefasst (beispielsweise das umfassende Management by Delegation Konzept) sein können.[522] Sie sind nicht deskriptiv, sondern sie sind präskriptiv[523], beziehen sich auf das gesamte soziale System Organisation, sind somit normative ganzheitliche Sollkonzepte und basieren explizit bzw. implizit auf einem oder mehreren Managementmodellen respektive einer oder mehreren Managementtheorien[524]. Managementkonzepte wurden aus dem dringenden Bedürfnis nach Gestaltungsmöglichkeiten der Organisation in der betrieblichen Praxis entwickelt[525] und versuchen die Gesamtheit des Managementphänomens unter Bedachtnahme aller relevanten Aspekte, einerseits in Bezug auf die Steuerung der Organisation als Ganzes sowie ihrer Teilbereiche und andererseits in Bezug auf die Führung jedes einzelnen Mitarbeiters, zu erfassen[526].

Um die Effizienz eines Managementkonzeptes beurteilen zu können, führt *Kuhn*[527] folgende Leistungskriterien an:

> ➢ „Operationalität und Transparenz,
> ➢ Vollständigkeit,
> ➢ Standardisierung,
> ➢ Flexibilität,

---

[521] vgl. Müller-Stewens, G.; Fischer, T. (1995), S 545
[522] vgl. Kuhn, A. (1987b), S 652, vgl. Seidel, E. (1993), Sp 1299f
[523] vgl. Seidel, E. (1993), Sp 1300
[524] vgl. Staehle, W. (1992a), Sp 664
[525] vgl. Siedenbiedel, G. (1987), S 180
[526] vgl. Thommen, J.; Achleitner, A. (1998), S 761
[527] vgl. Kuhn, A. (1987b), S 653

➢ Beteiligungsmaß der Mitarbeiter an Entscheidungen ihres Vorgesetzten,

➢ wissenschaftliche Begründbarkeit der Aussagen,

➢ Widerspruchsfreiheit"[528],

wobei die Konzepte der Praxis meist aber nicht annähernd diese angeführten Leistungskriterien erfüllen können.

Folgende Konzepte[529] sollen hier kurz dargestellt und diskutiert werden:

➢ Management-by-Konzepte[530]

➢ 3-D-Programm von Reddin[531]

Bei den *Management-by-Konzepten* handelt es sich um Orientierungshilfen für Praktiker bei der Bewältigung ihrer Managementaufgaben.[532] Grundsätzlich können hierbei „*sachorientierte* (z. B. Management by Alternatives, Management by Breakthrough, Management by Crisis, Management by Exception, Management by Innovation, Management by Objectives (MbO), Management by Results, Management by Systems) oder *personenorientierte* (z. B. Management by Conflicts, Management by Control and Direction, Management by Communication, Management by Delegation, Management by Information, Management by Motivation, Management by Participation)"[533] Konzepte unterschieden werden. Es wird in der Folge das in der Praxis am meisten

[528] Kuhn, A. (1987b), S 653

[529] Es soll nochmals darauf hingewiesen werden, dass von der strikten Unterscheidung zwischen Modell und Konzept Abstand genommen werden muss, da sich diese allein schon aus der Bezeichnung der einzelnen Konzepte nicht aufrechterhalten lässt.

[530] vgl. Seidel, E. (1993), Sp 1303ff

[531] vgl. Wottawa, H.; Gluminski, I. (1995), S 256, vgl. Staehle, W. (1992a), Sp 665ff

[532] vgl. Rühli, E. (1995), Sp 762

[533] Gabele, E. (1992), Sp 958f

vertretene Management by Objectives (MbO) Konzept[534] [535] überblicksmäßig diskutiert werden.

Management by Objectives

Das Konzept MbO kann als eines der umfassendsten Managementkonzepte[536] angesehen werden und wurde in den 40er Jahren von „Humble und Odiorne „auf der Basis der Arbeiten von Drucker und McGregor in den USA entwickelt"[537]. MbO verbindet mehrere Management-by-Konzepte[538], basiert auf motivations-theoretischen Überlegungen[539] und lässt sich wie folgt beschreiben:[540]

➢ Orientierung an Zielen steht im Vordergrund gegenüber der Verfahrens-ausrichtung im Management

➢ Überprüfung und Anpassung der Ziele erfolgt regelmäßig

➢ Mitarbeiterbeteiligung bei der Zielbildung (Erarbeitung und Entscheidung)

➢ Soll-Ist-Vergeich dient zur Beurteilung der Leistungen des Managements

Um dem dynamischen Umfeld[541] einer Organisation entsprechen zu können, bedarf es der laufenden Überprüfung, Ergänzung und gegebenenfalls Revision der

---

[534] vgl. Thommen, J.; Achleitner, A. (1998), S 758, vgl. Gabele, E. (1992), Sp 959, vgl. Rühli, E. (1995), Sp 762, vgl. Fuchs-Wegner, G. (1975), Sp 2575, vgl. Macharzina, K. (1995), S 451
[535] Das Harzburger Managementmodell – vgl. Kieser, A. (1999a), S 96ff, vgl. Siedenbiedel, G. (1987), S 180, vgl. Rühli, E. (1995), Sp 764f – als eines der bekanntesten Führungskonzepte soll im Rahmen der vorliegenden Arbeit nicht extra angeführt werden, da Management by Objectives (MbO) eine Weiterentwicklung dieses Ansatzes darstellt und sich dadurch das Harzburger Modell „bei näherer Analyse lediglich als eine mit einer Fülle von Detailregeln gespickte direktive Variante des MbO erweist und aufgrund seines technokratischen Charakters in der Unternehmenspraxis trotz eines Hochs in den sechziger Jahren so gut wie keine Bedeutung mehr besitzt". Macharzina, K. (1995), S 451
[536] vgl. Gebert, D. (1995), Sp 427, vgl. Staehle, W. (1992a), Sp 669f
[537] Macharzina, K. (1995), S 452
[538] vgl. Fuchs-Wegner, G. (1975), Sp 2575, vgl. Macharzina, K. (1995), S 451
[539] vgl. Staehle, W. (1991), S 785
[540] vgl. Fuchs-Wegner, G. (1975), Sp 2575
[541] Mit Umfeld sind in diesem Zusammenhang interne und externe Rahmenbedingungen einer Organisation gemeint.

Ziele[542]. Wie die folgende Grafik zeigt, erfolgt der Regelkreisprozess der Zielvereinbarung in Form eines Kaskadenverfahrens,[543] in dem ausgehend von der Organisationszielvereinbarung (1) über Abteilungs- respektive Bereichs- oder Prozessziele gemeinsame Vereinbarungen getroffen und spezifische Konkretisierungen vorgenommen werden (2 – 4). Regelmäßige Soll-Ist-Vergleiche unter Einbezug von Rahmenfaktoren (5 – 6) mit entsprechenden bedarfsbedingten Anpassungen (7) schließen den Kreis.

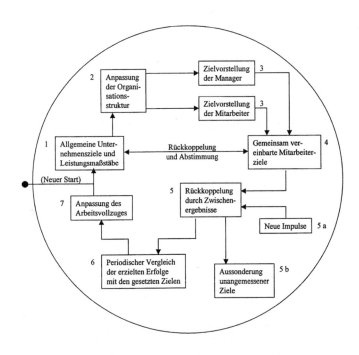

Abbildung 32: Regelkreis bei Management durch Zielvereinbarungen[544]

---

[542] vgl. Kuhn, A. (1987c), S 88
[543] vgl. Hopfenbeck, W. (1989), S 486, vgl. Staehle, W. (1992a), Sp 669 zu den folgenden Ausführungen
[544] in Anlehnung an Staehle, W. (1992a), Sp 670

Die grundlegende Prämisse dieses Konzeptes liegt somit darin, dass Mitarbeiter, welche über klare Ziele verfügen, fähig und bereit sind, selbstständig zu handeln – d. h. das Handeln der Mitarbeiter wird anhand von Zielen gesteuert.[545] MbO ist ein integrierendes dynamisches Konzept, „da es auf Personalentwicklung, Selbstentfaltung und Wachstum ausgerichtet ist"[546], und das Konzept fordert eine Optimierung organisationaler ebenso wie individueller Ziele sowie eine Integration von Aufgaben- und Beziehungsorientierung[547].

3-D-Programm von Reddin[548]

Ebenso wie beim Managerial Grid von Blake/Mouton[549] und dem situativen Managementmodell von Hersey/Blanchard[550] basiert auch dieses Konzept auf den vier Ohio State Leadership Quadranten, weist aber als wesentliche Änderung zum Managerial Grid als dritte Dimension die Managementeffizienz auf. Die folgende Grafik soll dieses 3-D-Programm von Reddin verdeutlichen.

---

[545] vgl. Macharzina, K. (1995), S 452
[546] Hopfenbeck, W. (1989), S 481
[547] vgl. Staehle, W. (1992a), Sp 669
[548] vgl. Staehle, W. (1992a), Sp 665ff, vgl. Wottawa, H.; Gluminski, I. (1995), S 256
[549] Siehe dazu auch die Ausführungen in Kapitel 3.2.4.1.
[550] Siehe dazu die Ausführungen in diesem Kapitel bei den Managementmodellen

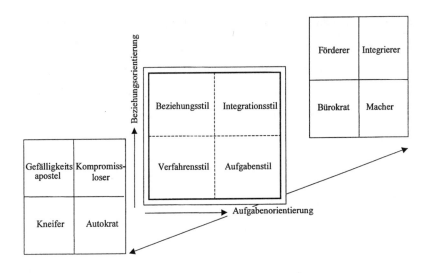

Abbildung 33: Die drei Dimensionen des Managements nach Reddin[551]

In diesem Konzept wird nicht normativ ein richtiger Führungsstil vorgegeben, sondern jeder hat in situationsbezogener Sichtweise seine Relevanz und positive Wirkung. Als situative Variablen werden Art und Weise der Arbeit, Mitarbeiter, Kollegen, Manager sowie Struktur und Klima der Organisation herangezogen. Es gibt somit nicht den einzig richtigen Führungsstil, sondern situationsbedingt bedarf es einer adäquaten Anpassung des Managementverhaltens. Mit diesem Konzept werden wesentliche Einflussfaktoren auf Führungssituationen analysiert, „wenngleich auch theorielos und unsystematisch"[552], und es fehlt auch eine ausreichende Berücksichtigung des Einflusses der Beziehungen in Gruppen.

---

[551] in Anlehnung an Staehle, W. (1992a), Sp 666
[552] Staehle, W. (1991), S 777

3.2.6. Managementphilosophie

„Unter *Philosophie* versteht man im allgemeinen das Bemühen um die ganzheitliche Deutung des Seins,"[553] im Sinne eines Leitbildes für die praktische respektive normative Ausrichtung des Lebens eines Individuums.[554] Eine Managementphilosophie[555] [556] ist demzufolge die Gesamtheit an Einstellungen, Werten, Wertungen und Normen,[557] die durch symbolisches oder aber auch substanzielles Verhalten des Managements gelebt und somit für alle anderen an der Organisation Beteiligten und interessierten Personen greifbar und nachvollziehbar wird[558]. Sie ist die normative Grundlage allen Handelns des Managements respektive der Gestaltung sowie Lenkung eines sozialen Systems[559] und somit „die ganzheitliche Interpretation der wirtschaftlichen und gesellschaftlichen Funktion und Stellung der Unternehmung und der daraus abzuleitenden Sinnzusammenhänge und Wertbezüge des Managements"[560].

In jeder Organisation hat das Management implizite[561] und explizite[562] Vorstellungen über aktuelle und zukünftige Verhaltensweisen der Organisation und ihrer Individuen, die darüber informieren sollen, warum eine Organisation eigentlich gegründet wurde, wie sie gegenwärtig und zukünftig betrieben,

---

[553] Ulrich, P.; Fluri, E. (1992), S 53
[554] vgl. Ulrich, P.; Fluri, E. (1992), S 53
[555] vgl. zu den folgenden Ausführungen grundsätzlich Staehle, W.; Sydow, J. (1992), Sp 1286ff
[556] vgl. dazu die Ausführungen in Kapitel 5.2.2.
[557] vgl. Ulrich, H. (1995), Sp 799, vgl. Probst, G. (1983), S 322
[558] vgl. Staehle, W.; Sydow, J. (1992), Sp 1287
[559] vgl. Probst, G. (1983), S 322
[560] Ulrich, P.; Fluri, E. (1992), S 53
[561] Diese sind „Philosophie, Vision, Mission", Staehle, W.; Sydow, J. (1992), Sp 1286
[562] Diese sind vor allem „Grundsätze, Satzung, Charta, Statuten", Staehle, W.; Sydow, J. (1992), Sp 1286

organisiert und gemanagt wird und werden soll,[563] wobei als primäres Ziel einer Managementphilosophie das Bestreben formuliert werden kann, dass „die an Managementprozessen Beteiligten Klarheit über die paradigmatischen Grundlagen ihres Handelns gewinnen"[564] können.

Probst[565] macht mit der folgenden Auflistung an Argumenten die steigende Notwenigkeit einer Managementphilosophie in unserer Zeit des rasanten Wandels deutlich, zeigt aber ebenso ihre Grenzen auf:

- ➢ „Je turbulenter die Umwelt, desto weniger prognostizierbar die Entwicklung, desto notwendiger eine Management-Philosophie[566]
- ➢ Eine adäquate Management-Philosophie kann nicht aus einem einzigen Zielwert bestehen
- ➢ Pluralismus, Differenzen und Widersprüche in den Werthaltungen bei den Führungskräften erschweren die einheitliche Willensbildung und Führung
- ➢ Werthaltungen sind im Fluss und erfahren einen beschleunigten Wandel
- ➢ Ein konsistentes Zielsystem und ein konsistentes Wertesystem bedingen sich gegenseitig
- ➢ Mit zunehmender Spezialisierung wird eine harmonische Management-Philosophie gefährdet
- ➢ Die Dominanz einer ‚Persönlichkeit' erschwert oder verhindert meist eine gemeinsame Grundlage
- ➢ Werthaltungen stehen im Konflikt mit bestehenden (traditionellen) Zielen, Regelungen oder Vorschriften
- ➢ Einstellungen und Werte stehen im Widerspruch mit oder differieren stark von den Einstellungen und Werten der Mitarbeiter

---

[563] vgl. Staehle, W.; Sydow, J. (1992), Sp 1286f
[564] Bleicher, K. (1999), S 88
[565] Die folgenden angeführten Punkte werden im Beitrag von Probst auch noch im Detail erläutert.
[566] Diese Schreibweise entspricht dem Originaltext.

> Einstellungen und Werte in der Unternehmensumwelt stimmen nicht mit den Einstellungen und Werten der Führungskräfte in einer Unternehmung überein

> Führungskräfte ohne ethische und unternehmensphilosophische (Aus-) Bildung geraten ins Hintertreffen."[567]

In diesen grundlegenden Vorstellungen spiegeln sich immer „sowohl Werte und Grundeinstellungen der Gründer und Top-Manager als auch die Forderungen und Ansprüche einflußreicher Organisationsteilnehmer"[568] wider. Die Managementphilosophie ist neben dem theoretischen und dem pragmatischen eine der drei möglichen Wissenschaftsziele der Managementwissenschaft. Sie erstreckt sich über methodologische, ideologische, ethische und ebenso normative grundlegende Aussagen, damit Managementtechniken, Managementprozesse sowie das Führungssystem normativ fundiert werden können.[569]

Folgende Liste an charakteristischen Elementen kann in Anlehnung an Staehle/Sydow für eine Managementphilosophie (MP) aufgestellt werden:[570]

> Eine MP ist auf Individuen und Gruppen beziehbar.

> Die MP ist auf die eigene Organisation bezogen respektive hat einen Bezug zum Management allgemein.

> Die MP umfasst alle Managementfunktionen.

> Eine MP beinhaltet Menschenbilder, Vorstellung von Technik und/oder Organisationsbilder.

---

[567] Probst, G. (1983), S 326ff

[568] Staehle, W.; Sydow, J. (1992), Sp 1286

[569] vgl. Ropella, W. (1987), S 655f

[570] vgl. Staehle, W.; Sydow, J. (1992), Sp 1290f

➢ Die MP ist immer zumindest teilweise nur implizit bzw. im Unterbewusstsein des Managements vorhanden und sie ist nie eindeutig.

➢ Eine MP ist immer transsituativ gültig.

➢ Die MP ist von ihrer Gültigkeit her zeitlich stabil, was aber durchaus bedeutet, dass einzelne Elemente der gesamten Philosophie einer Organisation immer wieder entsprechend den Anforderungen auf Grund des permanenten Wandels verändert werden können, ohne gleich die gesamte Philosophie einer Organisation zu ändern.

Eine Managementphilosophie verliert an Wert bzw. es wird dieser stark eingeschränkt, wenn nicht darauf geachtet wird, dass entsprechend ihren Prinzipien eine Umsetzung auf der normativen, strategischen und ebenso operativen Ebene erfolgt. Eine Trennung zwischen einer ganzheitlichen Integration von Werten und Vorstellungen in die Managementphilosophie und einer Chance zur Sinnfindung der Mitarbeiter einer Organisation[571] ist nicht möglich respektive wirkt sie kontraproduktiv und führt die Managementphilosophie ad absurdum. In der folgenden Übersicht soll dargestellt werden, wie sich unterschiedliche Paradigmen in der Managementphilosophie niederschlagen und was ein Paradigmenwechsel[572] in Bezug auf Strategie, Struktur und Kultur einer Organisation bewirken kann.

---

[571] vgl. Bleicher, K. (1999), S 90
[572] vgl. dazu die Ausführungen in Kapitel 5.1.1.

Indikatoren eines Paradigmenwechsels im Management		
Leistungszentriert	>	Sinnorientiert
Machbarkeit	>	Evolution
Stabilität	>	Flexibilität
Geschlossenheit	>	Offenheit
Fremdgestaltung	>	Selbstorganisation
Linearität	>	Vernetztheit
Isoliert	>	Ganzheitlich
Pfeil	>	Kreis
Individuell	>	Kollektiv
Hybris	>	Bescheidenheit
Polar	>	Hybrid

Technokratisches Management-Paradigma

Problem der Bewältigung von Komplexität durch eine technokratische Managementphilosophie: *Taylorismus* - Konstruktivismus

Strategie: Formalisierte Massenproduktion standardisierter Erzeugnisse be - tont *Economies of Scale* und führt über Kostensenkung zu Preisvorteilen am Markt

Struktur: Aufgabenbezogene Arbeitstei - lung und persönliche Speziali - sierung führen zu horizontalen Koordinationsnotwendigkeiten. Über Hierachien geregelt, führen sie zu vertikalen Schnittstellen, Tendenz zur Formalisierung, Bürokratisierung und Zentralisierung auf Dauer

Kultur: Managerielles Machertum, Betonung *harter, instrumenteller* und quantifizierbarer Faktoren, dienen der Erzielung von Gleichgewichten. Kurzfristiges Kostendenken und Risikover - meidung als Folge

Humanistisches Management-Paradigma

Problem der Bewältigung von Dynamik (kontinuierlich und diskontinuierlich) durch eine humanistische Managementphilosophie

Strategie: Spezifische Lösung individu - eller Kundenprobleme betont *Economies of Scope and Speed* und führt über die Bereitstellung eines zusätz - lichen Nutzens zu Präferenz - vorteilen am Markt

Struktur: Personenbezogene Kommu - nikations- und Kooperations - fähigkeit führen zur fließenden Zusammensetzung von Problemlösungsgruppen in Netzen, Tendenz zur Informalität und Dezentralisation in flachen Konfigurationen auf Zeit

Kultur: Unternehmerisch-visionäres Entwickeln von Zukunfts - perspektiven führt zur Betonung *weicher*, humaner qualitativer Faktoren Suche und Nutzung von Un - gleichgewichten in Märkten und Technologien Langfristiges Nutzendenken und Chancenorientiertheit als Folge

Abbildung 34: Management im Spannungsfeld der Paradigmen[573]

---

[573] Bleicher, K. (1999), S 64

Wie in der Grafik gezeigt, besteht ein immenses Spannungsverhältnis in dieser *paradigmatischen Transitionsperiode*[574], insofern gilt es aber, gerade mit dem normativen Management die Dimension der sinngebenden ebenso wie sinnvermittelnden Gestaltung der Organisation zu verwirklichen, und wenn Unternehmenskultur als „das unsichtbare Netz von Verhaltensnormen, die die Einstellungen und Verhaltensweisen aller"[575] an der Organisation beteiligten Menschen (Management und Mitarbeiter) verstanden wird, so stellt die Managementphilosophie das Zentrum (Kernelement) der Unternehmenskultur dar und ist das elementare Steuerungsinstrument des Managements.[576]

3.2.7. Managementfunktionen

Damit Organisationen den neuen Herausforderungen, Potentialen und den dadurch immer komplexer werdenden Aufgabenstellungen gewachsen sind, sind sie zu Arbeitsteilung und Spezialisierung gezwungen und müssen beständig Entwicklungsprozesse planen sowie realisieren. Innovation respektive Transformation muss ein selbstverständlicher Bestandteil jeder Organisation sein bzw. werden. Diese Entwicklung stellt aber steigende Anforderungen an die Koordinationsfähigkeit und Integrationsfähigkeit sowie Transformationsfähigkeit der Organisation. Das komplexe soziale System Organisation muss zielgerichtet gestaltet, gesteuert und weiterentwickelt werden, um den gestellten Anforderungen gerecht werden zu können – es braucht vor allem ein Management, das die unterschiedlichen Aufgaben der Gestaltung, Steuerung sowie Entwicklung und des Zulassens/Ermöglichens wahrnehmen kann.

---

[574] vgl. Bleicher, K. (1999), S 64
[575] Ulrich, H. (1995), Sp 808
[576] vgl. Ulrich, H. (1995), Sp 807f

Wie in Kapitel 3.1.2. bereits angesprochen, kann Management neben der institutionalen Sichtweise (empirisch-handlungsorientierter Ansatz) auch in funktionalem Sinne (analytisch-funktionsorientierter Ansatz) gesehen werden, wobei bei Letzterem zwischen sachbezogenen Aufgaben und personenbezogenen Aufgaben unterschieden wird und bei dem wiederum in den beiden angeführten Differenzierungsbereichen zwischen originärem und derivativem Aufgabenbereich[577] des Managements differenziert werden kann. Betrachtet man nun Management als Funktion, wobei die funktionale Sichtweise auf Fayol (1916) zurückgeht und historisch gesehen im Vergleich zur institutionalen Sichtweise der ältere Ansatz ist,[578] so findet man dazu in der Literatur die unterschiedlichsten Zugänge. Es hat sich bis heute keine einheitliche Form oder Systematik für die Gliederung der Managementfunktionen gefunden.[579] Im Folgenden sollen diese differenzierten, teilweise sogar divergenten Zugänge durch die Darstellung der Sichtweisen einzelner Autoren verdeutlicht werden, um in einem weiteren Schritt Potentiale bzw. einen eigenen Ansatz für die Betriebspädagogik im Kontext der Managementfunktionen ableiten zu können.

Ulrich[580] definiert die Organisation als produktives soziales System; bei seinen Ausführungen zu den Managementaufgaben legt er eine dreistufige Gliederung fest, mit der jeder einzelnen Stufe verschiedene Aufgabenbereiche in

---

[577] Diese mehrfachen Dimensionen der Unterscheidung haben lediglich analytischen Charakter, denn die Praxis zeigt stets eine hohe Komplexität all dieser hier angeführten Bereiche. Es muss auch darauf hingewiesen werden, dass die analytisch-funktionsorientierte Darstellung lediglich als Zugang in das Aufgabenfeld des Managements dienen kann, denn als weitere Komponenten sind ebenso handlungsorientierte Aspekte relevant wie auch die prozessuale Sichtweise der Managementaufgaben, wobei Letztere von einzelnen Autoren in ihrer Funktionsdarstellung bereits mit berücksichtigt wird.

[578] vgl. Staehle, W. (1991), S 74

[579] vgl. Ulrich, H. (1970), S 320, vgl. Staehle, W. (1991), S 74, vgl. Ulrich, P.; Fluri, E. (1992), S 15

[580] vgl. zu den folgenden Ausführungen Ulrich, H. (1970), S 324ff

unterschiedlichen Dimensionen zugeordnet werden. Folgende Aufstellung soll diesen Stufen-Funktionsbereich-Bezug verdeutlichen:

Stufe	Funktionsbereiche
Zielbestimmung	-Bestimmung des allgemeinen Zielsystems der Organisation -Koordination der Bereichsziele
Systemgestaltung	-Bestimmung des zur Zielerreichung erforderlichen Leistungspotentials -Bestimmung der grundsätzlichen Organisationsstruktur
Prozessabwicklung	-Bestimmung allgemeiner Verhaltensnormen zur Zielerreichung -Einleitung der Managementprozesse zur Umsetzung von Innovationen -Treffen von Einzelentscheidungen von großer Tragweite -Steuerung des grundlegenden Organisationsgeschehens und Wertung der erzielten Ergebnisse

Abbildung 35: Funktionsbereiche des Managements[581]

Somit geht es in der ersten Stufe um das wertebasierende Zielsystem der Organisation als Gesamtes, mit dem qualitativ, quantitativ und zeitlich die Leistung der Organisation definiert wird und eine Abstimmung der Bereichsziele vorzunehmen ist. In der zweiten Stufe werden die erforderlichen Leistungspotentiale in Bezug auf technische, menschliche und finanzielle Kapazität definiert, ebenso wie die erforderliche Organisationsstruktur. Die dritte Stufe ist der Bereich der Prozessabwicklung, in dem auf Organisationsgrundsätzen basierend Verhaltensnormen für alle Mitarbeiter festzulegen, Innovationen im Hinblick auf personelle, materielle oder kommunikative Belange zu bestimmen, für die Organisation bedeutende Einzelentscheidungen zu treffen und die Überwachung und die sich daraus auch

---

[581] in Anlehnung an Ulrich, H. (1970), S 324

ergebende Steuerung der gesamten Organisation durch das Management als Aufgaben wahrzunehmen sind.

Hofmann/Rosenstiel[582] haben in ihrem Herausgeberwerk die wichtigsten Funktionen des Managements in folgende Bereiche eingeteilt:

> ➢ Kommunikations- sowie Informationsmanagement
> ➢ Entscheidungsmanagement
> ➢ Strategisches Management (Planung und Zielsetzung)
> ➢ Motivationsmanagement
> ➢ Organisationsmanagement
> ➢ Kontrollmanagement

Die hier angeführte Reihenfolge ist logisch und auf Grund folgender Abhängigkeitsverhältnisse faktisch vorgegeben. So ist jede Managementleistung auf vorgelagerte Kommunikation angewiesen. Informationen bilden die Basis für Entscheidungen, wobei dies Entscheidungen im Bereich der Planung und Zielsetzung der Organisation nach sich zieht. Ziele sind für die Motivation der Mitarbeiter Grundvoraussetzung und auf *dieses Gewinnen der Mitarbeiter* kann erst die Funktion der Organisation des Managements sinnvoll aufgebaut werden. Kontrolle bildet den Abschluss dieses Managementprozesses, welcher dann rückkoppelnd über die Kommunikation „einen stetigen Prozeß der Optimierung und Realitätsanpassung der Managementleitung in Gang hält. So stellt sich der Managementprozeß als kybernetisches Feedbacksystem"[583] im Gesamtgefüge der funktional-prozessoralen Sichtweise dar.

---

582 vgl. Hofmann, M.; Rosenstiel, von L.(Hrsg.) (1988)
583 Hofmann, M. (1988), S 33

Bleicher[584] sieht in seinem Konzept des integrierten Managements die zentralen Funktionen des Managements in der Gestaltung, Lenkung und Entwicklung der Organisation. In der folgenden Darstellung werden diese drei Funktionen verdeutlicht:

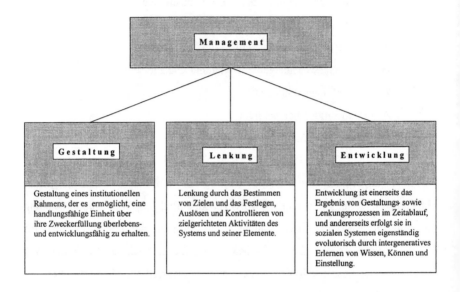

Abbildung 36: Funktionen des Managements[585]

In neuen Ansätzen sind die Managementfunktionen *Gestaltung* und *Entwicklung* von zentraler Bedeutung, denn ein übermäßiges Fokussieren der Lenkung der Organisation durch das Management ist kontraproduktiv für die eigentliche Rolle des Managements in Richtung Selbstgestaltung und -entwicklung des sozialen Systems Organisation, wobei hier auf die Wirkung von Gestaltung und Entwicklung „für eine flexible Anpassung von Unternehmungen an veränderte

---

[584] vgl. zu den folgenden Ausführungen Bleicher, K. (1999), S 54ff
[585] Bleicher, K. (1999), S 54

Umweltbedingungen rational und in Hinblick auf die wachsenden Bedürfnisse der menschlichen Leistungsträger motivational"[586] aufmerksam gemacht wird. Bleicher verweist auch mit Blick auf die wachsende Dynamik unserer Welt und mit evolutorischen Perspektiven auf die Kernmanagementfunktion *„Einleitung und Handhabung von Veränderungsprozessen"*[587], wobei es gilt, das Spannungsverhältnis zwischen Vergangenheit, Gegenwart und Zukunft ebenso wie dieses zwischen Umwelt und Innenwelt von Organisationen als soziale Systeme zu lösen.

Hopfenbeck[588] definiert unter Managementfunktionen die „zielorientierte Gestaltung, Steuerung und Entwicklung des sozio-technischen Systems Unternehmung in sach- und personenbezogener Dimension"[589]. Es wird hier in den Darstellungen einerseits sehr stark zwischen personen- und sachbezogenen Funktionen und andererseits zwischen einer funktionsbezogenen und einer prozessbezogenen Betrachtung unterschieden, wobei in der bei Hopfenbeck dargestellten Literaturübersicht deutlich zutage tritt, wie vielfältig die Sichtweise der Aufgaben des Managements verstanden werden kann.

Der Aspekt, Management als Harmonisierungsaufgabe zu verstehen, leitet sich aus der Kybernetik mit ihrer Fokussierung auf das *Fließgleichgewicht*[590] ab. Fließgleichgewicht meint grundsätzlich das dynamische Gleichgewicht eines Systems, welches bei Störung seines aktuellen Gleichgewichts entweder in das alte Gleichgewicht zurückkehrt oder in ein neues Gleichgewicht übergeführt werden

---

[586] Bleicher, K. (1999), S 54f
[587] Bleicher, K. (1999), S 58
[588] vgl. Hopfenbeck, W. (1989), S 409ff
[589] Hopfenbeck, W. (1989), S 409
[590] vgl. Häfele, W. (1996), S 29f und 105

kann. Ein dynamisches System[591] hat durch seine laufende (Selbst-)Veränderung eine lebendige Individualität, ist durch innere und äußere Kommunikation geprägt und ist mit der Umwelt und sich im Fließgleichgewicht,[592] wobei folgende Grafik diese Fließgleichgewicht verdeutlichen soll:

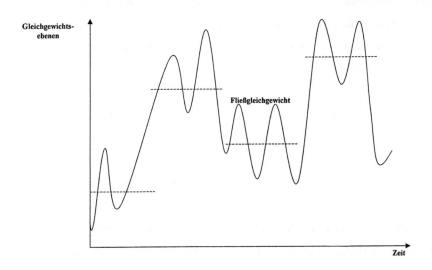

Abbildung 37: Gleichgewichtsebenen des Managements[593]

Das Erfordernis des Fließgleichgewichts erklärt sich einerseits durch die Gefahr einer *Versteinerung* der Organisation bei völliger Stabilität[594] und eines *Zerfließens* der Organisation bei völliger Instabilität[595] andererseits. Hopfenbeck führt folgende Fließgleichgewichte an, auf deren Aufrechterhaltung sich das

---

[591] „Ein System ist immer ein Ganzes. Und das Ganze ist *mehr* als die Summe seiner Teile. Das ‚Mehr' ist die Struktur, die Organisation, das Netz der Wechselwirkungen." Vester, F. (1978), S 28

[592] vgl. Vester, F. (1978), S 28ff

[593] in Anlehnung an Güldenberg, S. (1997), S 224

[594] Dies würde ein Verharren in einem Gleichgewichtszustand als das eine Extrem bedeuten.

[595] Dies würde im anderen Extrem ständiges Ungleichgewicht bedeuten.

Management im Speziellen unter Harmonisierungsgesichtspunkten konzentriert:[596]

> *Finanzwirtschaftliches Fließgleichgewicht* entsprechend den Eigen- und Fremdkapitalgebererwartungen

> *Güterwirtschaftliches Fließgleichgewicht* entsprechend den Kunden- und Lieferantenerwartungen

> *Personalwirtschaftliches Fließgleichgewicht* entsprechend den Erwartungen von Mitarbeitern und Gesellschaft

> *Informationswirtschaftliches Fließgleichgewicht* entsprechend den Erwartungen des Marktes und letztendlich der Wissenschaft

Bleicher[597] geht bei seinem Zugang zur Harmonisierungsaufgabe des Managements davon aus, dass zwischen interner und externer Harmonisierung unterschieden werden muss, wobei die externe Harmonisierung das unerlässliche Fließgleichgewicht zwischen Organisation und Umwelt betrifft. Die interne Harmonisierung umfasst Managementfunktionen, die auch als originäre Managementaufgaben bezeichnet werden und aus dem sich der Bereich der derivativen Managementfunktionen ableiten lässt. Wie bereits in Kapitel 3.1.2. dargestellt, sind hier dem originären Aufgabenbereich Integration sowie Koordination und dem derivativen einerseits die Lokomotion und andererseits Motivation und Kohäsion zuzuordnen. Folgende Grafik soll den Zusammenhang primär zwischen institutionaler und funktionaler Sichtweise des Managements zeigen, respektive soll unter funktionalem Betrachtungswinkel das Zusammenspiel zwischen originären und derivativen Aufgaben nochmals verdeutlicht werden.

---

[596] vgl. Hopfenbeck, W. (1989), S 426
[597] vgl. Bleicher, K. (1993), Sp 1276ff, vgl. Hopfenbeck, W. (1989), S 426f

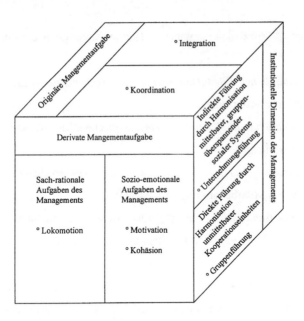

Abbildung 38: Dimensionen des Managements[598]

Folgt man den Ausführungen von **Ulrich/Fluri**[599], so gehen sie von folgender Vierteilung bei den Managementfunktionen aus:

> ➢ Philosophie, Ethik und Politik der Organisation
> ➢ Planung und Kontrolle
> ➢ Organisation sowie Führung
> ➢ Entwicklung der Führungskräfte

Zentrale Aufgabe des Managements ist nach Ulrich/Fluri die Festlegung der Unternehmensphilosophie als wertbasierende und gesellschaftlich legitimierte Verhaltensnormen für das Management einer Organisation. Darauf aufbauend kommt es zum Festlegen des Leistungspotentials, Setzen der Ziele und Definieren

---

[598] in Anlehnung an Hopfenbeck, W. (1989), S 427

der Verhaltensnormen für die Mitarbeiter und alle an der Organisation Beteiligten. Planung und Zielsetzung auf strategischer wie auch operativer Ebene erfordern ein entsprechendes Kontrollsystem zur Zielerreichung, Abweichungsanalyse und dem Initiieren von Steuerungsmaßnahmen. Bei der Funktion Organisation stehen Einsatz und Verwaltung aller Ressourcen zur Zielerreichung im Mittelpunkt der Aktivitäten des Managements. Mitarbeiterführung als weitere Managementfunktion hat darauf ausgerichtet zu sein, dass die Leistungspotentiale der Mitarbeiter optimal unterstützt und für die Organisation nutzbar gemacht werden, wobei Management Development ebenso zentrale Aufgabe des aktiven Managements für die Sicherung eines Führungskräftenachwuchses mit erforderlichen Qualifikationen ist.

Thommen/Achleitner[600] zeigen im Zusammenhang mit den Managementfunktionen folgende Kernbereiche auf:

➢ *Planung* – systematische Problemerkennung und -lösung sowie Ergebnisprognose

➢ *Entscheidung* – auf die Planung basierendes Festlegen der Aktivitäten und Vornehmen der Ressourcenzuteilung

➢ *Aufgabenübertragung* – im Rahmen der Problemlösungsprozesse werden bei der Maßnahmenrealisierung die entsprechenden Aufgaben an die relevanten Personen übertragen

➢ *Kontrolle* – Überwachung des Problemlösungsprozesses und der Ergebnisse.

In dieser Darstellung wird die Planung und Entscheidung dem Willensbildungsprozess zugeordnet und die Aufgabenübertragung und Kontrolle

---

[599] vgl. zu den folgenden Ausführungen Ulrich, P.; Fluri, E. (1992), S 15ff
[600] vgl. zu den folgenden Ausführungen Thommen, J.; Achleitner, A. (1998), S 763ff

dem Prozess der Willensdurchsetzung. Die Aufrechterhaltung und Pflege der zwischenmenschlichen Beziehungen spielt im Funktionsgefüge des Managements ebenso eine zentrale Rolle. Der Gesamtzusammenhang kann folgendermaßen dargestellt werden:

Abbildung 39: Managementfunktionen[601]

Generell kann festgelegt werden, dass Management der „Gestaltung und Steuerung des finanz- und leistungswirtschaftlichen Umsatzprozesses"[602] zu dienen hat und im Sinne eines integrierten Managements zu verstehen ist.

---

[601] in Anlehnung an Thommen, J.; Achleitner, A. (1998), S 766
[602] Thommen, J.; Achleitner, A. (1998), S 765

Malik[603] spannt in seiner Festlegung der Managementfunktionen den Rahmen sehr weit, denn er verweist darauf, dass das gesamte menschliche Leben in einer noch nie da gewesenen Form von Organisationen abhängig ist. Gestaltung und Lenkung sind die hier primär angeführten Funktionen des Managements und generell ist Management „die bewegende Kraft, die richtungs- und impulsgebende Aktivität, die Leistung und Wirksamkeit unserer Institutionen bestimmt"[604]. Aus holistischer Sicht sowie vor dem Hintergrund des Netzwerkgedankens umfasst für Malik das Aufgabenfeld des Managements „die Bestimmung von Zielen und ihr Abwägen und Ausbalancieren gegeneinander; die Organisation und Allokation von Ressourcen; das Treffen und Wirksammachen von Entscheidungen; die Auswahl, Förderung und Plazierung von Menschen; die Kommunikation; die Beurteilung und Bewertung von Leistungen"[605], wobei letztendlich auch das Hinterfragen der eigentlichen Ziel- und Zwecksetzung einer Organisation, ihrer Daseinsberechtigung und ihres grundlegenden Auftrags vom Management wahrgenommen werden muss.

Staehle[606] stellt eine Übersicht der unterschiedlichen Zugangsmöglichkeiten zu Funktionen des Managements dar und greift den Prozessansatz als Erweiterung der funktionalen Sichtweise heraus. In diesem Zusammenhang ist eine der zentralen Arbeiten die von Terry/Franklin (1982), bei der Managementfunktionen in Bezug zum Faktor Zeit gesetzt werden und Management als Prozess dargestellt wird, in dem die Phasen „Planung, Organisation, Durchsetzung und Kontrolle"[607] im Prozessablauf bei der Zielerreichung durchlaufen werden.

---

[603] vgl. Malik, F. (1999), S16ff und S 399
[604] Malik, F. (1999), S 16f
[605] Malik, F. (1999), S 399
[606] vgl. zu den folgenden Ausführungen Staehle, W. (1991), S 26ff und S 74ff
[607] Staehle, W. (1991), S 75

Die folgende Darstellung verdeutlicht diese prozessuale Sichtweise der Managementfunktionen:

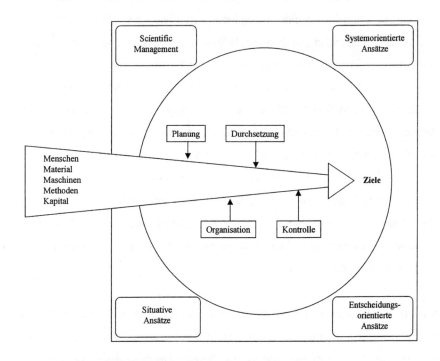

Abbildung 40: Management als Prozess nach Terry/Franklin (1982)[608]

Hub[609] sieht die Funktionen des Managements im Netz eines dynamischen sozialen Systems einerseits im Bereich der Analyse, Entscheidung und Kommunikation und andererseits sind zentrale Aufgaben des Managements das Zielesetzen, Planen, Organisieren, Führen und Kontrollieren.

---

[608] in Anlehnung an Staehle, W. (1991), S 75
[609] vgl. zu den folgenden Ausführungen Hub, H. (1990), S 85ff

178

Die folgende Grafik soll diese Managementfunktionen in ihrem Beziehungsgeflecht zueinander näher verdeutlichen:

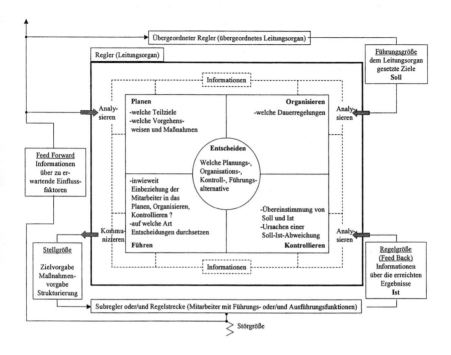

Abbildung 41: Das System der Managementfunktionen[610]

Für diese Regelkreisdarstellung der Managementfunktionen werden von Hub folgende Erläuterungen gegeben:[611]

---

[610] Hub, H. (1990), 86
[611] vgl. Hub, H. (1990), S 87

> Durch den punktierten Rahmen wird symbolisiert, dass die Wahrnehmung einzelner Managementfunktionen Informationen voraussetzt, welche über mehrere *Eingangskanäle* kommen und für mehrere Managementfunktionen von Belang sein können. Bildlich dargestellt kreisen Informationen im Wahrnehmungsfeld des Reglers und werden bei Ausübung einzelner Funktionen herangezogen.

> Die Positionierung des *Entscheidens* zeigt, dass Planen, Organisieren, Führen und Kontrollieren Entscheidungsprozesse umfassen. Im dispositiven Bereich wird das Ausüben dieser Funktionen mit einer Entscheidung für eine bestimmte Alternative abgeschlossen, wobei in der Folge die Durchsetzung dieser Entscheidung kommunikativ über die Stellgröße erfolgt.

> Weiters ist in Analogie zur Entscheidungsfunktion ebenso zu berücksichtigen, dass etwa Führen, Organisieren und Kontrollieren geplant werden muss, dass Führen, Planen und Kontrollieren zu organisieren ist usw.

Das mehrdimensionale Zusammenwirken der einzelnen Managementfunktionen kann im Sinne eines Systems der Managementfunktionen verstanden werden und soll zeigen, dass weder eine in allen Situationen gültige Reihenfolge der Aufgabenwahrnehmung durch das Management gegeben sein kann (beispielsweise zuerst planen und dann organisieren) noch Führen als eine auf die anderen Managementaufgaben folgende Funktion gesehen werden kann, da sich ja gerade im Führen das Wahrnehmen der anderen Funktionen zeigt. Das Regelkreisprinzip und die Miteinbeziehung verhaltensorientierter Aspekte sind keinesfalls Erkenntnisse unserer Zeit, nur erfordert die zunehmende Komplexität des soziotechnischen Systems Organisation und der laufende Wandel eben ein Festlegen der Handlungsprinzipien des Managements in der oben dargestellten Form.

180

3.2.8. Betriebspädagogik im Kontext des Managementgefüges

Versucht man nun Beziehungen zwischen Betriebspädagogik und Management in seinen unterschiedlichen Betrachtungsweisen zu analysieren, so kann eine Vielzahl an Entwicklungslinien aufgezeigt werden, wobei an dieser Stelle nur grundlegende Argumente angeführt werden sollen, da in Kapitel 4 und 5 auf einzelne Bezugspunkte noch spezifisch eingegangen werden wird. Bevor nun zentrale Aspekte erläutert werden, soll an dieser Stelle Drucker nochmals zitiert werden, der folgende Kernaussage über das Verhältnis zwischen Mensch und Management getätigt hat:

„Menschen werden nicht gemanagt oder verwaltet – Personalführung ist die entscheidende Aufgabe. Das *Ziel ist, die spezifischen Stärken und das Wissen eines jeden in Produktivität zu verwandeln.*"[612]

Im ersten Kapitel des Abschnittes 3.2. wurde Management als System dargestellt. Die systemische Sichtweise des Managements[613] ist Grundvoraussetzung für das Handlungsfeld der Betriebspädagogik, da nur so Entwicklungsaspekte und funktionale Interdependenzen in einer Organisation angemessen analysiert werden können und Potentiale in Bezug auf Gestalten, Lenken sowie Entwickeln einer Organisation bewusst gemacht werden können. Dieser systemische Betrachtungswinkel ist aber auch Gegenstand der Betriebspädagogik, da Lern- und Bildungsprozesse dadurch determiniert werden[614] und nur so eine gemeinsame gesamtheitliche Weiterentwicklung einer Organisation letztendlich möglich ist, d. h. die Entwicklung einer Organisation ist als Bildungsprozess

---

[612] Drucker, P. (1999), S 39
[613] vgl. dazu die Ausführungen in Kapitel 3.2.2.

aufzufassen. Die dargestellten Eigenschaften des Handlungsfeldes des Managements unter systemischer Perspektive spiegeln ebenso diese Anforderung für die Betriebspädagogik wider.

Bezogen auf die Mitarbeiter ist eine zentrale Aufgabe des Managements die Mitarbeiterführung. Aus der Sichtweise der Betriebspädagogik bedarf es des in Kapitel 3.2.3. beschriebenen neuen Rollenverständnisses des Managements. Die ultimativ *richtige* Rollendefinition für eine Führungskraft ist nicht formulierbar, vielmehr bedarf es einer Kombination der unterschiedlichen Rollen, bei der die Rolle des Vorbildes, Moderators, Coaches bzw. Dienstleisters den Mitarbeitern gegenüber sowie die partnerschaftliche Sichtweise immer mehr an Bedeutung gewinnt, so dass ein Höherführen und Weiterentwickeln der Mitarbeiter überhaupt erst möglich wird. Ebenso ist es Aufgabe des Managements, Rollenreflexionen in der Organisation zu initiieren, diese aufrechtzuerhalten und in entsprechend geeigneter fachdidaktischer Art und Weise immer wieder neu anzuregen.[615] Ein zentraler Ansatzpunkt der Betriebspädagogik ist das Individuum als ein in seinen Möglichkeiten und Fähigkeiten zu entwickelndes und bildendes Subjekt[616] – damit gemeinsames Lernen für die Mitarbeiter realisierbar wird, bedarf es der Ermöglichung und Unterstützung durch das Management. Dies bedeutet auch, dass je nach situativer Gegebenheit eine entsprechende Variation des Rollenverhaltens erforderlich ist. Ist eine Organisation beispielsweise in einer bedrohlichen Situation, so bedarf es eines autoritären Verhaltens, einer klaren Anweisung, die für alle verbindlich ist, denn wenn „das Schiff sinkt, beruft der Kapitän keine Sitzung ein, der Kapitän gibt ein Kommando"[617] und alle wissen, was zu tun ist und tun dies auch. In einer anderen Situation steht wieder das

---

[614] vgl. Arnold, R. (1997), S 23
[615] vgl. Kirsch, W.; Ringlstetter, M. (1995), S 247f
[616] vgl. dazu die Ausführungen in Kapitel 2.1.
[617] Drucker, P. (1999), S 24

Team, die partnerschaftliche Teamentscheidung, Eigenverantwortung und Selbststeuerung im Vordergrund und das Management hat vorwiegend fördernde, helfende bzw. entwickelnde Funktionen im Sinne einer Ermöglichung der Weiterentwicklung.

Der Betrachtungswinkel der Managementansätze[618] stellt aus organisationaler Sicht den theoriebasierten Aktionsrahmen in Bezug auf das Handlungsfeld der Betriebspädagogik dar. Dieser Fokus bildet einerseits mit den Führungstheorien das theoretische Fundament und andererseits mit den Führungsstilen den theoretischen Bezugsrahmen für die Rollenwahrnehmung des Managements. Die Ausführungen zu den unterschiedlichen im Kapitel 3.2.4.1. und 2.2.1. dargestellten Führungstheorien zeigen, dass letztendlich nur ein Zusammenführen der einzelnen Ansätze nutzbringend erscheint, denn erst die Kombination von organisationsinternen und organisationsexternen sowie die Verknüpfung von verhaltensbestimmten und sachorientierten Faktoren ermöglicht einen realitätsnahen Bezugsrahmen und schafft die Voraussetzungen für betriebspädagogisches Handeln. So muss auch das Management sozialen und technologischen Wandel umsetzen, denn die Mitarbeiter wollen und können in ihren gewandelten Privat- und Freizeitgewohnheiten nicht anders sein als in ihren Arbeits- und Lernsituationen – d. h. der Prozess des Außenwandels muss für eine Organisation zum Innenwandel werden[619] und das Management muss ein lern- und entwicklungsförderndes Umfeld für die Mitarbeiter schaffen. Für das Lernen respektive die Weiterentwicklung der Organisation und seiner Mitarbeiter wird nur so die notwendige Basis geschaffen, damit Bildungsarbeit in der Organisation als Maßnahme zur proaktiven Weiterentwicklung und nicht nur zur reaktiven Defizitminderung avanciert.

---

[618] vgl. dazu die Ausführungen in Kapitel 3.2.4.
[619] vgl. Decker, F. (1995), S 48

Betrachtet man die Betriebspädagogik als evolutionär und systemorientiert und fundiert die Bezugselemente auf einen kulturtheoretischen Ansatz, so ergibt sich aus dem Kontext des Ermöglichens, Zulassens und Förderns von Bildung in einer Organisation auch der tendenziell *passende* Führungsstil[620] respektive das *ermöglichende* Führungsverhalten den Mitarbeitern gegenüber, damit für sie eine selbstständige Erschließung und Aneignung von Wissen möglich wird. Ob ein kontinuierlicher Lernprozess aller Mitglieder der Organisation eingeleitet bzw. ob dieser dann auch aufrechterhalten werden kann, wird letztendlich dadurch bestimmt, wie in einer Organisation geführt wird. Das Management muss erkennen, dass Lernen und Bildung, Persönlichkeit, Wissen sowie soziale Beziehungen zu den wichtigsten Ressourcen der Zukunft gehören und Mitarbeiter vielmehr Partner[621] als Untergebene sind.

Legt man den Fokus auf die Betrachtungswinkel der Managementmodelle[622] und Managementphilosophien[623], so kann in Bezug auf das Handlungsfeld der Betriebspädagogik Folgendes festgehalten werden:[624]

Das St. Galler Management-Modell erscheint auf Grund seines ganzheitlichen und integrierenden Charakters am besten geeignet, um als Bezugsrahmen für das Handlungsfeld der Betriebspädagogik herangezogen zu werden. In diesem Sinne soll dieses Modell für die Entwicklung, Darstellung und Diskussion der beschleunigenden sowie integrierenden Agenden der Betriebspädagogik in den einzelnen Managementebenen als Rahmen dienen.

---

[620] vgl. dazu auch die Ausführungen in Kapitel 3.2.4.2.
[621] vgl. dazu beispielsweise Geoffrey, J. (1997), S 107ff
[622] vgl. dazu die Ausführungen in Kapitel 3.2.5.
[623] vgl. dazu die Ausführungen in Kapitel 3.2.6.
[624] An dieser Stelle soll nur kurz auf diese Betrachtungswinkel eingegangen werden, da sie zentrale Themenstellung in den Kapiteln 4 und 5 sind. So wird in Kapitel 4 ausführlich auf die

Die Philosophie des Managements spiegelt das Wert- und Normengefüge der Organisation wider und bildet die Basis für richtungweisendes Verhalten und Handeln, wobei eine Umsetzung auf allen Ebenen des Managements Grundvoraussetzung für das *Leben* einer Philosophie ist. Findet die Betriebspädagogik in der Managementphilosophie als Zentrum der Organisationskultur ihre Verankerung, so sind die Voraussetzungen für eine *Pädagogisierung der Führung* und die Entwicklung einer Lernkultur in der Organisation geschaffen. Führung und der ganze Prozess des Managements erhalten durch eine betriebspädagogisch ausgerichtete Managementphilosophie und das damit verbundene Rollenverständnis der Führungskraft eine neue Perspektive: „Nur wer sich selbst als Teil des Prozesses begreift und nicht als herausgehobener Dompteur einer latenten Raubtiergruppe, kann dieses neue Verständnis erleben. In dem Maße, wie man sich selber in diesen Prozeß einbringt, verliert man die Angst, daß einem die Entwicklung entgleitet. Man lernt, den Prozeß von innen heraus zu steuern. Erst dann erlebt man, wie ein Prozeß sich selber optimal steuern kann und findet langsam den Mut, darauf zu vertrauen."[625] Für das Management bedeutet dies ein Werte- und Normengefüge, in dem die Ressource Mensch in ihrer Handlungskompetenz, Motivation, Selbststeuerungsfähigkeit, Eigenverantwortung, Prozess- und Entwicklungsfähigkeit sowie Wertschöpfungsverantwortung so entfaltet wird, dass sie den Anforderungen der heutigen Zeit gewachsen ist. Das Grundprinzip der Supervision[626] – *Hilfe zur Selbsthilfe* – wird für das Handlungsfeld der Betriebspädagogik eine grundlegende Managementphilosophie.

Managementphilosophie eingegangen werden, und in Kapitel 5 bildet das St. Galler Management-Modell den Bezugsrahmen für die dortigen Ausführungen.

[625] Jeserich, W. (1989), S 15

[626] vgl. dazu beispielsweise Scala, K.; Grossmann, R. (1997), vgl. Trummer, M. (1995), S 221ff

Zum Abschluss dieses Kapitels bedarf es noch einer Darstellung der Betriebspädagogik im Kontext der Managementfunktionen[627], wobei es gilt, als Ausgangsbasis für die Integration der Betriebspädagogik in das Gesamtgefüge der Managementfunktionen vorab einige zentrale Aspekte festzuhalten.

Die Gliederung der Managementfunktionen ist mannigfaltig. Sieht man von wirklich rein funktionalen Aufzählungen ab, so zeigt sich, dass Managementfunktionen im Geflecht des komplexen sozialen dynamischen Systems Organisation aus funktionaler Sicht als prozessorientiert, gesamtheitlich vernetzt aufgefasst werden können. Gerade Gestaltung und Entwicklung sind die wesentlichsten Aufgaben des Managements der Zukunft im Gesamtgefüge der Organisation. Die Betriebspädagogik hat, mit der Bildung der Mitarbeiter als eines ihrer wichtigsten Aufgabenfelder, Lernen als zentralen Prozess und das Schaffen der erforderlichen Rahmenbedingungen sowie das Zulassen von Lernen und Bildung als Schlüsselkompetenz.

Betriebspädagogik als eine generische Managementfunktion ist auf allen Ebenen, in allen Prozessen gesamtheitlich vernetzend zu begreifen. Es darf nicht als etwas Zusätzliches zu dem bereits Bestehenden begriffen werden, sondern muss Anliegen jeder Ebene einer Organisation werden. Bildung geht alle etwas an und das betriebspädagogische Handlungsfeld umspannt die gesamte Organisation.

Wie bereits an anderer Stelle angesprochen, ist eine evolutionäre, systemorientierte sowie auf den kulturtheoretischen Ansatz beruhende Betriebspädagogik zukunftsweisend. Die systemische Sichtweise, das Denken und Handeln in Regelkreisen, ist basisbildend. Es erscheint somit nicht ausreichend, wohl aber notwendig, zu den bereits vorhandenen Managementfunktionen nun

---

[627] vgl. dazu die Ausführungen in Kapitel 3.2.7.

eine weitere, eben eine pädagogische Managementfunktion hinzuzufügen. Vielmehr bedarf es einer integrativen Betrachtungsweise, wodurch erst ein kontinuierlicher Lernprozess aller Mitglieder der Organisation eingeleitet werden kann, um eigenverantwortliche und selbstgesteuerte Wissensaneignung und - erschließung zu ermöglichen. Folgende drei zentrale Funktionen können in diesem Zusammenhang für das Handlungsfeld der Betriebspädagogik festgehalten werden:

> Öffnung (Erschließung) der potenziellen Lernenden für bestimmte Formen des Lernens[628] (operatives Anpassungslernen, strategisches Erweiterungslernen, normatives Identitätslernen)

> Ermöglichung des Lernens (indirektes Gestalten des Lernens und direktes Mitgestalten der das Lernen tangierenden Rahmenbedingungen – Bereiche, die Lernen fördern, ermöglichen, behindern, hemmen etc.)

> Reflexion und Evaluation des Lernens (bezogen auf fachliches ebenso wie außerfachliches und geplantes wie auch nicht geplantes Lernen).

Betriebspädagogik als funktional-dynamischer Teilaspekt einer Organisation, wie dies als Ansatz in Kapitel 3.1.1. generiert wurde, erscheint insofern erforderlich, als die Agenden der Betriebspädagogik nur so klar definiert, systematisch zugeordnet und das Handlungsfeld der Betriebspädagogik umfassend mit einer Organisation ganzheitlich verschmolzen werden können. Diese funktional-dynamische Gliederung kann aber nur dann zielführend sein, wenn Betriebspädagogik ebenso als generische Managementfunktion begriffen wird und Lernen sowie Bildung ein integratives Anliegen auf allen Ebenen und in allen Funktionsbereichen des Managements und ebenso Anliegen jedes einzelnen Mitarbeiters wird – alle Betroffenen müssen zu Beteiligten werden.

Im Kontext der Betriebspädagogik als generische Managementfunktion stellt sich somit eine Reihe von Fragen: Wie kommt es zu eigenverantwortlichem und selbstgesteuertem Lernen der Mitarbeiter? Wie kann die Organisation selbst zu Subjekt des pädagogischen Handelns werden? Wie kann eine Weiterentwicklung der Organisationskultur über das Entwickeln einer Lernkultur ermöglicht werden? Wie kann die Entwicklung einer betrieblichen Lernkultur aber erfolgen? Was sind die Grundvoraussetzungen für bzw. was ist das Anforderungsprofil an das Management und an das gesamte organisationale Umfeld, um dieses Lernen des Individuums auch zur Weiterentwicklung der gesamten Organisation in Richtung einer Lernenden Organisation nutzbar zu machen? Diese Fragen gilt es in den folgenden Ausführungen zu klären.

Unerheblich mit welchem Fokus Management betrachtet wird, gilt es letztendlich, Management als ein alle betreffendes Instrument zu verstehen, wobei es keine ultimative, für alle und immer gültige Form der Gestaltung des Managements gibt, das Handlungsfeld des Managements immer als Führung zu begreifen ist und jeder Mitarbeiter eine individuelle Form der Führung braucht, abhängig beispielsweise von den persönlichen Eigenschaften, dem Aufgabenfeld, dem momentanen Betätigungsfeld oder der Beschäftigungsart. Menschen[629], deren Produktionsmittel Wissen ist, sogenannte Wissensarbeiter[630], werden durch das

---

[628] D. h. Erschließung bestimmter Adressaten für ein bestimmtes Lernen; vgl. dazu vor allem die Ausführungen in Kapitel 5, wo Betriebspädagogik in Bezug zu den einzelnen Ebenen des integrativen Managementansatzes diskutiert werden wird.

[629] Lernende Mitarbeiter brauchen, um erfolgreich *überleben* zu können, „Schutz davor, für jeden alles sein zu wollen"; Noer, D. (1998), S 111. D. h. es ist für die Leistungsfähigkeit der lernenden Mitarbeiter beispielsweise unerlässlich, Grenzen zu setzen, Symptome bewusst zu machen, um einem Burn-out vorzubeugen, gesunde Aktivitäten anzuregen oder auch erholsame Aufgaben und Projekte zuzuteilen. vgl. Noer, D. (1998), S 111

[630] vgl. dazu auch die Ausführungen in Kapitel 2.3.

Gleiche motiviert[631] [632], „was auch ehrenamtliche Mitarbeiter motiviert, ihren Beitrag zu leisten. Wie wir wissen, ist die Befriedigung, die ehrenamtliche Mitarbeiter durch ihre Arbeit erfahren, größer als die von Menschen, die für ihre Arbeit bezahlt werden, denn ihre Arbeit wird nicht durch einen Scheck abgegolten. Für sie steht die Herausforderung im Mittelpunkt. Der Auftrag, die Mission der Organisation muß ihnen vertraut sein, und sie müssen daran glauben können. Sie benötigen eine kontinuierliche Ausbildung und Ergebnisse sind eine absolute Notwendigkeit."[633]

---

[631] Durch den Vergleich mit ehrenamtlicher Arbeit soll Entgelt für die menschliche Arbeitsleistung nicht in Frage gestellt werden. Vielmehr soll damit verdeutlicht werden, dass die Entlohnung der Mitarbeiter allein nicht ausreichend für ihre Motivation, Eigenverantwortung und Selbststeuerung ist.

[632] Handy spricht in diesem Zusammenhang von *Vitamin E. Vitamin E* sind all „die Faktoren, die Energie auslösen, Emotionen, Enthusiasmus, Einsatz, Erregung und Engagement", (Handy, C. (1993), S 23) wobei Geld letztendlich immer nur Mittel zum Zweck ist. vgl. Handy, C. (1993), S 23ff

[633] Drucker, P. (1999), S 37f

3.3. Organisationales Lernen (LO) als Impulsgeber für Transdisziplinarität

„Der Manager der Zukunft wird
nur noch Lernberater sein."
Peter Drucker

Kontinuierliche Veränderung, Anpassungsfähigkeit, Lernkultur, permanenter Wandel, Lernende Organisation, lebenslanges Lernen sowie organisationales Lernen sind Schlagwörter unserer Zeit. Lernen bedeutet Veränderung respektive Transformation durch Erfahrung,[634] gleichbedeutend ob Individuen, Gruppen oder Organisationen lernen. Es stellt sich in diesem Zusammenhang nun die Frage, ob Lernende Organisation die Überführung von individuellem Wissen in organisationales Wissen respektive die Abgabe individueller Wissensmonopole an betriebliche Dokumentationssysteme (Wissensmanagement) bedeutet bzw. heißt dies weiters, dass es zu einer Entwertung des Bildungssubjektes Mensch kommt?

Organisationales Lernen ist mehr als die Summe des Lernens der einzelnen Individuen einer Organisation und insofern weisen Lernprozesse von Organisationen auch eine eigenständige soziale Qualität auf.[635] Der Mensch hat ein Wissensgenerierungsmonopol, denn „nur Menschen schaffen *neues Wissen*"[636] (dies zeigen auch Forschungsarbeiten im Zusammenhang mit Expertensystemen). Menschliches Lernen ist somit unersetzlich für das Lernen von Organisationen, d. h. individuelles Lernen ermöglicht erst organisationales Lernen.[637] Organisationales Lernen kann aber weder losgelöst von der Organisation selbst

---

[634] vgl. Maturana, H.; Varela, F. (1987), S 188f
[635] vgl. Felsch, A. (1999), S 89
[636] Willke, H. (1998), S 248
[637] vgl. Teich, I. (1998), S 79, vgl. Felsch, A. (1999), S 89

noch isoliert von den Umweltgegebenheiten der Organisation gesehen werden. Es bestehen vielmehr multivariate Synergien und Zusammenhänge, wechselwirksame Reaktionen und gegenseitige Beeinflussungen zwischen Menschen, Organisation und Umwelt. Folgt man dem Ansatz der konstruktivistischen Lerntheorie[638], so kann der Mensch als Lernmonopolist verstanden werden und somit auch nicht als Opfer *Individuum* im Wissensmanagement der Organisation, d. h. es kommt keinesfalls zu einer Entwertung des Bildungssubjektes Mensch.

Im Zusammenhang mit organisationalem Lernen respektive der Lernenden Organisation kann sich aber eine Reihe von weiteren zentralen Fragen ergeben, welche beispielsweise folgendermaßen lauten könnten: Warum müssen Organisationen überhaupt lernen? Was müssen Organisationen lernen? Wie lernen Organisationen? Wo und durch wen bzw. was lernen Organisationen?

Dies sind Beispiele für Fragen, die Wissenschaft und Praxis in annähernd gleichem Ausmaß beschäftigen. Zu deren Beantwortung reicht es aber nicht aus, nur die individuelle Lernebene der Mitarbeiter zu betrachten, vielmehr muss organisationales Lernen bzw. die Lernende Organisation an sich als Lernsubjekt genauer durchleuchtet bzw. der Systemzusammenhang und das organisationale In- und Umfeld mitberücksichtigt werden.

In den folgenden Ausführungen soll nun ausgehend von einer allgemeinen Festlegung des Bezugsrahmens in einem ersten Schritt auf die Bereiche des individuellen Lernens und des Lernens von Gruppen eingegangen werden, um in der Folge die Perspektiven des organisationalen Lernens und seine relevanten Anknüpfungspunkte für die Betriebspädagogik darstellen zu können.

---

[638] vgl. dazu auch die Ausführungen in Kapitel 3.3.2.

3.3.1. Rahmenbedingungen und Abgrenzungen des organisationalen Lernens

Ganz generell gesehen ist das erklärte Ziel der Bildung nicht der lernende Mensch bzw. das lernende Individuum per se, sondern vielmehr die Förderung und Schaffung des Wissens der Menschen in ihren Köpfen und damit einerseits die Anwendung dieses Wissens sowie andererseits die Schaffung von Rahmenbedingungen und das Bereitstellen von Lernanlässen zur Förderung und Unterstützung der Lernfähigkeit von Menschen. Aus diesem Sinnzusammenhang ist auch das Lernen von Organisationen zu verstehen. So kann der Begriff *Lernende Organisation* in diesem Sinne als ein falsches Ansinnen gesehen werden, denn vielmehr kann es auch hier nur um die Förderung und Unterstützung der Lernfähigkeit und Selbsttransformationsfähigkeit von Organisationen gehen und nicht um das Lernen der Organisation per se.

Bevor nun auf die einzelnen Bereiche in Bezug auf das lernende Subjekt und die Umfeldbedingungen eingegangen werden kann, sollen hier nochmals die Begriffe *Lernen*, *Wissen* und *Bildung*[639] diskutiert bzw. abgegrenzt werden.

Lernen impliziert Veränderung und bezieht sich auf Wissen, Fertigkeiten, Fähigkeiten, Verhaltensweisen, Werte, Normen und/oder Überzeugungen, wobei für die lernbedingte Veränderung grundsätzlich folgende zwei Bedingungen erfüllt sein müssen:[640]

> ➤ Die Veränderung muss sich auf Erfahrung und/oder Übung zurückführen lassen.
>
> ➤ Die Veränderung muss über längere Zeit zur Verfügung stehen.

---

[639] vgl. dazu auch die Ausführungen in Kapitel 2.2.2.
[640] vgl. Hodel, M. (1998), S 37

Lernen ist der zentrale Begriff, mit dem sich die Pädagogik auseinander setzt, denn erst das Lernen macht eigentlich das Wesen des Menschen[641] wirklich aus.[642] Lernen ist demzufolge mehr als nur Wissenserwerb. Der Erwerb von Wissen ist nur ein Aspekt unter vielen anderen, denn erlernt werden ebenso Sichtweisen, Gewohnheiten, Gefühle, Werte und Verhaltensmuster. Lernen als Kernelement der Pädagogik betrifft somit alle Prozesse, die „nicht durch biophysische Determinationen erklärbar"[643] sind bzw. durch Reifungsvorgänge[644] ablaufen. Eine einheitliche und eindeutige Begriffsdefinition und -verwendung ist aber weder in der Literatur[645] noch beim praktischen Gebrauch des Wortes auszumachen. Skowronek (1969) versucht eine Definition von Lernen in folgender Form: „Lernen ist der Prozeß, durch den Verhalten, aufgrund von Interaktionen mit der Umwelt oder Reaktionen auf eine Situation, relativ dauerhaft entsteht oder verändert wird, wobei auszuschließen ist, daß diese Änderungen durch angeborene Reaktionsweisen, Reifungsvorgänge oder vorübergehende Zustände oder Organismus (Ermüdung, Rausch oder ähnliches) bedingt sind."[646] Lerntheorien dienen ihrerseits dazu, um Lernen theoretisch zu erklären, und sie unterscheiden sich durch die verschiedenen Auffassungen über

---

[641] Der Mensch ist das Schlüsselelement des Lernens – vgl. dazu die Ausführungen beispielsweise bei Sauter über die physiologischen Aspekte sowie Erkenntnisse der Hirnforschung im Zusammenhang mit menschlichem Lernen. vgl. Sauter, E. (1994), S 89ff

[642] vgl. Giesecke, H. (1997), S 47

[643] Giesecke, H. (1997), S 48

[644] Mit Reifung ist die Verhaltensveränderung durch den Alterungsprozess gemeint.

[645] vgl. Hilgard, E.; Bower, G. (1970), S 16, vgl. Giesecke, H. (1997), S 47, vgl. Hodel, M. (1998), S 35ff, vgl. Bauer, W. (1996), S 120f, vgl. Kern, P. (1994), S 193ff, vgl. Hodel, M. (1995), S 565ff

[646] Skowronek, H. zitiert nach Giesecke, H. (1997), S 48

das lernende Subjekt und seine jeweilige Umwelt[647] sowie ihren aktiven bzw. passiven Anteile in Bezug auf das Initiieren von Lernvorgängen.[648]

In Bezug auf berufliches Lernen wird bereits bei Zielinski (1969) darauf hingewiesen, dass die Dynamik der Gesellschaft ein permanentes Lernen erfordert, welches sich in folgenden zwei grundlegenden Dimensionen zeigt:[649]

> ➢ Kein Inhalt eines Berufes kann als endgültig angesehen werden.

> ➢ Durch den permanenten Wandel ist es ausgeschlossen, dass man irgendwann und irgendwo berufliches Lernen als abgeschlossen betrachten kann.

Das bedeutet weiter, dass alle beruflichen Leistungsnachweise oder Qualifikationsnachweise nur als Plattform für weiteres Lernen verstanden werden können und „eine ‚éducation professionnelle permanente – eine berufliche Bildung ein Leben lang' erforderlich"[650] ist.

Wissen muss erworben werden, um eingesetzt werden zu können, wobei Daten und Informationen aber keinesfalls mit Wissen gleichzusetzen sind.[651] Mit folgender Metapher unterscheidet Burke sehr treffend zwischen Information und Wissen: „Information is something like raw, ... knowledge ist something like cooked"[652] und er bezeichnet ferner Information als grundsätzlich etwas sehr

---

[647] Bloom weist in seinen Ausführungen und Untersuchungen zur Umwelt auf die unterschiedlichen Einflussparameter der Umwelt auf das menschliche Lernen hin und stellt den in experimentellen Versuchen nachgewiesenen kausalen Zusammenhang zwischen Entwicklung des Menschen und der jeweiligen spezifischen Umwelt dar. vgl. Bloom, B. (1971), S 201ff

[648] vgl. Bauer, W. (1996), S 120f

[649] vgl. Zielinski, J. (1969), S 321

[650] Zielinski, J. (1969), S 322

[651] vgl. Empson, L. (1999), S 8

[652] Burke, P. zitiert aus einem Vortrag zum Thema: „Sociologies and Histories of Knowledge: A Case-Study in Historical Sociology", Graz 29.05.2000; Von der Notwendigkeit des Überflüssigen. Sozialwissenschaften und Gesellschaft – eine Vortragsreihe des Bundesministeriums für Bildung, Wissenschaft und Kultur

Spezifisches, wohingegen Wissen eher als etwas Generelles zu verstehen ist.[653]
Wissen ist grundsätzlich untrennbar vom Lernen zu betrachten.[654] Wie bereits in
Kapitel 3.1.1. dargestellt, ist Wissen gelernte Information – aus jeder Information
kann somit Wissen entstehen.[655] In der folgenden Grafik soll dieser
Zusammenhang von Wissen und Lernen sowie von Daten und Informationen
veranschaulicht werden.

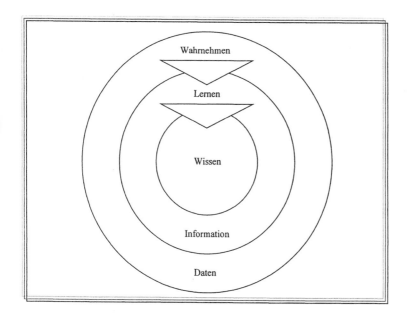

Abbildung 42: Beziehung zwischen Daten, Information und Wissen[656]

Vom sozialen System Organisation wird die eigene Umwelt nicht als identisches
Abbild gezeigt, sondern es schafft „vielmehr die Erzeugung von Redundanzen,

---

[653] vgl. Burke, P. Vortrag vom 29.05.2000
[654] vgl. Gappmaier, M. et al. (1998), S 42
[655] vgl. Heinrich, L. (1993), Sp 1749
[656] in Anlehnung an Güldenberg, S. (1999), S 524

die es dem System ersparen, Informationsverarbeitung zu wiederholen. Redundanzen werden als Wissen markiert, sie werden wiedererkennbar registriert und dann ‚ökonomisch' eingesetzt, um allfällige Prüfungen neuer Informationen zu konzentrieren und zu beschleunigen."[657] In diesem Sinne ermöglicht Wissen etwas machen zu können, d. h. Wissen bedeutet Können und Handlungsvermögen. Das Wissen ist aber keine stabile Größe und stellt somit nicht per se einen bleibenden Wert dar. Für eine Organisation bedeutet dies, „lediglich über *vorübergehend schnellere* Prüfungsmöglichkeiten zu verfügen"[658], d. h. die kognitiven Fähigkeiten helfen der Organisation, sich *vorübergehend* auf Situationen einzustellen, wobei eben dies einen wesentlichen Vorteil in einer veränderlichen Umwelt ausmacht[659]. Gerade in diesem *Vorübergehenden* liegt aber die Gefahr, dass Organisationen durch das Versäumen der permanenten Weiterentwicklung und Transformation ihres Wissens ihr Handlungsvermögen im Verhältnis zu ihrer Umwelt einbüßen[660] und damit ihre Überlebensfähigkeit gefährden.

---

[657] Luhmann, N. (1997), S 124
[658] Schmitz, C.; Zucker, B. (1999), S 183
[659] vgl. Luhmann, N. (1997), S 124
[660] vgl. Schmitz, C.; Zucker, B. (1999), S 183

Die Aktualität und Gültigkeit von Wissen hat somit immer eine zeitliche Dimension, wobei folgende Beispiele veranschaulichen sollen, welche Fehleinschätzungen aus perspektivischer Sichtweise von Menschen erfolgten und in Zukunft auch immer wieder erfolgen werden:

> „Der Phonograph . . . besitzt keinerlei kommerziellen Wert."
> - *Thomas Edison, 1880*
> „Es ist absolut unwahrscheinlich, daß der Mensch jemals die Kraft des Atoms nutzen kann."
> - *Robert Millikan, 1920 (Nobelpreisträger für Physik)*
> „Wer zum Teufel möchte Schauspieler sprechen hören?"
> - *Harry Warner, Warner Brothers Pictures, 1927, als Reaktion auf die Idee, Stummfilmen eine Tonspur anzufügen*
> „Ich denke, der Weltmarkt kann ca. fünf Computer aufnehmen."
> - *Thomas J. Watson, Vorsitzender von IBM, 1943*
> „Es gibt keinen Grund, warum Privatleute einen Computer zu Hause haben sollten."
> - *Ken Olsen, Vorsitzender von DEC, 1977*

Abbildung 43: Beispiele für Fehleinschätzungen in der Vergangenheit[661]

Für die Nutzbarmachung von Wissen ist es ganz wesentlich, dass offengelegt wird, was an Wissen vorhanden ist, denn nur „*wer weiß, was er bereits weiß, weiß auch, was er nicht weiß*"[662] und dies gilt für Individuen ebenso wie für Gruppen oder Organisationen respektive ist es für Organisationen von zentraler Bedeutung, ein klares Bewusstsein darüber zu haben, „*was sie sind, wer sie sind, was sie können und was sie wollen*"[663]. Grundsätzlich kann Wissen von Organisationen durch folgendes Profil charakterisiert werden:[664]

---

[661] Boch, D.; Echter, D.; Haidvogl, G. (1997), S 17
[662] Boch, D.; Echter, D.; Haidvogl, G. (1997), S 17
[663] Deiser, R. (1996), S 51
[664] vgl. Gappmaier, M. et al. (1998), S 42f, vgl. Reber, G. (1992b), Sp 1247

> ➢ Damit Wissen verteilt werden kann, muss es kommunizierbar sein, ebenso

> ➢ muss Wissen für seine richtige Interpretation konsensfähig sein und

> ➢ für eine langfristige Speicherung muss es integrierbar sein.

Wissen ist die zentrale Ressource der Organisationen und im Rahmen des Wissensmanagements[665] stellt sich die Frage der optimalen Nutzung der individuellen und kollektiven Potentiale, die in einer Organisation vorhanden sind, um eine Antwort auf die Frage zu finden, welche Informationen und welches Wissen, in welcher Form und zu welcher Zeit für welche Situation und für welchen Zweck, für welche Person relevant sind, wobei hier anwendungsbezogenes Wissen im Sinne von Handlungskompetenz zu fokussieren ist.[666]

Bildung kann, wie bereits in Kapitel 2.2.2. dargestellt, aus verschiedenen Blickrichtungen betrachtet werden. Für die vorliegende Arbeit ist es ein erklärtes Ziel, transdisziplinär die normativ-philosophische mit der empirisch-sozialwissenschaftlichen Dimension der Bildung zu verbinden, da insofern der Konnex zwischen Entwicklungs-, Bildungs- und Lernprozessen hergestellt werden kann. In diesem Kontext soll eine rigide Abgrenzung der einzelnen wissenschaftlichen Bereiche nicht verfolgt werden.

Wesentlich für Bildung sowie Lernen und dem daraus u.a. resultierenden Wissen von Individuen, ihrem Auf- und Ausbau von Fähigkeiten, Fertigkeiten, Werten und Normen sowie ihrer Verhaltensänderung sind, neben der eigentlichen *Beschaffenheit* des Individuums selbst, vor allem die organisationalen Rahmenbedingungen, unter bzw. in denen Lernen und Bildung stattfindet, wie beispielsweise die Organisationsstruktur, der Führungsstil, die

---

[665] vgl. dazu die Ausführungen in Kapitel 3.1.1.
[666] vgl. Reinmann-Rothmeier, G.; Mandl, H. (1998), S 200f

198

Organisationskultur oder die Managementphilosophie sowie auch die Umwelt der Organisation. Wie bereits in Kapitel 3.2. ausführlich dargestellt, sollen hier folglich exemplarisch Ansatzpunkte erläutert werden, wobei diese in ihren extremen Ausprägungsmöglichkeiten beschrieben werden, damit die divergenten Chancen des Lernens und der Bildung im Kontext der unterschiedlichen organisationalen Rahmenbedingungen deutlich hervorgehoben werden können:

Führungsstil

Ganz wesentlichen Einfluss hat der Führungsstil auf die Möglichkeiten und Grenzen des organisationalen Lernens, denn einerseits hat das Management Vorbildwirkung und ist richtungweisend für das Verhalten der Mitarbeiter und andererseits wird dadurch wesentlich bestimmt, ob Lernen ermöglicht, gefördert oder überhaupt erlaubt bzw. erwünscht wird. Ebenso ist der Führungsstil wesentlicher Bestimmungsfaktor für die Motivation und Beteiligung der Mitarbeiter am Entwicklungsprozess der Organisation.

Managementphilosophie

Durch die Managementphilosophie werden die grundlegenden Normen und Werte einer Organisation festgelegt – sie bilden somit die Basis für die gesamte Ausrichtung des Managements respektive der gesamten Organisation und sie ist insofern auch das elementare Steuerungsinstrument des Managements. Wenn hier Lernen Platz findet bzw. eine richtungweisende Funktion erfüllt, hat das andere Auswirkungen auf das organisationale Lernen, als wenn von Lernen zwar im Sinne von leeren Worthülsen gesprochen wird, aber nicht mehr dazu erfolgt. Lernen ist hier als Vision einer Organisation zu verstehen.

Managementansatz

Je nach zugrunde liegender Theorie erfolgt eine Befähigung, Beteiligung und Erlaubnis der Mitarbeiter, am gemeinsamen Lernprozess zu partizipieren oder nicht. Wissen und Erfahrungen von Mitarbeitern können genutzt und gefördert oder vernachlässigt werden. Durch die theoretische Fundierung erfolgt auch die grundlegende Sichtweise einer Organisation entweder als systemisch-evolutionär oder reduktionistisch-technomorph als die beiden Extreme.

Organisationsstruktur

Die Organisationsstruktur bestimmt den Rahmen bzw. Platz für organisationales Lernen und ist somit ein wesentlicher Bestimmungsfaktor. Im Unterschied zu Einlinien- oder Mehrliniensystemen schaffen beispielsweise Projektorganisationen, virtuelle oder fraktale Organisationsstrukturen, selbstgesteuerte Gruppen oder Adhokartien in wesentlich höherem Ausmaß einen fördernden Rahmen für das Lernen von Individuen und Gruppen respektive sind diese auch zukunftsweisende Strukturformen[667] von Organisationen. Mit der Organisationsstruktur werden auch die materiellen Faktoren für die Lerninfrastruktur geschaffen.

Organisationskultur

Die Organisationskultur kann auch eine sogenannte *Lernkultur* sein oder sich als eher lernfeindlich zeigen. Die Organisationskultur ist der Normen- und Werterahmen einer Organisation und in ihm stellt die Managementphilosophie das Kernelement dar. Durch sie werden ebenso die immateriellen Faktoren für die Lerninfrastruktur einer Organisation geschaffen.

---

[667] Auch die Veränderung nach innen zu einer Dienstleistungsorganisation wird für Organisationen immer wichtiger. So müssen im Sinne des internen Kundendenkens, beispielsweise aus behäbigen Stabstellen leistungsfähige und agile Servicestellen werden, die ihre Leistungsempfänger als Kunden sehen. vgl. Loebert, M. (2000), S 49ff

Die folgende Grafik soll den Zusammenhang von Individuum, Struktur und Kultur für das organisationale Lernen nochmals verdeutlichen:

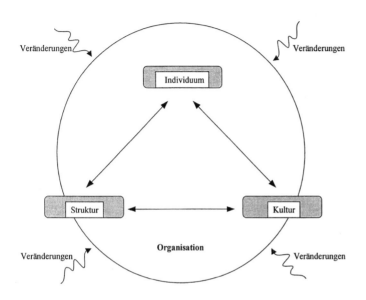

Abbildung 44: Dimension des organisationalen Lernens[668]

Die reine Vermittlung von Wissen kann heute bei der eskalierenden Wissensentwicklung und den steigenden Alternativen der Wissensspeicherung außerhalb der menschlichen Gehirne, in Computern und Expertensystemen, in der modernen betrieblichen Bildungsarbeit nicht mehr im Mittelpunkt stehen. Vielmehr geht es darum, Menschen heute „zu wandlungsbereiten und wandlungsfähigen Subjekten zu entwickeln, welche über ‚selbstschärfende Qualifikationen' ... verfügen, d. h. über Qualifikationen, die sie in die Lage versetzen, sich *dann* notwendige Inhaltskenntnisse und Fachkompetenzen

---

[668] in Anlehnung an Gappmaier, M. et al. (1998), S 43

anzueignen, wenn diese aufgrund der beruflichen und gesellschaftlichen Lebenssituationen erforderlich werden"[669].

Für organisationales Lernen können somit nach Reber folgende drei Ebenen ausgemacht werden:

> „(1) Organisationale Erfolge können durch individuelles Lernen der Organisationsmitglieder erzielt werden. Individuelles Lernen bleibt aber organisational unfruchtbar, wenn es durch ungeeignete organisationale Verpflichtungen abgeblockt wird.
>
> (2) Individuelle Erfahrungen und Lernpotentiale werden in der Regel in (Face-to-Face-) Gruppen organisatorisch zusammengefügt. Gruppenprozesse ... bilden damit die kleinste ‚mikrosoziale' Einheit des organisationalen Lernens. Ihre Leistungsfähigkeit ist ebenso von den Eigenschaften ihrer Mitglieder und deren Innergruppenverflechtung abhängig wie von deren Einordnung in die Makrostruktur der Gesamtorganisation.
>
> (3) Die Makrostruktur bildet den Kern des organisationalen Lernens. In der Verknüpfung der Gruppenleistungen entscheidet sich die Umsetzung der individuellen und mikrosozialen Lernleistung in den (gesamt-) organisationalen Lernerfolg."[670]

Lernen in und von einer Organisation umfasst somit grundsätzlich drei Stufen des Lernens, d. h. Lernen als Individuum, Team und Organisation.[671] In den folgenden Kapiteln soll nun individuelles, gruppenbezogenes und organisationales Lernen ausführlich diskutiert werden.

---

[669] Arnold, R.; Schüßler, I. (1998), S 2
[670] Reber, G. (1992b), Sp 1243
[671] vgl. Teich, I. (1998), S 79

3.3.2. Lernen als Individuum – individuelles Lernen

Individuelles Lernen[672] [673] ist eine der Hauptkomponenten der Lernenden Organisation, denn es erscheint als eher unwahrscheinlich, dass eine Organisation in der Lage ist, flexibel zu reagieren, wenn nicht ihre Mitglieder über diese Fähigkeit verfügen bzw. diese entwickeln,[674] wobei individuelles Lernen die Grundlage für die sozialen Lernprozesse bildet, allerdings sind diese nicht ausreichend für die Erklärung sowie Gestaltung des organisationalen Lernens.[675] In diesem Kapitel sollen Lerntheorien auf der Ebene des individuellen Lernens überblicksmäßig dargestellt werden, da sie den Ausgangspunkt für das Lernen von Gruppen und organisationales Lernen bilden und so für ein Verständnis dieser erforderlich sind. In der folgenden Übersicht werden die zwei Lerntypen *Konditionierung* und *komplexes Lernen* immer in Bezug zu den Hauptschulen der psychologischen Lerntheorien dargestellt.

---

[672] Die Ansätze zum individuellen Lernen sollen hier nur überblicksmäßig dargestellt werden, denn sie sind zwar als Hauptkomponente eine Voraussetzung für das organisationale Lernen, stehen aber insofern nicht im Mittelpunkt der Darstellungen.

[673] vgl. zum individuellen Lernen auch die Ausführungen bei Dubs über die Entwicklung einer neuen *Lehr-Lern-Kultur*, wo auf den Paradigmenstreit zwischen Objektivismus und Subjektivismus in der Pädagogik eingegangen wird. Es wird hier zum Ausdruck gebracht, dass weder ein bestimmtes Lehrverhalten noch „die Lernbetrachtung allein, noch ein einziges Paradigma oder ein dogmatischer Unterrichtsansatz" (Dubs, R. (1995d), S 572) zum besten Ergebnis führen, sondern ein *sinnvolles Gemeinsam* und ein breites Repertoire der Lehrenden den Anforderungen einer neuen *Lehr-Lern-Kultur* entsprechen. vgl. Dubs, R. (1995d), S 569ff, vgl. Dubs, R. (1995b), S 174ff

[674] vgl. Bryner, A.; Markova, D. (1998), S 40, vgl. Marquardt, M.; Reynolds, A. (1994), S 30

[675] vgl. Reber, G. (1992b), Sp 1244

Typen / Schulen	Konditionierung	Komplexes Lernen
Behavioristische Schulen	*Klassische Konditionierung* Wiederholte Bekräftigung (z.B. Fütterung) führt dazu, dass der *unbedingte Reflex* (z.B. Speichelfluss) als bedingte bzw. konditionierte Reaktion auf das gelernte Signal (z.B. Glockenläuten) auftritt. (Pawlow) (Hilgard/Marquis 1940, Schneiderman 1973) *Instrumentelle bzw. operante Konditionierung* Nach anfänglichem Versuchs-Irrtum-Verhalten kommt es zu ersten zufälligen Erfolgen (Motivbefriedigungen), mit denen die Wahrscheinlichkeit des Auftretens des zum Erfolg führenden *instrumentellen* Verhaltens zunimmt. (Thorndike 1932, Skinner 1938)	*Assoziative Lernkonzepte* Lernelemente, die gleichzeitig oder in kurzem Abstand ins Bewusstsein treten, werden miteinander verknüpft. Dies geschieht dadurch, dass bei Bewusstwerden des einen Gliedes das mit ihm verknüpfte bzw. assoziierte andere in das Bewusstsein gezogen wird. (Ebbinghaus 1885, Maltzman 1955)
Lerntheoretischer Ansatz	*Soziale Lerntheorie* Menschen ersparen sich den mühsamen Weg der Erfahrungsbildung durch eigene Versuche und Irrtümer, indem sie andere beobachten und das erfolgreiche Handeln anderer nachahmen, am *Modell* lernen. (Miller/Dollard 1941, Bandura 1969, 1971, 1977)	In der *sozialen Lerntheorie* werden komplexe kognitive Prozesse, insbesondere symbolische Kodierung, kognitive Organisation, Zurückerinnerung, in den Erklärungsprozess des Lernens am Erfolg des Modells eingebaut.
Gestalttheoretische und kognitive Schulen	Gestalttheoretiker nehmen an, dass Lernen einen schnell ablaufenden Einsichtsprozess zum Kern hat. Die kognitive Betonung besteht in der Annahme, dass jede Beziehung zwischen Umweltreizen und Reaktion bei Tier und Mensch durch ein Schema, ein Abbild bzw. eine geistige Landkarte vermittelt werden muss. Dieser Grundsatz gilt sowohl für einfache Lernsituationen, die in den behavioristischen Konditionstheorien behandelt werden, als auch für komplexe Lernvorgänge. (Köhler 1929, Tolman 1932, Duncker 1935, Wertheimer 1945)	
Informationsverarbeitungsansatz	Auf Grundlage des kybernetischen Konzepts im Sinne des Rückkoppelungskreises wird nicht mehr der Reflex als Korrelation zwischen Reiz bzw. Stimulus und Reaktion definiert, sondern die TOTE (Test-Operate-Test-Exit-Einheit) als Grundelement des Verhaltens und seiner Veränderung gesehen. Der Begriff *Plan* enthält sowohl die *geistigen Landkarten* der gestalttheoretischen Schule als auch *Instruktionen* (motivationale Aspekte). (Miller/Gallanter/Pribaum 1973)	Im Bereich des Problemlösens wird der Mensch als ein seriell arbeitendes Informationssystem beschrieben. Er verfügt einerseits über ein Kurzzeitgedächtnis mit einer engen Kapazität, um aktuelle Informationen für die aktive Verarbeitung festhalten zu können, und andererseits über ein tendenziell unendliches Langzeitgedächtnis. Beim Problemlösungsvorgang kommen Algorithmen, besonders aus der Beschränktheit der Informationsverarbeitungskapazität, zum Einsatz.

Abbildung 45: Übersicht zu Lerntheorien[676]

Behaviorismus (Stimulus-Response-Theorien)[677]

In der Vergangenheit war das Lernen des Menschen für die Wissenschaft und Praxis nicht greifbar und lange Zeit beschäftigte man sich nur mit dem, was beim Lernen nach außen sichtbar war. Mit der behavioristischen Lerntheorie wurde ein Modell konstruiert, bei dem der individuelle Lernprozess durch implizite Verwendung der Black-Box-Methode determiniert wird, d. h. Input und Output

[676] in Anlehnung an Reber, G. (1992b), Sp 1245f

stehen als einzelne Variablen im Lernprozess im Mittelpunkt der Betrachtungen, nicht aber der eigentliche Prozess des Lernens. Folgende Grafik soll dieses Stimulus-Response-Modell[678] darstellen, wobei der wohl bekannteste Vertreter Pawlow mit den Hunde-Experimenten ist.

Abbildung 46: Stimulus-Response-Modell[679]

Bei der behavioristischen Lerntheorie können im Allgemeinen zwei unterschiedliche Erklärungsansätze für das Lernen in der Literatur ausgemacht werden:[680]

Theorien des Lernens nach dem Kontinuitätsprinzip[681]
Lernen erfolgt auf Grund der klassischen Konditionierung in Form von Reiz/Reaktion, d. h. Lernen ist eine Folge eines Zusammentreffens von zwei Reizen in räumlich-zeitlicher Übereinstimmung. Mit diesem Ansatz kann aber nur ein kleiner Bereich der existenten Lernprozesse erklärt werden, und seine Bedeutung liegt in der Offenlegung der grundsätzlichen Zusammenhänge beim Reiz-Reaktions-Lernen und nicht in der Erklärung der ablaufenden Lernprozesse,

---

[677] vgl. Lunzer, E. (1974), S 17ff, vgl. Hodel, M. (1998), S 37ff, vgl. Güldenberg, S. (1997), 78ff, vgl. Reber, G. (1992b), Sp 1244, vgl. Cube, von F. (1965), S 79f, vgl. Staehle, W. (1991), S 189ff, vgl. Blöschl, L. (1969), S 26ff
[678] Es wird in der Literatur auch als Reiz-Reaktions-Modell oder S-R-Modell bezeichnet.
[679] in Anlehnung an Lunzer, E. (1974), S 132
[680] zu den folgenden Ausführungen vgl. Staehle, W. (1991), S 190ff, vgl. Hodel, M. (1998), 37ff
[681] Hauptvertreter sind hier Pawlow (1927), Watson/Rayner (1923) und Watson (1930).

denn gerade das Lernen neuer Handlungsweisen kann mit der klassischen Konditionierung nicht erklärt werden.

Theorie des Lernens nach dem Verstärkungsprinzip[682]

Lernen erfolgt durch instrumentelle oder operante Konditionierung[683] in Form von Reaktion/Reiz, d. h. Lernen erfolgt auf Grund positiver oder negativer Konsequenzen auf bestimmte Verhaltensweisen. Die wesentlichste Beziehung, die hierbei gelernt werden muss, ist, dass auf ein gezeigtes Verhalten (Reaktion) unmittelbar eine Konsequenz in Form von Belohnung oder Bestrafung (Reiz) folgt, wobei bei der instrumentellen Konditionierung ein reaktives Verhalten beschrieben wird und die operante Konditionierung aktives Verhalten erfordert, um eine bestimmte Wirkung (Erfolg) zu erzielen. Die Ansätze von Skinner über die operante Konditionierung haben die gesamte Führungstheorie stark beeinflusst, denn diverse Lohnsysteme oder auch immaterielle Anreizsysteme basieren „auf dem Prinzip des Lernens aus Konsequenzen, die verstärkt werden"[684].

Lefrancois hält als Resümee zum Behaviorismus fest, dass klassische und instrumentelle sowie operante Konditionierung sehr viele Parallelen aufzeigen, denn letztendlich sind sich die Modelle ähnlich und es lassen sich auch ähnliche Lernprozesse mit diesen Modellen erklären, wobei sie aber in ihrer Wirksamkeit einerseits auf dem zeitlichen Zusammentreffen von bestimmten Reizen und andererseits auf Belohnung oder Verstärkung basieren. Weiters hat jedes Modell

---

[682] Hier sind die Hauptvertreter Thorndike (1911, 1913), Skinner (1938, 1948, 1971) und Hull (1943, 1951).

[683] vgl. Hilgard, E.; Bower, G. (1970), S 129ff

[684] Staehle, W. (1991), S 194

auf seine Weise zu dem Versuch beigetragen, das Lernen von Individuen ebenso wie das von Tieren zu erklären.[685]

Kognitive und soziale Lerntheorien[686]

Im Gegensatz zu den behavioristischen Lerntheorien beschäftigen sich die kognitiven Lerntheorien mit der *Black Box*[687], d. h. bei diesen Ansätzen steht das menschliche Gehirn und seine Informationsverarbeitungssystematik bzw. der eigentliche Prozess im Mittelpunkt der Betrachtungen. Mit dem Kognitivismus wird erforscht, „wie Organismen ihre Umwelt kognizieren, d. h. Wissen darüber gewinnen, und wie sie dieses Wissen umsetzen"[688]. Schon die klassischen Ansätze haben gezeigt, dass Wiederholung respektive Übung der Schlüssel zum Lernerfolg ist. Durch den Ansatz von Tolmans (1932) wird der S-R-Ansatz durch den Organismus (O) des Individuums erweitert. Sein sogenanntes S-O-R-Paradigma basiert auf dem Ansatz, dass jeder menschliche Organismus eine vorläufige *innere Landkarte* (cognitive map) seiner Umgebung bildet, „um mit ihrer Hilfe alle wahrgenommenen Reize in eine zeitlich-räumliche Struktur zu bringen und danach zu handeln"[689]. Der Mensch als selbstständiges System lernt nicht durch plan- und zielloses Herumprobieren im Sinne von trial and error, sondern er ist in der Lage, durch ein Wahrnehmen und Erkennen sowie das Nachdenken (Kognition) zu einer Einsicht zu kommen, d. h. nach diesem Ansatz lernt der Mensch, indem er Umweltwahrnehmungen „entsprechend den von ihm

---

[685] vgl. Lefrancois, G. (1994), S 63

[686] vgl. Hodel, M. (1998), S 42ff, vgl. Anger, H. (1969), S 84ff, vgl. Güldenberg, S. (1997), 81ff, vgl. Reber, G. (1992b), Sp 1245f, vgl. Staehle, W. (1991), S 194ff, vgl. Cube, von F. (1965), S 80ff

[687] Im Vergleich dazu beschäftigen sich die behavioristischen Theorien wie bereits dargestellt mit den Input- und Output-Faktoren des Lernprozesses, lassen aber den eigentlichen Verarbeitungsprozess bzw. den Lernprozess schlechthin außer Ansatz.

[688] Hodel, M. (1998), S 42

[689] Güldenberg, S. (1997), S 82

gespeicherten Plänen über die Gestalt der Umwelt"[690] strukturiert (Lernen durch Einsicht). Gibt es auf Grund einer neuen Situation noch keine *innere Landkarte*, so bildet das Individuum Erwartungen über fakultative Problemstrukturen und es werden so Ergebnisse von Handlungen vorweggenommen (antizipiert). Ist das Ergebnis deckungsgleich mit den Erwartungen, so werden die Annahmen positiv im Sinne eines Erfolgserlebnisses bestätigt. Gelerntes Verhalten ist in diesem Ansatz nicht ein Ergebnis der Reduzierung von Trieben oder einer Verstärkung, die von Reiz und Reaktion abhängig ist, sondern gelerntes Verhalten ist hier ein „zielgerichtetes Problemlösungsverhalten auf der Grundlage von Erwartungen über Umweltzustände (Handlungskonsequenzen)"[691].

Der *Informationsverarbeitungsansatz*[692] ist eine systemtheoretische Variante der kognitiven Lerntheorie, bei der man versucht, mit Hilfe der Funktionsweise eines Computers die Lernprozesse des menschlichen Gehirns zu erklären. Nach diesem Modell ist das menschliche Gedächtnis in die Subsysteme Ultrakurzzeitgedächtnis, Kurzzeitgedächtnis und Langzeitgedächtnis zu unterteilen. Entsprechend diesem psychologischen Gedächtnismodell ist das Ultrakurzzeitgedächtnis das sensorische Register, wo Informationen maximal 2 Sekunden festgehalten werden können. Von hier gelangen die Informationen ins Kurzzeitgedächtnis, wo beispielsweise ein Wort oder ein Name so lange zur Verfügung steht, so lange er wiederholt wird, die grundsätzliche Speicherdauer liegt im Bereich von 5 bis 20 Sekunden, und das Langzeitgedächtnis verfügt grundsätzlich über eine unbefristete Haltbarkeit.[693] Zwischen dem Kurzzeit- und dem Langzeitgedächtnis erfolgt die eigentliche Informationsverarbeitung und Wissensspeicherung im Gehirn, wobei diese auf bestimmten kognitiven

---

[690] Staehle, W. (1991), S 194
[691] Staehle, W. (1991), S 195
[692] vgl. Hilgard, E.; Bower, G. (1973), S 470ff, vgl. Güldenberg, S. (1997), S 84ff, vgl. Staehle, W. (1991), S 195f

Programmen bzw. Regeln und Betriebssystemen beruht und das Individuum sich ein gedankliches Modell der jeweiligen Situation bildet. Dieses Modell der Situation entscheidet darüber, ob ein Lernprozess durch die wahrgenommene Information ausgelöst wird, d. h. ob Informationen angenommen werden oder nicht. Abhängig von der Übereinstimmung mit dem Modell der Situation kann es auch zu einer Änderung des Modells kommen. Erkenntnisse dieser Art bilden die Basis für *künstliche Intelligenz* respektive werden die Forschungsarbeiten der kognitiven Lerntheorien durch künstliche Intelligenz und neue Erkenntnisse der Gehirnforschung[694] beeinflusst.

Handlungsorientierte Ansätze[695] der Lerntheorie berücksichtigen im Vergleich zu den bereits dargestellten Theorien, dass „Lernen in aller Regel ein sozialer und nicht nur ein neurophysiologischer Prozeß ist", und insofern geht der Ansatz davon aus, dass Menschen ihre innere Landkarte auf der Basis des gegebenen (sozialen) Umfelds gestalten bzw. entwerfen. Sind diese Landkarten zielorientiert in Bezug auf bestimmte Handlungen entstanden, so enthalten sie „die Gesamtheit des Wissens einer Person über Zustände und Verläufe, Störungen und Eingriffsmöglichkeiten einer konkreten Handlung. Auf der Grundlage dieser operativen Abbildungssysteme entwickelt das Individuum einzelne Handlungsprogramme."[696] In der folgenden Darstellung soll das Regelmodell von Hacker (1986), das sogenannte VVR (Vergleichs-Veränderungs-Rückkoppelungs-

---

[693] vgl. Lefrancois, G. (1994), S 164ff, vgl. Hilgard, E.; Bower, G. (1973), S 611f

[694] Kohnen geht als einer der Ersten vom klassischen Gedächtnismodell der kognitiven Lerntheorie ab und bezeichnet das menschliche Gedächtnis als neuronales Netzwerk, vgl. Güldenberg, S. (1997), S 85f

[695] Bereits Pestalozzi hat eine Ganzheit von Kopf, Herz und Hand in der Pädagogik gefordert, denn ein Verzicht auf diese Ganzheit „führt unweigerlich zu einer dreifachen Bedrohung des Menschen: entweder durch den Kopf (Intellektualismus), durch das Herz (Relationismus) oder durch die Hand (Technizismus)." Soetard, M. (1987), http://pestalozzi.hbi-stuttgart.de/gesamtbiographien/soetard.html

[696] Staehle, W. (1991), S 196

Einheit)-Modell dargestellt werden, welches als Ausgangbasis das TOTE (Test-Operate-Test-Exit)-Modell von Miller/Galanter/Pribam (1960) heranzieht:

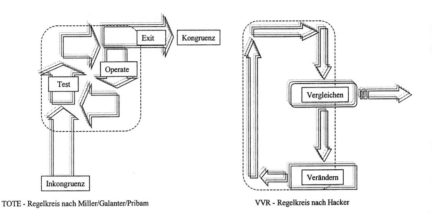

TOTE - Regelkreis nach Miller/Galanter/Pribam   VVR - Regelkreis nach Hacker

Abbildung 47: Regelmodell von Hacker und Miller/Galanter/Pribam[697]

Wie bereits in Kapitel 3.2.4.1. angesprochen, basiert soziales Lernen auf dem Ansatz, dass Lernen nicht nur durch selbstgemachte Erfahrungen erfolgt, sondern dass Menschen auch durch Erfahrungen anderer lernen. Im Unterschied zu den Ansätzen der Konditionierung und des Kongnitivismus berücksichtigt die soziale Lerntheorie, dass sich menschliches Leben und Lernen grundsätzlich immer in sozialen Gruppen[698] abspielt. Auf Grund seiner damit gegebenen Eingebundenheit in einen situativen Kontext sind beim Lernen immer auch strukturale Perspektiven zu berücksichtigen, d. h. Lernen ist grundsätzlich situativ.[699] Folgende Ansätze können für die soziale Lerntheorie ausgemacht werden:[700]

---

[697] in Anlehnung an Staehle, W. (1991), S 201
[698] Die Sozialisierung eines Menschens zeigt sich somit im sozialen Lernen als Interaktionsprozess; vgl. Burghardt, A. (1979), S 47f
[699] vgl. Dedering, H. (1998), S 88f
[700] vgl. Staehle, W. (1991), S 198f

Locus of Control ist ein Konzept von Rotter (1954) und einer der ältesten Ansätze der sozialen Lerntheorie. Bei diesem Konzept geht es um den Zusammenhang von Verhalten und Verhaltenskonsequenz, der von einem Menschen wahrgenommen wird, wobei individuelle Lernprozesse blockiert werden, wenn das Individuum die Erkenntnis hat, dass externe Ereignisse nicht durch eigenes Verhalten beeinflussbar sind, sondern extern kontrolliert werden. *Gelernte Hilflosigkeit* nach Seligman (1975) baut auf dem Ort der Kontrolle nach Rotter auf und zeigt, dass, wenn sich die Machtlosigkeit bei der Beeinflussung von externen Ereignissen durch eigenes Verhalten wiederholt respektive über einen gewissen Zeitraum hinweg erstreckt, Menschen lediglich lernen, dass Situationen für sie unkontrollierbar sind und dies zu Passivität und generell negativer Einstellung gegenüber dem Lernen führt.

Die *Reaktanztheorie* nach Brehmer (1966) baut auf der psychologischen Theorie der Reaktanz auf, wobei es darum geht, dass, wenn ein Mensch durch Dritte in seiner Freiheit eingeschränkt wird, er das Bestreben hat, diese verlorene Freiheit wieder herzustellen, wobei das Existieren von Wahlmöglichkeiten Voraussetzung ist und Reaktanz grundsätzlich Aktivität des Lernenden bedeutet.

Generell widersprechen sich die Ansätze von Reaktanz und Locus-of-Control, wenn es zu einem Kontrollverlust kommt, denn nach der Reaktanztheorie löst Kontrollverlust aktives bzw. im Extremfall auch aggressives Verhalten aus, wohingegen nach dem Locus-of-Control-Konzept sowie dem Ansatz der gelernten Hilflosigkeit dies passives bzw. auch depressives Verhalten der Lernenden auslöst. Unter der Prämisse des Denkens in Zeiträumen hebt sich dieser Widerspruch allerdings auf, wobei diese Erkenntnisse vor allem große Bedeutung für Veränderungsprozesse in Organisationen erlangen, was in der folgende Grafik dargestellt werden soll.

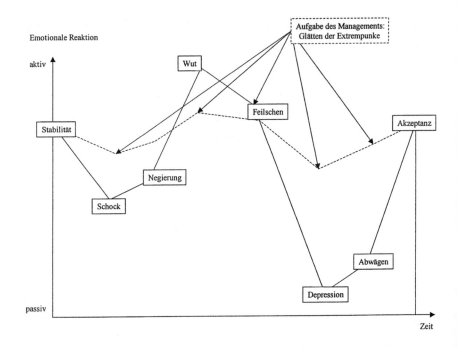

Abbildung 48: Reaktanz – Locus of Control – gelernte Hilflosigkeit[701]

Die *Theorien des Modell-Lernens[702]* befassen sich mit der Beeinflussung des individuellen Lernverhaltens durch Dritte. Bandura (1969, 1977, 1986) ist einer der Hauptvertreter der sozialen Lerntheorie. Ausgehend von Studien über das Lernen durch Vorbildwirkung[703] wurden die Abhängigkeiten zwischen Person, Verhalten und Situation im Sinne einer ineinander verschränkten reziproken

---

[701] Güldenberg, S. (1997), S 89

[702] vgl. Bandura, A. (1979), S 31ff

[703] Bandura konnte mit seinen Untersuchungen zeigen, dass Nachahmung einen wesentlich bedeutenderen Einfluss auf Lernen hat als Reiz-Reaktions-Lernen sowie die Verhaltensformung durch Konditionierung. So konnte er in Laborversuchen nachweisen, „daß ein Beobachter ... lernt, daß ein bestimmtes Verhalten einer Person (das Modell) in einer bestimmten Situation mit bestimmten Konsequenzen verbunden ist. Der Beobachter wird das Verhalten dann imitieren und

Determination im Rahmen der sozialen Lerntheorie herausgearbeitet. Beobachtungslernen[704] ermöglicht dem Menschen ein Lernen, ohne sich selbst den Konsequenzen von Versuch und Irrtum[705] aussetzen zu müssen[706]. Die folgende Grafik zeigt die Teilbereiche der sozial-kognitiven Lerntheorie:

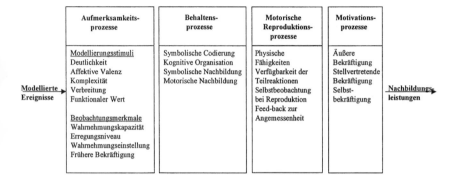

	Aufmerksamkeits-prozesse	Behaltens-prozesse	Motorische Reproduktions-prozesse	Motivations-prozesse	
Modellierte Ereignisse →	Modellierungsstimuli Deutlichkeit Affektive Valenz Komplexität Verbreitung Funktionaler Wert Beobachtungsmerkmale Wahrnehmungskapazität Erregungsniveau Wahrnehmungseinstellung Frühere Bekräftigung	Symbolische Codierung Kognitive Organisation Symbolische Nachbildung Motorische Nachbildung	Physische Fähigkeiten Verfügbarkeit der Teilreaktionen Selbstbeobachtung bei Reproduktion Feed-back zur Angemessenheit	Äußere Bekräftigung Stellvertretende Bekräftigung Selbst-bekräftigung	→ Nachbildungs-leistungen

Abbildung 49: Prozesse des Beobachtungslernens[707]

Allein die Beobachtungsgabe des Menschen reicht für diese Form des Lernens aber nicht aus, vielmehr wird hier auch davon ausgegangen, dass der Mensch über „symbolisierende, vorausschauende, selbstregulatorische und selbstreflektive

---

in das eigene Verhaltensrepertoire aufnehmen, wenn es im Vorbild belohnt (verstärkt) wurde." Staehle, W. (1991), S 199

[704] Dieses Lernen am Modell respektive Beobachtungslernen wird auch als Modell-Lernen, stellvertretendes Lernen oder vicarious learning bezeichnet.

[705] Gerade dieses Beobachtungslernen ist für ein Abkürzen des Aneignungsprozesses ebenso von wesentlicher Bedeutung wie für die Weiterentwicklung und das Überleben der Menschen, denn wenn man bedenkt, dass Fehler schwer wiegende Folgen haben oder sogar tödlich ausgehen können, so hätte der Mensch relativ geringe Überlebenschancen, wenn er nur durch trial and error lernen könnte. vgl. Hodel, M. (1998), S 58

[706] So gesehen wäre Lernen auch „ein außerordentlich mühsames Geschäft – vom Risiko ganz zu schweigen – wenn die Menschen als einzige Richtlinie für künftiges Tun nur die Auswirkungen ihres eigenen Handelns hätten". Bandura, A. (1979), S 31

[707] Bandura, A. (1979), S 32

Kapazitäten"[708] verfügt. So ist bei einem Lernen am Modell die Symbolisierungsfähigkeit (z. B. durch Sprache) Voraussetzung. Durch Unterstützung dieser Symbole transferieren Menschen „eigen- und fremderfahrene Erlebnisse in internale Modelle, die als Wegweiser für zukünftiges Verhalten dienen. Damit werden sie relativ ‚frei' von der Unmittelbarkeit auslösender und verstärkender Stimuli und werden vorausschauend und selbstbestimmend fähig, innovative Verhaltenweisen hervorzubringen."[709] Mit der OBM (Organizational Behavior Modification) als eine Möglichkeit der Verhaltensmodifikation in Organisationen, basierend auf der sozialen Lerntheorie und operanten Konditionierung, haben Luthans/Kreitner (1985) ein Konzept für die Beeinflussung von Verhalten generell und die Schulung von Führungskräften entwickelt. Durch Benchmarking[710] versucht man, die Erkenntnisse aus der individuumsbezogenen Theorie des Lernens am Modell auf die Ebene der Organisationen zu übertragen.

Die *konstruktivistische Lerntheorie*[711] legt die fließenden Grenzen zwischen individuellem und gruppenbezogenem Lernen offen. Nach Dubs[712] ist Lernen mit Bezug auf konstruktivistische Gesichtspunkte ein Prozess, bei dem sich das

---

[708] Reber, G. (1992b), Sp 1245
[709] Reber, G. (1992b), Sp 1246
[710] Benchmarking allgemein verstanden, ist grundsätzlich der Vergleich mit den Besten zu Lernzwecken, wobei hier generell Produkt-Benchmarking, Prozess-Benchmarking und Strategisches Benchmarking unterschieden werden können. Die zentrale Idee des Benchmarking ist somit die Nutzung vorhandener Problemlösungen zur Lösung der eigenen Aufgabenstellungen. So werden beispielsweise Prozesse der eigenen Organisation mit denen von anderen Organisationen verglichen, wobei die zum Vergleich herangezogenen Unternehmen in der Regel die Klassenbesten sind und so als Vorbild bzw. Orientierungsmaßstab für die eigene Weiterentwicklung dienen sollen. Demzufolge kann Benchmarking als Lerninstrument verstanden werden. In diesem Sinne sucht man „nach herausragenden Leistungen von Unternehmen, analysiert die Gründe für deren Erfolg, adaptiert die Vorgehensweise für das eigene Unternehmen und versucht, es noch besser zu machen." Graf, J. (1999), S 29
[711] Die konstruktivistische Lerntheorie stellt nicht typischerweise nur einen Ansatz für das individuelle Lernen dar, denn dem Lernen in Gruppen kommt in diesem Ansatz eine zentrale Bedeutung zu.

Verstehen der lernenden Individuen im Rahmen ihres bisherigen Könnens und Wissens in Kombination mit neuen Erfahrungen durch Transformation erweitert. Die konstruktivistische Lerntheorie ist gemäß Dubs anhand von folgenden sieben Merkmalen zu beschreiben:[713]

1. Inhaltlich gesehen hat sich eine Lernsituation immer an den komplexen, lebensnahen und berufsbezogenen, ganzheitlich zu betrachtenden Problembereichen zu orientieren, denn nicht vereinfachte respektive reduktionistische Modelle sind zu betrachten, sondern die Realität in der Form von unstrukturierten Problemen, da sich etwas nur dann verstehen lässt, wenn es im komplexen Gesamtzusammenhang als Problem erfasst werden kann, um dann die Einzelheiten in Bezug zum Gesamtzusammenhang betrachten sowie vertiefen und diese letztendlich wieder in den Gesamtzusammenhang bringen zu können. In diesem Sinne ist vor allem das vorherrschende, aufsummierende (additive) Aneinanderreihen von einzelnen Lerngebieten und das Üben mit gut strukturierten Problemstellungen zu überwinden, da dies nicht ausreichend sein kann, um kognitiv verstandenes Wissen und Können aufzubauen und um dieses dann in neuen Situationen einsetzen respektive mit diesem Wissen und Können weiterarbeiten zu können. Das Strukturieren bestimmter Lehrinhalte durch den Lehrenden darf nicht im Voraus erfolgen, vielmehr ist eine komplexe Lernumwelt zu schaffen, in der die Lernenden individuell subjektive Erfahrungen sammeln können, die sie dann auch in einer aktiven Auseinandersetzung für sich selbst verständlich machen und in ihren Wissens- und Könnensvorrat integrieren können. Unter diesen Aspekten konstruieren die Lernenden ihr Wissen selbst und machen es dadurch auch für sich selbst verständlich.

---

[712] vgl. zu diesen Ausführungen Dubs, R. (1993), S 452ff
[713] vgl. Dubs, R. (1993), S 451f

2. Unter diesem Blickwinkel wird das Lernen zu einem aktiven Prozess, da der Lernende durch die neuen subjektiv gemachten Erfahrungen sein individuell vorhandenes Wissen und Können als Gesamtes verändert und auf sein eigenes Verstehen und Interpretieren ausrichtet. Erst durch diesen konstruktiven Lernprozess wird ein anspruchsvolles Denken ermöglicht, da das dafür erforderliche Wissen und Können im Kontext mit bereits bestehendem individuellen Wissen und Können sowie der subjektiven Erfahrung neu konstruiert werden kann.

3. Einem kollektiven Lernen in Gruppen kommt bei diesen Lernprozessen eine zentrale Bedeutung zu, denn gerade ein Dialog bzw. auch eine Diskussion über die eigenen individuellen Interpretationen und eine komplexe Lernsituation tragen dazu bei, die subjektiven Interpretationen überdenken zu können und/oder ebenso die gewonnenen Erkenntnisse anders, eventuell besser zu strukturieren. Lernende regulieren so ihre Lernprozesse selbstgesteuert und halten diese auch im Laufen.

4. Fehlern kommt im Rahmen des selbstgesteuerten Lernens eine hohe Bedeutung zu, denn der Dialog in einzelnen Lerngruppen gestaltet sich nur dann sinnvoll, wenn Fehler geschehen und diese dann auch diskutiert und korrigiert sowie reflektiert werden. Gerade die Auseinandersetzungen mit fehlgeleiteten Überlegungen wirken besonders fördernd für das Verständnis und tragen in hohem Maße zur besseren eigenen Konstruktion des Wissens bei.

5. Komplexe Lernbereiche sind immer auf die Interessen und Bedürfnisse der Lernenden auszurichten, da am leichtesten aus Erfahrungen gelernt werden kann, die ein Lernender selbst als Herausforderung sieht oder als interessant empfindet.

6. Konstruktivismus[714] berücksichtigt keinesfalls nur kognitive Aspekte des Lehrens und Lernens. Gerade Gefühle und die persönliche Identifikation haben bei dieser Form des Lernens einen hohen Stellenwert, denn gerade kooperatives Lernen[715], der Umgang mit Fehlern in komplexen Lernsituationen, die Selbststeuerung und Eigenerfahrung[716] verlangen weit mehr als nur eine reine Rationalität.

7. Durch konstruktives Lernen wird eine individuelle Wissenskonstruktion und keine Wissensreproduktion angestrebt, insofern darf auch die Evaluation des Lernerfolges nicht auf die Lernprodukte ausgerichtet sein. In diesem Zusammenhang sind vielmehr die Fortschritte bei den Lernprozessen und dies wiederum in komplexen Lernsituationen zu überprüfen. Für die Evaluation erscheint am sinnvollsten die Selbstbeurteilung, womit die individuellen Lernfortschritte selbst beurteilt werden können.

Konstruktives Lernen[717], bei dem Lernen durch Erlebnis und Erfahrung im Mittelpunkt steht, ist Wegbereiter für ein systemisch reflektierendes Denken[718] und wesentliches Element aktivierenden und anregenden Lernens.

---

[714] vgl. dazu auch beispielsweise die Ausführungen von Dubs, R. (1995c), S 889ff

[715] vgl. dazu auch die Darstellungen im Kapitel 3.3.3. zum Bereich des Lernens in Gruppen.

[716] An dieser Stelle sei auch auf den weiten Bereich des erfahrungsorientierten Lernens im Sinne eines ganzheitlichen Lernens verwiesen; vgl. beispielsweise Fatzer, G. (1998) mit genaueren Ausführungen.

[717] Experiential Education wird im Deutschen meist mit „handlungs- und erfahrungsorientierte Pädagogik" übersetzt, wobei hier aber nicht der volle Umfang dieser Lehr- und Lernform zum Ausdruck gebracht werden kann. Konstruktives Lernen als Antithese zum instruktiven Lernen kann diese Form des Lernens durchaus besser beschreiben. vgl. Heckmair, B. (2000), S 71f

[718] vgl. Heckmair, B. (2000), S 76

Zusammenfassend lassen sich die individuellen Lerntheorien in Blickrichtung auf ihre zentralen Parameter der Auslösung von Lernprozessen folgendermaßen darstellen:

> Lernen von Reaktionen (Behaviorismus – klassische Konditionierung)
> Lernen am Erfolg (Behaviorismus – operante Konditionierung)
> Lernen durch Einsicht (kognitive Lerntheorie)
> Lernen am Modell (soziale Lerntheorie)
> Lernen durch Selbststeuerung (konstruktivistische Lerntheorie)

Individuelles Lernen kann, vereinfacht dargestellt, folgendermaßen festgelegt werden: „Ein Mensch lernt, ... indem er in seinem Gehirn altes, bereits vorhandenes Wissen mit neuem Wissen verknüpft, oder indem er altes Wissen in einer neuen Art und Weise miteinander verbindet, ohne daß neues Wissen hinzutreten muß. Individuelles Lernen ist daher eine neue Vernetzung, eine neue Struktur in unserem Gehirn, die sich anschließend auf unser Verhalten in irgendeiner, nicht unbedingt sichtbaren Weise auswirken kann."[719] Es ist in diesem Zusammenhang auch noch festzuhalten, dass Lernen einerseits kontextgebunden ist, dass aber andererseits ein kontextungebundenes Lernen ebenso existieren muss, denn sonst könnte man den Lernprozess von völlig neuen Informationen nicht erklären, d. h. Lernprozesse beinhalten immer beide Formen des Prozesses, in welchem Ausmaß diese beiden aber interagieren, ist noch nicht erforscht.[720]

---

[719] Güldenberg, S. (1997), S 96
[720] vgl. Hodel, M. (1998), S 59

3.3.3. Lernen als Gruppe – gruppenbezogenes Lernen

Das Lernen des Individuums ist eine Voraussetzung für organisationales Lernen. Allerdings ist Lernen grundsätzlich ein sozialer Prozess und kann letztendlich nicht losgelöst von lernbeeinflussenden, kontextuellen Parametern separiert und herausgelöst aus dem sozialen Gefüge eines Individuums gesehen werden. Ebenso wie Lernen vom sozialen Umfeld abhängig ist, kann es auch zu bewusstem Lernen in Gruppen kommen. Gruppenbezogenes Lernen respektive Lernen in Gruppen wird bei Reber auch als „mikroorganisationales Lernen"[721] bzw. Lernen auf mikrosozialer Ebene[722] bezeichnet.

Als Gruppe wird „eine überschaubare Personeneinheit betrachtet, die eine längere Zeit in Interaktion"[723] steht, wobei zu dieser Definition Faktoren wie

- *Gruppeninteresse* im Sinne des Verfolgens gemeinsamer Interessen der Gruppe
- *Gruppenziele* im Sinne des Fokussierens gemeinsamer Ziele
- *Gruppenstruktur* im Sinne einer bestimmten Rollenverteilung in der Gruppe
- *Gruppenkonformität* im Sinne von Verhaltensregelmäßigkeiten in der Gruppe
- *Gruppeneinstellung* im Sinne der Herausbildung eines Wir-Gefühls
- *Gruppenhandeln* im Sinne einer gemeinsamen koordinierten Interaktion

als Merkmale respektive Kriterien für eine Gruppe ergänzend angeführt werden können,[724] insofern ist „group learning ... most often fulfilled through shared

---

[721] Reber G. (1992b), Sp 1247
[722] vgl. Reber, G. (1989), Sp 966
[723] Wiswede, G. (1992), Sp 736
[724] vgl. Burghardt, A. (1979), S 205, vgl. Wiswede, G. (1992), Sp 736

experiences"[725], und Gruppen können als offene, komplexe und dynamische Systeme[726] verstanden werden.

Im Folgenden soll in Anlehnung an Holzkamp[727] zwischen partizipativem, kooperativem und kollektivem Lernen bei interpersonalen Lernkonstellationen unterschieden werden.

Partizipatives Lernen basiert auf einem personengebundenen, asymmetrischen Verhältnis zwischen Lernendem und Lehrendem[728] und ist insofern meist durch eine klare fachliche und oftmals auch durch eine damit in Verbindung stehende formale Rangordnung gekennzeichnet, bei der der Lernende letztendlich auf den guten Willen des Experten bzw. des bereits Erfahrenen angewiesen ist, um von ihm lernen und somit profitieren zu können. Diese Form des Lernens ist eine Weiterentwicklung des individuellen Lernens am Modell[729], bei der innerhalb der Gruppe gegenseitig von den Fähigkeiten und Fertigkeiten des anderen profitiert werden kann, aber eher nur in eine eindimensionale Richtung, indem der Lernende vom Experten lernt. Man kann in diesem Zusammenhang auch von *Learning on the job*[730] sprechen, bei dem die neu ins Team kommende Person im partizipativen Lernprozess im Regelfall im Vergleich zu den anderen Gruppenmitgliedern den größten Wissenszuwachs haben wird.

---

[725] Marquardt, M; Reynolds, A. (1994), S 30

[726] vgl. Willke, H. (1996), S 44f

[727] vgl. zu den folgenden Ausführungen (partizipatives, kooperatives und kollektives Lernen) Holzkamp, K. (1995), S 501ff

[728] Lernende sind in Sinne von Lehrlingen, Novizen bzw. newcomer zu verstehen und Lehrender ist hier im Sinne eines Experten, Meisters oder auch oldtimer zu verstehen. Insofern wird der partizipative Lernprozess auch als *Praktiker-Gemeinschaft* gesehen, wo der Novize über die Zeit durch Lernen zum Meister werden kann. vgl. Holzkamp, K. (1995), S 502

[729] vgl. dazu die Darstellungen im vorangegangenen Kapitel 3.3.2.

[730] vgl. dazu die Ausführungen im Kapitel 4.2.3.2.

Beim *kooperativen Lernen* in einer Gruppe werden im Gegensatz zum partizipativen Lernen gegenseitige fachliche Ungleichheiten in wechselseitigen Lernprozessen überwunden. Bei diesen kooperativen mehrdimensionalen Lernprozessen spielen Rangordnungen in fachlicher und hierarchischer Hinsicht keine Rolle, denn es geht hier primär um die Auseinandersetzung mit dem gesamten Wissen der Gruppe. Gemeinsamkeit im Sinne von gemeinsamen Zielen, gemeinsamer Problemstellung, gemeinsamer Ausrichtung u.a. ist unbedingte Voraussetzung bei dieser Form des Lernens, und der Wissensfluss zwischen den einzelnen Gruppenmitgliedern darf ebenso nicht behindert werden. Durch Diskussionen über fachliche Unterschiede sowie unterschiedliche fachliche Meinungen werden die individuellen Wissensbestände durchleuchtet und es wird in der Gruppe argumentiert, was in den Wissensbestand der gesamten Gruppe aufgenommen wird, wobei das Entstehen von neuem Wissen durch den verbalen Wettkampf der Diskussion[731] grundsätzlich nicht wahrgenommen wird.

Kollektives Lernen bedeutet, dass die Chance besteht, in der Gruppe Wissen zu produzieren, das zuvor nicht in den Köpfen der einzelnen Gruppenmitglieder bestanden hat, indem das Wissen der Einzelnen zu neuem Wissen der Gruppe verbunden wird, d. h. das Wissen der Gruppe ist mehr als die Summe des Wissens der einzelnen Gruppenmitglieder. Senge[732] weist aber in diesem Zusammenhang darauf hin, dass das Vorhandensein des Wissens in den Köpfen der Gruppenmitglieder noch nicht ausreicht, um produktiver respektive besser zu sein als die Summe der einzelnen Mitglieder der Gruppe. Es kann sogar so weit

---

[731] Führt man *Diskussion (discussion)* auf den angloamerikanischen Sprachstamm zurück, so hat dieses Wort den gleichen Wortstamm wie *percussion (Erschütterung, Schlag)* oder *concussion (Gehirnerschütterung);* insofern ist ein Begriffsverständnis im Sinn von *hin und her Argumentieren bzw. Schlagabtausch* treffend, d. h. den anderen mit Argumenten so lange *niederzuschlagen* respektive zu taktieren und Positionen abzugleichen bzw. durchzusetzen, bis es in der Gruppe einen Sieger gibt. vgl. Senge, P. (1997), S 19
[732] vgl. Senge, P. (1997), S 19f

kommen, dass „ein Team von engagierten Managern, die einen individuellen Intelligenzquotienten von über 120 haben, einen Kollektiven IQ von 63 aufweisen"[733] können, wobei das Umgekehrte natürlich auch möglich ist, aber eher nicht der Regelfall. Nach Senge liegt der Schlüssel für das kollektive Lernen im Dialog[734], in der Art und Weise der Kommunikation[735] und Interaktion in der Gruppe,[736] bei dem die Gruppe bereit ist, die eigenen Annahmen aufzugeben, um sich auf ein ehrliches, echtes, gemeinsames Denken in der Gruppe einzulassen, und durch den Dialog[737] neues Wissen in der Gruppe produziert wird. Dadurch hat die Gruppe Wissen erzeugt, zu dem der Einzelne nicht in der Lage gewesen wäre, und jeder Einzelne nimmt dieses Wissen mit in seinen individuellen Wissensvorrat, so dass auch individuelles Lernen stattfindet. Kollektives Lernen in der Gruppe ermöglicht somit auch wiederum individuelles Lernen.

Das sprachliche Verhalten, d. h. die Art und Weise der Konversation und Interaktion, ist ausschlaggebend für die Generierung respektive Entwicklung von Wissen. Folgende Tabelle soll einen Einblick in die gängigen Formen des sprachlichen und interaktiven Verhaltens in unseren Organisationen im

---

733 Senge, P. (1997), S 19

734 *Dialog* stammt aus dem Griechischen, wo *dia logos* so viel wie *ein Sinn fließt ungehindert hindurch* bedeutet, zum Unterschied von Diskussion, wo eine Meinung im Raum steht und man in der Gruppe versucht, diese von verschiedenen Sichtweisen aus zu beleuchten. Man versucht zu verstehen, was andere meinen, man holt sich deren Sichtweise bzw. versucht die im Raum stehende Meinung aus anderen Perspektiven zu betrachten im Sinne von *Wissensfluss.* Man sucht in der Gruppe den Konsens, man will gemeinsam denken und nicht über die anderen Gruppenmitglieder siegen. vgl. Senge, P. (1997), S 19, vgl. umfassend Hartkemeyer, M. et al. (1998)

735 Kommunikation ist das „gegenseitige Auslösen von koordinierten Verhaltensweisen unter den Mitgliedern einer sozialen Einheit". Maturana, H.; Varela, F. (1987), S 210

736 vgl. Little, A. (1995), S 226

737 *Dialog* ist eine Form des sprachlichen Verhaltens von Gruppen. *Diskussion* und *Debatte* sind ebenso Formen des sprachlichen Verhaltens von Gruppen, nur eben in einer anderen Qualität. Ein Beispiel für nicht menschliche Kommunikation respektive sprachliches Verhalten wird bei Maturana/Varela mit dem Duettgesang gewisser Vögel gegeben, der ebenso eine sprachliche Interaktion darstellt. vgl. Maturana, H.; Varela, F. (1987), S 210 und S 224

Alltagsgeschäft geben. Sie zeigt aber auch auf, welche Form erforderlich ist, um einen fruchtbaren Boden für neues Wissen zu bilden:

Alltagsgeschäft	Wissensgenerierung
bestätigend	herausfordernd
solid	fragil
eindeutig	mehrdeutig
verfechtend	dialogisch
autoritär	hypothetisch
einschüchternd	bestärkend
grob	sorgsam, gewissenhaft
klare Machtverteilung	wechselnde Machtverteilung

Abbildung 50: Konversationsprinzipien[738]

Zusammenfassend ist hier festzuhalten, dass das sprachliche Verhalten das zentrale Merkmal für das Lernen von Gruppen ist. Gruppen sind soziale Systeme und verfügen durch ihr sprachliches Verhalten über die Fähigkeit zur Selbstreflexion.[739] Die Lernfähigkeit der Gruppe besitzt auch insofern eine andere Qualität als die des Individuums, indem die Gruppe über ein anderes sprachliches Verhalten verfügt als der Einzelne. Das Lernen von Gruppen ist in unserer Zeit von ganz wesentlicher Bedeutung für das organisationale Lernen, da heute nicht mehr das einzelne Individuum, sondern Gruppen bzw. Teams die grundlegenden Lerneinheiten in einer Organisation bilden. Insofern kann eine Organisation nur dann lernen, wenn die Gruppe/das Team lernfähig ist.[740]

---

[738] in Anlehnung an Schmitz, C.; Zucker, B. (1999), S 186
[739] vgl. Willke, H. (1995), S 99f
[740] vgl. Senge, P. (1997), S 19f

3.3.4. Lernen als Organisation – organisationales Lernen[741]

Eine Organisation ist grundsätzlich dazu bestimmt, gesetzte Ziele zu erreichen. Sie besteht aus Individuen, d. h. eine Organisation ist von Menschenhand *gebaut*, Menschen leben in Organisationen, sie organisieren sich innerhalb dieser formell oder informell in Gruppen und bestimmen durch ihr Verhalten sowie ihre Entscheidungen den Weg der Organisation. Die Organisation lebt somit vom Lernen der Gruppe, die Gruppe lebt wiederum vom Lernen des Individuums, d. h. organisationales Lernen ist demzufolge keineswegs ein abstraktes Gebilde, es baut vielmehr auf dem Lernen von Gruppen und Individuen auf. Dabei ist aber zu berücksichtigen, dass Lernen von Menschen, Gruppen und Organisationen keinesfalls als analoger Prozess verstanden werden darf[742] und organisationale Lernprozesse insofern eine eigenständige sowie soziale Qualität aufweisen, die keinesfalls mit der Summe aus individuellen Lernprozessen äquivalent sind[743].

Es wurde bereits in den Ausführungen der vorangegangenen Kapitel 3.3.2. und 3.3.3. mehrmals hervorgehoben, dass individuelle Lernfähigkeit Voraussetzung für die Lernfähigkeit von Gruppen ist und diese wiederum Voraussetzung für die Lernfähigkeit der Organisation, dass aber in keinem Fall eine vorhandene Lernfähigkeit eines Individuums die Lernfähigkeit der Gruppe sichert bzw. diese individuelle Lernfähigkeit allein dann auch schon ausreichend für ein Gruppenlernen ist. Argyris/Schön formulieren diese notwendige, aber keinesfalls ausreichende Bedingung folgendermaßen: „There is no organizational learning

---

[741] Es soll hier nicht weiter zwischen *Lernender Organisation* und *organisationalem Lernen* unterschieden werden. Vielmehr sollen beide Begriffe parallel verwendet werden, wobei mit der Lernenden Organisation die lernende Institution bzw. der institutionelle Bereich angesprochen wird und mit organisationalem Lernen der Prozess des Lernens selbst fokussiert wird.

[742] vgl. Güldenberg, S. (1997), S 77

[743] vgl. Felsch, A. (1999), S 89

without individual learning and that individual learning is a necessary but insufficient condition for organizational learning."[744]

Betrachtet man Darstellungen in der Literatur, so ist zu befürchten, dass Lernende Organisation respektive organisationales Lernen zum Modebegriff unserer Zeit geworden ist. Man kann diese Vielfältigkeit aber auch positiv bewerten, indem diese multivariaten Ausführungen und Sichtweisen dahingehend verstanden werden, dass sie die Notwendigkeit[745] einer entsprechenden Managementkonzeption für ein Zeitalter der Information und des rasanten permanenten Wandels widerspiegeln.

Im Begriffskanon um die Lernende Organisation bezeichnet Reber organisationales Lernen auch als „makroorganisationales Lernen"[746], und er weist in diesem Kontext auch auf den kausalen Zusammenhang zwischen Organisationsstruktur und Unterschiedlichkeit der dadurch gegebenen Lernmöglichkeiten hin sowie auf die Notwendigkeit, dass dem „Gegensatz zwischen ‚Routine' und ‚Innovation' durch eine Zweidimensionalisierung einer Organisation, d. h. durch eine an Routine- und Innovationsaspekten orientierte Differenzierung der Organisationsstruktur, Rechnung getragen werden muß"[747].

---

[744] Argyris, C.; Schön, D. (1978), S 20

[745] Probst stellt in seinen Ausführungen zum organisationalen Lernen fest, dass der Begriff des organisationalen Lernens intuitiv zwar leicht zu akzeptieren ist, aber „meist erfährt man dann, daß er eine Metapher bleibt, ein verständliches Bild, das eine feststellbare Lücke anspricht, eine Schwäche oder eine notwendige, wünschenswerte Fähigkeit, oder ein vages Phänomen ausdrücken soll. Immer häufiger sind jedoch die Situationen, in denen ein Lernen (überlebens- und entwicklungs-)notwendig wird." Probst, G. (1995), S 164

[746] Reber, G. (1992b), Sp 1250

[747] Reber, G. (1992b), Sp 1250f

In der Folge soll hier nun eine Darstellung der traditionellen Konzepte in Bezug auf das organisationale Lernen in Anlehnung an Shrivastava (1983) gegeben werden, welcher das organisationale Lernen nach den jeweiligen unterschiedlichen Zugängen folgendermaßen strukturiert:[748]

> *Adaptive learning nach March/Olsen (1975/1988)*
> *Sharing of assumptions Argyris/Schön (1978) mit Erweiterung von Senge (1997)*
> *Development of a knowledge base nach Duncan/Weiss (1979)*

Adaptive learning nach March/Olsen [749]

Nach diesem Ansatz gestaltet sich organisationales Lernen in der Form, als sich Organisationen an die Veränderung der Umwelt dahingehend anpassen, indem sie generell ihre Zielsetzungen und ebenso ihre Ausrichtungen darauf abstimmen, d. h. man geht hier von einem Anpassungslernen der Organisation aus, bei dem

> ihre Ziele auf Grund der Anforderungen der Stakeholder,
> ihre Aufmerksamkeit in Richtung auf Segmente, die eine höhere Überlebenschance für die Organisation bedeuten, und
> ihr Problemlösungsverhalten durch Selektieren der in der Vergangenheit erfolgreichen Lösungswege

angepasst werden.

March/Olsen sehen organisationales Lernen als einen einfachen geschlossenen Zyklus, der an der klassischen Konditionierung der behavioristischen Lerntheorie

---

[748] Die folgenden Ausführungen orientieren sich grundsätzlich an den Darstellungen von Shrivastava und unter Bezugnahme auf ergänzende Literatur. vgl. Shrivastava, P. (1983), S 7ff
[749] vgl. zu folgenden Ausführungen March, J.; Olsen, J. (1990), S 373ff

orientiert ist, ebenso aber Elemente der sozialen Lerntheorie aufweist und folgendermaßen beschrieben wird: „Zu einem bestimmten Zeitpunkt stellen einige Beteiligte eine Diskrepanz zwischen dem fest, wie nach ihrer Meinung die Welt aussehen sollte (gegenwärtige Möglichkeiten und Einschränkungen vorausgesetzt), und dem, wie die Welt tatsächlich ist. Diese Diskrepanz führt zu individuellem Verhalten, das sich zu kollektivem (organisatorischem) Handeln oder Wahlverhalten verbindet. Die Außenwelt ‚reagiert' dann auf dieses Wahlverhalten in einer Weise, die wiederum die individuellen Beurteilungen sowohl des Zustandes der Welt als auch der Wirksamkeit der Handlung beeinflußt."[750]

Das Konzept des Wahlverhaltens basiert auf einem geschlossenen Zyklus der Beziehungen und kann folgendermaßen dargestellt werden:

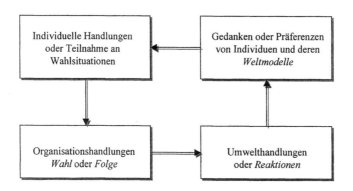

Abbildung 51: Vollständiger Zyklus des Wahlverhaltens[751]

Nach ihrem Ansatz stehen individuelle und organisationale Sinngebung aus der Erfahrung ebenso wie die Verhaltensmodifikation der Individuen und der

---

[750] March, J.; Olsen, J. (1990), S 376

Organisation durch eine Interpretation der Ereignisse im Mittelpunkt der Betrachtungen. Ist dieser oben dargestellte Lernzyklus aber unvollständig, so können exemplarisch zumindest folgende vier Arten eines dadurch bedingten anders gearteten Lernens unterschieden werden:[752]

> *Rollenbestärkendes Erfahrungslernen* – ergibt sich, indem individuelles Lernen annähernd keine Auswirkung auf individuelles Verhalten hat.

> *Abergläubisches Erfahrungslernen* – kann dann auftreten, wenn die Verbindung zwischen dem organisationalen Handeln und den Umweltreaktionen fehlt. Wird dieses Fehlen der Verbindung vom Management nicht wahrgenommen, erfolgt individuelles Lernen aus der augenscheinlichen Reaktion der Umwelt und das Handeln wird nur in einer vermeintlich angemessenen Weise modifiziert.

> *Präorganisationales Erfahrungslernen* – erfolgt, wenn der Einzelne keinen merklichen Einfluss auf organisationales Handeln hat und somit individuelles Lernen nicht notwendigerweise zu einer organisationalen Anpassung führt.

> *Erfahrungslernen unter Ungewissheit (Experimentelles Lernen bei Mehrdeutigkeit)* – dies findet dann statt, wenn kein eindeutiger Zusammenhang zwischen dem organisationalen Lernen und den nachfolgenden Umweltereignissen hergestellt werden kann.

Dieser Ansatz bildet zwar die Basis für weitere Forschungsarbeiten, mit denen als eine Linie die Idee von *theory of action* mit Hauptvertretern Argyris/Schön und als andere Linie die Idee der *Wissensbasierung* mit Hauptvertretern Duncan/Weiss verfolgt werden. In den neuen Forschungsarbeiten zum

---

[751] in Anlehnung an March, J.; Olsen, J. (1990), S 377
[752] vgl. March, J.; Olsen, J. (1990), S 386ff

228

organisationalen Lernen werden aber behavioristische Ansätze mit dem Stimulus-Response-Modell nicht mehr aufgegriffen.[753]

Sharing of assumptions nach Argyris/Schön[754] gilt als einer der differenziertesten Ansätze im Bereich des organisationalen Lernens. Die Grundannahme für das organisationale Lernen, das bei Argyris/Schön mit dem Begriff der *organisationalen Handlungstheorie* umschrieben wird, ist, dass kollektiv geleitetes Wissen immer über die Organisation und deren Umwelt verändert wird. Die *theory of action* oder allgemeine Handlungstheorie ist die Basis für alles Handeln. Die Autoren gehen davon aus, dass jedes Individuum im Laufe seines Lebens ein programmartiges Muster entwickelt, das die Basis für bewusste Handlungen des Individuums bildet und subjektive Werte, Normen, Regeln und Gesetzmäßigkeiten des Einzelnen widerspiegelt. Diese Muster dienen einerseits eben dazu, das Verhalten und Handeln gezielt festzulegen, und andererseits bildet es die Grundlage für die Interpretation des Verhaltens und der Handlungen Dritter.

Diese *theory of action* oder allgemeine Handlungstheorie kann in zwei unterschiedlichen Formen wahrgenommen werden. Einerseits als *espoused theory* und andererseits als *theory-in-use*. *Espoused theory* ist jene Handlungstheorie einer Organisation, die nach außen ersichtlich ist und die deren Prinzipien, Leitgedanken, Ziele und Absichtserklärungen enthält, die von der Organisation nach außen kommuniziert werden. *Theory-in-use* ist jener Teil der gesamten organisationalen Handlungstheorien, der gelebt wird, d. h. diese sind eigentlich jene Handlungstheorien, die für eine Organisation von ausschlaggebender

---

[753] vgl. Güldenberg, S. (1997), S 116f
[754] vgl. zu den folgenden Ausführungen Argyris, C.; Schön, D.(1996), S 50f, vgl. Shrivastava, P. (1983), S 11ff, vgl. Argyris, C.; Schön, D. (1974), S 6ff

Bedeutung sind.[755] Insofern kann eine *organizational theory-in-use* bzw. eine sogenannte *praktizierte kollektive Handlungstheorie* (handlungsleitende Theorie) konstruiert werden, indem organisationale Entscheidungen und Handlungen laufend beobachtet werden, welche dann Rechenschaft über die organisationale Identität und Kontinuität abgeben können. Jeder einzelne Mitarbeiter ist in der Interaktion mit anderen darum bemüht, sein immer unvollständiges Bild der organisationalen praktizierten kollektiven Handlungstheorie zu vervollständigen, wobei dadurch auch die gesamte *theory-in-use* konstituiert und modifiziert wird. So ermöglichte organisationale Lernprozesse werden nach Argyris/Schön[756] in single-loop learning, double-loop learning und deutero-learning unterschieden.

Single-loop learning – damit wird jener Vorgang bezeichnet, mit dem Handlung und Ergebnis der Handlung miteinander verglichen werden, die *organizational theory-in-use* bleibt bei diesem Vorgang unberührt respektive unberücksichtigt. Hier kommt es lediglich zu folgendem Ablauf: Suchen eines Fehlers, Entwickeln einer möglichen Lösung für diesen Fehler, Umsetzen der Lösung und Beurteilen der Auswirkungen dieser Lösung.[757] Dieses einfache organisationale Lernen beginnt somit mit dem Herausfinden von Gründen für erwartete Enttäuschungen und endet mit der Generalisierung der Ergebnisse von veränderten Handlungen.

---

[755] Argyris/Schön weisen besonders darauf hin, dass die *espoused theory* und *theory-in-use* in einer Organisation in enormem Widerspruch zueinander stehen können und dass sich die wenigsten Organisationen dieses Tatbestandes bewusst sind. Das Erkennen dieser Widersprüche und die Offenheit und Unvoreingenommenheit der Beteiligten diesem Sachverhalt gegenüber sind aber die Grundvoraussetzungen für das Initiieren von individuellen und organisationalen Lernprozessen.

[756] vgl. Argyris, C.; Schön, D. (1974), S 18f, vgl. Argyris, C. (1996), S 8ff

[757] Argyris/Schön beschreiben diesen Vorgang folgendermaßen: „Organizational learning occurs when individuals, acting from their images and maps, detect a match or mismatch of outcome to expectation which confirms or disconfirms organizational theory-in-use. In the case of disconfirmation, individuals move from error detection to error correction. Error correction takes the form of inquiry." Argyris, C.; Schön, D. (1978), S 19

Double-loop learning ist dahingegen jener Vorgang, mit dem nicht nur Handlungsweisen verändert bzw. neu geschaffen werden, sondern auch die *organizational theory-in-use* mit verändert wird, d. h. auf Grund der erzielten Ergebnisse werden nicht nur die Handlungen hinterfragt, sondern es werden die zugrunde gelegten Zielsetzungen, aus denen die Handlungen abgeleitet wurden, auch hinterfragt. Im Regelfall basiert dieses double-loop learning auf einem Konflikt[758] und erfordert ein Überdenken der bestehenden Werte und Normen einer Organisation. „There is in this sort of episode a double feedback loop which connects the detection of error not only to strategies and assumptions for effective performance but to the very norms which define effective performance."[759]

Deutero-learning ist demzufolge jene Form des Lernens, die sich auf das sogenannte Meta-Lernen bezieht – das Lernen selbst zu lernen. In Zuge des deutero-learnings werden die Bedingungen des Kontextes des Lernens ebenso wie die Aspekte des eigentlichen Lernprozesses in den Mittelpunkt der Reflexion gestellt und es wird ein Sinnzusammenhang dieser Parameter hergestellt. „In bezug auf single-loop learning wäre hier etwa an die Entwicklung von Kompetenzen zu denken, die es den Akteuren ermöglichen, effizienter und gezielter neue Verfahren und Handlungsweisen zu implementieren, während in Bezug auf double-loop learning die Entwicklung solcher Kompetenzen im Mittelpunkt steht, die es den Akteuren erlauben, Reflexionsprozesse über kollektiv geteilte Bezugsrahmen (erfolgreicher) zu handhaben."[760] Beim deutero-learning wird somit die Verbesserung der Lernfähigkeit einer Organisation selbst zum eigentlichen Gegenstand des Lernens. Insofern eignet sich deutero-learning

---

[758] Die Autoren scheiden bei dieser Form des Lernens aber eindeutig Konflikte aus, die durch Machteinsatz beigelegt werden. Lernen erfolgt nur durch eine konstruktive Handhabung eines Konfliktes und so soll Konflikt auch hier verstanden werden.
[759] Argyris, C.; Schön, D. (1978), S 22
[760] Felsch, A. (1999), S 99

zur Sicherung von Kreativität, Wandlungs- sowie Innovationsfähigkeit, wobei dieses *Lernen lernen* auf den Erkenntnissen über die Prozesse des Anpassungs- sowie Veränderungslernens basiert und den Charakter des Problemlösungslernens zeigt.[761] Deutero-learning ist in diesem Sinne die höchste Form organisationaler Lernprozesse.

Diese Unterscheidung der organisationalen Lernprozesse kann folgendermaßen dargestellt werden:

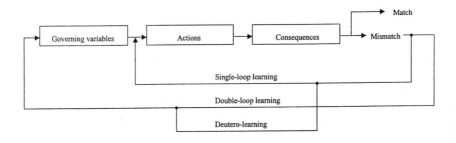

Abbildung 52: Organisationale Lernprozesse[762]

Diese Sichtweise des organisationalen Lernens nach Argyris/Schön kann auf den entscheidungsorientierten und systemtheoretischen Ansatz der Wirtschaftswissenschaften sowie auf die soziale Lerntheorie zurückgeführt werden.

Dieser *Assumptions-Sharing-Ansatz* nach Argyris/Schön wird durch Senge[763] mit den zwei wesentlichen Faktoren *system thinking* und *team learning* erweitert, wobei das *Teamlernen* direkt aus der Fähigkeit des *Systemdenkens* resultiert.

---

[761] vgl. Picot, A.; Reichwald, R.; Wigand, R. (1998), S 470f
[762] in Anlehnung an Argyris, C. (1996), S 8

Senge ergänzt organisationales Lernen in seinem systemtheoretischen Ansatz um das kollektive Lernen als einen der wesentlichsten Bausteine der organisationalen Lerntheorien. Wie bereits beim kollektiven Lernen dargestellt[764], verweist Senge darauf, dass in Zukunft nicht die Lernfähigkeit der Individuen von ausschlaggebender Bedeutung für das organisationale Lernen sein wird, sondern die Lernfähigkeit von Teams darüber bestimmen wird, in welchem Maße Organisationen lernen können, da Teams das Bild der Organisationen der Zukunft prägen respektive prägen werden. Systemdenken soll alle Lernprozesse in einer Organisation unterstützen. Insofern ist Systemdenken „ein konzeptuelles Rahmenwerk, ein Set von Informationen und Instrumenten, das im Lauf der letzten fünfzig Jahre entwickelt wurde, damit wir die übergreifenden Muster klarer erkennen und besser begreifen, wie wir sie erfolgreich verändern können"[765]. Diese Sichtweise von Senge führt zu einer neuen Qualität des organisationalen Lernens.

Development of a knowledge base nach Duncan/Weiss[766] baut auf der Kritik am Ansatz von Argyris/Schön auf, indem sie auf das Fehlen der Darstellung von möglichen Wegen einer lerngerechten Organisationsgestaltung und ebenso auf das Nichtberücksichtigen der Analyse des Entstehens der Handlungstheorien im Einzelnen hinweisen. Die Theorie nach Duncan/Weiss setzt im Unterschied zu den bisher dargestellten Theorien beim Wissen einer Organisation[767] an. So betrachten Duncan/Weiss (1979) „Organisationen als Systeme zweckrationalen Handelns, in denen koordiniertes Handeln von Individuen direkt oder indirekt zur

---

[763] vgl. zu den folgenden Ausführungen Senge, P. (1997), S 15 und 19ff
[764] vgl. dazu die Ausführungen in Kapitel 3.3.3.
[765] Senge, P. (1997), S 15
[766] vgl. zu den folgenden Ausführungen Shrivastava, P. (1983), S 13f, vgl. auch Geißler, H. (1995), S 46ff
[767] Die beiden anderen hier bereits dargestellten Theorien basieren auf Stimulus-Response-Modellen wie bei March/Olsen oder Organisationskulturmodellen wie bei Argyris/Schön.

Transformation von Input in Output und zur Erfüllung eines übergeordneten Ziels der Organisation beiträgt"[768]. Unter diesen Gesichtspunkten verstehen sie Organisationen im Sinne von Wissenssystemen, und organisationale Lernprozesse sind das Mittel, um in der Organisation neues Wissen generieren zu können. Dadurch kann die organisationale Wissensbasis kontinuierlich verändert werden.[769] Organisationales Lernen ist demzufolge ein kontinuierlicher Prozess, bei dem das in der Organisation vorhandene Wissen dadurch erweitert wird, indem die Handlungen einer Organisation mit den daraus resultierenden Ergebnissen unter Miteinbeziehung der Umwelteinflüsse in wechselwirksamer Beziehung betrachtet werden. Organisationales Lernen erzeugt im Vergleich zu individuellem Lernen[770] *öffentliches Wissen*, wobei folgende Voraussetzungen erfüllt sein müssen:[771]

> ➢ Öffentliches Wissen muss zwischen den einzelnen Organisationsmitgliedern *kommunizierbar* sein;
> ➢ Öffentliches Wissen muss *konsensfähig*, d. h. intersubjektiv gültig, akzeptabel und nützlich sein;
> ➢ Öffentliches Wissen muss in die organisationale Wissensbasis *integrierbar* sein.

In den Darstellungen von Shrivastava werden grundsätzlich folgende wesentliche Unterschiede bei einem Vergleich von organisationalem und individuellem Lernen herausgearbeitet:[772]

---

[768] Felsch, A. (1999), S 105
[769] vgl. Shrivastava, P. (1983), S 13f, vgl. Güldenberg, S. (1997), S 123
[770] Duncan/Weiss sehen im individuellen Lernen das Generieren von privatem Wissen, wo eine Verhaltensveränderung auf Basis von neuen Erfahrungen und damit verbundenem neuem individuellem Wissen kontinuierlich erfolgt.
[771] vgl. Staehle, W. (1991), S 844f, vgl. Felsch, A. (1999), S 107
[772] vgl. Shrivastava, P. (1983), S 16f

> Organisationales Lernen ist mehr als das individuelle Lernen ein organisationaler Prozess, wobei die Individuen aber die *Agenten* sind, durch welche das Lernen stattfinden kann.

> Organisationales Lernen wird nicht nur durch organisationsinterne Umweltfaktoren beeinflusst, sondern auch durch außerhalb der Organisation liegende Umweltfaktoren.

> Organisationales Lernen ist eng mit früher gemachten Erfahrungen der Organisation verbunden, da diese auf Grund ihrer Erfahrungen lernt.

> Ergebnisse aus dem organisationalen Lernen werden in neu aufgebaute sowie von den Mitgliedern der Organisation geteilte Handlungstheorien übernommen, um auch in der Zukunft verfügbar gemacht zu werden.

> Das organisationale Lernen ist in der Art und Weise institutionalisiert, als formale ebenso wie informale Mechanismen in Bezug auf Informationsplanung, -verteilung und -kontrolle des Managements inkludiert werden.

Wobei auch noch an dieser Stelle anzuführen ist, dass erst mit dem Ansatz von Duncan/Weiss (1979) tatsächlich eine eigene Sichtweise der Lernenden Organisation und damit auch eine eigene Theorie des Lernens von Organisationen aufgestellt wurde. Mit den ersten Ansätzen von March/Olsen (1975/1988) und Argyris/Schön (1978) erfolgte eine Darstellung der Organisation in Bezug auf die Lerntheorien immer wie ein *großes Individuum*, d. h. man versuchte, Lerntheorien des Individuums auf die Organisation umzulegen, und hat dabei die Spezifika der Organisation und dem Lernen dieser nicht zur Genüge berücksichtigt.

Folgende Übersicht soll den Zusammenhang zwischen den einzelnen Zugängen zum organisationalen Lernen und den lerntheoretischen sowie wirtschaftswissenschaftlichen Ansätzen zusammenfassend darstellen:

Ansatz / Vertreter	Wirtschaftswissenschaftliches Konzept	Lerntheoretisches Konzept	Perspektiven des organisationalen Lernens
March/Olsen	Situativer Ansatz	SR-Theorie (klassische Konditionierung) und soziale Lerntheorie	Adaptives Lernen
Argyris/Schön	Entscheidungsorientierter und systemtheoretischer Ansatz	Soziale Lerntheorie	Gemeinsam geteiltes Hintergrundwissen
Senge	Systemtheoretischer Ansatz	Soziale Lerntheorie	Systemdenken und Teamlernen
Duncan/Weiss	Informationstheoretischer und systemtheoretischer Ansatz	Kognitive Lerntheorie	Entwicklung einer Wissensbasis

Abbildung 53: Sichtweisen des organisationalen Lernens[773]

Entsprechend den dargestellten Ausführungen und in Anlehnung an Güldenberg[774] soll folgende Definition für die Lernende Organisation für diese Arbeit festgelegt werden:

◆ Die Lernende Organisation ist als ein wirtschaftswissenschaftliches Modell zu verstehen, das den gegenwärtigen und zukünftigen Anforderungen der Informationsgesellschaft und ihren Organisationen gerecht wird.

◆ Die Lernende Organisation ist ein systemtheoretisches Modell[775], das zur Überlebensfähigkeit einer Organisation beiträgt, wobei dies durch die Hilfe

---

[773] in Anlehnung an Shrivastava, P. (1983), S 10 und Hodel, M. (1998), S 69

[774] vgl. Güldenberg, S. (1997), S 146f

[775] Wie bereits dargestellt, geht organisationales Lernen über das individuelle und kollektive Lernen hinaus. Der Begriff Lernen ist in diesem Zusammenhang beispielsweise von

der individuellen, kollektiven und organisatorischen Lernprozesse in einem optimalen Ausmaß erfolgen soll und die Lernfähigkeit einer Organisation somit der entscheidende Wettbewerbsfaktor der Gegenwart und Zukunft ist.

♦ Die Prozesse des organisationalen Lernens in einer Lernenden Organisation unterscheiden sich deutlich von individuellen und gruppenbezogenen Lernprozessen und sie sind auch vom Lernen im Sinne von Anpassung klar abzugrenzen.

♦ Mit der Lernenden Organisation verbindet sich ein Leitbild der betrieblichen Lernkultur, mit dem durch individuelles, gruppenbezogenes und organisationales Lernen neues Wissen generiert und für eine kontinuierliche Weiterentwicklung und Transformation der Organisation genutzt wird. Wissensmanagement zeigt sich im zielgerichteten, innovativen und effektiven Handling von Wissen und macht letztendlich die Lernfähigkeit einer Organisation aus.

♦ Das Lernen einer Organisation und ihrer Mitarbeiter beeinflusst sich wechselseitig. Die Arbeitsweise einer erfolgreichen Organisation muss aber ebenso der Selbstverwirklichung der Mitarbeiter dienen, um sie zu motivieren. Ebenso gilt es, die Kreativität und die Fähigkeiten der Mitarbeiter in unternehmerisches Handeln einzubinden.[776]

♦ Die Lernende Organisation steht als Modell in enger Verbindung zu Lernmodellen[777] sowie Modellen der Organisationstransformation und Organisationsentwicklung.

Geißler/Orthey nicht identisch mit dem pädagogischen oder psychologischen Lernbegriff zu verstehen, denn nur der Mensch kann lernen, d. h. er hat ein Exklusivrecht darauf. vgl. Geißler, K.; Orthey, F. (1996), S 2

[776] vgl. Walter, J. (1999), S 147

[777] vgl. dazu die Darstellungen in Kapitel 3.3.2., wo Modelle zum Lernen durch Anpassung, Einsicht, Erfahrung, Erkenntnis oder/und Konstruktion dargestellt wurden.

Folgt man den oben dargestellten einzelnen charakteristischen Merkmalen, so ist unter der Lernenden Organisation ein Modell zu verstehen, das in ein komplexes, aber sehr wohl gestaltbares respektive beeinflussbares Umfeld eingebettet ist und welches als systemtheoretisches ebenso wie wirtschaftswissenschaftliches Modell gesehen werden kann. Die Lernende Organisation hat zum Ziel, „die Lernprozesse der gesamten Organisation und die seiner Teams und Mitarbeiter ... zu fördern und in einen organisationalen Lernprozeß zu integrieren, um durch Lernen und kontinuierliche gemeinschaftliche Selbsterneuerung die eigene Überlebensfähigkeit langfristig zu optimieren"[778].

Abschließend noch eine Anmerkung zur begrifflichen Verwendung[779] [780] aus Organizational Learning II von Argyris/Schön (1996). Die Autoren haben hier die Diskussionen der letzten zwanzig bis fünfundzwanzig Jahre in der angloamerikanischen Managementliteratur zum organisationalen Lernen und zur Lernenden Organisation zusammengefasst und kommen zu folgender Kategorisierung und Charakterisierung:[781]

> ➤ *Pragmatische Literatur:*[782] In dieser Managementliteratur werden die Begriffe organisationales Lernen und Lernende Organisation als *catchword* benutzt und für alles eingesetzt, was im Bereich des Managements modern, imitationswürdig und en vogue erscheint. Die Autoren dieser Literatur bezeichnen Argyris/Schön als *learning-advocates*, und die Beiträge werden von ihnen als praxisorientiert, normativ,

---

[778] Güldenberg, S. (1997), S 147

[779] Wie zu Beginn dieses Kapitels bereits angeführt, gilt diese hier dargestellte begriffliche Differenzierung nicht für die vorliegende Arbeit. Diese begriffliche Zuordnung von Argyris/Schön soll hier nur widerspiegeln, dass in der Literatur auch hier wiederum sehr divergente Begriffsverwendungen festzustellen sind.

[780] vgl. dazu auch beispielsweise die Ausführungen bei Hennemann, C. (1997), S 15ff

[781] vgl. Argyris, C.; Schön, D. (1996), S XIXf

[782] Diese Form der Managementliteratur verwendet primär den Begriff *learning organization*.

tendenziell eher unkritisch, diktierend und mit einem Hang zum *Predigertum* beschrieben.

> *Wissenschaftliche Literatur*:[783] In dieser Managementliteratur zeigt sich das wirtschaftswissenschaftliche Forschungsfeld respektive werden Ergebnisse der Forschung im Bereich der Lernenden Organisation und des organisationalen Lernens beschrieben. Die Beiträge sind eher distanziert zur Praxis, nicht diktierend, kritisch gegenüber branchenüblichen Behauptungen und weisen eine gewisse Neutralität in den begrifflichen Verwendungen auf. Die Autoren dieser Literatur bezeichnen Argyris/Schön als *learning-skeptics*.

Unabhängig ob pragmatisch bzw. praktisch-verwertbar oder wissenschaftlich orientiert, für beide Ausrichtungen halten die Autoren fest: „Both branches tend to pick up, for example, our emphasis on the importance of recognizing, surfacing, criticizing, and restructuring organizational theories of action (or the closely related term, ‚mental models'.) Both branches tend to pick up our distinction between single- and double-loop learning ...“[784] und es stehen folgende Fragestellungen im Mittelpunkt:

„1. What is an organization that it may learn?

2. In what ways, if at all, are real-world organizations capable of learning?

3. Among the kinds of learning of which organizations are, or might become capable, which ones are desirable?

4. By what means can organizations develop their capability for the kinds of learning they consider desirable?“[785].

---

[783] Hingegen wird bei wissenschaftlichen Publikationen der Begriff *organizational learning* verwendet.
[784] Argyris, C.; Schön, D. (1996), S XIX
[785] Argyris, C.; Schön, D. (1996), S XX

3.3.5. Konsequenzen für die Handlungsebene der Betriebspädagogik

Durch den raschen sozialen, technischen und wirtschaftlichen Wandel sind Menschen zu lebenslangem Lernen verpflichtet. Will eine Organisation ihr Überleben am Markt sichern bzw. auch eine humane Zukunftsgestaltung der Organisation sicherstellen, so kann sie in der heutigen Zeit nicht mehr auf die Entwicklung und Mobilisierung der Ressourcen bzw. des Kompetenzpotentials ihrer Mitarbeiter verzichten. Nicht nur jeder Einzelne, sondern auch jede rganisation muss insofern die Bereitschaft aufbringen, sich permanent weiterzuentwickeln und zu lernen. „Wenn Menschen tatsächlich eine Vision[786] teilen, fühlen sie sich einander verbunden, vereint durch ein gemeinsames Ziel. ... Gemeinsame Visionen beziehen ihre Macht aus einem tiefen gemeinsamen Interesse. ... Eine gemeinsame Vision ist lebenswichtig für eine lernende Organisation, wie sie den Schwerpunkt und die Energie für das Lernen liefert. Während adaptives Lernen auch ohne Vision möglich ist, ist ein schöpferisches Lernen nur möglich, wenn Menschen nach etwas streben, das ihnen wahrhaft am Herzen liegt."[787] Lebenslanges Lernen[788] ist somit ein individueller, kollektiver ebenso wie ein organisationaler Prozess. In diesem Sinne ist auch eine gemeinsame Vision zu sehen, die dazu beiträgt, dass die Organisation eine Lernkultur entwickelt, wodurch eine positive Einstellung dem Lernen gegenüber signalisiert wird und die Bereitschaft entsteht, in individuelles ebenso wie in kollektives und gemeinsames organisationales Lernen zu investieren.[789]

---

[786] Einst zählten Visionen vordergründig zu den *Agenden* der Mystiker und Poeten; keinesfalls war es Angelegenheit der Wissenschaft. Dies hat sich grundlegend geändert, denn Visionen werden heute „durch die neue Physik, ... Biologie, ... Soziologie und die Avantgarde der Sozial- und Geisteswissenschaften hervorgebracht. Um für die Natur und die Menschen fruchtbar zu werden, muß sie in die Managementwissenschaften und Organisationstheorie übernommen werden." Laszlo, E. (1992), S 215

[787] Senge, P. (1997), S 252

[788] vgl. dazu beispielsweise Birkenbihl, V. (1997), S 77ff

[789] vgl. Reinmann-Rothmeier, G.; Mandl, H. (1998), S 195f

Betriebspädagogik hat in seiner ureigensten Zielsetzung, wie bereits in Kapitel 2.2.2. dargestellt, die Entwicklung und Bildung des Subjekts Mensch entsprechend seinen Möglichkeiten zum zentralen Gegenstand. Es wurde aber bereits der Paradigmenwechsel der Betriebspädagogik diskutiert, dass die Organisation ebenso als bildungsfähiges Lernsubjekt[790] verstanden werden muss[791]. Wenn man den Fokus auf die wissenschaftliche Orientierung[792] richtet, so ist Betriebspädagogik einerseits das Nachdenken über „die zeitgemäßen Formen eines auch Bildung ermöglichenden berufs- und betriebsbezogenen Lernens"[793], und wenn man den Fokus auf die in Organisationen praktisch stattfindende konkrete Bildungsarbeit richtet, dann beschäftigt sich Betriebspädagogik andererseits mit der Frage der sozialen Gestaltbarkeit der beruflichen Arbeit sowie der Möglichkeiten für Arbeitsplatzschaffung unter individualpädagogischen Gesichtspunkten.[794] In diesem Zusammenhang verweist Rauner auch auf einen neuen Ansatz der Bildung mit seiner Idee der „Befähigung zur Technikgestaltung"[795], durch den gerade der Gedanke der Arbeitsgestaltung im Sinne einer Befähigung der Mitarbeiter zur Mitgestaltung der Technik als Bildungsziel Eingang findet[796].

Folgt man den Ausführungen von *Deiser* (1984), so kann Lernen auch als ein Prozess der Bildung respektive als ein Aneignen und Entwickeln der Identität[797]

---

[790] vgl. dazu auch die Ausführungen in Kapitel 2.2.2. und 3.1.
[791] vgl. Arnold, R. (1994c), S 289
[792] Wissenschaftliche Orientierung bedeutet somit, sich im Speziellen auf die zentralen Forschungsgebiete der Erziehungswissenschaft zu konzentrieren ohne Berücksichtigung anderer Disziplinen.
[793] Arnold, R. (1997), S 22f
[794] vgl. Arnold, R. (1997), S 22ff
[795] Rauner, F. (1987), S 266
[796] vgl. Rauner, F. (1987), S 280ff
[797] Identität wird hier als Charakteristikum eines sozialen Systems (Individuum, Gruppe, Organisation) verstanden und zeigt sich durch spezifische Normen, Werte, Einstellungen und Handlungsmuster. vgl. Deiser, R. (1984), S 13

gesehen werden, wobei Lernen in diesem Sinne als ein permanenter reflexiver Prozess verstanden werden kann, mit dem die Identität[798] durch die Interaktion zwischen dem Individuum (Bildungssubjekt) und seiner sozialen und physischen Umwelt immer wieder neu *gebildet* wird.[799] Reflexives Lernen kann in diesem Zusammenhang als intrasystematisches und die Auseinandersetzung mit der Umwelt als intersystematisches Lernen bezeichnet werden.[800]

Sucht man einen gemeinsamen Weg für die *außerpädagogischen ökonomischen Prinzipien* und die *außerökonomischen pädagogischen Prinzipien*, so liegt die wirkliche Chance der Betriebspädagogik in einer Organisation im Mitgestalten des gesamten dynamischen sowie komplexen Systems Organisation.[801] Betriebspädagogik liegt in der Verantwortung aller, eine Kultur zu schaffen, die eigenverantwortliches und selbstgesteuertes Lernen sowie Bildung ermöglicht bzw. fördert – zum individuellen Nutzen sowie auch zur Weiterentwicklung der gesamten Organisation. Ein versteinertes und unbeirrtes Beharren auf individualpädagogischen Prinzipien, was letztendlich auch eine Ausgrenzung der Betriebspädagogik bedeuten würde, erscheint nicht zielführend.

Gerade durch das in den Mittelpunkt des Interesses gerückte Lernen in und von Organisationen liegen im Bereich der Personal- und Organisationsentwicklung/-veränderung viele Potentiale für die pädagogische Mitgestaltung der betrieblichen Gegebenheiten, denn es besteht grundsätzlich eine Abhängigkeit bzw. ein Zusammenhang zwischen technischen und sozialen Rahmenfaktoren einer Organisation. Organisationen erkennen immer mehr, dass sie sich zum Erhalt

---

798 Wie bei Arnold darauf hingewiesen wird, findet man im Verlauf der Geschichte statt dem Begriff der *Bildung* in der Literatur Begriffe wie *Qualifikation* und statt *Individualität* Begriffe wie *Identität* oder *Subjektivität*. vgl. Arnold, R. (1997), S 23
799 vgl. Baitsch, C. (1993), S 33f, vgl. Deiser, R. (1984), S 14
800 vgl. Deiser, R. (1984), S 14
801 vgl. Arnold, R. (1997), S 25 und S 30

ihrer Wettbewerbsfähigkeit nicht dem Lernen ihrer Mitarbeiter und dem eigenen Lernen verschließen können – Wissen ist zum Wettbewerbsfaktor Nummer Eins geworden. Diese Sichtweise und Denkhaltung findet immer breiteren Niederschlag in der Organisationswirklichkeit und damit auch in den für den Wandel, die Entwicklung und Transformation erforderlichen Konzepten. Von wesentlicher Bedeutung ist im Hinblick auf die neue Gewichtung der humanen Ressourcen und dem Lernen vor allem die Wahrnehmung der personalwirtschaftlichen Potentiale für die Gestaltung der Konzepte, um im organisationalen Wandel proaktiv aus betriebspädagogischen Perspektiven, letztendlich auch als kritisches Regulativ wirken zu können. Gerade dies ist als eine neue Herausforderung an das Management zu sehen, denn dieses ist maßgeblich an der Interaktion und Interpretation der organisationalen Wirklichkeit beteiligt – die soziale Wirklichkeit der Organisation wird aus dem Zusammenspiel aller Organisationsmitglieder in Form ihrer Interaktionen und Interpretationen letztendlich bestimmt und Menschen sowie das Lernen gewinnen hier einen immer größeren Stellenwert.

„Organisationen können nur noch durch Kreativität überleben. ... Es wird künftig nur noch den Wettbewerb des Geistes geben."[802] Was spricht den Geist und die Kreativität mehr an als ganzheitliches, kontinuierliches, selbstgesteuertes und eigenverantwortliches Lernen auf allen Ebenen?

Bevor nun in einem weiteren Schritt Fragen des Wandels allgemein, der Organisationsentwicklung ebenso wie der Personalentwicklung unter betriebspädagogischen Aspekten erörtert werden, sollen noch einige Aspekte in Bezug auf *qualitätsvolles Lernen* angeführt werden. Dies erscheint im Rahmen der vorliegenden Arbeit als erforderlich, da gerade Faktoren wie beispielsweise

---

[802] Geffroy, E. im Interview mit Risch, S. (1999), S 154

Selbstbestimmung, Individualisierung, Kreativität, Reflexion oder Kontinuität einerseits ein nicht zu vernachlässigender gesellschaftlicher Trend sind und andererseits eben diese unter anderem auch Bereiche sind, die im Modell der Lernenden Organisation ihren Niederschlag finden, denn ein Ziel ist hier die individuelle Handlungsfähigkeit der Mitarbeiter. Für das Handlungsfeld der evolutionären und systemorientierten Betriebspädagogik als integratives und kollektives Anliegen des Managements sind diese Faktoren somit basisbildend.

Qualitätsvolles Lernen zu ermöglichen, ist eine Herausforderung an das Management und erfordert eine Neuorientierung sowie einen Paradigmenwechsel in der Wahrnehmung planender, entwickelnder und transformierender personalwirtschaftlicher Agenden durch das Management. Wie muss Lernen unter den heutigen Rahmenbedingungen aussehen bzw. welche Qualitäten muss es im Sinne eines Höherführens des Individuums erfüllen? Welche Qualität muss es in Blickrichtung auf die Anspruchsvielfalt der heutigen Organisationsanforderungen erfüllen und welche Qualität muss Lernen haben, wenn es prinzipiell eine Lebensform des Menschen widerspiegeln soll?

Folgende sieben Qualitäten werden hier in Anlehnung an Vaill exemplarisch angeführt, wobei aber dabei keinesfalls ein Vollständigkeitsanspruch gestellt werden soll:[803]

> *Selbstgesteuertes Lernen* – Dies ist ein wesentliches Qualitätsmerkmal im Zusammenhang mit dem Generieren von neuem Wissen sowie kreativem Lernen, denn Ziel kann nicht adaptives Lernen sein, sondern nur konstruktivistisches Lernen, damit auch Fähigkeiten und Einstellungen für selbstgesteuerte Lernprozesse gefördert werden, denn die Herausforderungen der Realität treten als unstrukturierte

---

[803] vgl. Vaill, P. (1998), S 69ff

Entwicklungspotentiale (Probleme) und nicht als vorstrukturierte reduktionistische Modelle[804] auf.

> *Kreatives Lernen* – Für die Handhabung der Entwicklungspotentiale gibt es selten exakt vorstrukturierte Pläne, was und wie gelernt werden soll. Lernen unter sich laufend wandelnden Bedingungen erfordert schöpferische, erfinderische, forschende und entdeckende Potentiale. Klassisches Lernen durch Wissensreproduktion ist hier eine denkbar schlechte Voraussetzung für diese Anforderungen der Organisationen an die individuelle Kreativität im Lernprozess.

> *Expressives Lernen* – Lernen findet immer und überall statt. Lernprozesse finden meist integriert in den Verlauf ihrer Ausführungen statt und nicht davor gelagert, dazu ist im rasanten Wandel meist nicht die erforderliche Zeit.

> *Gefühlslernen* – Permanenter Wandel kann gerade im Bereich des Lernens das Gefühl hervorrufen, nie ans Ziel zu kommen respektive sogar immer schlechter zu werden. In der heutigen Zeit muss Lernen ebenso im Bereich des Gefühls als auch auf der Ebene von Fertigkeiten und Fähigkeiten stattfinden. „Das Wichtige ist das Erlernen von Bedeutungen. Es geht darum, wie sie gebildet und hervorgelockt werden oder verlorengehen, aufrechterhalten oder mit neuem Leben gefüllt werden. Die Bedeutung von *etwas zu verstehen,* heißt nicht nur, unpersönliche Ideen darüber zu haben, sondern etwas tief und individuell zu kennen."[805]

> *Online-Lernen* – Im Gegensatz zum Offline-Lernen bedeutet das Online-Lernen laufendes berufsbegleitendes Lernen. Lernen im Voraus wird durch die sich laufend wandelnden beruflichen Anforderungen immer

---

[804] vgl. dazu die Darstellungen in Kapitel 3.3.2. zum konstruktivistischen Lernen
[805] Vaill, P. (1998), S 71

unrealistischer und Lernen als Lebensform führt somit zu einem entinstitutionalisierten Lernen.

➢ *Kontinuierliches Lernen* – Das lebenslange Lernen darf keinesfalls ein Klischee sein, wenn Lernen als Lebensform verstanden werden soll. Die beruflichen Anforderungen sind immer wieder neuartig, so dass man immer wieder als *Unwissender/Anfänger* vor neuen Herausforderungen steht. Kontinuierliche Lernweisen, die den Bedürfnissen der Individuen entsprechen, sind für qualitätsvolles Lernen erforderlich.

➢ *Reflexives Lernen* – Lernen als eine Lebensform muss das *Lernen über das Lernen*[806] in sich integrieren. Das Lernen lernen ist ein Prozess, „in dessen Verlauf man zum bewußteren und reflektierteren Lernenden wird, bewußter und nachdenklicher in bezug auf den eigenen Lernprozeß"[807], aber auch unter Bezugnahme auf das Lernverhalten anderer und ihren Ergebnissen im Vergleich.

Die Lernende Organisation ist Impulsgeber für Transdisziplinarität. Welche Herausforderungen dies für die Betriebspädagogik darstellt, soll im folgenden Kapitel aufgegriffen werden.

---

[806] vgl. dazu auch in Kapitel 3.3.4. die Ausführungen zu deutero-learning
[807] Vaill, P. (1998), S 72

246

4. Betriebspädagogik als Integrationsmodell von organisationaler Veränderung, Personal- und Persönlichkeitsentwicklung

„Das Leben besteht aus Bewegung
Wer sich Neuem gegenüber verschließt,
ist lebendig tot. "
Aristoteles

Lernen, Wandel, Entwicklung und Transformation sind zentrale Bereiche, die für die Wettbewerbsfähigkeit einer Organisation immer bedeutender werden und somit zentrale Herausforderungen im sozialen System Organisation darstellen. Die Kernfrage respektive das entscheidende Faktum in diesem Zusammenhang ist aber nun die Art und Weise der Wahrnehmung und Handhabung dieser Herausforderungen, denn Wandel bedeutet Veränderung, Entwicklung bedeutet Veränderung, Transformation bedeutet Veränderung und Lernen bedeutet ebenso Veränderung. Wann immer es um große Veränderungen in Organisationen geht, ist das Management mit tendenziell vergleichbaren Entwicklungspotentialen konfrontiert. Argyris formuliert diesen Sachverhalt sehr treffend mit folgender Situationsbeschreibung: „Anyone who has planned major organizational change knows (1) how difficult it is to foresee accurately all the major problems involved, (2) the enormous amount of time needed to iron out the kinks and get people to accept the change, (3) the apparent lack of internal commitment on the part of many to help make the plan work, manifested partly (4) by people at all levels resisting taking the initiative to make modifications that they see are necessary so that the new plan can work."[808]

---

[808] Argyris, C. (1996), S 80

So gilt heute mehr denn je, dass Veränderungsprozesse nicht nur von allen Mitarbeitern mitgetragen werden können, sondern dass sie vielmehr von jedem Einzelnen aktiv gelebt werden sowie mit einem hohen Maß an Eigenverantwortlichkeit gestaltet werden können, denn nicht das *Sein* soll das *Bewusstsein* bestimmen, sondern im umgekehrten Sinn soll das *Bewusstsein* das *Sein* bestimmen. Um diesen Anforderungen aber gerecht werden zu können, müssen Mitarbeiter und ebenso das Management dazu befähigt und berechtigt werden, was nicht zuletzt heißt, dass sie mit den dafür erforderlichen Kompetenzen ausgestattet werden müssen und dass ein lern- und veränderungsfreundliches Umfeld geschaffen werden muss.

Ebenso bedeutet dies aber auch, wie bereits in Kapitel 3.2.8. angesprochen, dass die Mitarbeiter als Wissensarbeiter mit beispielsweise ihrem Wissen, ihrer Persönlichkeit, ihren sozialen Kontakten sowie ihrer Fähigkeit zu lernen als wichtigste Ressource für eine Organisation gesehen werden müssen. Die finanzielle Abgeltung[809] der Arbeitsleistung reicht als Motivation sowie auch zur effizienten Leistungserzielung in einer Organisation längst nicht mehr aus. Vielmehr brauchen Mitarbeiter eine Herausforderung und Ziele, der Auftrag der Organisation muss den Mitarbeitern vertraut sein, sie müssen an ihre Mission glauben können, die Möglichkeit zur Identifikation mit ihrer Arbeit und der daraus resultierenden Ergebnisse sind Grundvoraussetzung.[810] Das Management

---

[809] vgl. dazu beispielsweise die Zwei-Faktoren-Theorie nach Herzberg und Mitarbeiter. Nach diesem Ansatz ermöglichen Erkenntnisse aus empirischen Erhebungen Rückschlüsse auf den Zusammenhang von Arbeitszufriedenheit und angenehmen sowie unangenehmen Arbeitssituationen (Motivatoren und Hygienefaktoren). Finanzielle Abgeltung der Arbeitsleistung (Entlohnung) ist in erster Linie ein Hygienefaktor; ist er vorhanden, verhindert er Unzufriedenheit, schafft aber keine Zufriedenheit. Leistung und Anerkennung hingegen sind beispielsweise Motivatoren, die Zufriedenheit schaffen, wenn sie vorhanden sind. vgl. Herzberg, F.; Mausner, B.; Snyderman, B. (1959)

[810] vgl. Drucker, P. (1999), S 37f

muss seine Wissensmitarbeiter auch eher als Partner denn als Untergebene[811] anerkennen.

Es ist unbestritten, dass individuelles, kollektives ebenso wie organisationales Lernen *Zeit* und *Ressourcen* braucht. Von einer Organisation ist vor allem aber auch *Geduld* erforderlich, damit das Lernen auf Grund der Auswertungen der Umweltreaktionen verbessert werden kann.[812] Bereits Lewins (1951) hat in seinem Ansatz zur Organisationsentwicklung auf zwei wesentliche Phasen in diesem Prozess hingewiesen. Mit seinem Ansatz, dass Organisationsentwicklung „Phasen des ‚Unfreezing', der ‚Neuorientierung' und des ‚Freezing' bedarf, wird grundsätzlich deutlich, daß das Erreichen eines neuen stabilisierten Zustandes auf allen Lernebenen der Organisation einen zeitlich langwierigen Prozeß darstellt. ... Wenn die Umweltanforderungen sich schneller ändern als die organisationale Entwicklung, werden die Chancen des organisationalen Überlebens gerade dann immer geringer, wenn die Zunahme des Abstandes bemerkt wird und zu internen hektischen, konkurrierenden statt kooperierenden Überlebenskämpfen führt und damit der organisationale Lernzyklus immer ‚unkompletter' ... wird."[813]

„Die atemberaubende Geschwindigkeit des Wandels der Rahmenbedingungen unternehmerischen Handelns machen Konzepte zentraler Planung und Steuerung zunehmend obsolet (unbrauchbar, veraltet). Wenn Zeit zu einem kritischen Wettbewerbsfaktor wird ..., dann verlieren langwierige strategische Analysen und Studien ihre Legitimationsbasis. Was nützen sorgsam recherchierte Fakten, die von Analysten und Planungsstäben zusammengetragen und aufbereitet werden,

---

[811] vgl. dazu die Ausführungen in Kapitel 2.3.
[812] vgl. Berger, U.; Bernhard-Mehlich, I. (1999), S 159
[813] Reber, G. (1992b), Sp 1251

wenn sie bereits am Tag der Präsentation so veraltet sind, daß sich daraus keine verläßlichen Strategien ableiten lassen?"[814]

In den folgenden Kapiteln wird nun in einem ersten Schritt auf den Wandel, die unterschiedlichen Dimensionen und Auslösefaktoren sowie auf die Aspekte des Wandels im Kontext der Veränderungen in einer Organisation eingegangen. In einem zweiten Schritt sollen dann Aspekte des Wandels im Zusammenhang mit der Personalentwicklung aufgegriffen werden. Betriebspädagogik als Integrationsmodell für die Veränderungen in einer Organisation und die Personalentwicklung sind Ansatzpunkte für die Darstellungen in einem weiteren Schritt. Es sollen hier vor allem die zentralen Handlungsebenen der Betriebspädagogik im Bezug zu den einzelnen Bereichen aufgezeigt werden.

---

[814] Deiser, R. (1996), S 52

4.1. Wandel und organisationale Veränderungen

Innerhalb der verhaltenswissenschaftlich orientierten Managementlehre wird die Lernende Organisation in den Bereich des Managements des Wandels respektive in das Feld des organisationalen Wandels eingeordnet, wobei der gesamte Bereich der Veränderungen von Organisationen ein sehr praxisbezogenes Forschungsfeld darstellt.[815] Die Handhabung des organisationalen Wandels war in der klassischen Organisationslehre eine typische originäre Managementaufgabe und organisationaler Wandel wurde als eine reine Planungsproblematik verstanden. Wenn in diesem Kontext Schwierigkeiten thematisiert wurden, dann meist nur in Bezug auf die Erteilung richtiger Anweisungen durch das Management. Der organisationale Wandelprozess wurde in den klassischen Ansätzen nicht als eigenständiges Entwicklungspotential in einer Organisation erfasst. Dieses Konzept stellte sich aber insofern als irreführend heraus, als es mit der Verfeinerung der Planung für den organisationalen Wandel tendenziell auch zu einer Steigerung der Ablehnung von sowie des Widerstandes gegen Veränderungen in der Organisation durch die eigenen Organisationsmitglieder kam. Erst durch die verhaltenswissenschaftlich orientierte Organisationslehre kristallisierte sich hier eine Neuorientierung in Bezug auf die Handhabung und Lösungsfindung des organisationalen Wandels heraus.[816]

Es wird nun in der Folge ein konzentrierter Überblick über die Modelle des Wandels in Anlehnung an Türk[817] gegeben, um dann auf die Zuordnung der Lernenden Organisation in die bereits bestehenden Ansätze der

---

[815] vgl. Gebert, D. (1993), Sp 3017
[816] vgl. Schreyögg, G.; Noss, C. (1995), S 170f
[817] vgl. Türk, K. (1989)

Organisationsveränderung nach Staehle[818] eingehen zu können. Dies ist damit zu begründen, dass es einer Analyse der Veränderungsmöglichkeiten einer Organisation bedarf, um dann ein Integrationsmodell im Handlungsfeld der Betriebspädagogik entwickeln zu können.

4.1.1. Ansätze zum organisationalen Wandel

Mit Wandel werden im Zusammenhang mit einer Organisation die Veränderungen derselben angesprochen. Veränderungen können zufällig vor sich gehen oder sie können auf Grund bewusster Entscheidungen und dem daraus folgenden Verhalten des sozialen Systems erfolgen. Letzteres wird als *geplanter, bewusster, organisationaler Wandel* in der Literatur[819] bezeichnet. In Bezug auf das Ausmaß der Veränderung kann zwischen einem *Wandel 1. Ordnung*[820] und einem *Wandel 2. Ordnung*[821] unterschieden werden, wobei in der folgenden Übersicht die wesentlichen Ausprägungen dargestellt werden.

---

[818] vgl. Staehle, W. (1991), S 846ff

[819] vgl. Hub, H. (1990), S 179, vgl. Thommen, J.; Achleitner, A. (1998), S 741, vgl. Staehle, W. (1991), S 829, vgl. Thom, N. (1992a), Sp 1478

[820] Bei dieser Form des Wandels handelt es sich um die Organisationsentwicklung im klassischen Sinne als zugrunde liegendes Konzept und es erfolgen Veränderungen in den Arbeitsweisen, ohne aber die grundlegenden Ausrichtungen der Organisation zu ändern, oder die Organisation wächst rein quantitativ durch Erhöhung der Mitarbeiterzahl im Sinne von Wachstum. vgl. Staehle, W. (1991), S 829

[821] Hier erfolgen Veränderungen auf qualitativer Ebene, d. h. die Ausrichtung, Werte, Normen und/oder Verhaltensweisen ändern sich. Es geht hier nicht mehr um Wachstum, sondern um Entwicklung der Organisation. Die entsprechenden Konzepte hierfür sind die Transformation und auch die Transition einer Organisation. vgl. Staehle, W. (1991), S 829

Wandel 1. Ordnung	Wandel 2. Ordnung
-Beschränkt auf einzelne Dimensionen	-Mehrdimensional
-Beschränkt auf einzelne Ebenen	-Umfasst alle Ebenen
-Quantitativer Wandel	-Qualitativer Wandel
-Wandel des Inhalts	-Wandel im Kontext
-Kontinuität, gleiche Richtung	-Diskontinuität, neue Richtung
-Inkremental	-Revolutionär
-Logisch und rational	-Vermeintlich irrational, andere Rationalität
-Ohne Paradigmenwechsel	-Mit Paradigmenwechsel

Abbildung 54: Charakteristiken des Wandels 1. und 2. Ordnung[822]

Ausgehend von unterschiedlichen Charakteristiken des organisationalen Wandels lassen sich nach Türk[823] folgende drei Erklärungsmodelle für Veränderungen in und von Organisationen unterscheiden:[824]

> ➤ Entwicklungsmodelle

> ➤ Selektionsmodelle

> ➤ Lernmodelle

Entwicklungsmodelle „unterstellen eine endogene Dynamik"[825]. Sie gehen von dem Ansatz aus, dass für Organisationen grundsätzlich objektiv gegebene Naturgesetze existieren, die das Leben bzw. den Lebenszyklus einer Organisation bestimmen, und bei dem die Entwicklung dieser somit in gewissem Sinne zwangsläufig erfolgt. *Lebenszyklus- und Reifungsgradmodelle* sind typische, hier zugrunde gelegte Konzepte, die „in Analogie zur Biologie eine diskontinuierliche Abfolge von Entwicklungsstufen im Leben einer Organisation (von der Gründung

---

[822] in Anlehnung an Levy, A.; Merry, U. (1986), S 9

[823] vgl. zu den folgenden Ausführungen vor allem die Ausarbeitungen von Türk, K. (1989). Sie scheinen diesbezüglich besonders geeignet, da hier verschiedenste Ursachen der Veränderung ebenso wie mannigfaltige Differenzierungskategorien und Aspekte der Lernenden Organisation diskutiert werden.

[824] vgl. Türk, K. (1989), S 55ff, vgl. hierzu auch Staehle, W. (1991), S 837ff

[825] Türk, K. (1989), S 55

bis zum Untergang) unterstellen, die sich in typischen Phasen anordnen lassen"[826]. Lebenszyklusmodelle sind in der Organisationsforschung sehr etabliert und sie gehen alle grundsätzlich von folgenden Annahmen aus:[827]

> Es existiert für die Organisation bereits von der Gründung weg eine irreversible, immanent vorhandene, ausgerichtete Entwicklungslogik.

> Die Weiterentwicklung einer Organisation setzt immer an den jeweilig bereits erfolgten Entwicklungen an.

> Die Abfolge der einzelnen Entwicklungsstufen einer Organisation ist aber diskontinuierlich, insofern lassen sich bei den Entwicklungen der verschiedenen Organisationen divergierende Strukturen, Formen und Konfigurationen unterscheiden.

> Die einzelnen Entwicklungsstufen werden durch die Gesamtlebenszeit einer Organisation und die damit verbundenen Krisen determiniert.

Im Zusammenhang mit Entwicklungsmodellen wird in der Literatur auch vom sogenannten *Teufelskreismodell* oder dem *Gesetz der Oligarchie* gesprochen[828]. Für eine Organisation bedeutet dies, dass Veränderungen immer eintreten, unerheblich ob sie positiver oder negativer Natur sind. Veränderungen können durch das Management vorhergesagt, aber letztendlich nicht verhindert werden. Über die Steuerungsmöglichkeiten der Veränderungen durch das Management geben die meisten Entwicklungsmodelle keinen hinreichenden Aufschluss.

Selektionsmodelle unterstellen eine exogene Dynamik und gehen somit im Gegensatz zu Entwicklungsmodellen nicht vom Entwicklungszyklus der einzelnen Organisation aus, sondern betrachten die Gesamtheit einer Gruppe von vergleichbaren Organisationen und ihren Überlebenskriterien. Diese hier

---

[826] Staehle, W. (1991), S 837
[827] vgl. Wiegand, M. (1996), S 88

zugrunde gelegten *Bedingungsmodelle* gehen davon aus, dass die Umweltgegebenheiten von Organisationen zu komplex und unsicher sind, als dass sie durch das Management wirkungsvoll und vorausplanend beeinflusst werden könnten. Die einzige Macht respektive der Handlungsspielrahmen des Managements liegt darin, die Organisation so flexibel wie möglich zu halten, um sie vor dem Untergang zu bewahren, denn die Umwelt allein selektiert eine bestimmte Art von Organisationen und somit auch indirekt alle Faktoren in Bezug auf Struktur, System, Strategie u. ä., die überleben, ohne dass das Management wirkungsvoll und richtungweisend agieren könnte. Selektionsmodelle arbeiten somit nicht mit einer kausalen Koppelung[829] von Organisation und Umwelt, sondern sie gehen von der Annahme aus, dass die Umwelt für Organisationen Rahmenbedingungen setzt, auf welche sich diese einstimmen müssen, wobei hier somit gilt, dass besser adaptierte Systeme sich reproduzieren und dementsprechend auch erhalten und sich daher in ihrer Umwelt bewähren können.[830]

Lernmodelle sind im Gegensatz zu den Entwicklungs- und Selektionsmodellen keine fatalistischen Modelle, sondern sie gehen vom Ansatz aus, dass Organisationen fähig sind, sich anzupassen, zu entwickeln, zu lernen, d. h. sie haben durch die in ihnen tätigen Menschen die Fähigkeit, ihr Handeln und Tun zu reflektieren und bewusst ihr Verhalten zu ändern.[831] Lernmodelle tendieren zu reflexiven Fehlerkorrekturmodellen und setzen bei der internen Effizienz eines

---

[828] vgl. Türk, K. (1989), S 76f

[829] Bei kausalen Koppelungen sind in der vorliegenden Arbeit evolutionstheoretische Erklärungen nicht mit einbezogen. Es sei an dieser Stelle darauf verwiesen, dass Evolutionstheoretiker ihre Erklärungen als kausal bezeichnen und insofern beispielsweise probabilistische Erklärungen (im Gegensatz zu deterministischen) auch eine Form der Kausalerklärung darstellen. vgl. beispielsweise Stegmüller, W. (1970)

[830] vgl. Türk, K. (1989), S 56

[831] vgl. Staehle, W. (1991), S 842

Systems an.[832] Organisationen sind in diesem Sinne keine abstrakten, verdinglichten Konstrukte, sondern sie sind immer das Werk von Menschen und werden durch diese konstruiert und verändert.

Die verschiedenen Ansätze der Lerntheorie auf individueller, kollektiver und organisationaler Ebene wurden bereits im Kapitel 3.3. ausführlich dargestellt. Entsprechend diesen Ansätzen ist das Individuum in der Lage, durch Einsicht, Erfahrung, Erkenntnis und Selbststeuerung zu lernen, und somit ist es möglich, dass der Mensch sein Umfeld und dessen Wandel mit Einschränkungen vorwegnehmen und zu seinen Gunsten beeinflussen kann. Dadurch, dass Organisationen von Menschenhand gemacht sind, ist es ihnen auch möglich, durch die Menschen ihr Umfeld und somit den organisationalen Wandel zu gestalten und den Wandel mit seinen Auswirkungen nicht als *vorherbestimmt* hinzunehmen.

---

[832] vgl. Türk, K. (1989), S 57

Folgende Grafik zeigt zusammenfassend die drei oben beschriebenen Modelle der zeitlich determinierten organisationalen Veränderung:

Modellkategorien *Grundkategorien*	Entwicklungsmodelle	Selektionsmodelle	Lernmodelle
Objekte	Einzelorganisationen	Einzelorganisationen Organisationspopulation Communities von Organisationen Organisationsformen	kognitive Strukturen von Individuen / Kollektiven Organisationsstrukturen
Subjekte	System	Individuen Organisation *unsichtbare Hand*	Individuen Kollektive
Medien	Selbstorganisation Eigendynamik	Bewährung/Scheitern reproduktiver Erfolg	Erkenntnis, Einsicht, Verstärkermechanismen
Triebkräfte	endogene Dynamik	Konkurrenz Erfolgsorientierung	Bedürfnisbefriedigung Wertrealisierung Erfolgsorientierung
Prozesse	teleologisch gerichtete Muster genetische Kausalität	blinde Variation akausale Strukturen- kopplung von System und Umwelt	Akkumulation von Kompetenzen *epigenetische* *Optimierung*
Strukturen	Gestaltwandel Selbstverstärkung	teilweise Gestaltwandel, Wandel von Organisationsformen *Absterben* von Organi- sationspopulationen	Gestaltwandel

Abbildung 55: Modelle der organisationalen Veränderung im Zeitablauf[833]

---

[833] in Anlehnung an Türk, K. (1989), S 59

4.1.2. Ansätze zur Organisationsveränderung

Ausgehend von den Ansätzen des organisatorischen Wandels sollen nun in der Folge darauf aufbauend Modelle der Organisationsveränderung im Sinne der geplanten organisationalen Veränderung dargestellt werden. Die Diskussion der einzelnen Modelle erfolgt in der Reihenfolge ihrer geschichtlichen Entwicklung.

Damit eine Organisation auch in der Zukunft überlebensfähig ist, muss sie, wie eingangs in Kapitel 4.1.1. bereits dargestellt, entsprechend der Theorie des Wandels in der Lage sein, sich selbst zu verändern. Dem allgemeinen Wandel folgt somit der organisationale Wandel. Ansätze der Organisationsveränderung dienen dazu, die Techniken für die Veränderungen einer Organisation zu modellieren. In Anlehnung an Staehle[834] sollen nun die wesentlichsten Ansätze der Organisationsveränderung[835] diskutiert werden:

➢ Organisationsentwicklung

➢ Organisationstransition

➢ Organisationstransformation

---

[834] vgl. zu den folgenden Ausführungen auch die Darstellungen in Staehle, W. (1991), S 846ff

[835] Hier in diesem Kapitel soll für das klare Herausarbeiten der einzelnen Handlungsebenen und Charakteristika begrifflich ganz deutlich und ausdrücklich zwischen *Organisationsveränderung* respektive *Entwicklungsmodellen für Organisationen* und eben den konkreten Modellen (*Organisationsentwicklung, Organisationstransition* und *Organisationstransformation*) unterschieden werden, auch wenn diese klare Trennung in der Literatur meist nicht zu finden ist oder nicht aufrechterhalten werden kann.

4.1.2.1. Organisationsentwicklung

Organisationsentwicklung[836] ist im Sinne eines zusammenfassenden Begriffes sowie umfassenden Konzeptes eine mögliche Antwort auf die Anforderungen an die Veränderungsfähigkeit, Innovationsbereitschaft[837], Flexibilitätssteigerung sowie die Humanisierung der Arbeitsverhältnisse und Steigerung der Leistungsfähigkeit einer Organisation,[838] wobei gesamt betrachtet das Zielsystem der Organisationsentwicklung aus „den zwei Oberzielen ‚Verbesserung der Leistungsfähigkeit der Organisation' und ‚Verbesserung der erlebten Arbeitssituation der beteiligten Menschen' (kurz: Effizienz und Humanität)"[839] besteht.

Für den Begriff Organisationsentwicklung (OE) ist in der Literatur keine einheitliche Verwendung auszumachen, eher ist festzustellen, dass er oftmals sehr divergent eingesetzt wird,[840] wobei diese Vielschichtigkeit des Ansatzes

---

[836] In der Literatur wird Organisationsentwicklung (OE) auch als Organization Development oder Organizational Development bezeichnet. vgl. Staehle, W. (1991), S 846, vgl. Thommen, J.; Achleitner, A. (1998), S 748, vgl. French, W.; Bell, C. (1990), S 9, vgl. Thom, N. (1992a), Sp 1478, vgl. Wiegand, M. (1996), S 144, vgl. Gebert, D. (1993), Sp 3007f

[837] So unterscheidet Kasper beispielsweise zwischen Innovation *von* und *in* einer Organisation, wobei Innovation *von* einer Organisation gleichbedeutend mit Organisationsentwicklung zu verstehen ist und Innovation *in* einer Organisation vordergründig auf Leistungsverbesserung abzielt. vgl. Kasper, H. (1982), S 573

[838] vgl. Rosenstiel, von L.; Molt, W.; Rüttinger, B. (1988), S 184, vgl. Staehle, W. (1991), S 850, vgl. Gebert, D. (1974), S 11ff, vgl. Georg, W.; Grüner, G.; Kahl, O. (1995), S 172, vgl. Posth, M. (1992), S 172f, vgl. Becker, F. (1994), S 275

[839] Wiegand, M. (1996), S 146

[840] So bezeichnet Türk Organisationsentwicklung als älteren sowie etablierteren Begriff, welcher aber zunehmend in neuer Literatur durch Begriffe wie *Transformation, Transition* oder *Restructuring* ersetzt wird, vgl. Türk, K. (1989), S 96. Andererseits wird aber in der Literatur sehr wohl zwischen den angeführten Begriffen auch inhaltlich differenziert – beispielsweise vgl. Levy, A.; Merry, U. (1986), S 33, vgl. Staehle, W. (1991), S 855, vgl. Wiegand, M. (1996), S 144. Dieser Differenzierung der einzelnen Begriffe soll auch in der vorliegenden Arbeit gefolgt werden.

beispielsweise in der Arbeit von Trebesch[841] zum Ausdruck kommt. Trotz dieser Unterschiedlichkeit der Begriffsverwendung sind als zentrale Fragen der Organisationsentwicklung einerseits das *Wo* (Wo sind die Veränderungen in einer Organisation anzusetzen, d. h. was soll verändert werden?) und andererseits das *Wie* (Wie sollen die Veränderungen durchgeführt werden?) zu erkennen.[842]

Die Organisationsentwicklung hat nach French/Bell[843] ihren Ursprung einerseits in der Laboratoriumsmethode[844] und andererseits in den Survey-Research- und Survey-Feedback-Verfahren[845], wobei beide dem Bereich der Aktionsforschung[846] zuzuordnen sind.[847] Beide Ansätze wurden richtungweisend durch Lewin/Moreno begründet und laufend weiterentwickelt. Organisationsentwicklung und Aktionsforschung sind trotz vieler Parallelen zwar sehr ähnlich[848], aber nicht gleich. In diesem Sinne ist der Organisationsentwicklungsprozess als „ein

---

[841] vgl. Trebesch, K. (1982) – er gibt mit seinem Aufsatz *50 Definitionen der Organisationsentwicklung – und kein Ende* einen Einblick in die Vielfältigkeit der Definitionsversuche zur Organisationsentwicklung.

[842] vgl. Gebert, D. (1974), S 9

[843] vgl. French, W.; Bell, C. (1990), S 37ff

[844] Bei dieser Anfang der 40er Jahre entwickelten Methode wurden in Laborexperimenten Gruppensitzungen unter Einsatz der Methoden zur Teilnehmeraktivierung praktiziert, wo die Gruppenmitglieder durch wechselseitige Interaktion und der sich dabei entfaltenden Dynamik der Gruppe lernten. vgl. Schreyögg, G.; Noss, C. (1995), S 171, vgl. French, W.; Bell, C. (1990), S 37ff

[845] Survey-Research- und Survey-Feedback-Verfahren sind spezielle Ausformungen der Aktionsforschung und es ist darunter „der Gebrauch von Einstellungsumfragen und das Feedback der Ergebnisse in Workshops zu verstehen". French, W.; Bell, C. (1990), S 41

[846] „Aktionsforschung ist ein Konzept problemorientierter Organisationsveränderung, bei dem die Probleme gemeinsam mit den Beteiligten erhoben und analysiert werden. Veränderungsmaßnahmen werden auf Basis der gemeinsam erarbeiteten Problemanalyse eingeleitet, durchgeführt und in ihren Wirkungen analysiert." Staehle, W. (1991), S 848, bzw. vgl. zur geschichtlichen Entwicklung der Aktionsforschung die Darstellung bei French, W.; Bell, C. (1990), S 110ff

[847] vgl. Fatzer, G. (1998), S 196f, vgl. Wiegand, M. (1996), S 145, vgl. French, W.; Bell, C. (1990), S 37

[848] „Beide sind sie Varianten der angewandten Sozialwissenschaft, beide sind handlungsorientiert, beide basieren auf Daten, beide verlangen die enge Zusammenarbeit zwischen Mitgliedern und Nichtmitgliedern der Organisation und beide sind problemlösende soziale Interventionen." French, W.; Bell, C. (1990), S 123

Aktionsforschungs-Programm in einer Organisation zur Verbesserung des Funktionierens dieser Organisation"[849] zu verstehen. Im Zusammenhang mit einer verhaltensorientierten Organisationsforschung ist die Organisationsentwicklung ein anwendungsorientierter Ansatz, bei dem Forschungsarbeiten über Gruppendynamik und Gruppentherapie die Ausgangsbasis für die problemorientierte Organisationsveränderung unter Einbeziehung der Mitarbeiter bilden. Die Literatur zur Organisationsentwicklung bietet eine Fülle an Phasenschemata des organisationalen Veränderungsprozesses, wobei sie alle aber letztendlich eine Variation des von Lewin (1947) entwickelten Grundschemas sind.[850] Dieses Grundkonzept verfügt über all jene Faktoren, die später als *goldene Regeln* für den organisationalen Wandel in der Literatur Eingang gefunden haben[851] und folgende zentrale Aspekte umfassen:[852]

➢ Alle Organisationsmitglieder werden frühzeitig über alle bevorstehenden Wandelprozesse der Organisation informiert, partizipieren an den Entscheidungen in Bezug auf die Veränderungen und nehmen aktiv am Veränderungsgeschehen der Organisation teil.

➢ Die Gruppe ist das wichtigste Medium des organisationalen Wandels, da Veränderungsprozesse in Gruppen grundsätzlich immer als weniger beängstigend empfunden werden und durchschnittlich auch schneller vollzogen werden können.

➢ Die gegenseitige Kooperation aller Organisationsmitglieder fördert die Bereitschaft zum organisationalen Wandel.

➢ Die Prozesse des Wandels vollziehen sich zyklisch, d. h. sie erfordern eine Phase der Auflockerung, um die Bereitschaft zum organisationalen

---

[849] French, W.; Bell, C. (1990), S 123
[850] vgl. Thom, N. (1992a), Sp 1481
[851] vgl. Schreyögg, G.; Noss, C. (1995), S 171, vgl. Schreyögg, G. (1998), S 494
[852] vgl. Thom, N. (1992a), Sp 1481, vgl. Schreyögg, G.; Noss, C. (1995), S 171f, vgl. Schreyögg, G. (1998), S 494ff, vgl. French, W.; Bell, C. (1990), S 37ff

Wandel bei den Organisationsmitgliedern hervorrufen zu können, und sie erfordern ebenso eine Phase der Beruhigung, um die Organisation nach dem vollzogenen Wandel wieder stabilisieren zu können.

Das oben angesprochene Phasenschema spricht gerade den zuletzt angeführten Punkt der *goldenen Regeln* an und wurde, auf dem Homöostasemodell[853] beruhend, von Lewin „zu der bekannten triadischen Episode erfolgreichen Wandels ausformuliert"[854], die folgendermaßen dargestellt werden kann.

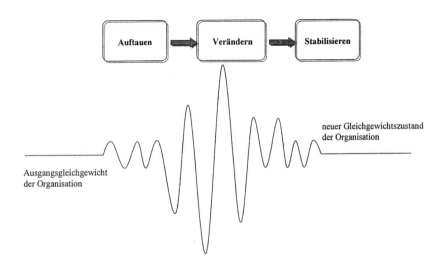

Abbildung 56: Das organisationale Änderungsgesetz nach Lewin (1947)[855]

Im Kontext der Organisation bedeutet das Phasenschema von Lewin, dass die Organisation sich für jeden Veränderungsprozess aus dem Gleichgewichtszustand

[853] Nach diesem Ansatz folgen alle Systeme grundsätzlich dem Gesetz der Homöostase, d. h. das System trachtet nach einer Anpassung an die Umstandsveränderung, um wieder das ursprüngliche Gleichgewicht herzustellen. vgl. Borwick, I. (1990), S 366
[854] vgl. Schreyögg, G.; Noss, C. (1995), S 171

lösen muss. Dies wird bei Lewin mit *unfreezing* bzw. in der Grafik mit der Auftauphase dargestellt. Durch das Aufgeben des Gleichgewichtszustandes und dem Schaffen der Bereitschaft zu Veränderungen, wobei der Anlass zu Veränderungen intern ebenso wie extern initiiert werden kann, wird die unbedingt erforderliche Basis für die eigentliche Veränderung bzw. den Wandel geschaffen. Dies ist als zweite Phase im oben dargestellten Modell zu verstehen und wird bei Lewin als *moving* bezeichnet. Nach jeder Veränderung ist aber die Phase der Stabilisierung bzw. das *refreezing* unerlässlich, um die Organisation wieder in einen neuen Gleichgewichtszustand zu führen.[856]

Im Zusammenhang mit diesem Phasenschema kann von einer komparativ-statischen Gleichgewichtslogik[857] gesprochen werden,[858] in der jede Veränderung letztendlich als Störung zu verstehen ist und Ziel einer Veränderung schlussendlich immer „eine Stabilisierung und Konsolidierung der neuen, offiziell legitimierten Verhaltensweisen und organisatorischen Regeln"[859] ist.

Im Bezug auf die charakteristischen Rollen[860], die im Prozess der Organisations-entwicklung wahrzunehmen sind, findet man vor allem in der angloamerikanischen Literatur die Begriffe *Change Agent, Change Catalyst* und *Client System.*[861] Die Rolle des *Change Agent* ist die eines Veränderungshelfers, welche durch interne ebenso wie durch externe Einzelpersonen oder Personengruppen wahrgenommen werden kann. Diese Rolle ist im Sinne einer

---

[855] in Anlehnung an Schreyögg, G.; Noss, C. (1995), S 171
[856] vgl. Schreyögg, G.; Noss, C. (1995), S 171f, vgl. Thommen, J.; Achleitner, A. (1998), S 749, vgl. Thom, N. (1992a), Sp 1481, vgl. Rosenstiel, von L.; Molt, W.; Rüttinger, B. (1988), S 186f
[857] vgl. dazu im Unterschied die Darstellung zum Fließgleichgewicht in Kapitel 3.2.7.
[858] vgl. Schreyögg, G.; Noss, C. (1995), S 172
[859] Thom, N. (1992a), Sp 1481
[860] vgl. dazu auch die Ausführungen in Kapitel 3.2.3.
[861] vgl. Gebert, D. (1993), Sp 3011f, vgl. Thom, N. (1992a), Sp 1480f, vgl. Thommen, J.; Achleitner, A. (1998), S 749f

Beraterrolle für den Verlauf der Veränderungsprozesse zu sehen. Zentrale Funktionen sind somit vor allem Beratungs- und Unterstützungsaktivitäten in Ausrichtung auf eine Hilfe zur Selbsthilfe für die Mitglieder der zu verändernden Organisation. Sozialwissenschaftliches Wissen steht für diese Rolle im Vordergrund, denn der Change Agent soll keinesfalls selbst die organisationalen Probleme lösen, sondern den Organisationsmitgliedern vielmehr helfen, „eigene Ressourcen zu entwickeln, um immer selbständiger agieren zu können"[862]. Mit dem *Client System* ist das zu verändernde soziale System, d. h. somit die Menschen, die direkt von den Veränderungen betroffen sind, im Wandlungsprozess angesprochen. Die Organisation als Gesamtes nimmt in diesem Sinne keine passive Objektrolle ein, sondern die Zusammenarbeit zwischen Berater und Organisationsmitgliedern erfolgt nach dem Prinzip einer Anbieter-Nachfrager-Beziehung, denn gerade die Mitarbeiter einer Organisation kennen den Ist-Zustand derselben und sind auch in der Lage, den wünschenswerten Soll-Zustand zu formulieren. Dem *Change Catalyst* kommt eine vermittelnde Rolle zwischen dem Berater und den Organisationsmitgliedern im gesamten Organisationsentwicklungsprozess zu und er kann bei Bedarf auch die Rolle eines Machtpromotors einnehmen.[863]

Für den Bereich der Organisationsentwicklung werden in der Literatur[864] zum Teil unterschiedliche Ansätze dargestellt. Grundsätzlich wird zwischen einem personalen und einem strukturalen Ansatz unterschieden. Der *personale Ansatz* zielt in erster Linie auf die Manipulation der Individuen und hier vor allem auf Schlüsselpersonen ab. Bei diesem Ansatz werden durch gezielte Maßnahmen primär Schlüsselqualifikationen entwickelt und es kann über den Ansatz der

---

862 Thommen, J.; Achleitner, A. (1998), S 749
863 vgl. Thom, N. (1992a), Sp 1480f, vgl. Thommen, J.; Achleitner, A. (1998), S 749f

Vorbildfunktion ein Arbeitsklima entstehen, in dem Leistungsfähigkeit und Leistungswille gefördert werden können. Mit dem *strukturalen Ansatz* steht in erster Linie eine Verbesserung der Organisationsstruktur im Mittelpunkt der Veränderungen, um dadurch die erforderlichen Rahmenbedingungen für den organisationalen Wandel und die Zielerreichung der Organisationsentwicklung schaffen zu können.[865] Unter diesem Ansatz werden eine Vielzahl von Ansätzen zur Arbeitsgestaltung und Arbeitsstudien zusammengefasst, welche „der Entfaltung der Person, der Zuschreibung von Sinnhaftigkeit des Tuns, dem Erlebnis von Ganzheitlichkeit und Autonomie sowie der Ermöglichung von Kooperation"[866] dienen sollen. Richtungweisend kann festgehalten werden, dass der strukturale Ansatz ebenso wie der personale Ansatz nach Möglichkeit parallel zur Anwendung kommen sollten, wobei aber die spezifischen Organisationsgegebenheiten letztendlich immer ausschlaggebend für die Schwerpunktlegung sein werden. Insofern sind beispielsweise Einsicht sowie Reifegrad der Organisationsmitglieder und Flexibilität sowie Rigidität der vorhandenen Regelmechanismen der Organisation wesentliche Bestimmungsfaktoren für die Dimensionen des zur Anwendung kommenden Ansatzes.[867]

Stellvertretend für die Fülle an Definitionsversuchen[868] soll hier die von French/Bell aufgestellte Definition zitiert werden. Sie kann als umfassende Definition bezeichnet werden und dient bei den folgenden Ausführungen als Grundlage für die charakteristischen Merkmale vieler Definitionsversuche zur

---

[864] vgl. Gebert, D. (1993), Sp 3012ff, vgl. Gebert, D. (1974), S 29ff, vgl. Thommen, J.; Achleitner, A. (1998), S 750ff, vgl. Hinz, W. (1994), S 196ff, vgl. Rosenstiel, von L.; Molt, W.; Rüttinger, B. (1988), S 184ff

[865] vgl. Gebert, D. (1993), Sp 3012ff, vgl. Thom, N. (1992a), Sp 1481f, vgl. Gebert, D. (1974), S 29ff, vgl. Thommen, J.; Achleitner, A. (1998), S 750

[866] Gebert, D. (1993), Sp 3013

[867] vgl. Thom, N. (1992a), Sp 1482

[868] vgl. hierzu beispielsweise die Darstellungen bei Trebesch, K. (1982), S 47ff

Organisationsentwicklung. Im Sinne von French/Bell ist „Organisationsentwicklung eine langfristige Bemühung, die Problemlösungs- und Erneuerungsprozesse in einer Organisation zu verbessern, vor allem durch eine wirksamere und auf Zusammenarbeit gegründete Steuerung der Organisationskultur, ... durch die Hilfe eines OE-Beraters oder Katalysators und durch Anwendung der Theorie und Technologie der angewandten Sozialwissenschaften unter Einbeziehung der Aktionsforschung"[869] [870].

Bei dem Versuch, die zentralen Merkmale herauszuarbeiten, die mit dem Begriff Organisationsentwicklung am häufigsten in Verbindung gebracht werden, können folgende fünf Aspekte angeführt werden:[871]

➢ Ein *Geplanter Wandel* im Sinne eines gezielten, im Voraus klar vorstrukturierten und vorgedachten Prozesses der Veränderung in einer Organisation bildet den zentralen Ansatzpunkt der Organisationsentwicklung. (*Zufälliger Wandel* fällt somit nicht unter dieses Begriffsverständnis.)

➢ Als *ganzheitlicher Ansatz* ist die Organisationsentwicklung dahingehend zu verstehen, dass grundsätzlich immer auf die gesamte Organisation abgezielt wird und der geplante organisationale Wandlungsprozess langfristig konzipiert ist. (*Detailänderungen* und *kurzfristiges Krisenmanagement* entsprechen somit nicht diesem Ansatz.)

➢ *Anwendung sozialwissenschaftlicher Theorien* ist in dem Sinne zu verstehen, als sich Organisationsentwicklung immer auf theoretische sozialwissenschaftliche Ansätze und Erkenntnisse bezieht und die Ansätze

---

[869] French, W.; Bell, C. (1990), S 31
[870] Das Zitat ist im Originaltext kursiv geschrieben.
[871] vgl. Staehle, W. (1991), S 849, vgl. Schreyögg, G. (1998), S 502f, vgl. Trebesch, K. (1982), S 38ff

der Aktionsforschung mit einbezogen werden. Die Hypothesen in Bezug auf die Wirkung des organisationalen Wandels werden ebenso dahingehend fundiert.

➢ *Veränderung von Gruppenverhalten* bildet einen zentralen Ansatzpunkt für den organisationalen Veränderungsprozess. (Der individuelle Wandel steht hier nicht im Mittelpunkt des Wandels.)

➢ Eine *Intervention durch einen Spezialisten* prägt die Organisationsentwicklung, d. h. der Spezialist (oder Change Agent) konzipiert und steuert den Veränderungsprozess der Organisation.

➢ Die Organisationsentwicklung ist ein *langfristiger, planbarer Prozess* und dem *Wandel kommt ein Sonderstatus zu,* durch den erforderliche Veränderungen in Phasenansätzen gehandhabt werden.

Der Organisationsentwicklung, als ein auf dem Interventionskonzept beruhender systemtheoretischer Ansatz, werden aus ethischer Sicht manipulative Praktiken und Allmachtsphantasien der Systemtherapeuten vorgeworfen. Ebenso werden aber auch primäre einseitige Ausrichtungen auf Verhalten und Humanisierung der Arbeit sowie naiv anmutende Harmonieannahmen über die Vereinbarkeit von Mitarbeiterzielen und organisationalen Effizienzzielen sowie das damit verbundene Ignorieren von Konfliktpotentialen kritisiert.[872] Noch dazu führt die immer stärker werdende psychologische und psychotherapeutische Ausrichtung der Forschung im Bereich der Organisationsentwicklung dazu,[873] dass der organisationale Wandlungsprozess zu einer Aufgabe für Spezialisten wird, der von der Organisation selbst, ohne Unterstützung eines externen Beraters, nicht mehr bewerkstelligt werden kann.[874] So gesehen haben es die Projekte im Bereich

---

[872] vgl. Schreyögg, G. (1998), S 525f
[873] vgl. Neuberger, O. (1991), S 261ff
[874] vgl. Güldenberg, S. (1997), S 138

der Organisationsentwicklung in der Praxis auch nie erreicht, den Charakter einer zusätzlichen Aktivität zu verlieren, auf die man in schlechten Zeiten glaubt verzichten zu können und weder Zeit noch Geld dafür aufbringt. Das grundsätzliche Problem des Organisationsentwicklungsansatzes liegt aber in der „ungeeigneten Modellierung des Wandelprozesses und dem schiefen Verständnis von Wandel in Organisationen"[875], wobei folgende vier Gründe im Wesentlichen ausschlaggebend sind:[876]

Organisationaler Wandel als Aufgabe für den Spezialisten: Durch die sehr ausgeprägte psychologische und psychotherapeutische Orientierung der Organisationsentwicklung wird der organisationale Wandel zu einer Aufgabe von entsprechend ausgebildeten Spezialisten. Dadurch wird den Organisationsmitgliedern zumindest implizit das Gefühl vermittelt, dass sie ohne fremde Hilfe nicht in der Lage sind, den Veränderungsprozess ihrer Organisation zu handhaben. Das Management gerät aus dieser Sichtweise „in eine paradoxe Situation, eine seiner klassischen Basisfunktionen, nämlich die Bewirkung verbesserter Systemlösungen, wird zu einer von ihm letztlich nicht bewältigbaren Aufgabe erklärt"[877].

Organisationaler Wandel als laufender sowie planbarer Prozess: Die meisten Ansätze zur Organisationsentwicklung verstehen unter Wandel ein großes Planungsprojekt und gehen von der Annahme aus, dass es sich bei organisationalen Veränderungen (Wandel) um kontinuierliche, überschaubare und sich über längere Zeit erstreckende Prozesse handelt. Diese Annahmen entsprechen aber keinesfalls den Gegebenheiten der Realität, wo auf Grund von

---

[875] Schreyögg, G. (1998), S 526
[876] vgl. Schreyögg, G. (1998), S 526ff, ebenso auch vgl. Neuberger, O. (1991), S 261ff
[877] Schreyögg, G. (1998), S 527

intern sowie extern verursachten Veränderungen ein rascher, immer schneller werdender und auch immer weniger vorhersehbarer Wandel der Organisation erforderlich ist.

Organisationaler Wandel als ein klar umschreibbares Problem: Die Ansätze zur Organisationsentwicklung sehen den organisationalen Wandel im Sinne eines Projektes, d. h. es gibt einen klar definierten Anfang, ein klar definiertes Ende und ebenso eine klare Ziel- und Problemdefinition. Organisationale Veränderung wird hier als zeitlich befristeter Prozess verstanden. Die Praxis zeigt aber, dass das Management in der Lage sein muss, die Organisation in einer komplexen, unsicheren und permanent instabilen Umwelt zu steuern, zu entwickeln und zu gestalten. Wandel ist so gesehen ein nie abgeschlossener Prozess.

Organisationaler Wandel als ein Sonderfall – als Ausnahmesituation: Das generelle Verständnis der Organisationsentwicklung basiert auf der Annahme, dass der organisationale Wandel einen Sonderfall im Organisationsgeschehen darstellt. Wie bereits angesprochen, wird Organisationsentwicklung als Projekt verstanden. Insofern ist Veränderung ein Ausnahmezustand und es kann damit die Betrauung eines Spezialisten gerechtfertigt werden. Die Organisationsentwicklung geht vom Homöostasemodell und den daraus abgeleiteten Gleichgewichtsbestrebungen einer Organisation aus – Wandel ist ein Sonderfall. Diese Annahmen und Vorstellungen wurden aber nicht erst in letzter Zeit hinterfragt bzw. widerlegt. So findet man bei Weick[878] den Ansatz für ein radikales, völlig gegensätzliches Modell der *chronically unfrozen* Organisation. Weick beschreibt die Organisation als Strom und dabei wäre das entsprechende Bild das eines „multiplen heterogenen Flusses von unterschiedlicher Viskosität,

---

[878] vgl. Weick, K. (1985), S 64ff

der sich mit variabler Geschwindigkeit bewegt"[879]. Ebenso soll auf Ansätze hingewiesen werden, die auf dem Theorem der Autopoiese[880] beruhen. Autopoietische Konzepte operieren auf der Basis von fortlaufenden Ereignisketten und somit ist ein autopoietisches System immanent dynamisch. Wandel wird zum Prinzip einer Organisation[881] und völlig *normal*. Unerheblich wie die Sichtweise einer Organisation ist, es ist jedenfalls immer kritisch zu betrachten, wenn Wandel als Ausnahme bzw. als Sonderfall definiert wird.

4.1.2.2. *Organisationstransition*

Organisationstransition (Organizational Transition) ist eine Form der organisationalen Veränderung, in der einzelne Prozesse des Wandels in den Mittelpunkt der Betrachtungen gerückt werden. Organisationaler Wandel ist in diesem Konzept ein Prozess, in dem der Ist-Zustand über einen Zwischen-Zustand in einen Soll-Zustand verändert wird. Der Zwischen-Zustand ist der eigentliche Übergang respektive die Transition. Dieser Ansatz geht von der Annahme aus, dass sich der Prozess des organisationalen Wandels stetig vollzieht, d. h. er wird als kontinuierlich und zeitlich überschaubar angenommen, was allerdings im Widerspruch zu systemtheoretischen Erkenntnissen steht, da diesbezüglich interne ebenso wie externe Faktoren es oftmals für die Wiederherstellung der Überlebensfähigkeit der Organisation notwendig machen, dass die Veränderungen schnell, diskret sowie revolutionär erfolgen.[882]

---

[879] Weick, K. (1985), S 64
[880] vgl. dazu auch die Darstellungen in Kapitel 3.2.2.
[881] vgl. Wildemann, H. (1994), S 32
[882] vgl. Güldenberg, S. (1997), S 140

Dem Transitionsmanagement kommen im Rahmen des Ansatzes zur Organizational Transition folgende zentrale Aufgabenbereiche zu:[883]

> Eine klare Diagnose der konkreten Kernkompetenzen einer Organisation in ihrem momentanen und zukünftigen Umfeld im Sinne der Feststellung der Ausgangssituation ist Grundvoraussetzung.

> Im Zuge der Reduktion der Unsicherheit ist ein klares Konzipieren und Kommunizieren eines zukünftig wünschenswerten klaren Bildes erforderlich.

> Es ist erforderlich, dass alle Aspekte im Zuge der Verhaltensänderung mit berücksichtigt werden, d. h. alle Mitarbeiter, Aufgaben sowie formale und informale Organisationsstrukturen sind in den Transitionsprozess einzubeziehen.

> Ein Einsatz spezifischer Techniken für das Transitionsmanagement ist erforderlich.

> Die Evaluation ebenso wie ein Feedback über die Fortschritte im Bereich der Entwicklungen in Richtung des wünschenswerten Soll-Zustandes ist unerlässlich.

Organisationstransition ist somit ein weiterer Ansatz im Bereich der organisationalen Veränderung, wobei dieser Ansatz aber im Vergleich zur Organisationsentwicklung und Organisationstransformation eher den bereits etablierten Reorganisationsmaßnahmen zuzuordnen ist. Die Organisationstransition bezieht sich in ihrem Ansatz im Speziellen auf das Zwischenstadium respektive die Übergangsphase zwischen gegenwärtigem Stadium und einem zukünftigen Stadium einer Organisation.[884] So gesehen kann sie auch als

---

[883] vgl. Staehle, W. (1991), S 858f, wobei die Darstellung dieser Kernbereiche hier in Anlehnung an Nadler, D. (1987), S 358ff und Allaire, Y.; Firsirotu, M. (1985) erfolgt.
[884] vgl. Staehle, W. (1991), S 857

spezifischer Teilbereich von Organisationsentwicklung und Organisationstransformation gesehen werden.

4.1.2.3. *Organisationstransformation*

Organisationstransformation ist ein Konzept, in dem auf Basis von historischen
Analysen sowie Längsschnitterhebungen versucht wird, die Form sowie Spuren
des Wandels, die davon betroffenen Elemente der Organisation und Muster sowie
Sequenzen der Veränderung zu identifizieren, wobei dieser Ansatz sehr
wesentlich durch Organisationskultur- und Konsistenzansätze geprägt ist.[885] Im
Unterschied zu den bisher dargestellten Ansätzen der Organisationsveränderung
wird hier eine Verbindung zwischen organisationalem Wandel und Wandel des
Umfeldes hergestellt, wobei folgende drei Aspekte den organisationalen Wandel
auslösen können:[886]

> ➤ Organisationaler Wandel kann durch das Registrieren der Veränderungen
> im Umfeld (allgemeiner Wandel) der Organisation ausgelöst werden.

> ➤ Organisationaler Wandel kann dadurch bewirkt werden, indem neue
> zukünftige Anforderungen erkannt werden, die sich auf Grund des
> allgemeinen Wandels für die Zukunft ergeben werden.

> ➤ Organisationaler Wandel kann durch das Erkennen und Registrieren der
> aktuellen Situation sowie ihrer unzureichenden Vorbereitung auf den
> allgemeinen Wandel ausgelöst werden.

Allaire/Firsirotu beschäftigten sich mit den auslösenden Faktoren für den
organisationalen Wandel. Blumenthal/Haspeslagh haben sich dahingehend mit der

---

[885] vgl. Staehle, W. (1991), S 551
[886] vgl. Allaire, Y.; Firsirotu, M. (1985), S 19ff

Organisationsveränderung auseinander gesetzt, indem sie die folgenden drei Arten der Organisationstransformation unterschieden haben:[887]

Die erste Art der Organisationstransformation wird von Blumenthal/Haspeslagh als *operative Verbesserung* bezeichnet. Durch ein Verändern von Arbeitsabläufen, das Reduzieren der Komplexitätskosten sowie durch das Erhöhen der Arbeitsqualität wird eine Verbesserung der gesamten Arbeitsproduktivität erreicht. Eine Organisation, die den organisationalen Wandel in Richtung einer schlanken Organisation beabsichtigt, führt grundsätzlich eine solche Organisationstransformation der ersten Stufe durch.

Die zweite Art der Organisationstransformation ist die *strategische Transformation*. Die Überlebensfähigkeit der gesamten Organisation wird durch das Konzentrieren auf die eigenen Kernkompetenzen sowie durch ein gezieltes Ausbauen der eigenen Stärken und durch das Festlegen der strategischen Neuausrichtung der Organisation erhöht. Die Umsetzung dieser Form der organisationalen Transformation gestaltet sich in der Praxis im Vergleich zur operativen Verbesserung schon wesentlich komplexer, da der gesamte Veränderungsprozess der Organisation deutlich langfristiger angelegt ist und erst in weiter Zukunft seine Auswirkungen wirklich sichtbar werden.

Die dritte Art der Organisationstransformation ist letztendlich die *gemeinschaftliche Selbsterneuerung*. Sie schafft in der Organisation die Fähigkeit, den allgemeinen Wandel zu erkennen, um dadurch strategische wie auch operative Abweichungen erst gar nicht entstehen zu lassen. Aus diesem Erschaffen der organisationalen Fähigkeit zum Erkennen des allgemeinen Wandels erübrigen sich die strategische und operative Transformation, d. h. diese

---

[887] vgl. Blumenthal, B.; Haspeslagh, P. (1994), S 102ff

werden überflüssig. Was dies aber im Konkreten für eine Organisation bedeuten kann, hängt von den bestehenden Paradigmen sowie Interpretationsmustern und neuen Organisationsmustern ab – erstrebenswert erscheint es jedenfalls für jede Organisation zu sein.

Im Zuge einer zusammenfassenden Gegenüberstellung von Organisationsentwicklung und Organisationstransformation können folgende zentrale Aspekte festgehalten werden:[888]

> Die Auslöser für den Wandel sind extern, beispielsweise in Form von Marktveränderungen und/oder neuen Technologien im Umfeld der Organisation zu finden.

> Organisationstransformation impliziert grundsätzlich eine neue Sichtweise der Realität, was somit auch eine neue Vision für die Zukunft der Organisation bedeutet. Insofern ist der organisationale Wandel nicht evolutionär, sondern revolutionär und Organisationstransformation ist im Bereich des Wandels 2. Ordnung zu subsumieren. Im Vergleich dazu ist Organisationsentwicklung vielmehr ein Fall des Wandels 1. Ordnung.

> Der Ausgangspunkt für die Veränderungsbemühungen in einer Organisation ist die Unzufriedenheit mit den bestehenden Managementphilosophien und die Überzeugung, dass neue, andere und bessere Lösungen existieren.

> Die Organisationstransformation bezieht qualitativ divergente Wahrnehmungs-, Denk- und Verhaltensweisen mit ein.

> Organisationstransformation betrifft nicht nur Teilbereiche, sondern sie umfasst und betrifft die gesamte Organisation.

> Das Top-Management initiiert den Prozess der Organisationstransformation. Insofern wird der gesamte Prozess im Idealfall auch von

---

[888] vgl. Staehle, W. (1991), S 854f

einem Team externer und interner Experten begleitet. Die Experten wirken unterstützend bei der Klärung von Problemen und bei der Neudefinition von Fragestellungen mit. Sie helfen ebenso bei der Suche und dem Finden von Festlegungen der neuen zukünftigen Realität.

➢ Auslösendes Faktum für die Organisationstransformation im Sinne eines radikalen strategischen Wandels ist eine Abweichung (ein sogenannter misfit) zwischen den gegenwärtigen Stärken der Organisation und den Herausforderungen der zukünftigen Konstellation des Umfeldes der Organisation.

➢ Eine Organisationstransformation wird insofern erforderlich, als sich die Organisation zeitgerecht auf diese neuen Situationen einstellen kann. Die neue Vision muss heute schon alle Potentiale der Organisation auf diese neuen zukünftigen Herausforderungen ausrichten und konzentrieren. Grundsätzlich ist das Initiieren einer Organisationstransformation in guten wirtschaftlichen Zeiten einer Organisation aber meist sehr schwierig, da die Notwendigkeit eines Wandels 2. Ordnung in einer momentan guten Wirtschaftslage nur schwer verdeutlicht werden kann respektive vom Management meist keine nachhaltige Einsicht dafür aufgebracht wird.

➢ Eine Neuorientierung der Organisation wird vor allem dann erforderlich, wenn sich abzeichnet, dass das aktuelle Umfeld der Organisation und hier vor allem die Märkte zukünftig keine ausreichenden Wachstums- und Gewinnchancen mehr bieten. Die Prognosen über Stagnation sowie Rückgang von Umsatzzahlen erfolgen rechtzeitig. Ein Zurücknehmen der Investitionen in stagnierenden oder gar rückläufigen Märkten sowie Neuinvestitionen in neu entstehende und wachsende Märkte führen zu einer Neuorientierung der Organisation. Neuorientierung heißt somit auch ein Umlenken der Ressourcen und Potentiale einer Organisation in neue, erfolgversprechende Bereiche respektive Märkte.

Folgende Übersicht zeigt zusammenfassend nochmals die grundlegenden Unterschiede zwischen der Organisationsentwicklung und der Organisationstransformation:

Organisationsentwicklung	Organisationstransformation
- Keine Herausforderung des herrschenden Paradigmas	- Änderung des herrschenden Paradigmas
- Beginnt mit einer Problemdiagnose und der Suche nach Lösungen	- Beginnt mit einer neuen Vision oder einer Krise mit der bestehenden Vision
- Zielorientiert	- Zweckorientiert – neue Mission
- Betonung von Werten, Normen und Einstellungen	- Betonung von Ideologie, Politik und Technik
- Einigung über Lösungen	- Ausrichten von Personen und Systemen an einer neuen Mission
- Gegenwartsorientiert	-Zukunftsorientiert
- Kontinuität mit der Vergangenheit	-Beginn einer neuen Zukunft

Abbildung 57: Organisationsentwicklung und -transformation – eine Gegenüberstellung[889]

Wenn sich der gesamte Prozess der Organisationstransformation im Sinne der gemeinschaftlichen Selbsterneuerung über eine längere Zeitspanne hinweg erstreckt, so entwickeln sich sogenannte Wandlungspfade oder *Organizational Tracks*. Unter dem systemischen Betrachtungswinkel einer Organisation verbinden sich diese über die Zeit eingeprägten Wandlungspfade zu Konfigurationen, die auch als Archetypen[890] bezeichnet werden können.[891]

---

[889] in Anlehnung an Levy, A.; Merry, U. (1986), S 33 und Staehle, W. (1991), S 855
[890] „Archetypen sind Cluster von formell geplanten und emergenten (informell entstandenen) Strukturen und Systemen, die durch gemeinsam geteilte Ideen, Werte und Normen (einem

Evolutionäre, aber vor allem revolutionäre Veränderungen dieser grundlegenden Muster respektive Archetypen schaffen, erzeugen und steigern die Fähigkeit zum Lernen und zum Wandel der gesamten Organisation, was letztendlich als Lernende Organisation bezeichnet werden kann, d. h. die dritte Art der Organisationstransformation nach Blumenthal/Haspeslagh, die gemeinschaftliche Selbsterneuerung im Sinne eines Übergangs von einem Archetypen auf einen neuen, entspricht dem Konzept der Lernenden Organisation.[892]

Dieser Ansatz der Transformation der Organisation, der hier aufgezeigt wurde, soll in weiterer Folge im Kapitel 5 nochmals aufgegriffen und im Handlungsfeld der Betriebspädagogik weiterentwickelt werden, denn Lernende Organisation ist in diesem Sinne mehr als *nur* Fortschritt und Entwicklung einer Organisation, und somit bietet sich ein breites Feld für die Agenden des Managements unter betriebspädagogischem Betrachtungswinkel im Funktionsspektrum der Organisation.

kollektiven Interpretationsschema) zusammengehalten werden." Hinings, C.; Greenwood, R. (1988) zitiert nach Staehle, W. (1991), S 857
[891] vgl. Wiegand, M. (1996), S 113f, vgl. Staehle, W. (1991), S 857
[892] vgl. Blumenthal, B.; Haspeslagh, P. (1994), S 104ff

4.2. Wandel und Personalentwicklung – Personalveränderung

Folgt man einem ganzheitlichen, nach verhaltenswissenschaftlichen Erkenntnissen ausgerichteten Managementansatz, so können folgende zwei Hauptaufgabenbereiche bzw. -ziele des Managements ausgemacht werden:[893]

➢ Entfaltung der Mitarbeiter durch ein humanes, an den Werten und Bedürfnissen der Mitarbeiter orientiertes Management, im Sinne einer menschengerechten Führung.

➢ Erhöhung der Leistungsfähigkeit einer Organisation durch ein leistungsfähiges, an Wirtschaftlichkeit und Produktivität der Organisation orientiertes Management im Sinne einer leistungsorientierten Führung.

Weder die Leistungsorientierung noch die Menschenorientierung sind bei einer gesamtheitlichen Sichtweise einer Organisation verzichtbare oder vernachlässigbare Aspekte des Managements in Bezug auf die Leistungserstellung einer Organisation. Ein neben anderen für die Leistungserstellung eingesetzter Produktionsfaktor ist die menschliche Arbeitsleistung, die sich als „Einsatz der geistigen, körperlichen und seelischen Kräfte des Menschen"[894] zur Erfüllung der Zielsetzungen einer Organisation definieren lässt. Legt man den Fokus auf das Humankapital einer Organisation, so ist die Personalentwicklung ein zentrales Thema im gesamten Aufgabenfeld des Personalmanagements respektive des Human Resources Managements[895] bzw. der Personal[896]- und Managementlehre, und es ist zu vermuten, dass sie in Zukunft noch an Bedeutung gewinnen wird.

---

[893] vgl. Hopfenbeck, W. (1989), S 199, vgl. Jeserich, W. (1989), S 60, vgl. Innreiter-Moser, C. (1995), Sp 1716
[894] Böhrs, H. (1980), S 13
[895] vgl. dazu auch die Ausführungen in Kapitel 3.1.1.

278

Die folgende Grafik zeigt die klassische Positionierung der Personalentwicklung im Gesamtgefüge der personalwirtschaftlichen Funktionen.

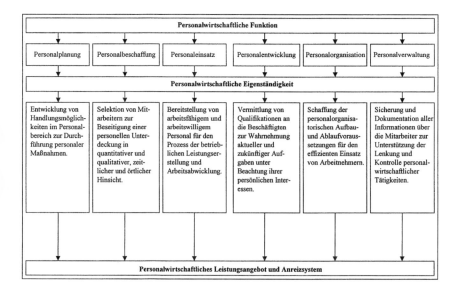

Abbildung 58: Personalentwicklung – personalwirtschaftliche Funktion[897]

Gerade im Blickwinkel der Lernenden Organisation und des allgemeinen sowie organisationalen Wandels rücken Aspekte wie beispielsweise Lernen, Förderung der Fähigkeiten, Fertigkeiten und Anlagen der Mitarbeiter, Qualifizierung, Wissen oder Können der Mitarbeiter in den Mittelpunkt der Betrachtungen einer Organisation. *Wettbewerb des Geistes* und *Ideenführerschaft* sind nach Geffroy[898], wie bereits angeführt, die *Gesetze* der Zukunft. Aus verhaltenswissenschaftlicher

[896] Siehe dazu auch einen geschichtlichen Überblick über die Entwicklung der betriebswirtschaftlichen Teildisziplin Personallehre, die in den 60er Jahren entstanden ist. vgl. Krell, G. (1998), S 222ff
[897] in Anlehnung an Heymann, H.; Müller, K. (1982), S 153
[898] vgl. Geffroy, E. (1999), S 154

Perspektive ist Bildung im Sinne eines ganzheitlichen Lernens ein Ansatz, der zur Handhabung der gegenwärtigen und zukünftigen Herausforderungen einen entscheidenden Beitrag[899] leisten kann. Die Personalentwicklung ist dabei das Feld der Handlung und Umsetzung.

4.2.1. Begriffliche Variationen zur Personalentwicklung

Für die Personalentwicklung kann in der Literatur eine Fülle an Definitionen ausgemacht werden, und ebenso wie der Bereich der Organisationsveränderung[900] setzt auch sie letztendlich bei den Modellen des allgemeinen Wandels[901] an.

Bevor mit einer systematischen, aktiven und flexiblen Anwendung sowie Ausgestaltung der Ansätze der Personalentwicklung begonnen werden kann, gilt es eine Standortbestimmung ihrer selbst vorzunehmen, wobei das Verständnis bzw. die Sichtweise von Personalentwicklung sich durch das Bild des Menschen in der Organisation im Lauf der Zeit geändert hat. Die folgende Übersicht soll verdeutlichen, wie sich das Bild des Menschen im Vergleich von traditionellen Managementansätzen über Human Relations Ansätze hin zu Human Resources Ansätzen gewandelt hat.

---

[899] Betriebliche Bildung kann aber nicht zum alleinigen Allheilmittel für alle Anforderungen einer Organisation gemacht werden. vgl. Gabele, E. (1982), S 307

[900] vgl. dazu die Darstellungen in Kapitel 4.1.2.

[901] vgl. dazu die Darstellungen in Kapitel 4.1. Die Ansätze des allgemeinen Wandels sind nicht zuletzt durch die enge Verknüpfung von Organisationsveränderung und Personalentwicklung richtungweisend für das gesamte Feld der Personalentwicklung.

Traditionelles Modell	Human Relations Modell	Human Resources Modell
	Annahmen	
Die meisten Menschen empfinden Abscheu vor der Arbeit.	Menschen wollen sich als bedeutend und nützlich empfinden.	Menschen wollen zu sinnvollen Zielen beitragen, bei deren Formulierung sie mitgewirkt haben.
Lohn ist wichtiger als die Arbeit selbst und nur wenige können oder wollen Aufgaben übernehmen, die Kreativität, Selbstbestimmung und Selbstkontrolle erfordern.	Menschen benötigen Zuneigung und Anerkennung. Dies ist im Rahmen der Arbeitsmotivation wichtiger als Geld.	Die meisten Menschen könnten viel kreativere und verantwortungsvollere Aufgaben übernehmen, als es die gegenwärtige Arbeit verlangt.
	Empfehlungen	
Der Manager hat seine Mitarbeiter eng zu überwachen und zu kontrollieren.	Der Manager sollte jedem Mitarbeiter ein Gefühl der Nützlichkeit und Wichtigkeit geben.	Der Manager sollte verborgene Anlagen und Qualitäten der Mitarbeiter nutzen.
Er soll Aufgaben in einfache, repetitive und einfach zu lernende Schritte aufteilen.	Er soll seine Mitarbeiter gut informieren und auf ihre Einwände hören.	Er soll eine Atmosphäre schaffen, in der die Mitarbeiter sich voll entfalten können.
Er soll detaillierte Arbeitsanweisungen entwickeln und durchsetzen.	Er soll den Mitarbeitern Gelegenheit zur Selbstkontrolle bieten.	Er soll Mitbestimmung praktizieren und dabei die Fähigkeiten zur Selbstbestimmung und Selbstkontrolle entwickeln.
	Erwartungen	
Menschen ertragen die Arbeit, wenn der Lohn stimmt und der Vorgesetzte fair ist.	Information und Mitsprache befriedigen die Bedürfnisse nach Anerkennung und Wertschätzung.	Mitbestimmung, Selbstbestimmung und Selbstkontrolle führen zu Produktivitätssteigerung.
Wenn die Aufgaben einfach genug sind und die Mitarbeiter eng kontrolliert werden, erreichen sie das Soll.	Die Befriedigung führt zur Zufriedenheit und baut Widerstände gegen die formale Autorität ab.	Als Nebenprodukt kann auch die Zufriedenheit steigen, da die Mitarbeiter all ihre Fähigkeiten nutzen können.

Abbildung 59: Mitarbeiterbild in verschiedenen Managementmodellen[902]

---

[902] in Anlehnung an Hopfenbeck, W. (1989), S 210

Gerade beim Human Resources Ansatz stehen die Personalentwicklungs-maßnahmen im Zentrum der Handlung, da eben gerade das Humanpotential vorwiegend durch das Qualifizierungspotential[903] determiniert wird.[904]

Im folgenden Kapitel soll, ausgehend von einer begrifflichen Positionsbestimmung für die Personalentwicklung, in einem weiteren Schritt deren Zielsetzung diskutiert werden, um in der Folge auf die spezifischen Herausforderungen hinsichtlich Ausrichtung, Wege und Erfolge der Personalentwicklung eingehen zu können. Ebenso sollen im Anschluss daran der Wandel der Wertorientierung (Paradigmenwandel) in einer Organisation sowie die Entwicklung und Förderung der Kompetenzen der Mitarbeiter aufgezeigt werden.

Die hier angeführten Begriffsbestimmungen zur Personalentwicklung sind stellvertretend für die in der Literatur[905] vorhandene Fülle an diesbezüglichen Definitionen zu verstehen, wobei es keineswegs das Ziel der vorliegenden Ausführungen ist, die einzig richtige Definition herauszufinden, denn „Definitionen sind nicht Finde-, sondern Bestimmungsleistungen und damit Konventionen"[906]. Es soll damit aber ein Überblick über das breite Spektrum der unterschiedlichen Auffassungen und eine Orientierung bei der Vielfalt der Zugänge zur Personalentwicklung gegeben werden. Folgende ausgewählte Definitionen der Personalentwicklung sollen den Stand in der einschlägigen Literatur verdeutlichen:

---

[903] Darunter versteht man „das potentiell realisierbare Arbeitsvermögen eines Menschen, das aufgrund unterschiedlicher Lebens- und Arbeitsbiographien sehr unterschiedlich ausgeprägt ist und entsprechend eine individuelle Aktivierung erfordert". Staehle, W. (1991), S 804

[904] vgl. Staehle, W. (1991), S 804

[905] In der zu den jeweiligen Definitionen angegebenen Literatur sind spezifische Kontextbeziehungen sowie weiterführende Erläuterungen zu finden.

[906] Neuberger, O. (1991), S 1

„Die Personalentwicklung (PE) dient der **anforderungsgerechten Qualifizierung aller Mitarbeiter,** deren persönliche Zielvorstellungen im Rahmen der betrieblichen Möglichkeiten berücksichtigt werden sollten."[907]

Personalentwicklung ist nach Neuberger die *„Umformung des unter Verwertungsabsicht zusammengefaßten Arbeitsvermögens "*[908].
„Personalentwicklung umfaßt alle Maßnahmen der Bildung, der Förderung und der Organisationsentwicklung, die von einer Organisationseinheit zielorientiert geplant, realisiert und evaluiert werden."[909]

„Die Personalentwicklung hat die Aufgabe, die Fähigkeiten der Mitarbeiter in der Weise zu fördern, daß sie ihre gegenwärtigen und zukünftigen Aufgaben bewältigen können und ihre Qualifikation den gestellten Anforderungen entspricht."[910]

„Unter der Personalentwicklung eines Unternehmens sind alle Maßnahmen zu verstehen, die der individuellen beruflichen Entwicklung der Mitarbeiter aller Hierarchieebenen dienen und ihnen unter Beachtung ihrer persönlichen Interessen die zur Wahrnehmung ihrer aktuellen und auch zukünftigen Aufgaben notwendige Qualifikation vermitteln."[911]

Personalentwicklung ist die „Vorbereitung der Beschäftigten auf anspruchsvollere Tätigkeiten und Arbeitsplätze"[912].

---

[907] Thom, N.; Winkelmann, E. (1984), S 361
[908] Neuberger, O. (1991), S 3
[909] Becker, M. (1993), S 36
[910] Thommen, J.; Achleitner, A. (1998), S 659
[911] Heymann, H.; Müller, K. (1982), S 151f, wobei im Original dieser Text fett geschrieben ist.
[912] Schreyögg, G. (1998), S 247

„Die Personalentwicklung (PE) umfaßt alle bildungs- und stellenbezogenen Maßnahmen ..., die zur Qualifizierung der Mitarbeiter und Führungskräfte dienen und sich stützen auf Informationen über Personen ..., Organisationseinheiten ... und relevante Märkte."[913]

„Die Personalentwicklung verfolgt das Ziel, Mitarbeiter aller hierarchischen Stufen für die Bewältigung der gegenwärtigen und zukünftigen Maßnahmen zu qualifizieren. In diesem Sinne werden unter Personalentwicklung Programme und Systeme verstanden, die sich mit Personalförderungsmaßnahmen sowie Methoden der Aus-, Fort- und Weiterbildung im Unternehmen befassen."[914]

„Unter Personalentwicklung ist eine Summe von Tätigkeiten zu verstehen, die für das Personal nach einem einheitlichen Konzept systematisch vollzogen werden. Sie haben in bezug auf einzelne Mitarbeiter aller Hierarchie-Ebenen eines Betriebes die positive Veränderung ihrer Qualifikationen und/oder Leistungen durch Bildung, Karriereplanung und Arbeitsstrukturierung zum Gegenstand. Sie geschehen unter Berücksichtigung des Arbeits-Kontextes, wobei ihre Orientierungsrichtung die Erreichung ... von betrieblichen und persönlichen Zielen ist."[915]

Personalentwicklung „ist eine Form der zielgerichteten Beeinflussung menschlichen Verhaltens (wie Motivation und Führung), und zwar über die Erweiterung und/oder Vertiefung bestehender und/oder Vermittlung neuer Qualifikationen. Die geplante betriebliche Fort- bzw. Weiterbildung"[916] ist als zentrales Feld in der Personalentwicklung zu betrachten.

---

[913] Thom, N. (1992b), Sp 1676f
[914] Jung, H. (1999), S 244
[915] Berthel, J. (1995), S 226
[916] Staehle, W. (1991), S 804

Personalentwicklung ist die „Gesamtheit aller systematischen und koordinierten Planungs- und Steuerungsmaßnahmen der betrieblichen Ausbildung, Weiterbildung und Umschulung sowie des Personaleinsatzes unter Nutzung der Informationen über Qualifikations- und Leistungsprofile, Anforderungsprofile, Arbeits- und Bildungsmarktdaten"[917].

„Inner-/außerbetriebliche on/off the job Aus- und Weiterbildung von Fach- und Führungskräften"[918] sind die zentralen Elemente der Personalentwicklung.

„Unter Personalentwicklung können diejenigen betrieblichen Maßnahmen verstanden werden, mit denen Qualifikationen von Mitarbeitern ... erfaßt und bewertet sowie diese durch die Organisation von Lernprozessen mit Hilfe kognitiver, motivationaler und situationsgestaltender Verhaltensbeeinflussung aktiv und systematisch verändert werden"[919].

Personalentwicklung ist „nicht nur eine rein qualitative, systematische und ziel-gerichtete Verbesserung der Kenntnisse und Fertigkeiten, sondern neben einer Förderung der kognitiven und sozialen Fähigkeiten bzw. Einstellungen auch das Eingehen auf die berufsbezogenen Wünsche und Bedürfnisse der einzelnen Mitarbeiter"[920].

„Personalentwicklung umfaßt im weitesten Sinne Ausbildung, Fortbildung und Weiterbildung sowie generell Mitarbeiterförderung. Personalentwicklung wird immer dann erforderlich, wenn Diskrepanzen zwischen Fähigkeiten und

---

[917] Georg, W.; Grüner, G.; Kahl, O. (1995), S 174
[918] Domsch, M. (1991), S 340
[919] Becker, F. (1994), S 297
[920] Quiskamp, D. (1989), S 8

Anforderungen nicht über Personalbeschaffung beziehungsweise -freisetzung ausgeglichen werden können oder sollen."[921]

Personalentwicklung ist die „Summe von Maßnahmen ..., die systematisch, positions- und laufbahnorientiert eine Verbesserung der Qualifikation der Mitarbeiter zum Gegenstand haben mit der Zwecksetzung, die Zielverwirklichung der Mitarbeiter und des Unternehmens zu fördern"[922] [923].

Diese Liste an Definitionen könnte noch beliebig fortgesetzt werden, wobei die dargestellten Definitionen aber schon zeigen, dass sich im Wesentlichen zwei Linien im Begriffsverständnis unterscheiden lassen: Einerseits die klassische Sichtweise[924], wie bei der Definition von Jung, Thom/Winkelmann oder beispielsweise Scholz, in der die Personalentwicklung mit der beruflichen Qualifizierung, in Form von Aus- und Weiterbildung bzw. Mitarbeiterschulung gleichgesetzt wird. Andererseits die neueren Begriffsbestimmungen von Personalentwicklung wie beispielsweise von Staehle, Quiskamp oder Berthel, wo die betriebliche Bildung zwar den Kern der Personalentwicklung bildet[925], Personalentwicklung aber auch traditionelle Instrumentarien des Personalwesens[926] als Untersuchungsgegenstand umfasst.

---

[921] Scholz, C. (1989), S 177

[922] Conradi, W. (1983), S 3

[923] Das Zitat ist im Originaltext unterstrichen.

[924] In der klassischen Personalwirtschaftslehre werden betriebliche Bildung und Personalentwicklung gleichgesetzt, vgl. Staehle, W. (1991), respektive wurden Qualifizierungsmaßnahmen für die Entwicklung der individuellen Fähigkeiten früher oft einfach als betriebliche Aus- und Weiterbildungsmaßnahmen oder Mitarbeiterschulung bezeichnet, vgl. Schanz, G. (1993), S 92 und Personalentwicklung ist ein Begriff, der davon differenziert zu betrachten ist.

[925] vgl. Staehle, W. (1991), S 804

[926] vgl. Aschenbrücker, K. (1991), S 88

So ist die Personalentwicklung in Sinne des klassischen Begriffsverständnisses gleichbedeutend mit dem Begriff der beruflichen Bildung.[927] Betrachtet man die weiter gefassten Definitionen, so kann der von Neuberger[928] angesprochenen Parallelität bzw. Einigkeit des Begriffsverständnisses im Kontext der verschiedenen Bereiche zugestimmt werden. Die folgenden Punkte, die bei Analysen der Definitionen und Konzepte zur Personalentwicklung beispielsweise von Becker[929], Mayrhofer[930] und Aschenbrücker[931] herausgearbeitet wurden, sollen diese Parallelität verdeutlichen.

Qualifizierungsmaßnahmen sollen Arbeitnehmer befähigen, den gegenwärtigen und zukünftigen Stellenanforderungen gerecht zu werden.

Personalentwicklung erstreckt sich auf Organisationsmitglieder für die Dauer ihrer Zugehörigkeit.

Ein Personalentwicklungssystem umfasst bildungs- und stellungsbezogene Elemente.

Es besteht eine wachsende Bedeutung von informatorischen Elementen in Personalentwicklungssystemen.

Organisatorische Regelungen, Aufbau- und Ablauforganisation, werden in Personalentwicklungskonzeptionen als gegeben betrachtet.

Es erfolgt eine Hervorhebung des Zusammenhanges zwischen Personal- und Organisationsentwicklung.

Die dualistische Betrachtung der Interessen von Organisation und Belegschaft ist zentraler Ansatzpunkt.

Abbildung 60: Gemeinsamkeiten in der Personalentwicklungsliteratur[932]

Die unterschiedliche Sichtweise des Gesamtbereiches der Personalentwicklung sowohl in der Theorie als auch in der Praxis lässt sich vordergründig damit

---

[927] vgl. Anderseck, K. (1995), S 344
[928] vgl. Neuberger, O. (1991), S 6ff
[929] vgl. Becker, M. (1993), S 33ff
[930] vgl. Mayrhofer, W. (1993), S 156f
[931] vgl. Aschenbrücker, K. (1991), S 86ff
[932] in Anlehnung an Becker, M. (1993), S 33 und Aschenbrücker, K. (1991), S 86

begründen, „daß sich die Fragen nach Zielen, Methoden bzw. Instrumenten, Inhalten bzw. Ansatzpunkten, Zielgruppen sowie Hintergrundannahmen und theoretischen Konzepten durchaus unterschiedlich beantworten lassen"[933] und es für ein und dieselbe Fragestellung nie nur eine einzig richtige Lösung gibt, sondern viele mögliche Lösungen unter verschiedenen Schwerpunktsetzungen denkbar sind.

Als Grundlage für die vorliegende Arbeit gilt das weitgefasste Verständnis von Personalentwicklung, d. h. Qualifizierungsmaßnahmen, respektive der gesamte Bereich der betrieblichen Bildung, stehen im Mittelpunkt der Ausführungen und machen einen wichtigen Teil der Personalentwicklung aus. Daneben sind aber ebenso Aspekte der Laufbahnplanung, der Potentialerfassung der Mitarbeiter oder Fragen von Job Design und Effizienzsicherung sowie der Bereich der Arbeitsplatzstrukturierung im Kontext der Personalentwicklung mit zu berücksichtigen, denn es geht letztendlich nicht um eine Steigerung der Weiterbildungsmaßnahmen in Form von mehr und besseren Kursen, sondern um mehr Lernen in und von der gesamten Organisation. Mit der folgenden Abbildung soll der Zusammenhang zwischen beruflicher Bildung und dem weiter gefassten Begriff der Personalentwicklung dargestellt werden.

---

[933] Mayrhofer, W. (1993), S 157

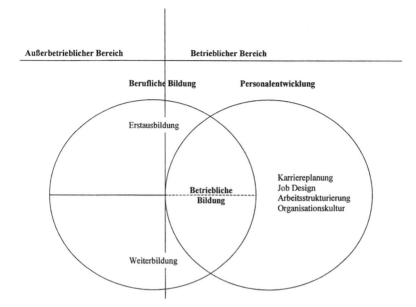

Abbildung 61: Zusammenhang zwischen beruflicher Bildung und Personalentwicklung[934]

Wie in der Grafik zu sehen ist, ist die *gemeinsame Menge* von beruflicher Bildung und Personalentwicklung der gesamte Bereich der betrieblichen Bildungsarbeit im Sinne der „organisierten betrieblichen Bildung"[935]. Erstausbildung und außerbetriebliche Weiterbildung machen den gesamten Bereich der beruflichen Bildung aus, während über den Kernbereich der betrieblichen Bildung hinaus Job Design, Laufbahnmaßnahmen, Arbeitsplatzkonzepte oder Potentialerfassungen den gesamten Bereich der Personalentwicklung charakterisieren.

---

[934] in Anlehnung an Anderseck, K. (1995), S 345
[935] Anderseck, K. (1995), S 345

Was bei diesem Ansatz der betrieblichen Bildung vollständig außer Acht gelassen wird, ist der gesamte Bereich des selbstgesteuerten, nicht geplanten, nicht organisierten Lernens der Mitarbeiter. Wie bei Neuberger[936] angeführt, basieren die bisherigen empirischen Untersuchungen in Bezug auf die Weiterbildung in Organisationen immer nur auf dem Bereich der geplanten, organisierten betrieblichen Bildung, und der gesamte informale Weiterbildungsbereich wird nicht berücksichtigt. Dieser Aspekt soll im Kapitel 4.3. nochmals aufgegriffen werden, da er ein wesentliches Potential in Bezug auf das organisationale Lernen im Handlungsfeld der Betriebspädagogik darstellt.

Die vorliegende Arbeit greift im Speziellen bei den Bereichen der Qualifikation und betrieblichen Bildung die Aspekte der Weiterbildung heraus, da die Weiterbildung den Schwerpunkt der Personalentwicklung im Kontext des hier gewählten Begriffsverständnisses ausmacht, wobei diesbezüglich, entsprechend dem modernen Ansatz, nicht mehr zwischen betrieblicher Weiter- und Fortbildung unterschieden werden soll, sondern allgemein von betrieblicher Weiterbildung gesprochen wird. Die Aspekte der Ausbildung[937] bleiben hier soweit außer Ansatz ebenso wie auch alle außerberuflichen Bildungsmaßnahmen.

---

[936] vgl. Neuberger, O. (1991), S 6ff, dieser Hinweis findet sich auch beispielsweise bei Staehle, W. (1991), S 804 oder Anderseck, K. (1995), S 346f

[937] Hierzu kann auf einschlägige Literatur wie beispielsweise vgl. Schanz, G. (1993), S 370ff, vgl. Dubs, R. (1990), S 154ff, vgl. Becker, F. (1994), S 63ff, vgl. Niedermair, G. (1997), S 153ff, vgl. Ackermann, K.; Rothenberger, P. (1987), S 9ff, vgl. Schanz, H. (1979), S 36ff, vgl. Dubs, R. (1994), S 21ff, vgl. Berthel, J. (1995), S 258ff, vgl. Dubs, R. (1997b), S 69 verwiesen werden. Eine umfassende Darstellung dieses Gebietes würde den Rahmen der Ausführungen sprengen, ebenso ist eine konkrete Auseinandersetzung mit dem Bereich der Ausbildung nicht Zielsetzung der vorliegenden Arbeit.

4.2.2. Aktionsfeld und Zielsetzung der Personalentwicklung

Leitet man aus den oben gegebenen Definitionen die Zielsetzung der Personalentwicklung ab, so wird in einzelnen Begriffsbestimmungen[938] explizit darauf verwiesen, dass die Ziele der *Mitarbeiter* und der *Organisation* zu verfolgen sind. Erweitert man diese Sichtweise, so werden im prozessoralen Betrachtungswinkel der Personalentwicklung die damit verbundenen Ziele, Inhalte, Abläufe und Strukturen nicht nur durch die Organisation und ihre Mitarbeiter bestimmt, sondern gesellschaftliche Rahmenbedingungen determinieren diese ebenso.

Gesellschaftliche Einflussparameter auf die Personalentwicklung einer Organisation sind beispielsweise Rechtsprechung und Gesetzgebung, Arbeitsmarkt, Bildungssystem, Kooperationsmöglichkeiten, Berufsstrukturen oder Werthaltungen und Wertewandel[939] im Umfeld einer Organisation.[940] Diese durch die Gesellschaft determinierten Ziele[941] der Personalentwicklung wirken sich beispielsweise wie folgt aus: Verbesserung der Arbeitswelt, Erhaltung der Leistungsfähigkeit einer Volkswirtschaft, Vollbeschäftigung bzw. Senkung der Arbeitslosenrate, Reintegration von älteren Arbeitslosen in das

---

[938] vgl. beispielsweise die Definition von Thom, N.; Winkelmann, E. (1984), S 361, Heymann, H.; Müller, K. (1982), S 151f, Berthel, J. (1995), S 226 oder Conradi, W. (1983), S 3

[939] Wesentlich für den Bereich des Wertewandels ist auch der Wandel zwischen den Generationen mit der Entwicklung hin zu postmaterialistischen Werten. Auf der Makroebene können so beispielsweise folgende Veränderungen ausgemacht werden: Durch laufende technologische und wirtschaftliche Entwicklungen können existenzielle Bedürfnisse immer umfassender befriedigt werden, das Bildungsniveau steigt kontinuierlich an, die geografische Mobilität der Individuen steigt und durch die Massenmedien wird Kommunikation immer mehr zu globaler Massenkommunikation. Auf der individuellen Ebene treten Lebensqualität und Selbstverwirklichung immer mehr in den Vordergrund des Wertgefüges. vgl. Widmaier, S. (1991), S 21f

[940] vgl. Thom, N. (1992b), Sp 1679f, vgl. Laske, S. (1987), Sp 1659

[941] vgl. Jung, H. (1999), S 247, vgl. Berthel, J. (1995), S 237, vgl. Becker, M. (1993), S 111

Beschäftigungssystem, Sicherheit am Arbeitsplatz, Image- und Ansehensverbesserung, Umschulungsmaßnahmen von Arbeitsmarkteinrichtungen u. ä.

Organisationale Einflussparameter auf die Personalentwicklung sind unter anderem die organisationalen und personellen Strukturen, die Unternehmenskultur, Organisationsgröße, strategische Planung, Führungsphilosophie oder finanzielle Ressourcen,[942] wobei dadurch Ziele wie beispielsweise Wettbewerbsfähigkeit, Standortsicherung, Überleben und Gewinnerzielung für eine erwerbswirtschaftlich ausgerichtete Organisation, Flexibilität, Anpassung an veränderte Erfordernisse am Markt, Arbeitsqualitätssteigerung oder Sicherung eines qualifizierten Mitarbeiterstandes bzw. Erhalt und Stärkung des betrieblichen Humanvermögens beeinflusst werden.

Der dritte Bereich sind die durch alle Mitarbeiter[943] bestimmten Rahmenbedingungen – *personelle Rahmenbedingungen*, für die vor allem persönliche Entfaltung und Karrierevorstellungen, Qualifizierungsstruktur der Mitarbeiter[944], Lernfähigkeit und -bereitschaft, Motivation, zur Verfügung stehende Zeit, Managerposition, demografische Strukturen oder Identifikation mit der Organisation[945] exemplarisch angeführt werden können. Diesbezüglich lassen sich die Ziele der Mitarbeiter und des Managements wie beispielsweise Karrierechancen, Selbstentfaltung und -verwirklichung, Lebensqualität, Attraktivitätssteigerung am Arbeitsmarkt, Mobilitätssteigerung, Einkommenssteigerung oder mehr Integration und Flexibilität ableiten.

---

[942] vgl. Thom, N.(1992b), Sp 1680f, vgl. Berthel, J. (1995), S 237f, vgl. Laske, S. (1987), Sp 1659f

[943] Hier sind Mitarbeiter im eigentlichen Sinne ebenso wie Führungskräfte angesprochen.

[944] Für die jeweilige Aufgabenbewältigung redefiniert der Mitarbeiter die übernommenen Aufgaben „im Rahmen seiner vorhandenen psychischen und physischen Leistungsvoraussetzungen", (Sonntag, K. (1999), S 157) wobei es gilt, diese *Qualifikationsstruktur* zu ermitteln. vgl. Sonntag, K. (1999), S 157

Folgende Grafik zeigt das Zusammenspiel von personalen und organisationalen Rahmenbedingungen und Zielen. Das oberste Ziel der Personalentwicklung sollte die Erreichung individueller und institutioneller Ziele[946] [947] sein, d. h. die Interessen der einzelnen Mitarbeiter in Bezug auf ihre berufliche Entwicklungs- und Karrieremöglichkeiten sollten in die Zielsetzungen einer Organisation integriert werden, um zwischen den Beteiligten einen Interessenausgleich zu erreichen;[948] nur so kann das Potential der Mitarbeiter voll nutzbar gemacht werden:

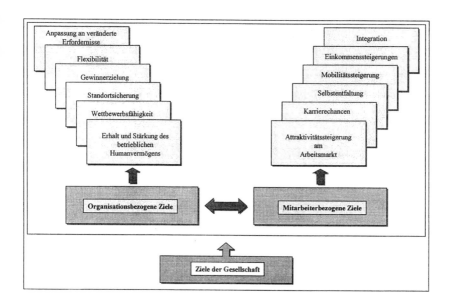

Abbildung 62: Ziele der Organisation und der Mitarbeiter

---

[945] vgl. Laske, S. (1987), Sp 1660f, vgl. Thom, N.(1992b), Sp 1681, vgl. Berthel, J. (1995), S 238f
[946] vgl. Berthel, J. (1995), S 23
[947] Die Förderung der Mitarbeiter steht hier im Mittelpunkt – d. h. die Förderung der Mitarbeiter wird für die Organisationsziele funktionalisiert. vgl. Krapp, A.; Weidenmann, B. (1999), S 78
[948] vgl. Jung, H. (1999), S 246

Die Vorstellung, dass sich die einzelnen Ziele und Vorstellungen der Gesellschaft, Organisation und Mitarbeiter stets ergänzen und sich beständig harmonisch ineinander fügen, ist aber als illusorisch zu bewerten, denn gerade eine solche Vorstellung suggeriert letztendlich „eine Gleichgewichtigkeit, die so nicht besteht"[949], und ebenso deckt sich die „*Harmoniethese* der problemlosen Synthese"[950] der einzelnen Zielgruppen keinesfalls mit den Gegebenheiten der Praxis. Vielmehr kann davon ausgegangen werden, dass organisationale Ziele vorrangig gegenüber Mitarbeiterzielen und Ziele der Gesellschaft mittelbar verfolgt werden.[951] Das bestehende Spannungsverhältnis zwischen den Zielen[952] sowie die letztendlich richtungweisende Position der organisationalen Ziele[953] für eine systematische Personalentwicklung lassen es als sinnvoll erscheinen, von folgenden angestrebten Zielen auszugehen:[954]

➢ Steigerung der Wettbewerbsfähigkeit einer Organisation

➢ Steigerung der Flexibilität und Mobilität von Mitarbeitern und Organisation

➢ Steigerung der Motivation sowie der Integration

➢ Sicherstellung eines qualifizierten Mitarbeiterbestandes

➢ Bezugnahme auf individuelle und bildungspolitische Anforderungen und Ansprüche bzw. persönliche Entwicklungs- und Karriereansprüche der Mitarbeiter.

---

[949] Staehle, W. (1991), S 805

[950] Becker, F. (1996), Sp 1373

[951] vgl. Berthel, J. (1995), S 236ff

[952] vgl. Jung, H. (1999), S 248

[953] vgl. Rosenstiel, von L. (1999), S 99, vgl. Becker, F. (1996), Sp 1373, vgl. Laske, S. (1987), Sp 1661, vgl. Becker, F. (1994), S 297, vgl. Mayrhofer, W. (1993), S 162

[954] vgl. Staehle, W. (1991), S 806f

Folgende Übersicht soll die grundlegenden Ziele der Personalentwicklung einerseits aus dem Blickwinkel der Organisation und andererseits aus der Mitarbeiterperspektive aufzeigen.

Ziele aus der Sicht der Organisation	Ziele aus der Sicht der Mitarbeiter
-Sicherung des notwendigen Bestandes an Führungskräften und Spezialisten	-Aktivierung bisher nicht genutzter persönlicher Kenntnisse und Fähigkeiten
-Entwicklung von Nachwuchsführungskräften und jüngeren Experten	-Verbesserung der Selbstverwirklichungschancen durch qualifizierte Aufgaben
-Erhöhung der fachlichen Qualifikation	-Schaffung karrierebezogener Voraussetzungen für den beruflichen Aufstieg
-Erzielung einer größeren Unabhängigkeit von externen Arbeitsmärkten	-Minderung wirtschaftlicher Risiken
-Erkennen von Fehlbesetzungen innerhalb der Organisation	-Steigerung der individuellen Mobilität auf den Arbeitsmärkten
-Verbesserung des Leistungsverhaltens bei den Beschäftigten	-Verbesserte Verwendungs- und Laufbahnmöglichkeiten
-Steigerung der Sozialfähigkeit	-Übertragung neuer, erweiterter Aufgaben
-Erhöhung der Kooperation und Kommunikation in der Organisation	-Aufrechterhaltung und Verbesserung der fachlichen Qualifikation
-Erhaltung und Verbesserung der Wettbewerbsfähigkeit	-Einkommensverbesserung
-Verminderung der Kosten durch Schulung des Kostenbewusstseins und -verständnisses	-Erhöhung des persönlichen Prestiges
-Erhöhung der Arbeitszufriedenheit	
-Senkung der Fluktuation	

Abbildung 63: Ziele der Personalentwicklung[955]

---

[955] in Anlehnung an Thom, N.; Winkelmann, E. (1984), S 363 und Heymann, H.; Müller, K. (1982), S 152 bzw. siehe auch Staehle, W. (1991), S 806

Das gesamte Konzept der Gestaltung, die Mitberücksichtigung der situativen organisationsspezifischen und personenbezogenen Gegebenheiten, die gesellschaftlichen Rahmenbedingungen, die erforderlichen Maßnahmen ebenso wie die gesamte Ausrichtung und Zuordnung der Personalentwicklung werden durch ihre Zielausrichtungen determiniert. Ebenso ist es für eine effiziente Personalentwicklung unerlässlich, dass für alle Beteiligten ein gemeinsames und auch gleiches Verständnis über die zu erreichenden Ziele vorherrscht.

4.2.3. Parameter im Systematisierungsrahmen der Personalentwicklung

Versucht man eine Systematisierung der Personalentwicklung, so zeigt sich auch hier die Vielschichtigkeit des Gegenstandsbereiches. Unterteilungen des gesamten Bereiches können nach unterschiedlichen Gesichtspunkten vorgenommen werden. Bezieht man Personalentwicklung beispielsweise auf die klassischen Funktionsbereiche des Managements, so lassen sich die Felder der Bedarfserhebung, der Zielsetzung, der Planung und Durchführung[956] sowie der Kontrolle[957] im Personalentwicklungsprozess ausmachen.

Im Zusammenhang mit einer systematischen Personalentwicklung und in Bezug auf eine instrumentelle[958] und funktionsbezogene[959] Sichtweise der

---

[956] Dies zählt hier im eingeschränkten Maß immer dann zum Bereich der Managementfunktionen, wenn unter Personalentwicklung mehr als betriebliche Weiterbildung verstanden wird und hier ebenso Karriereplanung wie auch Arbeitsstrukturierung oder Unternehmenskultur inkludiert gesehen werden.

[957] Kontrolle ist hier im Sinne von Evaluation der Personalentwicklungsmaßnahmen zu verstehen.

[958] Mit der instrumentellen Sichtweise werden verschiedene Methoden der Personalentwicklung angesprochen.

[959] Unter diesem Blickpunkt erfolgt die Personalentwicklung nach dem Phasenschema der Planung (Entwicklungsbedarf, -adressaten, -maßnahmen), Durchführung und Evaluation, vgl. Berthel, J. (1995), S 243

Personalentwicklung können ausgehend vom Erfordernis der Festlegung des Entwicklungsbedarfs[960] folgende Bereiche differenziert werden:

> Ziel der Maßnahmen im Rahmen der Personalentwicklung

> Zeitpunkt und Arbeitsplatzbezug der Personalentwicklungsmaßnahmen

> Zielgruppen der Personalentwicklungsmaßnahmen

> Anwendungsbereiche der Personalentwicklung

4.2.3.1. Ziel der Maßnahmen im Rahmen der Personalentwicklung

Betrachtet man die Zielsetzung der Personalentwicklungsmaßnahmen, so werden in der Literatur grundsätzlich drei Formen der Personalentwicklung unterschieden. Von einer *Erhaltungsentwicklung* wird dann gesprochen, wenn sich die gegenwärtigen Anforderungen mit den gegebenen Qualifikationen der Mitarbeiter decken und die Aufgaben der Personalentwicklung darin gesehen werden, die Leistungsfähigkeit der Mitarbeiter zu erhalten. Entsprechen die Leistungsanforderungen nicht den Qualifikationen der Mitarbeiter, so ist es Aufgabe der Personalentwicklung, die Leistungsfähigkeit der Mitarbeiter den veränderten Anforderungen aus Gründen der Änderung der Arbeitsinhalte oder in Bereichen der Arbeitsorganisation anzupassen, und man spricht in diesem Zusammenhang von einer *Anpassungsentwicklung*. Erfolgt eine Qualifizierung der Mitarbeiter für höherwertige Aufgabenfelder, so geschieht dies im Rahmen der *Aufstiegsentwicklung*, bei der die zentrale Aufgabe der Personalentwicklung in der gezielten Höherqualifizierung der Mitarbeiter zu sehen ist.[961]

---

[960] vgl. dazu beispielsweise ausführliche Darstellungen bei Stiefel, R. (1991), S 26ff, Berthel, J. (1995), S 244ff, Oechsler, W. (1992), S 43ff (Umfassendes zur Personalbedarfsanalyse in differenzierten Feldern – so auch im Bereich des Entwicklungsbedarfs) oder Staehle, W. (1991), S 735ff

[961] vgl. Heymann, H.; Müller, K. (1982), S 152

In Zusammenhang mit der Zielsetzung der Personalentwicklungsmaßnahmen findet man in der Literatur[962] unter anderem auch die Einteilung nach folgenden drei verschiedenen Stufen der Qualifikationsentwicklung:[963]

> *Erweiterungsqualifizierung* – Diese Form der Qualifizierung soll primär den Bereich der berufsbezogenen Handlungskompetenz erweitern; man spricht auch von einer horizontalen Qualifikations- und Mobilitätserweiterung der Mitarbeiter.

> *Anpassungsqualifizierung* – Hier steht die Weiterentwicklung der Qualifizierung in der Regel innerhalb des gleichen Arbeitsplatzes im Mittelpunkt. Die Mitarbeiter sollen im Bereich von beispielsweise Technik, Wirtschaft, Organisation und/oder sozialer Veränderung in Bezug auf ihren Arbeitsplatz qualifiziert werden. Die Anpassungsqualifizierung bezieht sich auf die Aufrechterhaltung der bereits bestehenden horizontalen Qualifikation.

> *Aufstiegsqualifizierung* [964]– Bei der Aufstiegsqualifizierung steht die Vermittlung höherer Qualifikation für den beruflichen Aufstieg der Mitarbeiter im Mittelpunkt. Ziel dieser Personalentwicklungsmaßnahmen ist die Steigerung der vertikalen Mobilität der Mitarbeiter einer Organisation.

Betrachtet man aber die Halbwertszeit des Wissens, so ist eine Anpassungsentwicklung im Sinne einer flexiblen Qualifizierung der Mitarbeiter anzustreben. Diese flexible Mitarbeiterqualifikation bedeutet letztendlich die Vermittlung von Schlüsselqualifikationen, die unabhängig vom jeweiligen

---

[962] vgl. Becker, F. (1996), Sp 1372
[963] vgl. dazu auch die Darstellungen in Jung, H. (1999), S 260, wobei dieser aber nur zwischen Anpassungs- und Aufstiegsqualifizierung unterscheidet.
[964] Riekhof spricht in diesem Zusammenhang auch von „Gratifikationssteuerung in Beförderungsprozessen". Riekhof, H. (1995) Sp 1710

Arbeitsplatz sind, um durch die Personalentwicklung der Halbwertszeit des Wissens sowie der Forderung nach lebenslangem Lernen Rechnung zu tragen.[965]

Folgende Grafiken veranschaulichen einerseits die Halbwertszeit des Wissens und andererseits die Entwicklung des Wissens der Menschen:

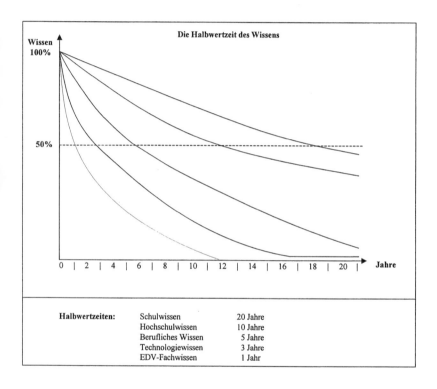

Abbildung 64: Halbwertszeit des Wissens[966]

[965] vgl. Jung, H. (1999), S 245
[966] Jung, H. (1999), S 245

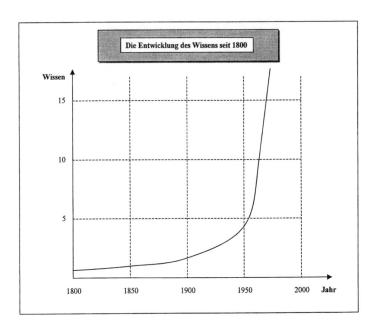

Abbildung 65: Entwicklung des Wissens[967]

In der Praxis erfolgt in den meisten Fällen nach wie vor eine nachholende Qualifizierung der Mitarbeiter, wobei aber die Mindestanforderung einer zeitgerechten Qualifizierung die der synchronen Qualifizierung ist, wünschenswert aber die einer antizipierenden Qualifizierung wäre,[968] denn nur so ist es möglich, dass sich die Organisation von einem reaktiven zu einem proaktiven Veränderungsverhalten entwickeln kann. Ein proaktives Veränderungsverhalten einer Organisation bedeutet letztendlich Flexibilität und Steigerung des überlebenssichernden Innovationspotentials.

---

[967] Jung, H. (1999), S 246
[968] vgl. Lechner, K. et al. (1999), S 146

4.2.3.2. Zeitpunkt und Arbeitsplatzbezug der Personalentwicklungsmaßnahmen

Betrachtet man die Personalentwicklung in Bezug auf den „Zeitpunkt innerhalb der individuellen Karriere und den Ort der Maßnahmen"[969], so werden in der Literatur[970] verschiedene Gruppen von Aktivitäten unterschieden, denen unterschiedliche Methoden der Personalentwicklung zugeordnet werden können. Folgende Grafik soll einen Überblick über diese unterschiedlichen Aktivitätsgruppen geben.

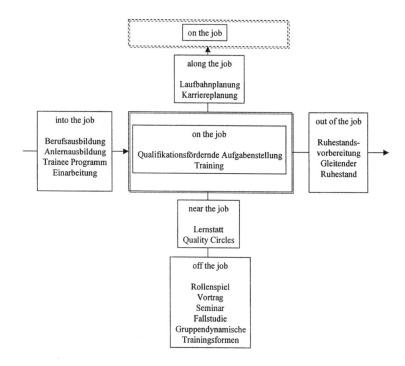

Abbildung 66: Personalentwicklungsmaßnahmen in Bezug auf Zeit und Arbeitsplatz

---

[969] Rosenstiel, von L. (1999), S 99
[970] vgl. Conradi, W. (1983), S 25., vgl. Rosenstiel, von L. (1999), S 99f, vgl. Staehle, W. (1991), S 811f, vgl. Scholz, C. (1989), S 181f, Mayrhofer, W. (1993), S 168ff, Becker, F. (1996), Sp 1380

Wie oben dargestellt, steht bei einer Personalentwicklung *into the job* das Hineinführen in die neuen Aufgabenfelder im Mittelpunkt der Aktivitäten und Traineeprogramme, berufliche Erstausbildung oder auch die Einführung von neuen Mitarbeitern sind mögliche Methoden für konkrete Entwicklungsmaßnahmen. Die Personalentwicklung *on the job* umfasst alle direkten Aktivitäten am Arbeitsplatz selbst, die beispielsweise im Falle von Urlaubs- oder Krankenstandsvertretung, planmäßigem Arbeitsplatzwechsel oder Kooperationsprojekten und Arbeitsplatzneustrukturierungen erforderlich sind. Die Unterweisung oder das Erfahrungslernen direkt am Arbeitsplatz, Leittextmethode, Modelllernen oder job rotation sind hierbei mögliche zur Anwendung kommende Methoden der Personalentwicklung. Unter Personalentwicklung *near the job* sind arbeitsplatznahe Maßnahmen zu verstehen, wo beispielsweise Methoden wie die Lernstatt oder das Lernzentrum[971], das Coaching oder Mentoring (Mentorenschaft) ebenso wie Quality-Circle-Arbeit eingesetzt werden können. Personalentwicklung *along the job* ist als laufbahnbezogene Weiterentwicklung der Mitarbeiter zu verstehen, wo Laufbahnplanung und -beratung ebenso wie Mitarbeiterförderung entsprechende Aktivitäten darstellen. Bei der Personalentwicklung *off the job* stehen die betriebliche ebenso wie die außer- oder überbetriebliche Bildung und das Selbststudium im Zentrum der Aktivitäten, wobei beispielsweise Fallstudie, Seminar, Vortrag, Rollenspiel, programmierte oder gruppendynamische Trainingsformen ebenso wie Schulungen, Sensitivtraining oder Selbstlernprogramme typische Methoden dieser Form der Personalentwicklung sind. Schließlich ist die Personalentwicklung *out of the job* als Vorbereitung auf den Ruhestand der Mitarbeiter zu sehen und Outplacement eine typische Maßnahme in diesem Bereich.[972]

---

[971] vgl. dazu beispielsweise die Ausführungen bei Dubs, R. (1994), S 30f

[972] vgl. zu den Ausführungen beispielsweise die Darstellungen bei Rosenstiel, von L. (1999), S 99f, vgl. Conradi, W. (1983), S 25, vgl. Scholz, C. (1989), S 181f, vgl. Staehle, W. (1991), S 811f, vgl. Jung, H. (1999), S 275ff, Wunderer, R. (1995), S 518f

Entsprechend diesen Ausführungen kann man in zeitlicher Perspektive davon ausgehen, dass Mitarbeiter im Extremfall in einem permanenten und umfassenden sowie einerseits laufbahnbezogenen und andererseits anforderungsbezogenen Personalentwicklungsprozess involviert sind,[973] wobei die einzelnen Phasen und Methoden oft ineinander übergreifen oder sich überlappen. Entsprechend dem in Kapitel 4.2.3.2. angesprochenen Zeitpunkt der Personalentwicklung und dem angesprochenen Zusammenspiel von Halbwertszeit des Wissens und Entwicklung des Wissens liegt die dynamische Wissensanpassung im Interesse jeder Organisation, um eine horizontale, vertikale und soziale Flexibilität[974] der Mitarbeiter sicherstellen zu können.

4.2.3.3. Zielgruppen der Personalentwicklungsmaßnahmen

Betrachtet man den Begriff Personalentwicklung etwas genauer, stellt sich dabei allein schon die Frage, wer mit *Personal* eigentlich gemeint ist und was, wie, wann, wohin *entwickelt* werden soll? Neuberger[975] stellt beispielsweise in seinen Ausführungen klar, dass Personal als Summe bzw. Gesamtheit der Mitarbeiter einer Organisation nicht gleichbedeutend mit Person oder in der Folge bezogen auf die Entwicklung mit Persönlichkeitsentwicklung zu verstehen ist. So stehen bei der Personalentwicklung[976] „nicht nur *individuelle* Qualifizierungsmaßnahmen zur Debatte, sondern auch Formungen der *interpersonalen* Beziehungen und der *objektivierten* Strukturen und Bedingungen der Arbeitstätigkeit"[977]. Somit ist das

---

[973] vgl. Scholz, C. (1989), S 182
[974] vgl. Jung, H. (1999), S 246
[975] vgl. zu den folgenden Ausführungen Neuberger, O. (1991), S 8f
[976] Personalentwicklung kann auch als Manpower Development, Human Resources Management oder Personnel Development (nicht zu verwechseln mit personal Development) bezeichnet werden.
[977] Neuberger, O. (1991), S 8

Ziel der Personalentwicklung „nicht die Förderung der Menschwerdung und Menschmachung (Humanisierung), sondern Personalwerdung oder -machung"[978] sind hier die zentralen Ansatzpunkte.

Für die Segmentierung der Zielgruppen[979] können Bedarfsanalysen, Stellenanforderungen oder Karriereplanungen das Fundament der Personalentwicklungsmaßnahmen bilden. In der Praxis wird die Auswahl der Zielgruppen primär durch die in der Organisation ausgemachten Engpasssituationen determiniert. Nachgereiht können dann auch Gesichtspunkte der Chancengleichheit und Privilegierung ebenso wie auch Grundsätze der Begabtenförderung herangezogen werden. So können grundsätzlich vier verschiedene Adressatenkreise von Personalentwicklungsmaßnahmen unterschieden werden. Nach dem Prinzip der *Chancengleichheit* und der Gleichbehandlung erfolgt die Auswahl der Personen ohne Bezug auf Leistungspotentiale oder Lücken im Bereich der Fähigkeiten und Fertigkeiten. Bei einer Orientierung nach *Privilegien* erfolgt die bevorzugte Entwicklung von bestimmten Beschäftigungsgruppen, wie dies beispielsweise bei spezifischen Führungskräfteentwicklungsmaßnahmen der Fall ist. Im Kontext der jeweiligen Beschäftigungsgruppen kann bei Entwicklungsmaßnahmen ebenso zwischen dem Angestellten- und Arbeiterbereich oder nach Facharbeiterbereichen differenziert werden. Personalentwicklung nach dem Grundsatz der *Begabtenförderung* zielt mit ihren Maßnahmen primär auf Personen ab, die ein hohes persönliches Entwicklungspotential aufweisen. Während hingegen bei einer Ausrichtung der Personalentwicklung auf bestehende *Engpässe* diejenigen Mitarbeiter ausgewählt

---

[978] Neuberger, O. (1991), S 8
[979] Zu den folgenden Ausführungen vgl. Scholz, C. (1989), S 196, vgl. Staehle, W. (1991), S 810f

werden, bei denen die Nutzenmaximierung am höchsten ist und bei denen der zu erwartende Schaden minimiert werden soll.[980]

In der einschlägigen Literatur findet man zahlreiche Abhandlungen zur Form der oben dargestellten Orientierung nach Privilegien in Form der Führungskräfteentwicklung bzw. des Management Development,[981] wobei die unterschiedlichen in dieser Literatur vorgestellten Praxiskonzepte der Personalentwicklung einerseits auf alle Mitarbeiter abzielen bzw. die gesamte Organisation umfassen oder andererseits auf spezifische Adressatengruppen[982] ausgerichtet sind.

Ein weiterer Aspekt im Bereich der Unterscheidung der Adressatengruppen der Personalentwicklung ist implizit schon auf Grund der jeweiligen Persönlichkeit und den damit verbundenen Merkmalen eines Mitarbeiters gegeben. Berücksichtigt man diese Parameter, so sind bei der Zielgruppendefinition für die Personalentwicklung individuell unterschiedliche Lebens-, Karriere- sowie Berufsphasen ebenso wie ungleiche sozio-kulturelle und anthropologische Parameter der einzelnen Mitarbeiter zu berücksichtigen, wobei diese in die einzelnen Phasenkonzepte[983] der Personalentwicklung ihre Einbindung finden. Auf die Karriereplanung[984] als ein mögliches Phasenkonzept soll im Folgenden in Kapitel 4.2.3.4. noch vertiefend eingegangen werden.

---

[980] vgl. Scholz, C. (1989), S 196

[981] vgl. Dammermann-Prieß, G. (1999), S 264ff, vgl. Malik, F. (1999), S 337ff, vgl. Wagner, D.; Nolte, H. (1995), S 259ff, vgl. auch die Rezension relevanter deutscher und anglo-amerikanischer Fachliteratur zur Managementschulung bei Stiefel, R. (1978), S 158ff, vgl. dazu auch einzelne Beiträge in beispielsweise Riekhof, H. (Hrsg.) (1989), Papmehl, A.; Walsh, I. (Hrsg.) (1991), Laske, S.; Gorbach, S. (Hrsg.) (1993), Sattelberger, T. (Hrsg.) (1989) oder Sattelberger, T. (Hrsg.) (1996)

[982] Hier stehen Konzepte zur Führungskräfteentwicklung im Vordergrund.

[983] vgl. beispielsweise dazu Schanz, G. (1993), S 399ff, vgl. Staehle, W. (1991), S 819ff, vgl. Neuberger, O. (1991), S 134f, vgl. Berthel, J. (1995), S 289ff

[984] vgl. dazu die Ausführungen in Kapitel 4.2.3.4.

Abschließend gilt es hier noch anzuführen, dass es unter dem oben dargestellten weit verbreiteten Ansatz der Unterscheidung zwischen Person und Personal in der Personalentwicklungsforschung grundlegend an einem entsprechenden Modell der Persönlichkeitsentwicklung fehlt, in dem individuelles Lernen[985] als reflexiver Prozess für den Erwerb von Handlungskompetenzen im Kontext des jeweiligen Handlungsfeldes gesehen wird und sich das Individuum mit seinen eigenen Interessen einbringen kann; insofern sind auch in Bezug auf das organisationale Lernen den Möglichkeiten der Personalentwicklungsforschung sehr enge Grenzen gesetzt.[986] Dies gilt es noch im folgenden Kapitel 4.3. mit der Betriebspädagogik als Integrationsmodell genauer zu diskutieren, denn diese noch weit verbreitete Sichtweise von Personalentwicklung und der damit verbundenen Sichtweise von Personal als „die für den Betrieb notwendige Manövriermasse Mensch"[987] deutet auf ein dringendes Umdenken hin.

4.2.3.4. *Anwendungsbereiche (Teilgebiete) der Personalentwicklung*

Als ineinander verwobene Teilbereiche der Personalentwicklung werden in der Literatur[988] mehrfach die Bereiche *Bildung, Karriereplanung* und *Arbeitsstrukturierung* angeführt bzw. unterscheidet beispielsweise Mayrhofer[989] zwischen den Teilbereichen Bildung, Karriereplanung und Ausscheiden der Mitarbeiter. Ist Personalentwicklung primär wie etwa bei Jung[990] auf die Bildung beschränkt, so kann zwischen den Teilbereichen individuelle Bildung und kollektive Bildung unterschieden werden. Es lässt sich ebenso eine

---

[985] vgl. dazu die Darstellungen in Kapitel 3.3.2.
[986] vgl. Felsch, A. (1999), S 128
[987] Heintel, P. (1993), S 34
[988] vgl. Berthel, J. (1995), S 258ff, vgl. Becker, F. (1994), S 298, vgl. Staehle, W. (1991), S 812ff
[989] vgl. Mayrhofer, W. (1993), S 163ff
[990] vgl. Jung, H. (1999), S 258

Differenzierung nach personalen, interpersonalen und apersonalen Kriterien ausmachen, wobei sich diese Aspekte wiederum nach Neuberger[991] auf die individuelle, gruppenbezogene und ebenso organisationale Entwicklung beziehen lassen. Folgt man den Ausführungen von Becker[992], so können als Teilbereiche die *berufs- und stellenvorbereitende Qualifizierung* mit den Schwerpunktbereichen Berufsausbildung, Umschulung, Anlernausbildung und Traineeausbildung, weiters die *berufs- und stellenbegleitende Qualifizierung* mit den Bereichen Anpassungs- und Erweiterungsfortbildung sowie stellenverändernde Maßnahmen und als drittes die *berufs- und stellenverändernde Qualifizierung* mit den zentralen Bereichen Aufstiegsfortbildung, stellenverändernde sowie stellenfolgenbezogene Qualifizierung unterschieden werden.

Die Zahl der Versuche, Personalentwicklung zu systematisieren, ist nahezu so groß wie die für ihre Begriffsdefinition. Es steht aber außer Diskussion, dass sich die einzelnen Teilbereiche der Personalentwicklung unterschiedlicher Methoden und Instrumente im Personalentwicklungsprozess bedienen. Dittmar/Ostendorf unterscheiden dabei die folgenden Prozessdimensionen:[993]

> ➢ *Managementprozess* – Diese *äußere* Dimension des Personalentwicklungsprozesses bezieht sich auf die Bereiche der Bedarfserhebung, Planung, Durchführung sowie Evaluation und wird dem Bereich der klassischen Managementprozesse zugeordnet.

> ➢ *Gestaltungsprozess* – Diese zweite *äußere* Dimension bezieht sich auf die Bereiche der Gestaltung der Maßnahmen und Methoden im Personalentwicklungsprozess.

---

[991] vgl. Neuberger, O. (1991), S 12ff
[992] vgl. Becker, F. (1996), Sp 1377ff
[993] vgl. Dittmar, J.; Ostendorf, A. (1998), S 20f

➢ *Qualifizierungsprozess* – Diese *innere* Dimension steht in engem Zusammenhang mit der äußeren Dimension der Gestaltung der Maßnahmen und Methoden und zielt auf die Ausgestaltung der Personalentwicklung in Hinblick auf die Qualifizierung der einzelnen Person ab, d. h. hier steht der eigentliche Lernprozess, durch den die Weiterentwicklung des Individuums determiniert wird, im Zentrum der Betrachtungen.

Ausgerichtet auf diese Prozessdimensionen und ein umfassendes Begriffsverständnis von Personalentwicklung soll im Rahmen der vorliegenden Arbeit eine Gliederung nach **Bildung**, **Karriereplanung** und **Arbeitsstrukturierung** weiter verfolgt werden. Teilbereiche der Systematisierungsansätze nach Neuberger oder Becker wurden bereits im Zusammenhang mit anderen Aspekten angesprochen. So ist die Gliederung der Teilbereiche nach Becker[994] unter den Aspekten der Zielsetzung der Maßnahmen im Rahmen der Personalentwicklung[995] diskutiert worden, und die Gliederung nach Neuberger[996] ist nach dem hier zugrunde gestellten Verständnis nicht in das Teilgebiet der Aufgabenfelder, sondern eher in den Bereich der Zielgruppen[997] einzuordnen. Ebenso soll hier verstärkt darauf Bezug genommen werden, dass Bildung und hier im Speziellen Weiterbildung zwar den Kernbereich der Personalentwicklung ausmacht, dass diese aber für ein modernes und auf gegenwärtige und zukünftige Anforderungen ausgerichtetes Verständnis von Personalentwicklung bei weitem nicht ausreicht, wobei es auch noch zu zeigen

---

[994] vgl. Becker, F. (1996), Sp 1377ff
[995] vgl. dazu die Ausführungen in Kapitel 4.2.3.1.
[996] vgl. Neuberger, O. (1991), S 12ff
[997] vgl. dazu die Ausführungen in Kapitel 4.2.3.3.

gilt,[998] ob mit diesen drei Aufgabenfeldern eine umfassende Personalentwicklung abgedeckt werden kann.

Folgende Bereiche sollen nun skizziert werden:

- ➢ Weiterbildung
- ➢ Karriereplanung
- ➢ Arbeitsstrukturierung.

Es wird aber darauf hingewiesen, dass es nicht Zielsetzung der vorliegenden Arbeit ist, eine umfassende Darstellung dieser Bereiche zu geben, sondern diese Teilbereiche der Personalentwicklung sollen vielmehr nur umrissen werden, um das Feld der Personalentwicklung abzugrenzen und diese im Handlungsfeld der Betriebspädagogik positionieren zu können.

Weiterbildung[999]

Der Bereich der Weiterbildung[1000] ist dem Funktionsbereich der betrieblichen Bildung zuzuordnen, wobei dieser vom allgemeinen Bildungsbegriff[1001] im Sinne der Allgemeinbildung zu differenzieren ist. Die Berufsbildung (betriebliche Bildung) umfasst die Bereiche Berufsausbildung[1002] inklusive Management-

---

[998] vgl. dazu die im nächsten Kapitel 4.3. noch folgenden Ausführungen zum Integrationsmodell
[999] Im Zusammenhang mit diesen Darstellungen zur Weiterbildung soll nur ganz allgemein auf den Bereich der Weiterbildung Bezug genommen werden, da im Abschnitt 5 auf diesen speziellen Bereich im Handlungsfeld der Betriebspädagogik noch genauer eingegangen werden wird.
[1000] Wie bereits in Kapitel 4.2.1. angesprochen, werden Weiter- und Fortbildung synonym verwendet und Maßnahmen der außerbetrieblichen bzw. -beruflichen Bildung finden keine Berücksichtigung in den Darstellungen.
[1001] vgl. dazu die Ausführungen in Kapitel 2.2.2.
[1002] vgl. dazu beispielsweise Gruber, E. (1997), die in ihrer Arbeit einen bildungsgeschichtlichen Bogen von den Anfängen der zünftisch normierten Berufsausbildung im Mittelalter über die Aufklärungspädagogik bis hin zur polytechnischen Bildungstheorie des 19. Jahrhunderts zu spannen versucht.

ausbildung[1003] und betriebliche Weiterbildung inklusive Führungsbildung[1004], wobei hier, wie bereits in Kapitel 4.2.1. angeführt, nur der Teilbereich der betrieblichen Weiterbildung als Schwerpunkt im kontextbezogenen Begriffsverständnis der Personalentwicklung fokussiert werden soll.

Betriebliche Weiterbildung wird als der Kernbereich der Personalentwicklung bezeichnet und es sind damit all jene Bemühungen und Anstrengungen verbunden, „die explizit und vorrangig auf den Bereich der arbeitsrelevanten Qualifikationen"[1005] aller Mitarbeiter abgestimmt sind. Diese Sichtweise kann als klassische Sichtweise der betrieblichen Weiterbildung bezeichnet werden. Betriebliche Weiterbildung umfasst somit, aufbauend auf eine abgeschlossene Berufsausbildung oder angemessene Berufserfahrung, alle Maßnahmen, die ein Feststellen, Erhalten und Anpassen der bestehenden beruflichen Kenntnisse und Fertigkeiten und/oder einen beruflichen Aufstieg ermöglichen.[1006] In diesem Sinne zielt die betriebliche Weiterbildung auf das Individuum bzw. auf das Schließen der individuellen Qualifikationsmankos ab.

Betrachtet man die Entwicklung der betrieblichen Weiterbildung[1007] im Zeitablauf, so lassen sich folgende Entwicklungsstufen der betrieblichen Weiterbildung ausmachen:

[1003] vgl. dazu beispielsweise die Beiträge in Hasenböhler, R.; Kiechl, R.; Thommen, J. (Hrsg.) (1994), vgl. Malik, F. (1999), S 337ff, vgl. Wagner, D.; Nolte, H. (1995), S 259ff, vgl. aber auch die Ausführungen bei Vaill, P (1998), S 155ff – Vaill stellt in seinen Ausführungen als Hauptthese für den Bereich des Führungslernens Folgendes fest: *„Die Leitung eines Unternehmens kann man nicht lernen; Unternehmensführung ist Lernen."* Vaill, P. (1998), S 161

[1004] vgl. Becker, M. (1993), S 88

[1005] Mayrhofer, W. (1993), S 163

[1006] vgl. dazu das Deutsche Arbeitsförderungsgesetz, § 41 AFG.

[1007] Betriebe zählen zu den wichtigsten Trägern im gesamten Feld der beruflichen Weiterbildung. vgl. Rebmann, K.; Tenfelde, W.; Uhe, E. (1998), S 22f

Historischer Zeitraum	50er Jahre	60er Jahre	Bis Mitte der 70er Jahre	Ende der 70er Jahre	Seit Anfang der 80er Jahre
Entwicklungsstufen	Lehrorientierte Weiterbildung	Lernorientierte Weiterbildung	Transferorientierte Weiterbildung	Problemlösungsorientierte Weiterbildung	Werteorientierte Weiterbildung
Dominante Fragestellung	Was sind die richtigen Lehrinhalte, die in der Weiterbildung gelehrt werden sollen?	Welche Effizienz haben einzelne aktivitätspädagogische Lehrmethoden der Weiterbildung?	Wie kann der Teilnehmer bei der Umsetzung des Gelernten am Arbeitsplatz unterstützt werden?	Welcher Teil des als echt und valide erkannten Problems kann mit der Weiterbildung in Angriff genommen werden? Wo müssen andere Änderungsmaßnahmen vorbereitend, begleitend oder im Nachhinein gesetzt werden?	Welche Werte und Normen können in der Organisation identifiziert werden, die dazu geführt haben, dass dieses Problem auftritt?
Typische Weiterbildungsaktionen	Aneinanderreihung von Themenblöcken in durchstrukturierten Seminaren	Aktivitätspädagogischer Lehrmethodenmix in Seminaren	Unterrichtseinheiten für den teilnehmerindividuellen Erwerb von Einführungsfähigkeiten einschließlich unterstützender Transferberatung	Problemerklärungsseminare und Kontrahierung des Veränderungsauftrages mit den am Problem Beteiligten	Problemerklärungsseminare; jetzt neu strukturiert mit der Frage nach den problembegründenden Normen und Werten
Rolle des Vorgesetzten der Seminarteilnehmer	keine	keine	Vor- und Nachbereitungsgespräche mit dem Teilnehmer	Zentrale Rolle des Vorgesetzten in der Weiterbildung	Zentrale Rolle als Schlüsselperson für Sozialisationsprozesse. *Cultural Hero*
Rolle(n) des Trainers	Experte von Lehrinhalten	Experte von Lehrinhalten und Experte im Methodeneinsatz	Experte von Lehrinhalten, Experte im Methodeneinsatz und Experte in der Vorbereitung von Innovationsprozessen	Experte von Lehrinhalten, Experte im Methodeneinsatz, Experte in der Vorbereitung von Innovationsprozessen und Experte von Lern- und Problemlösungsprozessen	Wie bisher, doch erweitert um Kompetenz der Normen- und Werteidentifizierung. Neu gefordert: sozialanthropologische Ausrichtung

Abbildung 67: Entwicklungsstufen der Weiterbildung[1008]

[1008] in Anlehnung an Stiefel, R. (1991), S 2

Entsprechend der Darstellung kann bis ca. Mitte der 70er Jahre von einer traditionellen Form der betrieblichen Weiterbildung im Sinne eines *Lückenkonzeptes* gesprochen werden, in dem reaktives Schließen von Qualifikationsdifferenzen ein zentrales Element der betrieblichen Weiterbildung darstellt. Erst gegen Ende der 70er Jahre können Entwicklungen festgestellt werden, bei denen der betrieblichen Weiterbildung eine prokative Rolle zugeschrieben werden kann, verbunden mit der Intention einerseits ein Problembewusstsein zu wecken und andererseits zur Weiterbildung der gesamten Organisation beizutragen. Diese problem- und wertorientierte Weiterbildung entspricht auch dem Ansatz der Vermittlung von Schlüsselqualifikationen.[1009]

Die Inhalte der betrieblichen Weiterbildung sind grundsätzlich eng mit den inner- und außerhalb der Organisation liegenden Veränderungen verknüpft,[1010] wobei die Ausrichtung der Schwerpunktsetzung in Richtung Schlüsselqualifikationen[1011] durch folgende empirische Daten untermauert werden kann: Betrachtet man in diesem Zusammenhang eine empirische Untersuchung von 1996, so wurden von 200 deutschen Weiterbildungsexperten, befragt nach den aktuell ebenso wie zukünftig wichtigen Bereichen, in denen die Mitarbeiter trainiert werden, folgende Schwerpunktsetzungen bzw. Ausrichtungen angegeben:[1012]

➢ 74% Kommunikationstraining (86% der Befragten glauben an weitere Steigerung der Bedeutung dieses Bereiches)

➢ 72% Persönlichkeitstraining (Steigerung von 62% auf 72% gegenüber einer früheren Befragung)

[1009] vgl. Becker, M. (1993), S 159, vgl. Berthel, J. (1995), S 266
[1010] vgl. Gabele, E. (1982), S 312
[1011] vgl. dazu die Ausführungen in Kapitel 4.2.4., wo die genaue Begriffsbestimmung für die Schlüsselqualifikation erfolgt.
[1012] vgl. Mayerhofer, H. (1999), S 514

➤ 39% kaufmännisches Wissen bzw. Betriebswirtschaft (Steigerung von 24% auf 39%)

➤ 50% EDV (Sinken von 94% auf 50% gegenüber einer früheren Befragung)

➤ 62% Management (Sinken von 75% auf 62%)

Diese oben angesprochene Neuorientierung der betrieblichen Weiterbildung in Richtung der Schlüsselqualifikationen zeigt, dass sich der Fokus der Weiterbildungsaktivitäten über die individuelle Ebene hinaus auch auf das Gruppengefüge wie auch auf die gesamte Organisation richtet. Fritsch[1013] spricht in diesem Zusammenhang vom Wandel der Weiterbildung, d. h. die betriebliche Weiterbildung verändert sich von einer *deterministischen* zu einer *katalytischen*, in der einerseits problemlösungs- und wertorientierte Faktoren als zentrale Aspekte die betriebliche Weiterbildung determinieren und andererseits Entwicklungspotentiale des Individuums, der Gruppe und der gesamten Organisation mit einbezogen werden, wobei sich diese immer stärker selbstorganisativ[1014] bewegen.

Die folgende Darstellung soll diese beiden Ansätze verdeutlichen:

[1013] vgl. Fritsch, M. (1985), S 46ff
[1014] In allen drei Bereichen ist die Tendenz weg von einer deterministisch bestimmten Entwicklung hin zu einer selbstorganisierenden Weiterentwicklung und Veränderung auszumachen. vgl. Heyse, V.; Erpenbeck, J. (1997), S 8

Unterscheidungskriterien	Deterministische Weiterbildung	Katalytische Weiterbildung
Ziele	Institution: Aufgabenerfüllung Person: Qualifikation	Institution: Anpassungsfähigkeit Person: Lernfähigkeit
Bildungsbedarf	konkret erkennbarer und definierter Bildungsbedarf	nicht eindeutig definierter, sondern auch vom Teilnehmer artikulierbarer Bildungsbedarf
Instrumente	Institution: Gezielte Bildung Person: Defizitminderung	Institution: Projektive Bildung Person: Potentialverstärkung
Bekanntheitsgrad der Funktions- zusammenhänge	Eindeutig bestimmbare, weit- gehend konstante Funktions- zusammenhänge zwischen den Problemlösepotentialen	komplexe und variable Funktionszusammenhänge zwischen Problemlöse- potentialen
Erfolgsermittlung	Institution: Leistung Person: Eignung	Institution: Potentiale Person: Kompetenz
Erfolgsprognosen	zuverlässig vorhersehbare Wirkungen einer gezielten Defizitminderung	nur sehr begrenzt vorhersehbare Wirkung einer Potentialverstärkung
Erfolgssteuerung	ein in hohem Maße programmierbarer Erfolg von Bildungsmaßnahmen	ein nur in geringem Maße programmierbarer, wenn auch steuerbarer Erfolg der Weiterbildungsmaßnahmen

Abbildung 68: Deterministische und katalytische Weiterbildung[1015]

Entsprechend der Zielsetzung der Personalentwicklung einer Organisation bzw. ihrer Mitarbeiter können sowohl für die deterministische als auch für die katalytische betriebliche Weiterbildung zentrale Aufgabenfelder ausgemacht werden, wenngleich sich unterschiedliche Zugänge je nach Mikro- oder Makroperspektive ergeben. In der Folge sollen die Stufen einer idealtypischen

---

[1015] in Anlehnung an Berthel, J. (1995), S 268 und Fritsch, M. (1985), S 35

Programmentwicklung für eine betriebliche Weiterbildungsmaßnahme dargestellt werden:[1016]

> Bestimmung der generellen Ziele der betrieblichen Weiterbildung

> Ermittlung des Bedarfs der betrieblichen Weiterbildung

> Analyse des Anforderungsprofils

> Status-quo-Bestimmung bezüglich Qualifikation der Teilnehmer und Festlegen der Auswahlkriterien für die Teilnahme

> Festlegen der Lehr- und Lernziele für die konkrete betriebliche Weiterbildungsmaßnahme und Entwicklung eines Curriculums

> Bestimmung der Lehrmethoden sowie Ressourcenbereitstellung

> Durchführung der betrieblichen Weiterbildungsmaßnahmen

> Evaluation bzw. Kontrolle der Zielerreichung und Feedback

Dieser Funktionszyklus einer systematischen betrieblichen Weiterbildung bildet die Basis für jede betriebliche Weiterbildungsmaßnahme und beginnt ausgehend von der strategischen Ausrichtung der Organisation immer mit einer Bedarfsanalyse. Was die Gestaltung des Lehr-Lern-Settings betrifft, so ist die betriebliche Weiterbildung durch eine Methodenvielfalt[1017] ausgezeichnet, wobei Überschneidungen mit Maßnahmen der Berufsausbildung gegeben sind und auch sinnvoll erscheinen.[1018] Eine der zentralen Herausforderungen an den Bereich der betrieblichen Weiterbildung ist die teilnehmerzentrierte, zielorientierte, problembezogene und situationsentsprechende Gestaltung und Entwicklung der Lehr-Lern-Situation unter Mitberücksichtigung des erforderlichen Lehrstoffes, der geeigneten Lehrmethode und gegebenen Rahmenbedingungen in Bezug auf die Lernumwelt. Die Kreativität und das Einfühlungsvermögen sind neben der fachlichen und didaktischen Kompetenz des Trainers gefordert, obgleich man sich

---

[1016] vgl. Conradi, W. (1983), S 75ff, vgl. Staehle, W. (1991), S 813, vgl. Berthel, J. (1995), S 269
[1017] vgl. dazu die Darstellungen in Kapitel 4.2.3.2.

von der Vorstellung verabschieden muss, dass es für die Erreichung bestimmter Lernziele die einzig richtige Methode bzw. nur immer ein richtiges Medium gibt. „Die lehrziel- und adressatenadäquate Kombination dieser didaktischen Variablen ist Voraussetzung für den Erfolg von Weiterbildungsprozessen."[1019] In der folgenden Grafik soll ein Überblick über die relevanten Parameter der Lehr-Lern-Situation gegeben werden:

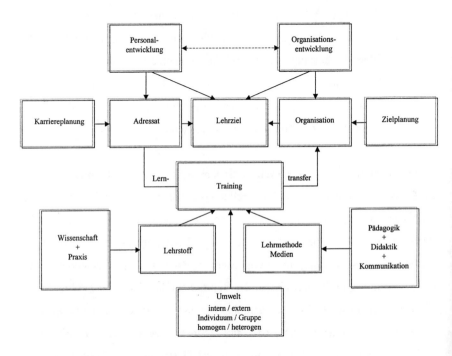

Abbildung 69: Determinanten der Lehr-Lern-Situation[1020]

[1018] vgl. Becker, M. (1993), S 124

[1019] Staehle, W. (1991), S 813, vgl. auch die Darstellungen bei Becker, M. (1993), S 122ff, wobei hier die didaktisch-methodischen und organisatorisch-personellen Parameter zum Punkt *Kreatives Gestalten* zusammengefasst werden.

[1020] Staehle, W. (1991), S 814

Im Kontext der gesamten Personalentwicklung ist bei Betrachtung der einzelnen Parameter der Lehr-Lern-Situation im Bereich der betrieblichen Weiterbildung ein Fokussieren der Gesamtzusammenhänge zielführend. So können in Bezug auf die einzelnen Teilbereiche, Zielsetzungen, Zielgruppen oder Inhalte im Bereich der gesamten Personalentwicklung unterschiedliche Methoden und Maßnahmen eingesetzt werden. Wie bereits in Kapitel 4.2.3.2. bei Zeitpunkt und Arbeitsplatzbezug der Personalentwicklungsmaßnahmen angesprochen, steht eine Vielzahl an Methoden für die Personalentwicklung zur Verfügung. Grundsätzlich können viele dieser Methoden aber nicht nur ausschließlich und eindeutig der betrieblichen Weiterbildung zugeordnet werden. Einerseits kann dies damit begründet werden, dass die Bereiche Bildung, Karriereplanung und Arbeitsstrukturierung so eng ineinander verzahnt sind und somit eine Personalentwicklungsarbeit nur in Kombination dieser Bereiche als sinnvoll und zielführend erachtet werden kann. Andererseits ist eine eindeutige Zuordnung allein schon deshalb nicht möglich, da eine einzelne Methode Auswirkungen auf verschiedene Bereiche hat. So ist beispielsweise ein Quality Circle nicht ausschließlich eine betriebliche Weiterbildungsmethode, da dies ja auch eine Neustrukturierung des jeweiligen Arbeitsfeldes der Gruppenmitglieder bedeutet. Ebenso ist die Methode der Job Rotation in Bezug zum Training on the job zu verstehen und kann in zeitlicher Perspektive als spezielle Form der Karriereplanung gesehen werden.[1021]

So wie Weiterbildung nicht isoliert betrachtet werden kann, gibt es auch nicht die einzig richtige Methode der Weiterbildung. Merk formuliert sehr treffend, was generell bei der Weiterbildung zu fokussieren ist bzw. wie Weiterbildung zu verstehen ist: „Weiterbildung muß Qualifikationen aufbauen und Fähigkeitenbündel aktivieren. Das Know-how wird aktiv, wenn es passende

---

[1021] vgl. Berthel, J. (1995), S 305f

Umweltbedingungen vorfindet. Das richtige Lern- und Leistungsklima setzt Ideen frei. Lernen mit Power ist die moderne Form der Reproduktion des Lebens."[1022]

Die folgende Übersicht zeigt in Anlehnung an Arnold eine Gegenüberstellung der traditionellen und neuen Methoden der Weiterbildung im Überblick und soll grundsätzlich aufzeigen, welche Methoden in der betrieblichen Weiterbildung möglich sind, wobei kein Vollständigkeitsanspruch an die Darstellung erhoben wird.

Qualifikationsdimension	Fachkompetenz ⟷		Methoden und Sozialkompetenz	
Methoden / Verhaltensebenen	verbal kognitiv	psycho-motorisch	handlungs-orientiert	selbstständigkeits-fördernd
Traditionelle Methoden				
1. Rede	★			
2. Gespräch	★		★	
3. Beistell-Methode	★	★		
4. Vier-Stufen-Methode	◇	★	◇	
5. Technisches Experiment	★		★	◇
6. Werkaufgabe	★	★	◇	◇
7. Lehrgang	★	★	◇	◇
Neuere Methoden				
8. Planspiel	★	★	★	◇
9. Projekt	★	★	★	★
10. Kombinierte Unterweisung	★	★	★	◇
11. Forschend entwickelnde Unterweisung	★	★	★	
12. Übungsfirma	★	★	★	★
13. Lernstatt	★	◇	★	★
14. Problemlösungsmethoden	★	◇	★	★
15. Künstliche Übung	◇	★	★	★

★ = bedeutsam zur Entwicklung dieser Verhaltensebene
◇ = weniger bedeutsam zur Entwicklung dieser Verhaltensebene

Abbildung 70: Methoden der Weiterbildung[1023]

[1022] Merk, R. (1998), S 15f
[1023] in Anlehnung an Arnold, R. (1997), S 144

318

Leitgedanken der Personalarbeit und die klare Zielsetzung der Personalentwicklung ebenso wie ihre exakte inhaltliche Präzisierung sind Grundvoraussetzung für die Begründung der Auswahl und des Einsatzes der jeweiligen Methoden und sind auch Parameter für deren Erfolg. Unter diesen Aspekten können Methoden der betrieblichen Weiterbildung letztendlich aber nur in Bezug auf die Gesamtkonzeption der Personalentwicklung sowie im Kontext der umfassenden Maßnahmen der Personalentwicklung beurteilt werden.

Karriereplanung

Karriereplanung[1024] ist neben der betrieblichen Weiterbildung ein weiterer Teilbereich der Personalentwicklung. Das Karrieremanagement im Sinne von einem gemeinsamen Verstehen und Gestalten der Karrieren und Laufbahnen der Mitarbeiter[1025] darf aber keinesfalls als Einzelmaßnahme in einer Organisation wahrgenommen werden, sondern muss als ein integrativer Bestandteil der gesamten Personalentwicklung verstanden werden. Im allgemeinen Sprachgebrauch versteht man unter Karriere meist die „rasche Folge von Aufwärtsbewegungen in Organisationen"[1026], wo hingegen im wissenschaftlichen Kontext vielmehr „die Folge von objektiv wahrnehmbaren Positionen innerhalb betrieblicher Strukturen im Zeitablauf"[1027] verstanden und somit ebenso auch Bewegungen seitwärts und abwärts einbezogen werden[1028].

[1024] In der Literatur werden auch oft die Begriffe *Laufbahnplanung* und *Nachfolgeplanung* vgl. beispielsweise Becker, F. (1994), S 205, vgl. Schanz, G. (1993), S 399ff, vgl. Berthel, J. (1995), S 289ff, vgl. Staehle, W. (1991), S 819ff, vgl. Becker, M. (1993), S 274ff, vgl. Mayrhofer, W. (1993), S 183ff oder generell *Karrieremanagement* vgl. Weitbrecht, H. (1992), Sp 1114ff verwendet.
[1025] vgl. Mayrhofer, W. (1993), S 183
[1026] Weitbrecht, H. (1992), Sp 1114
[1027] Weitbrecht, H. (1992), Sp 1114
[1028] vgl. Berthel, J. (1995), S 289, vgl. Staehle, W. (1991), S 821

Grundsätzlich verfolgt die Karriereplanung zwei unterschiedliche Zielrichtungen. Einerseits sind die Zielsetzungen der individuellen Karriereentwicklung richtungweisend und andererseits gilt eine Orientierung an der Erfüllung der Organisationsziele.[1029] Die individuelle Karriereentwicklung umfasst aus retrospektiver Sicht die einzelnen Stufen der unterschiedlichen Positionen eines bestimmten Mitarbeiters. Aus prospektiver Sicht ist die individuelle Karriereplanung für den Einzelnen ein Prozess, mit dem

> ➤ die eigenen Möglichkeiten, Grenzen, Konsequenzen sowie Alternativen bewusst gemacht werden,

> ➤ karrierebezogene Ziele identifiziert sowie gesetzt werden und

> ➤ erforderliche Aktivitäten in Form von beispielsweise Ausbildung oder Entwicklung gesetzt werden, um die Richtung, den Ablauf und die einzelnen Schritte für die individuelle Zielerreichung zu gestalten und vorzubereiten. [1030]

Karriereplanung aus organisationaler Sicht ist die Bedarfserhebung, Planung, Umsetzung und Steuerung respektive Evaluation von Karriereplänen durch die Organisation unter Einbindung der Mitarbeiter, und sie ist somit im Kontext der betrieblichen Planung und des Karrieresystems einer Organisation[1031] als Managementprozess zu verstehen. Betrachtet man die unterschiedliche Zielfokussierung von Organisation und Individuum, so können folgende Zielsetzungen für die Karriereplanung richtungweisend sein:[1032]

Ziele einer Organisation in Bezug auf personelle Agenden sind beispielsweise:
> ➤ Bestandssicherung an Fachkräften ebenso wie an Führungskräften,

---

[1029] vgl. Becker, M. (1993), S 274
[1030] vgl. Weitbrecht, H. (1992), Sp 1114
[1031] vgl. Becker, F. (1994), S 205
[1032] vgl. Berthel, J. (1995), S 292ff, vgl. Becker, M. (1993), S 274f

> Fluktuationsreduzierung,

> Identifizierung und Entwicklung von Führungskräften aus der eigenen Organisation,

> Mitarbeiterförderung durch Schaffen von Aufstiegsperspektiven,

> Steigerung der qualitativen Leistungsfähigkeit durch betriebliche Weiterbildung,

> Materielle und immaterielle Anreizsysteme schaffen,

> Nachfolgesicherung,

> Förderung der beruflichen Weiterentwicklung.

Ziele der Mitarbeiter sind beispielsweise:

> Berufsbezogene Aufstiegsmöglichkeiten, Führungsverantwortung (Steigerung von Kompetenz, Einfluss und Selbstständigkeit),

> Selbstverwirklichung durch anspruchsvolle Aufgabenfelder,

> Veränderung in den Aufgaben- und Tätigkeitsfeldern – Entwicklungs-möglichkeiten,

> Einkommenssteigerung,

> Sicherheit des Arbeitsplatzes.

Langfristig sinnvoll erscheint aber immer nur der Austausch zwischen den persönlichen Perspektiven eines Individuums und organisationalen Erfordernissen und Bedürfnissen im Sinne eines *„carreer development system"*[1033], wobei die zentralen Entscheidungsfaktoren im Karrieremanagement im Regelfall immer der Bedarf, die erforderliche Eignung sowie die individuellen Vorstellungen der Mitarbeiter sein werden[1034]. In diesem Ansatz werden die Bedürfnisse der Organisation und die der Mitarbeiter berücksichtigt bzw. trägt nicht nur die

---

[1033] Weitbrecht, H. (1992), Sp 1114
[1034] vgl. Becker, M. (1993), S 278

Organisation die Verantwortung für die Karriereplanung, sondern auch der Mitarbeiter selbst ist für seine eigene Karriere verantwortlich. Von einem Karrieremanagement in diesem Sinne kann auch immer nur dann gesprochen werden, wenn dieses systematisch[1035] betrieben wird, d. h. es existiert in einer Organisation ein betriebliches Karrieresystem, wobei dieses grundsätzlich durch folgende sechs Merkmale charakterisiert werden kann:[1036]

> *Bewegungsraum* – Der Bewegungsraum ist das Stellen- bzw. Positionsgefüge einer Organisation und wird durch deren Struktur determiniert. Er zeigt die Bewegungsmöglichkeiten in Bezug auf Besetzung sowie Versetzung.

> *Bewegungsanlässe* – Bewegungsanlässe sind zu besetzende frei werdende Stellen bzw. zusätzliche Stellen, die neu eingerichtet werden, auf sie basierend kann Personalplanung betrieben werden.

> *Bewegungsrichtung* – Mit der Bewegungsrichtung sind vertikale sowie horizontale Versetzungen angesprochen, wobei die vertikale Versetzung sowohl Aufwärts- als auch Abwärtsbewegungen umfasst.

> *Bewegungshäufigkeit* – Die Bewegungshäufigkeit wird durch die Verweildauer der Mitarbeiter in den einzelnen Stellen determiniert, welche wiederum wesentlich von verschiedenen Barrieren bzw. Grenzen[1037] abhängig ist.

[1035] Karriereplanung ist grundsätzlich weit verbreitet, allerdings ist ein systematisches Karrieremanagement meist nur in großen Organisationen zu finden und dort ist es generell nur auf die potenzielle Führungskräfteentwicklung beschränkt. Als wesentlicher Grund für den Ausbau eines systematischen Karrieremanagements wird gesehen, „daß jede Positionsveränderung *Machtveränderung* bedeutet und daß sich die derzeit Mächtigen nicht ein wichtiges Instrument der Machterhaltung, die Beförderungsentscheidung, aus der Hand nehmen lassen". (Staehle, W. (1991), S 825) Ein systematisches, auf alle Positionen in einer Organisation bezogenes Karrieremanagement würde diesen Interessen entgegenwirken und Seilschaften oder Cliquen in Bezug auf Beförderungen unterlaufen bzw. unmöglich machen. vgl. Staehle, W. (1991), S 825f
[1036] vgl. Berthel, J. (1995), S 289f
[1037] In einer Organisation sind Grenzen zwischen Hierarchien, Aufgabenbereichen oder Gruppen ausschlaggebend für die Bewegungshäufigkeit, aber auch für die Bewegungsrichtung.

> *Bewegungsprofile* – Bewegungsprofile sind längerfristig gleichbleibende, in einer Organisation typische Positionsfolgen, und sie entstehen grundsätzlich durch bewusste Gestaltungsentscheidungen, wobei diese dann auch als Karrierepfade[1038] bezeichnet werden. Eine enge Vernetzung der Bewegungsprofile hin zur betrieblichen Weiterbildung, aber vor allem auch zur Aufgabenstrukturierung ist nahe liegend.

> *Aktivitätsniveau* – Das Aktivitätsniveau wird grundsätzlich durch rechtliche Rahmenbedingungen, Größe sowie Größenänderung einer Organisation beeinflusst und bringt den Umfang der Gestaltungsmaßnahmen zum Ausdruck, mit dem das Karrieresystem beeinflusst wird.

Karriere, Karriereplanung bzw. vor allem gerade ein Karrieresystem ist meist mit Hierarchien in einer Organisation verbunden. Neue Organisations- und Managementformen wie beispielsweise Lernende Organisation, fraktale Organisation, Lean Management, Projektmanagement/-organisation oder Prozessorganisation bringen eine immer stärkere Enthierarchisierung mit sich, d. h. Hierarchien werden immer flacher bzw. es werden verstärkt Gruppenkonzepte in Organisationen eingeführt. Insofern müssen neue Anreizsysteme gesucht werden, die die hierarchischen Aufstiegschancen ersetzen bzw. zumindest ergänzen können.

In diesem Zusammenhang stellt sich die Frage der Aufgabenstrukturierung, denn dadurch können neue Anreizsysteme in einer Organisation geschaffen werden. Dies kann beispielsweise durch die Umgestaltung der Aufgaben, durch die

---

[1038] Typisch sind Karrierepfade nur in größeren Organisationen, wo ausreichend homogene Stellen in stabilen Hierarchien vorhanden sind. Sind diese Karrierepfade in festgelegten Laufbahnpfaden eine strategische Entscheidung der Organisation, so impliziert dies auch einen

Delegation von Aufgaben und Verantwortung, durch die Ermöglichung von horizontal ablaufenden Personalbewegungen ebenso wie durch die Schaffung von Parallel-Hierarchien erfolgen.

Betrachtet man die berufliche Entwicklung eines Individuums[1039] im Zeitablauf, so können unterschiedliche Phasen der Karriere ausgemacht werden. In der Literatur sind dazu verschiedene Phasenkonzepte zu finden. Ein häufig zitiertes[1040] Konzept ist die Darstellung von Schein[1041], wo der Zusammenhang von Karrierephasen und Lebensphasen aufgezeigt wird. Schanz[1042] unterscheidet grundsätzlich auch zwischen frühen[1043], mittleren[1044] und späten Karrierejahren.

---

generalisierten Versetzungsmodus als Orientierungsrahmen in der Karriereplanung, welcher aber durchaus Abweichungen zulassen kann. vgl. Berthel, J. (1995), S 290

[1039] Die berufliche Laufbahn wird neben vielen Faktoren maßgeblich von der Motivstruktur des jeweiligen Individuums geprägt. Diese Motivstruktur ist der Weg bzw. Pfad, an dem sich die Karriereentwicklung des Einzelnen orientiert. In diesem Zusammenhang spricht man auch von einem sogenannten Karriereanker, wobei dieser dafür sorgt, dass das Individuum trotz Änderung der Rahmenbedingungen im Berufsleben ein typisches Orientierungsmuster beibehält; vgl. Schanz, G. (1993), S 409f

[1040] vgl. Weitbrecht, H. (1992), Sp 1115, vgl. Berthel, J. (1995), S 302, vgl. Becker, M. (1993), S 275

[1041] vgl. Schein, E. (1978), S 36

[1042] vgl. Schanz, G. (1993), S 421ff

[1043] Hier wird zwischen dem Stadium der Abhängigkeit und Unabhängigkeit unterschieden.

[1044] In dieser Phase differenziert Schanz zwischen den Karrierestadien der Übernahme von Verantwortung für andere und der Machtausübung.

Folgende Darstellung zeigt das vierteilige Karrierephasenmodell nach Cummings/Huse[1045], wobei hier im Besonderen auf Entwicklungsbedürfnisse und Maßnahmen des Human Relations Managements[1046] Bezug genommen wird:

Phase	Entwicklungsbedürfnisse	HRM-Maßnahmen
Establishment – trial 21-26 Jahre	richtiger Anfangsjob verschiedene Aufgaben Entwicklung der Fähigkeiten Feed-back über Leistung	realistische Beratung Leistungsbeurteilung Coaching
Advancement 26-40 Jahre	herausfordernder Job Anerkennung, Verantwortung Abstimmen von Karriere und Freizeit	interessante Aufgabenstellung Assessment Center Sponsoring
Maintenance – mid-career 40-60 Jahre	Autonomie Entwicklung/Förderung anderer Übernahme neuer Rollen	Angebot neuer Aufgaben Training, Mentoring
Withdrawal – late-career über 60 Jahre	Erfahrung und Weisheit nutzen Vorbereitung auf den Ruhestand	Consulting, gleitender Übergang in den Ruhestand

Abbildung 71: Karrierephasen nach Cummings/Huse (1989)[1047]

Moderne Managementkonzepte und Neustrukturierungen von Organisationen[1048] erfordern somit ein Karrieresystem, das sich an den neuen Gegebenheiten sowie Anforderungen orientiert und das den gesamten Menschen ebenso wie seine Entwicklungspotentiale erfasst. Dies bedeutet, dass die Mitarbeiter mit ihren Qualifikationen, ihrem Verantwortungsgefühl und ihren Interessen in den Mittelpunkt rücken, was wiederum bedeutet, dass entsprechend qualifizierte Mitarbeiter auf den entsprechenden Arbeitsplätzen mit den entsprechenden

---

[1045] vgl. Cummings/Huse zitiert nach Staehle, W. (1991), S 825

[1046] vgl. dazu auch die Ausführungen in Kapitel 4.2.1.

[1047] in Anlehnung an Staehle, W. (1991), S 825

[1048] Neustrukturierung von Organisationen bedeutet in diesem Zusammenhang eine Entwicklung beispielsweise hin zur Prozess- und Projektorganisation, zur virtuellen Organisation oder zu Formen der Wertschöpfungsorientierung.

Aufgaben- und Verantwortungsbereichen eingesetzt werden[1049] und so zur Erhöhung der Produktivität einer Organisation beitragen. Im Kontext der oben dargestellten Karrierephasen bedeutet das für eine Organisation, ein Personalentwicklungssystem aufzubauen, womit ein Ausgleich zwischen den individuellen Karrierebedürfnissen und den organisationalen Erfordernissen erreicht werden kann. Um ein Karrieresystem gemeinsam zu gestalten, können den Mitarbeitern für die Planung der individuellen Karriere folgende betriebliche und außerbetriebliche Unterstützungen angeboten werden:[1050]

> Gruppenaktivitäten – z. B. Einrichten von Karriere-Workshops oder verschiedene Formen der Arbeitsstrukturierung

> Unterstützende Einzelaktivitäten – beispielsweise individuelle Karriereberatung, Gespräche über Potentiale und Karrieremöglichkeiten

> Selbstgesteuerte Karriereplanung – Selbststudium, Outplacement-Beratung.

Als weitere Möglichkeit der Unterstützung im gemeinsamen Karrieremanagement ist das Mentoring oder ein Patensystem anzuführen, das auch im oben dargestellten Karrierephasenkonzept in der dritten Phase angesprochen wird. Das Mentor-Konzept hat informalen Ursprung und wurde in den USA auf Grund seiner positiven Wirkung im Laufe der Zeit immer mehr institutionalisiert. Aus den positiven Erfahrungen wurde Anfang der 80er Jahre ein Mentor-Konzept mit der Zielsetzung entwickelt, die Integration neuer Mitarbeiter in fachlichen wie auch in sozialen Belangen zu unterstützen. Befragungen von Führungskräften haben ergeben, dass die meisten Führungskräfte in ihren frühen Karrierephasen einen *persönlichen* Mentor bzw. Förderer zur Seite hatten.[1051] Die „meist ältere

---

[1049] vgl. Mayerhofer, H. (1999), S 520
[1050] vgl. Mayrhofer, W. (1993), S 188ff, vgl. Weitbrecht, H. (1992), Sp 1120ff
[1051] vgl. Schanz, G. (1993), S 336f

Person, die in einem besonderen Vertrauensverhältnis eine oder mehrere Funktionen in der *Karriereentwicklung* wahrnimmt (Türen öffnen, Feedback geben, Fehler ausbügeln helfen, Herausforderungen schaffen, Gegebenheiten schaffen, um Können zu zeigen, Wissen und Fähigkeiten durch Aufgabenübertragung vermitteln) und der persönlichen Entwicklung (richtiges Verhalten demonstrieren, um Selbstvertrauen und eine professionelle Identität zu finden, eine Basis bieten, um persönliche und professionelle Dilemmata zu erörtern, ein Selbstbild schaffen)"[1052] unterstützend zur Seite steht, spielt eine herausragende Rolle. Mentoren beobachten, unterstützen, choachen, fördern, vermitteln[1053] und stehen als eher neutraler Gesprächspartner ihrem jeweiligen *Schützling* zur Verfügung.

Arbeitsstrukturierung

Die Arbeitsstrukturierung als dritter Teilbereich der Personalentwicklung fokussiert die inhaltliche Gestaltung des Aufgabenfeldes eines Mitarbeiters, wobei in der Gegenwart eine humanere Gestaltung des Arbeitsprozesses durch eine verstärkte Anpassung an die physischen sowie auch psychischen Bedürfnisse der Mitarbeiter verfolgt wird. Gerade die Wirksamkeit der Arbeitsgestaltung bzw. -strukturierung in Bezug auf das Entwicklungspotential des Humanvermögens einer Organisation wurde spätestens im Zuge der Humanisierung der Arbeit und der damit verbundenen Forschung erkannt.[1054] Arbeitsstrukturierung kann grundsätzlich in zwei Richtungen erfolgen. Einerseits in Richtung der Aufgabenverkleinerung im Sinne von Spezialisierung bzw. Rationalisierung, wo es zu einer Reduzierung der vertikalen und horizontalen Arbeitsteilung kommt.[1055] Bei dieser Form der Arbeitsstrukturierung kann aber nicht von

---

[1052] Weitbrecht, H. (1992), Sp 1122
[1053] vgl. Becker, F. (1994), S 250
[1054] vgl. Staehle, W. (1991), S 826, vgl. Berthel, J. (1995), S 275
[1055] vgl. Becker, F. (1994), S 61

Personalentwicklung gesprochen werden, denn sie wirkt gegenläufig bzw. folgt dem mechanistischen Weltbild und kann vielmehr als ein Auslöser für Personalentwicklungsmaßnahmen gesehen werden. Aufgabenfeld der Personalentwicklung ist im Zuge der Humanisierung neben einer abwechslungsreichen, interessanten und somit motivationsfördernden Tätigkeit die Arbeitsvergrößerung, die darüber hinaus auch ein ganzheitliches und prozessorientiertes Denken und Handeln der Mitarbeiter fördert, wobei folgende Schwerpunkte angeführt werden können:[1056]

> Reduzierung der spezifischen Aufgabenspezialisierung,

> Ausbau des Entscheidungs- und Kontrollspielraumes des Mitarbeiters und

> Verringerung der arbeitsprozessbezogenen Isolierung der Mitarbeiter.

In Bezug auf die aufgabenvergrößernde Arbeitsstrukturierung[1057] können folgende Grundformen unterschieden werden, wobei diese den Handlungsspielraum eines Mitarbeiters bestimmen und sich einerseits auf den Umfang des operativen Aufgabenbereiches (horizontale Dimension) sowie andererseits auf den Umfang des Entscheidungs- und Kontrollspielraumes des Mitarbeiters (vertikale Dimension) beziehen:

Arbeitsstrukturierung	individuell	kollektiv
horizontale, quantitative Vergrößerung des Aufgabeninhaltes	Job Enlargement	Job Rotation
vertikale, qualitative Vergrößerung des Aufgabeninhaltes	Job Enrichment	Teilautonome Gruppen

Abbildung 72: Formen der Arbeitsinhaltsvergrößerung[1058]

[1056] vgl. Jung, H. (1999), S 206
[1057] vgl. zu den folgenden Ausführungen über die Formen der aufgabenvergrößernden Arbeitsstrukturierung Jung, H. (1999), S 206ff, Berthel, J. (1995), S 278ff, Staehle, W. (1991), S 646ff, vgl. Hauser, E. (1991), S 355ff, vgl. Schanz, G. (1993), S 466ff
[1058] Jung, H. (1999), S 206

Job Rotation ist eine horizontale Form der Arbeitsreorganisation und zielt auf die Erweiterung der fachlichen Kenntnisse der Mitarbeiter ab. Diese Bildungsmethode wird in Abhängigkeit von der Arbeitssystemgestaltung in allen Bereichen der betrieblichen Praxis eingesetzt und ist ein geplantes Rotieren der Mitarbeiter zwischen Arbeitsplätzen, die sich in den Arbeitsinhalten unterscheiden. Mit diesem geplanten Arbeitsplatz- und Arbeitsinhaltswechsel soll einseitige Belastung abgebaut, mehr Abwechslung bei der Arbeit bewirkt und somit die Arbeitszufriedenheit der Mitarbeiter gefördert werden. Durch dieses Konzept soll ebenso die Möglichkeit des betrieblichen Einsatzes gesteigert und damit die Flexibilität der Mitarbeiter gestärkt werden, wobei aber durch den häufigen Arbeitsplatzwechsel die Bedürfnisse der Mitarbeiter nach stabilen sozialen Kontakten oft nicht befriedigt werden können. *Job Enlargement* ist ebenso eine horizontale Form der Arbeitsreorganisation, wobei durch die quantitative Vergrößerung der Aufgabeninhalte der Monotonie der Arbeit, der einseitigen Belastung und dem damit verbundenen Ermüdungsrisiko entgegengewirkt werden soll. Durch dieses Konzept wird der Arbeitsprozess für den Mitarbeiter ganzheitlicher erfassbar. *Job Enrichment*[1059] ist im Vergleich zu Job Enlargement und Job Rotation eine vertikale Form der Arbeitsstrukturierung und stellt eine qualitative Vergrößerung der Aufgabeninhalte dar, da durch dieses Konzept der individuelle Entscheidungs- und Kontrollspielraum eines Mitarbeiters vergrößert wird. Diese Bildungsmethode ist eine der wichtigsten Methoden, da sie „neben der Addition von Arbeiten vergleichbarer Schwierigkeiten Managementaufgaben wie Planung und Kontrolle"[1060] reintegrieren und dies zu einer Steigerung der Autonomie der Mitarbeiter führt. Die *teilautonome, selbststeuernde Arbeitsgruppe*[1061] ist eine weitere vertikale

---

[1059] vgl. hierzu auch die Ausführungen bei Lambert, T. (1998), S 84 bzw. auch bei Ulich in Bezug auf die partizipative Arbeitsgestaltung, vgl. Ulich, E. (1999), S 129ff
[1060] Staehle, W. (1991), S 649
[1061] vgl. dazu auch die Darstellungen bei Picot, A.; Reichwald, R.; Wigand, R. (1998), S 228f

Form der Arbeitsstrukturierung, wobei die kollektiven Entscheidungs- und Kontrollspielräume einer Gruppe sowie deren Autonomie erhöht wird und ein wesentlicher Vorteil dieser am weitesten reichenden Arbeitsinhaltsvergrößerung die soziale Integration in der Gruppe ist. In der folgenden Abbildung werden die verschiedenen Arbeitsstrukturierungen hinsichtlich ihres Tätigkeitsumfangs und ihres Entscheidungs- und Kontrollspielraumes gegenübergestellt.

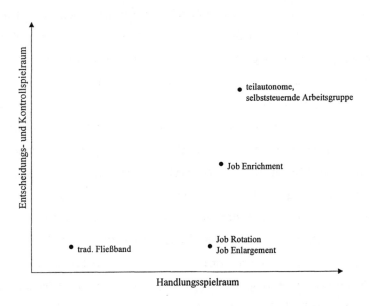

Abbildung 73: Möglichkeiten der vergrößernden Arbeitsstrukturierung[1062]

Teilautonome, selbstgesteuerte Arbeitsgruppen werden im Zusammenhang mit einer verstärkten Wertschöpfungsorientierung und zukunftsweisenden Strukturformen[1063] immer stärker handlungsweisend für die künftige Gestaltung

---

[1062] in Anlehnung an Staehle, W. (1991), S 648
[1063] Zukünftige Strukturformen von Organisationen sind beispielsweise Projektorganisationen, Adhokartien, virtuelle oder fraktale Organisationsstrukturen.

von Organisationen. So stellen beispielsweise Picot et al.[1064] neue Modelle für die Arbeitsstrukturierung vor, in denen der Grad der Strukturierung der Aufgabe und der Grad der Veränderbarkeit der Aufgabe in ein wechselseitiges Verhältnis gesetzt werden. Folgende vier Teamkonzepte können grundsätzlich daraus abgeleitet werden, wobei diese zwar stark vereinfacht sind, aber zur Systematisierung beitragen und dazu geeignet sind, die für die Aufgabenerfüllung erforderlichen Handlungsspielräume offen zu legen sowie zu zeigen, in welchen Beziehungsgeflechten die Aufgaben erfüllt werden sollen:

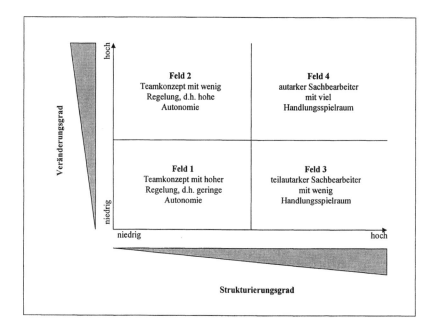

Abbildung 74: Modelle der Arbeitsstrukturierung[1065]

[1064] vgl. zu den folgenden Ausführungen Picot, A.; Reichwald, R.; Wigand, R. (1998), S 448ff
[1065] in Anlehnung an Picot, A.; Reichwald, R.; Wigand, R. (1998), S 448

Wie in der Grafik gezeigt wird, ist das in Feld 1 dargestellte Teamkonzept dadurch charakterisiert, dass der Grad der Aufgabenstrukturierung und -änderung gering ist und somit für die Abwicklung der Aufgabe wenig Autonomie erforderlich ist. Das in Feld 2 dargestellte Teamkonzept fokussiert wenig strukturierte, aber hoch veränderliche Aufgaben. Dieses Konzept scheint immer dann sinnvoll zu sein, wenn Interpretations- sowie Gestaltungsspielräume bei Aufgaben erforderlich sind. Das Teamkonzept in Feld 3 ist als Form der Arbeitsstrukturierung besonders für Aufgaben mit klarer Struktur und wenig Veränderungswahrscheinlichkeit vorteilhaft, d. h. immer dann, wenn Aufgaben im Voraus gut plan- und strukturierbar sind wie beispielsweise Routineaufgaben mit konstanten Problemstellungen. Das Feld 4 stellt ein Teamkonzept für eine Aufgabenabwicklung dar, in dem die Aufgaben stark strukturiert, aber hoch veränderlich sind – typische Aufgaben sind hier Projekt- oder Einzelfallaufgaben.

Alle drei Teilbereiche der Personalentwicklung (betriebliche Weiterbildung, Karriereplanung und Arbeitsstrukturierung) können nicht isoliert voneinander betrachtet werden, denn sie bedingen sich gegenseitig bzw. zeigen sie Wechselwirksamkeiten in ihren Gestaltungsausmaßen. Professionelle Personalentwicklung bedarf einer entsprechenden Konzeption, wobei Personalentwicklungskonzeptionen generell den formalen Ablauf der Planung, die Organisation und die eigentliche methodische Ausgestaltung der Personalentwicklungsmaßnahmen beschreiben.[1066] Die einzelnen Teilbereiche der Personalentwicklung stehen aber nicht nur untereinander in einer Wechselbeziehung, sondern die gesamte Personalentwicklung ist immer auch im Kontext von Vision, Mission, Kultur, Strategie und Führungskonzeption der gesamten Organisation zu betrachten.

[1066] vgl. Aschenbrücker, K. (1991), S 133

Fokussiert man im umfassenden Feld der Personalentwicklung die betriebliche Bildung, so wird hier vor allem die Fachkompetenz in den Vordergrund gestellt, und Sozial- wie auch Selbstkompetenz kommen bei den betrieblichen Weiterbildungsmaßnahmen zu kurz bzw. sind meist nur der mittleren und oberen Führungsschicht vorbehalten. Im Gesamtgefüge der beruflichen Handlungskompetenz der Mitarbeiter kommt einer gesamtheitlichen Entwicklungsmöglichkeit der Handlungskompetenz aber eine wesentliche Bedeutung zu. Im folgenden Kapitel soll auf die Handlungskompetenz der Mitarbeiter und die Kernkompetenzen einer Organisation genauer eingegangen werden. Der Leitsatz des Minutenmanagers „Je besser deine Leute sind, desto höher steigst Du auf"[1067] wird immer mehr zum Leitspruch für das Management vieler Organisationen, wobei *besser* hier alle Kompetenzbereiche der Mitarbeiter anspricht und sich nicht nur auf die fachliche Kompetenz der Mitarbeiter bezieht.

4.2.4. Handlungskompetenzen der Mitarbeiter – Kernkompetenzen der Organisation

Kompetenz[1068] ist in der Literatur und Praxis ein vieldiskutiertes Themengebiet. Betrachtet man allein die Definitions- und Einteilungsversuche in der Literatur[1069], so spiegelt sich die Vielfältigkeit, aber auch die teilweise anzutreffende Unvereinbarkeit der einzelnen Ausführungen zur Kompetenzfrage

---

[1067] Blanchard, K.; Johnson, S. (1990), S 43

[1068] vgl. dazu auch die Darstellungen in Kapitel 2.2.1.

[1069] beispielsweise vgl. Reetz, L. (1999), S 245, vgl. Baitsch, C. (1993), S 52ff, vgl. Laur-Ernst, U. (1990), S 36ff, vgl. Jung, H. (1999), S 248ff, vgl. Faix, W.; Laier, A. (1996), S 36ff, vgl. Berthel, J. (1995), S 228f, vgl. Sonntag, K.; Schaper, N. (1999), S 211ff, vgl. Merk, R. (1998), S 2ff, vgl. Becker, F. (1994), S 209, vgl. Rosenstiel, von L. (1999), S 101ff, vgl. Becker, M. (1993), S 94f, vgl. Probst, G.; Raub, S.; Romhardt, K. (1998), S 81ff, vgl. Staehle, W. (1991), S 161ff (wobei

wider. Ohne Zweifel wird der Kompetenzbegriff zu oft und meist auch geradezu inflationär verwendet.[1070] Die Kompetenzfrage ist für ein Individuum ebenso wie für eine Organisation von wesentlicher Bedeutung, um sich in der real offenen Zukunft[1071] mit Globalisierung der Märkte, rasantem technologischen Wandel, steigenden Qualitätsansprüchen an Produkte sowie Dienstleistungen, Werte- und Strukturwandel in der Gesellschaft, Verbesserung der Kommunikations- und Verkehrstechniken und auch mit weltweit steigendem Druck des Wettbewerbs behaupten zu können.

Grundsätzlich versteht man im allgemeinen Sprachgebrauch unter Kompetenz[1072] so etwas wie *Befugnis, Berechtigung* bzw. *Zuständigkeit,* wobei in diesem Sinne auf den ursprünglichen juristisch-situativen Kontext[1073] verwiesen werden kann. Betrachtet man Kompetenz[1074] aber aus pädagogischer Sicht, so versteht man darunter den *Sachverstand,* die *Fähigkeiten* des Menschen, die einem *situationsgerechten Verhalten* zugrunde liegen und dieses letztendlich auch erst ermöglichen.[1075] Durch diese Fähigkeit des situationsgerechten Verhaltens, d. h. durch die Steuerung der Handlungen tritt die Persönlichkeit eines Individuums zutage.[1076]

---

hier nur von Qualifikationen gesprochen wird) und S 816, vgl. Reetz, L. (1994), S 33ff, vgl. Gaugler, E. (1999), S 5ff

[1070] vgl. Heyse, V.; Erpenbeck, J. (1997), S 7

[1071] vgl. Heyse, V.; Erpenbeck, J. (1997), S 8

[1072] Ende des 18. Jahrhunderts hat sich der Begriff kompetent/Kompetenz aus der juridischen Terminologie entwickelt und bedeutet so viel wie zuständig/Zuständigkeit bzw. befugt/Befugnis. vgl. Schulz, H. (1913), S 368f, vgl. Duden (1994a), S 1929, vgl. Brockhaus-Wahrig (1982), S 223f

[1073] vgl. Kluge, F. (1999), S 466

[1074] Kompetenz hat grundsätzlich vier verschiedene Bedeutungshöfe: „1. Vermögen, Fähigkeit ...; 2. Zuständigkeit, Befugnis ...; 3. zeitlich begrenzte Reaktionsbereitschaft von Zellen gegenüber einem Entwicklungsreiz ...; 4. nicht pfändbare Unterhaltsmittel eines Klerikers", Kytzler, B.; Redemund, L. (1992), S 1764. Für die vorliegende Arbeit sind die ersten beiden Definitionsmöglichkeiten – einerseits Zuständigkeit und andererseits Sachverstand – relevant.

[1075] vgl. Becker, F. (1994), S 209, vgl. Reetz, L. (1999), S 245

[1076] vgl. Baitsch, C. (1993), S 52

Beispielsweise wird so mit der beruflichen Handlungskompetenz grundsätzlich „das reife und entwickelte Potential beruflicher Fähigkeiten bezeichnet, das es dem Individuum erlaubt, den in konkreten beruflichen Situationen gestellten Leistungsanforderungen entsprechend zu handeln"[1077].

Folgt man den Ausführungen von Baitsch zur Frage der Kompetenz, so ist Folgendes festzuhalten: „Die Persönlichkeit von Menschen kommt in der Steuerung ihrer Handlungen, also der psychischen Tätigkeit, zum Ausdruck; diese prägt Inhalt und Art ihrer Interaktionen mit ihren Umgebungen. Die psychische Tätigkeit einer bestimmten Person ist hochspezifisch, sie hat habituellen Charakter, unterliegt potenziell jedoch lebenslanger Veränderung. Persönlichkeitsentwicklung kann beschrieben werden als die Veränderung der Qualität dieser Steuerungsmuster. Die Komponenten sind die Fähigkeiten und Fertigkeiten eines Menschen, sein Wissen, seine Bedürfnisse, Motive und Ziele, das Werte- und Einstellungssystem sowie die Erfahrungen, auf denen die zuerst genannten Komponenten aufbauen und durch die sie modifiziert werden. Allerdings wird die psychische Tätigkeit nicht auf der Basis einer bloßen Addition dieser Einzelkomponenten erfolgen. Erst die individuumsspezifische Verknüpfung, also die Relationen zwischen den einzelnen Komponenten beschreiben die psychische Tätigkeit. Für diesen ‚Überhang', der über die Summation der Einzelfaktoren hinausgeht, schlagen wir das Konstrukt der *Kompetenz* vor: Kompetenz umfaßt ‚jene prozessuale und systemische Verknüpfung von Teilen der oben genannten Einzelfaktoren (Fähigkeiten ... Einstellungen etc.), die individualtypischerweise zur Realisierung konkreter Tätigkeiten psychisch aktualisiert wird' ... . Mit Kompetenz wird also die *Verlaufsqualität der psychischen Tätigkeit* bezeichnet. Die Kompetenz eines Menschen bestimmt seinen Kognitionsbereich, die von ihm vorgenommene

---

[1077] Reetz, L. (1999), S 245

Definition seiner Umgebung und die ihm darin möglichen Interaktionsmuster. *Sie spiegelt sich in seiner Konstruktion der Wirklichkeit.* Hintergrund der psychischen Tätigkeit ist also das hochspezifische, in der Ontogenese entwickelte individuelle Referenzsystem."[1078]

Wie bereits im ressourcenbasierenden Ansatz in Kapitel 2.2.1. dargestellt, wird der Erfolg oder Nichterfolg einer Organisation primär durch ihre spezifischen Potentiale respektive Kompetenzen oder Ressourcen bestimmt,[1079] wobei diese wiederum maßgeblich durch die Kompetenzen der Mitarbeiter einer Organisation bestimmt werden. Mitarbeiter im Sinne von Wissensarbeitern[1080] sind somit zukünftig zentrale Ressource einer Organisation und verfügen selbst über ihre Produktionsmittel wie beispielsweise Wissen, Persönlichkeit, soziale Kontakte und Lernen.

Für die unterschiedlichen Kompetenzansätze in Bezug auf die Mitarbeiter sollen hier exemplarisch drei Ansätze angeführt werden. So versteht Deiser unter Lernen ganz allgemein einen Prozess „der Aneignung und Entwicklung von Identität"[1081], wobei dies für den Menschen im Austausch mit seiner natürlichen und sozialen Umwelt gilt. Der Mensch eignet sich in diesem lebenslangen Prozess auf folgenden Ebenen Kompetenzen an:[1082]

> *Kognitive Kompetenz* – Das Individuum entwickelt kognitive Kompetenzen, um die Wirklichkeit strukturieren und interpretieren zu können (Konstruktivismus).

[1078] Baitsch, C. (1993), S 52f
[1079] vgl. Macharzina, K. (1995), S 59
[1080] vgl. dazu beispielsweise auch die Ausführungen in Kapitel 3.2.8.
[1081] Deiser, R. (1984), S 13
[1082] vgl. Deiser, R. (1984), S 13f

> *Emotionale bzw. soziale Kompetenz* – Das Individuum entwickelt emotionale bzw. soziale Kompetenzen, um kommunikative Aufgaben- und Problemstellungen bewältigen zu können (humanistische Psychologie in Anlehnung an die Psychoanalyse).

> *Handlungskompetenz* – Das Individuum entwickelt, basierend auf sich gegenseitig beeinflussenden kognitiven und emotionalen Kompetenzen, Handlungskompetenz, um seine Intentionen umzusetzen und so eine Wirklichkeitsrelevanz herstellen zu können (Handlungstheorie).

Eine andere Möglichkeit Kompetenzen einzuteilen bzw. zu charakterisieren erfolgt bei Staehle, bei dem wesentlich stärker auf den geistigen Inhalt der Qualifikationen abgezielt wird und Kompetenzen nach folgenden Kriterien unterschieden werden:[1083]

> *Kenntnisse/Wissen* – Vermittlung von Sachwissen (knowledge) wie beispielsweise:

allgemeines Wissen über die Organisation und ihre Umwelt, Wissen in Bezug auf Führungsprozesse, Spezialwissen in Bezug auf einzelne Funktionen, Methoden, Prozesse, Abläufe oder das System.

> *Fähigkeiten/Fertigkeiten* – Verbesserung der Fähigkeiten (skills) wie beispielsweise:

analytische, konzeptionelle oder organisatorische Fähigkeiten, Kritikfähigkeit, Auffassungsgabe, technische Fähigkeiten – Umsetzungsfähigkeit von Methoden und Techniken auf praktische Anwendungsfälle, soziale Fähigkeiten – für die Arbeit in Gruppen, Motivation, Führung, Kommunikation und Kooperation.

> *Einstellungen/Verhalten* – Bildung neuer Einstellungen (attitudes) wie beispielsweise:

[1083] vgl. Staehle, W. (1991), S 816

Bereitschaft zu lebenslangem Lernen, Toleranz und Offenheit gegenüber abweichenden Meinungen und Sichtweisen, Aufgeschlossenheit gegenüber sozialem oder technischem Wandel, Offenheit gegenüber neuen Erkenntnissen.

Wie bei Reetz[1084] dargestellt, kann unter Kompetenz situationsgerechte Handlungs- bzw. Verhaltensfähigkeit verstanden werden und im Sinne der pädagogisch-anthropologischen Theorie der Persönlichkeitsentwicklung erfolgt die Förderung der sogenannten Handlungskompetenz[1085] über die Entwicklung von folgenden Kompetenzen:

> *Sachkompetenz* (wird auch als Fachkompetenz bezeichnet) – Die Sachkompetenz bezieht sich auf die allgemeine kognitive Leistungsfähigkeit eines Menschen. Es wird damit das professionelle Potential von Fachwissen und -können bezeichnet und insofern auch darauf verwiesen, dass verschiedene berufs- und fachspezifische Bereiche bestehen, für deren Bewältigung der Mensch entsprechendes Fachwissen und -können braucht, um diesbezügliche Problemstellungen lösen zu können (berufsspezifische Qualifikation). Eine Erweiterung der Fachkompetenz „ergibt sich durch Ausformung situativ übergreifender Strategien und Heurismen (Findungs- und Lösungsverfahren). Ein breites und flexibles Inventar an Heurismen begründet die Methodenkompetenz."[1086] Ein sach- und methodenkompetentes Handeln allein reicht aber nicht für eine mündige Handlungskompetenz eines Menschen aus, denn Handeln muss ebenso auch sozial vertretbar und

---

[1084] vgl. Reetz, L. (1999), S 245f
[1085] vgl. dazu auch die Grafik in Kapitel 2.2.1.; wo die Handlungskompetenz der Mitarbeiter grafisch dargestellt ist.
[1086] Reetz, L. (1999), S 246

genauso moralisch verantwortbar sein. Aus dieser Anforderung ergeben sich die beiden folgenden Kompetenzbereiche.

> *Sozialkompetenz* – Die Sozialkompetenz zielt auf kooperatives, solidarisches, sozialkritisches und ebenso kommunikatives Handeln ab. Beispielsweise sind hier Teamfähigkeit, Konfliktfähigkeit oder Kooperationsbereitschaft angesprochen. In den Bereich der sozialen Kompetenz lässt sich auch die emotionale Kompetenz[1087] schwerpunktmäßig einordnen. Emotionale Kompetenz bzw. die emotionale Intelligenz gibt grundsätzlich an, in welchem Maße man mit Emotionen intelligent umgehen kann, und sie bedeutet beispielsweise im Zusammenhang mit der Globalisierung der Wirtschaft, wie ein Mensch dazu in der Lage ist, mit Menschen aus unterschiedlichsten Teilen der Welt zu kommunizieren.[1088]

> *Selbstkompetenz* (oft auch als Individualkompetenz bezeichnet) – Die Selbstkompetenz bezieht sich auf die Fähigkeit zu einem humanen, moralischen sowie selbstbestimmten Handeln, wobei hierzu vor allem die Entwicklung zu einer moralischen Urteilsfähigkeit und die Behauptung (Vertretung) eines positiven Selbstbildes gehört. Selbstkompetenz entsteht grundsätzlich durch ein synergetisches Zusammenwirken von Selbstbewusstsein, Mündigsein sowie Verantwortungsbewusstsein.[1089] Nur wenn alle drei Komponenten gemeinsam im Einklang stehen, kann von einer kompetenten Handlungsfähigkeit gesprochen werden. Dieser Kompetenzbereich unterscheidet sich sehr wesentlich von den beiden

---

[1087] Emotionale Kompetenz ist ein Modebegriff unserer Zeit und man findet ihn quer durch die einschlägige Fachliteratur und in neuen Management- und Führungsansätzen. Im Zusammenhang mit der vorliegenden Arbeit soll aber auf diesen Bereich nicht genauer eingegangen werden und es kann auf entsprechende Literatur verwiesen werden; beispielsweise vgl. Goleman, D. (1999), S 28ff, vgl. Strenberg, R. (1996)
[1088] vgl. Goleman, D. (1999), S 30
[1089] vgl. Faix, W.; Laier, A. (1996), S 62

anderen (Sach- und Sozialkompetenz), denn es ist nicht möglich, die Selbstkompetenz allgemein verbindlich zu definieren, sie eindeutig zu bestimmen oder an objektivierbarem Wissen und Können festzumachen.[1090] So sind beispielsweise Kreativität, Authentizität, Mitmenschlichkeit, klassische Arbeitstugenden (wie Fleiß, Pünktlichkeit, Genauigkeit), Spontaneität, Verlässlichkeit, soziale Sensibilität oder Verantwortungsbewusstsein typische Fähigkeiten in diesem Kompetenzbereich.

Der Begriff der *Schlüsselqualifikationen*[1091] ist ein strapaziertes Wort in Wissenschaft und Praxis. Gaugler[1092] gibt in seiner Abhandlung zu *Schlüsselqualifikationen und Personalentwicklung* einen Überblick über mögliche Definitionen dieses Begriffes in der Literatur und deren Veränderungen im Zeitablauf. Folgt man allerdings dem Ansatz von Reetz[1093] bzw. auch wie oben schon dargestellt dem Kompetenzverständnis von Baitsch[1094], so sind mit dem Begriff der Kompetenz generell die menschlichen Fähigkeiten angesprochen, die situationsgerechtem Verhalten zugrunde liegen. In diesem Sinne ist auch die Handlungsorientierung[1095], d. h. das handlungsorientierte konstruierende Lernen, zu verstehen. In Anlehnung an dieses Begriffsverständnis von Kompetenz zielt der Begriff der Schlüsselqualifikation nicht primär auf Qualifikation, sondern

---

[1090] vgl. Laur-Ernst, U. (1990), S 39ff
[1091] Ausführungen zu den Schlüsselqualifikationen findet man beispielsweise bei vgl. Arnold, R. (1994b), S 55ff, vgl. Reetz, L. (1990), S 21ff, vgl. Gaugler, E. (1999), S 3ff, vgl. Reetz, L. (1994), S 29ff, vgl. Laur-Ernst, U. (1990), S 38ff, vgl. Merk, R. (1998), S 14ff, vgl. Reetz, L. (1999), S 245f, vgl. Heyse, V.; Erpenbeck, J. (1997), S 48ff, vgl. Müller-Stewens, G.; Fischer, T. (1995), S 551ff, vgl. Gaugler, E. (1987), S 69ff, vgl. Siebert, H. (1997), S 225ff, vgl. Meier, H.; Uhe, E. (1990), S 247ff
[1092] vgl. Gaugler, E. (1999), S 3ff
[1093] vgl. Reetz, L. (1999), S 245f
[1094] vgl. Baitsch, C. (1993), S 52f
[1095] vgl. dazu beispielsweise die Ausführungen bei Pätzold, G. (1995), S 573ff

vielmehr auf Kompetenz ab und ist so „als eine Metapher aufzufassen, die den dahinterstehenden Kompetenzgedanken transportiert"[1096].

Die Kompetenzfrage ist ein zentrales Anliegen der betrieblichen Weiterbildung. Gerade im Kontext der betrieblichen Weiterbildung als zentralem Element der Personalentwicklung bedarf es einer verstärkten Ausweitung der Sozial- und Selbstkompetenz. Nicht die Optimierung von zweckrationalen beruflichen Fertigkeiten darf alleiniger Fokus der betrieblichen Weiterbildung sein, sondern sie muss auch „die Vermittlung formaler Fähigkeiten sowie die Sensibilisierung für Gruppenprozesse zum Ziel haben und auch in einem umfassenden Sinne zu selbständigem aktiven Handeln befähigen"[1097]. Die Zeit der deterministisch vorgegebenen Aufgaben- und Handlungsfelder und -abläufe ist Vergangenheit, denn die Gesellschaft, die gesamte Wirtschaft und jede einzelne Organisation „bewegen sich selbstorganisativ und nicht deterministisch vorwärts"[1098]. Ebenso bringt es der Wandel der beruflichen Anforderungen mit sich, dass die Entwicklung der sozialen Kompetenzen[1099] wie der Selbstkompetenz immer bedeutender für die Wettbewerbsfähigkeit einer Organisation im Gesamten[1100] und auch für die Sicherung der Beschäftigungsfähigkeit des einzelnen Mitarbeiters selbst wird.

Die zu Beginn dieses Kapitels angesprochene real offene Zukunft mit ihren Ausprägungen macht es für die Beschäftigungsfähigkeit eines Menschen erforderlich, dass lebenslanges selbstorganisiertes Lernen, Eigenverantwortung

---

[1096] Reetz, L. (1999), S 246
[1097] Arnold, R. (1997), S 160
[1098] Heyse, V.; Erpenbeck, J. (1997), S 8
[1099] vgl. Rosenstiel, von L. (1999), S 110, vgl. Reber, G. (1999), S 27
[1100] In Bezug auf eine Organisation im Sinne eines sozialen Systems muss der Kompetenzbegriff entsprechend transferiert werden, um auch hier von einer sozialen und individuellen Kompetenz sprechen zu können.

und -initiative, Erhöhung der eigenen internen und externen Flexibilität und Selbstentwicklung zu einem selbstverständlichen Bestandteil unseres Denkens und Handelns wird. Der kompetente Mitarbeiter muss so in der Lage sein, selbstständig in kürzester Zeit neues Fachwissen zu erlangen sowie sich neue Arbeitsmethoden anzueignen. Ebenso muss der kompetente Mitarbeiter fähig sein, ohne Zeitverlust Arbeitsbeziehungen sowie berufliche Kontakte herzustellen bzw. zu knüpfen, und er sollte auch sein Stärken- und Schwächenprofil einschätzen können sowie im Sinne des Selbstmanagements Stärken und Schwächen beherrschen. Diese Anforderungen führen zu dem Schluss, dass ein kompetenter Mitarbeiter immer über Fachkompetenz, Sozialkompetenz und Selbstkompetenz verfügen können muss.[1101]

Richtet man nun die Sichtweise der Kompetenz vom Mitarbeiter auf die gesamte Organisation, so verfolgt gerade der ressourcenbasierende Ansatz den Aspekt der *Kernkompetenzen* der Organisation. Soll der zentrale Fokus in einer Organisation auf Kernkompetenzen gerichtet werden bzw. will die Organisation Kernkompetenzen aufbauen, so muss sie bis ins Innere der gesamten Organisationskompetenzen vordringen. Die folgende Grafik soll dieses Schichtenmodell der Kompetenzen verdeutlichen:

[1101] vgl. Heyse, V.; Erpenbeck, J. (1997), S 8f

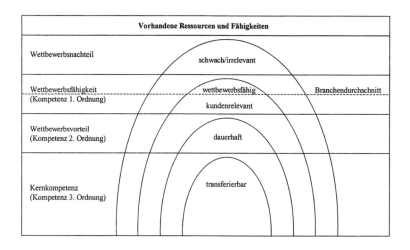

Abbildung 75: Schichtenmodell der Kompetenzen[1102]

Die Grafik zeigt folgende Schritte: Durch den Abbau der unter Umständen vorhandenen Wettbewerbsnachteile wird die Wettbewerbsfähigkeit zurückerlangt (Kompetenz der ersten Ordnung). Für Wettbewerbsvorteile (Kompetenz der zweiten Ordnung) muss eine Organisation aber über besondere Qualitäten verfügen, insbesondere wenn dieser Wettbewerbsvorteil dauerhaft sein soll. Von einer Kernkompetenz (Kompetenz dritter Ordnung) der Organisation kann dann gesprochen werden, wenn diese über den Wettbewerbsvorteil hinaus über Ressourcen und Fähigkeiten verfügt, welche sie auch zum Aufbau bzw. Ausbau neuer Produkte bzw. Märkte einsetzen kann, wobei diese Transferierbarkeit ein wesentliches Merkmal für Kernkompetenzen ist.[1103]

Wie bereits in Kapitel 2.2.1. dargestellt, wird bei einem ressourcenbasierenden, auf Kernkompetenzen ausgerichteten Ansatz zwischen *tangiblen* und *intangiblen*

[1102] Krüger, W.; Homp, C. (1998), S 529
[1103] vgl. Krüger, W.; Homp, C. (1998), S 529

343

Ressourcen unterschieden. Als tangibel werden Ressourcen dann verstanden, wenn sie grundsätzlich über den Markt bezogen werden können. Als intangibel[1104] werden solche Ressourcen bezeichnet, die weder extern beschafft noch verwertet werden können, da sie so fest mit der Organisation verbunden sind respektive nur durch diese bedingt werden.[1105]

Kernkompetenzen einer Organisation sind in den Bereich der intagiblen Ressourcen einzuordnen und können durch folgende Merkmale charakterisiert werden:[1106]

> *Gründe für Wettbewerbsvorteile* – Kernkompetenzen sind die Kombination aus Ressourcen und Fähigkeiten, die die eigentliche Basis für den Wettbewerbsvorteil schaffen. Die Wettbewerbsvorteile müssen sich aber am Markt bewähren. Insofern sind Kernkompetenzen am Markt erprobte Fähigkeiten, die im Vergleich zur Konkurrenz einen vorteilhaften Kundennutzen stiften.

> *Dauerhaftigkeit der Erzielung von Vorteilen* – Im Vergleich zu Produkten oder Dienstleistungen verfügen Kernkompetenzen über eine relativ hohe *Lebensdauer*, wobei die Dauerhaftigkeit bei der Erzielung von Vorteilen sich umso stärker zeigt, je geringer entsprechende Ressourcen und Fähigkeiten substituierbar und imitierbar sind. Es ist aber keinesfalls der Schluss zulässig, dass einmal erzielte Marktpositionen selbsterhaltend sind. Kernkompetenzen müssen vielmehr laufend gepflegt und weiterentwickelt werden.

> *Transferierbarkeit der spezifischen Kompetenzen* – Das Schlüsselmerkmal der Kernkompetenzen ist die Transferierbarkeit, d. h.

[1104] Intangibles Wissen ist beispielsweise das organisations- und problembezogene Wissen, die Lernfähigkeit und -bereitschaft, bestehende informationelle und soziale Netzwerke oder das Image der Organisation. vgl. Macharzina, K. (1995), S 60

[1105] vgl. Macharzina, K. (1995), S 60ff

Kernkompetenzen müssen auf unterschiedliche Produkte, Dienstleistungen, Bereiche oder Gebiete u. ä. übertragbar sein.

Die real offene Zukunft[1107] mit ihren Ausprägungen gilt auch für eine Organisation, d. h. sie erfordert ebenso wie vom einzelnen Individuum eine neue Sichtweise einer Organisation im Sinne eines sozialen, selbstorganisierenden Systems[1108]. Kompetenz ist somit auch von einer Organisation gefordert, denn eine inkompetente Organisation hat wenig Chancen, in der real offenen Zukunft zu bestehen bzw. zu überleben, ebensowenig wie ein inkompetenter Mitarbeiter[1109] am Arbeitsmarkt. Diesbezüglich ist es dann nicht ausschlaggebend, ob eine Organisation über keine Kernkompetenzen verfügt oder ob sie sich ihrer nur nicht bewusst ist und sie deshalb nicht strategisch einsetzen kann.[1110]

Der ressourcenorientierte Ansatz[1111] stellt eine neue Perspektive des Managements und seiner Aufgaben dar, bei der intangible Ressourcen bzw. sogenanntes Tacit-Knowledge bzw. Kernkompetenzen unter Berücksichtigung der oben angeführten Merkmale der Kernkompetenz den wahren Wettbewerbsvorteil in der Gegenwart und vor allem in der Zukunft schaffen.[1112]

[1106] vgl. Krüger, W.; Homp, C. (1998), S 529f

[1107] vgl. Heyse, V.; Erpenbeck, J. (1997), S 8

[1108] vgl. dazu auch die Darstellungen im Kapitel 3.2.2., wo Management als System dargestellt und genau auf die einzelnen Charakteristiken einer Organisation eingegangen wird.

[1109] Mit den heutigen Rahmenbedingungen können auch inkompetente Mitarbeiter in den oberen Managementebenen eine Organisation zu Fall bringen.

[1110] vgl. Heyse, V.; Erpenbeck, J. (1997), S 9

[1111] vgl. dazu auch die Ausführungen in Kapitel 2.2.1.

[1112] vgl. Macharzina, K. (1995), S 60ff

Der ressourcenbasierende Ansatz[1113] respektive der Kernkompetenzansatz[1114] [1115] resultiert zu einem wesentlichen Teil aus der Veränderungsdynamik: „Waren noch vor zwei, drei Jahrzehnten die *Positionsbe-stimmungen Qualität* eines Unternehmens und *Qualifikation* eines Mitarbeiters hinreichende Garantien für zukünftige Erfolge, sind es jetzt die *Dispositionsbestimmungen* für künftiges unternehmerisches und individuelles Handeln: die *Kernkompetenzen des Unternehmens* und die *Handlungskompetenzen des Individuums*"[1116].

Verfolgt man in diesem Zusammenhang den weiterführenden Ansatz der *marktorientierten Kernkompetenzen* nach Krüger/Homp, so wird damit eine Integration der Ressourcenorientierung und der Marktorientierung in einen gemeinsamen Ansatz versucht.

[1113] Bei kritischer Betrachtung des Kernkompetenzenansatzes kann darauf hingewiesen werden, dass Kernkompetenzen ein möglicher Erklärungsansatz für den Wettbewerbsvorteil einer Organisation sind, dass es aber letztendlich den ultimativen Erklärungsansatz für Wettbewerbsvorteile nicht gibt und auch nicht geben kann und dieser Ansatz somit auch keinen Anspruch auf Endgültigkeit haben kann. vgl. Raub, S. (1998), S 292f

[1114] Der Kernkompetenzenansatz nach Prahalad/Hamel (1990) findet in der Managementpraxis sehr große Resonanz. vgl. Probst, G.; Raub, S.; Romhardt, K. (1998), S 80f

[1115] Der *Kernkompetenzenansatz* ist vom *Kompetenz-Management* zu unterscheiden. Kompetenz-Management ist ein Managementansatz aus den USA und wird dort als der Schlüssel für ein besonders effektives Personalmanagement verstanden, wobei das Grundprinzip folgendermaßen lautet: „Identifiziere deine besten Mitarbeiter und lerne von ihnen!" (Stockhausen, A.; Habich, J. (1999), S 22) Der Ausgangspunkt des Kompetenz-Managements ist die Suche nach den notwendigen Merkmalen, die einen guten Mitarbeiter ausmachen. Diese Merkmale werden im angesprochenen Ansatz als Kompetenz verstanden. Die Kompetenzen deuten auf Verhaltensweisen hin, die sich konstant über einen längeren Zeitraum zeigen und die neben Wissen, Können sowie Fähigkeiten auch Werte, Motive, Meinungen und Charaktereigenschaften umfassen. vgl. Stockhausen, A.; Habich, J. (1999), S 22f

[1116] Heyse, V.; Erpenbeck, J. (1997), S 9

Mit folgender Grafik soll diese Integration verdeutlicht werden:

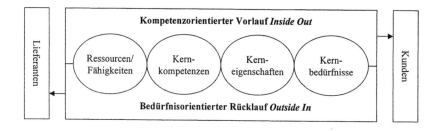

Abbildung 76: Ansatz der marktorientierten Kernkompetenzen[1117]

Im integrativen Ansatz der marktorientierten Kernkompetenzen stellt der organisationale Erfolg eine sogenannte Wirkungskette dar, in der an einem Ende die Ressourcen und Fähigkeiten der Organisation und am anderen Ende die spezifischen Kundenwünsche und -probleme stehen. Kerneigenschaften als verbindendes Element in dieser Wirkungskette symbolisieren die Merkmale der Produkte oder Dienstleistungen, die im Speziellen vom Kunden wahrgenommen werden und dessen Kernbedürfnisse befriedigen können. Bei diesem Ansatz muss die Organisation „ein **Gegenstromverfahren** entwickeln, innerhalb dessen Impulse vom Markt und interne Ideen ausgetauscht werden und zu einem ständigen Strom von Verbesserungen in den Ressourcen und Fähigkeiten einerseits, den Produkten und Leistungen andererseits führen"[1118]. Im Falle des Gelingens dieser Gegenstrommaßnahmen ist eine Verbindung von einem ressourcen- und marktorientierten Ausrichten erreicht und die Organisation verfügt über marktorientierte Kernkompetenzen. Hier bildet sich auch Potential, wodurch für die Organisation neue Produkte und Dienstleistungen entstehen können. Durch diesen Ansatz der Kernkompetenzen in Kombination mit der

[1117] Krüger, W.; Homp, C. (1998), S 531
[1118] Krüger, W.; Homp, C. (1998), S 531

Marktorientierung verfügt die Organisation auch über ein Instrumentarium, mit dem sie zu einer offensiven respektive proaktiven Strategie des Gestaltens und Entwickelns übergehen und somit ihre defensive bzw. reaktive Anpassungsstrategie auflassen kann.[1119]

Durch die Orientierung an den Kernkompetenzen unter Miteinbindung der Marktorientierung können Aufgaben des Managements grundsätzlich als ein Organisieren in selbstorganisierenden Systemen bezeichnet werden. So kann auch der erforderliche Übergang von einer inflexiblen, durch starre Regelungen determinierten Organisation zu einer flexiblen, an vitalen Visionen orientierten Lernenden Organisation ermöglicht und bewältigt werden.[1120] Die *kompetente Organisation* ist das Ziel.

[1119] vgl. Krüger, W.; Homp, C. (1998), S 531
[1120] vgl. Heyse, V.; Erpenbeck, J. (1997), S 9

4.3. Betriebspädagogik als Integrationsmodell

„Um klar zu sehen, genügt oft
ein Wechsel der Blickrichtung. "
Antoine de Saint-Exupéry

Betriebspädagogik als Integrationsmodell[1121] bedeutet ein Zusammenwirken und Verbinden von Organisationsveränderung, Personal- und Persönlichkeitsentwicklung. Alle drei Bereiche bedingen sich gegenseitig, jedes Wirkungsfeld für sich ist unverzichtbar auf dem Weg zur Entwicklung einer Lernenden Organisation. Lernende Organisationen[1122] sind wissensbasierende Systeme, wobei das Lernen einer Organisation vom individuellen Lernen[1123] getragen wird und aus dem Ansatz des organisationalen Lernens in Kombination mit Wissensmanagement[1124] konzeptionelle Parameter für das Handlungsfeld der Betriebspädagogik abgeleitet werden können.

Durch das Integrationsmodell soll das Potential der Betriebspädagogik beim Mitgestalten des dynamischen sowie komplexen Systems Organisation aufgezeigt werden. Es soll weiters damit zum Ausdruck gebracht werden, dass die Betriebspädagogik im Verantwortungsbereich aller an einer Organisation Beteiligten liegt, wobei es gilt, eine Kultur zu schaffen, die ein eigenverantwortliches sowie selbstgesteuertes und schöpferisches Lernen

---

[1121] *Integrationsmodell* bedeutet hier, dass die Bereiche der Organisationsveränderung sowie der Personal- und Persönlichkeitsentwicklung im Handlungsfeld der Betriebspädagogik zusammengeführt werden sollen, d. h. diese ausdifferenzierten Systemelemente werden hierbei wieder funktional verbunden, denn nur so erscheint ein Mitgestalten der Betriebspädagogik auf dem Weg zur Lernenden Organisation für das dynamische und komplexe System Organisation nutzbringend und letztendlich möglich.

[1122] vgl. dazu die Darstellungen in Kapitel 3.3.4.

[1123] vgl. dazu die Darstellungen in Kapitel 3.3.2.

[1124] vgl. dazu die Darstellungen in Kapitel 3.1.1.

ermöglicht – sowohl zum Nutzen der Individuen selbst als auch zum Nutzen der Organisation. Ausgangspunkt für die Betriebspädagogik als ein dynamisches Integrationsmodell von Organisationsveränderung sowie Personal- und Persönlichkeitsentwicklung ist die Sichtweise, dass nicht nur Individuen lernen, sondern dass die Organisation als Ganzes als bildungsfähiges Lernsubjekt zu verstehen ist. Dieses Verständnis des Lernens ist an unterschiedliche Voraussetzungen gebunden, die im Sinne von *Erweiterungen* im Folgenden analysiert werden sollen. Ansatzpunkte dieser Erweiterungen für das Integrationsmodell können folgendermaßen formuliert werden :

- ➤ Erweiterung der Organisationsveränderung durch Personalentwicklung
- ➤ Erweiterung geplanter Weiterbildung durch ungeplante Weiterbildung
- ➤ Erweiterung der Fach- und Sozialkompetenz durch Selbstkompetenz
- ➤ Erweiterung der Personalentwicklung durch Persönlichkeitsentwicklung

In einem ersten Schritt erfolgt in diesem Kapitel nun die Positionsbestimmung für ein Integrationsmodell, um in einem nächsten Schritt die *Erweiterungen* für dieses diskutieren und auf die spezifischen Herausforderungen, die sich aus betriebspädagogischer Sicht hinsichtlich Ziele, Wege und Erfolge ergeben, eingehen zu können.

Die bisherigen Ausführungen haben schon gezeigt, dass Organisationsveränderung[1125] und Personalentwicklung[1126] zwei Wirkungsfelder in einer Organisation sind, die nicht parallel nebeneinander laufen dürfen, sondern nur eng ineinander verschränkt eine Organisation in Richtung einer Lernenden Organisation entwickeln und verändern können. In diesem Sinnzusammenhang ist die betriebliche Weiterbildung auch mehr als ein proaktives, aktions- und

---

[1125] vgl. dazu die Ausführungen in Kapitel 4.1.
[1126] vgl. dazu die Ausführungen in Kapitel 4.2.

reaktionsfähiges Nervenzentrum als als eine Insel in einer Organisation[1127] zu begreifen. Geht man allerdings von dem weit verbreiteten Ansatz der Unterscheidung zwischen Person und Personal[1128] aus, wie dies bereits in Kapitel 4.2.3.3. dargestellt wurde, dann ist festzustellen, dass im Bereich der Forschung zur Personalentwicklung immer noch ein entsprechendes Modell der spezifischen Persönlichkeitsentwicklung fehlt, in dem das individuelle Lernen[1129] als Erwerb von Handlungskompetenzen eingebettet im jeweiligen Handlungsfeld verstanden werden kann. In diesem Sinnzusammenhang bedeutet Persönlichkeitsentwicklung auch, dass das Individuum sich in der Verfolgung der eigenen Interessen einbringen kann und nicht nur fremden Interessen zu folgen hat. Dies lässt den Schluss zu, dass zum Wirkungsfeld der gesamten Betriebspädagogik auch der spezifische Bereich der Persönlichkeitsentwicklung zuzuzählen und in das gesamte betriebspädagogische Handlungsfeld zu integrieren ist. Die folgende Grafik soll die Verschränkung der drei Komponenten im Handlungsfeld der Betriebspädagogik darstellen:

[1127] vgl. Gabele, E. (1982), S 312

[1128] Personal wird in diesem Sinne als ein Aggregatbegriff, d. h. als geformtes System und nicht als eine Anzahl an individuellen Persönlichkeiten verstanden. Personalentwicklung hat unter diesem Blickwinkel die permanente Anpassung dieses Systems an die sich stellenden neuen Herausforderungen als Zielsetzung. vgl. Neuberger, O. (1991), S 12, vgl. auch die Ausführungen bei Bieker, wo zwar zwischen Personal- und Persönlichkeitsentwicklung unterschieden wird, aber immer auch unter dem Gesichtspunkt der Befähigung zur Aufgabenbewältigung. vgl. Bieker, J. (1991), S 44ff

[1129] vgl. dazu die Ausführungen in Kapitel 3.3.2.

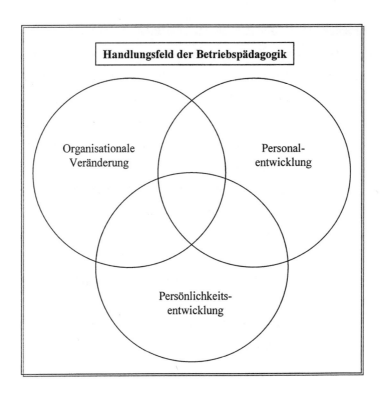

Abbildung 77: Betriebspädagogik als Integrationsmodell von
Organisationsveränderung, Personal- und Persönlichkeitsentwicklung

Für das Handlungsfeld der Betriebspädagogik können somit, wie in der Grafik dargestellt, drei Ansatz- bzw. Wirkungsfelder ausgemacht werden, wobei bereits die gemeinsamen Schnittmengen die enge Vernetzung der einzelnen Bereiche verdeutlichen sollen. Die oben angeführten *Erweiterungen* sind dahingehend zu verstehen, als sie ineinander greifen müssen, um durch individuelle, kollektive und organisationale Lernprozesse eine Entwicklung zur Lernenden Organisation zu ermöglichen.

352

Erweiterung der Organisationsveränderung durch Personalentwicklung

Organisationsveränderung sowie Personalentwicklung sind zentrale Aspekte der Weiterentwicklung einer Organisation.[1130] Die organisationale Transformation ist als die höchste Stufe der Organisationsveränderung zu verstehen. Die Lernende Organisation ist mehr als *nur* Fortschritt und Weiterentwicklung – Lernende Organisation ist die Fähigkeit zur Erneuerung von innen heraus. So zeigt sich die Veränderungs- und Entwicklungsfähigkeit einer Organisation im Sinne einer Selbsttransformation dahingehend, als Organisationen in der Lage sind, ihre Fähigkeit zu erhöhen, eigene und fremde Ansprüche zu befriedigen und sich in zeitlicher Perspektive qualifiziert verändern zu können. Aber auch in der höchsten Stufe der Entwicklung kann die Organisationsveränderung nicht isoliert betrachtet werden. Vielmehr bedarf es eines integrativen Zusammenwirkens von Organisationsveränderung und Personalentwicklung, um die Entwicklung einer Organisation zur Lernenden Organisation zu ermöglichen. Die Personalentwicklung[1131] ihrerseits ist weitaus mehr als reine Weiterbildung. Sie umfasst neben der betrieblichen Weiterbildung ebenso den Bereich der Arbeitsstrukturierung und Karriereplanung, die ihrerseits wieder eng mit der Organisationsveränderung in Zusammenhang stehen. Der hier gegebene Zusammenhang der Personalentwicklung mit organisationaler Veränderung soll im folgenden Schritt verdeutlicht werden.

Die Personalentwicklung hat mit ihrem Kernelement der betrieblichen Weiterbildung auch eine bedeutende Rolle im Zusammenhang mit der Wissensmanipulation,[1132] wobei die Wissensmanipulation als ein wichtiger Teilbereich des Wissensmanagements zu verstehen ist. Der Prozess des

---

[1130] Organisationsveränderung und Personalentwicklung sowie diesbezügliche Gestaltungs-möglichkeiten wurden bereits in den Kapiteln 4.1. und 4.2. ausführlich diskutiert.
[1131] vgl. dazu die Ausführungen in Kapitel 4.2.3.4.
[1132] vgl. Probst, G.; Raub, S.; Romhardt, K. (1998), S 235

selbstgesteuerten Lernens kann in diesem Sinne im Zusammenhang mit Wissensmanagement als Motor der Wissensbasis einer Organisation verstanden werden und hat somit zentrale Bedeutung für das organisationale Lernen.[1133] Betrachtet man so gesehen den Stellenwert der Personalentwicklung, ist ihre steigende Bedeutung in der gesamten organisationalen Veränderung auszumachen. Es ist aber nicht nur die Weiterbildung bzw. deren Neuorientierung und Positionierung in der Organisation im Zusammenhang mit der Lernenden Organisation für die Personalentwicklung bedeutend. Die immer noch weit verbreiteten klassischen Formen der Weiterbildung im Stil von Seminaren, oft auch noch durch Frontalvortrag, müssen durch selbstgesteuertes und eigenverantwortliches Lernen ergänzt werden, d. h. ein eindimensional orientiertes Design muss durch ein Mehrebenen-Design[1134] der Weiterbildung ersetzt werden. Es bedarf der Entwicklung hin zu einer Ermöglichungspädagogik.[1135] Eine evolutionäre und systemorientierte Betriebspädagogik verfügt aus dieser Sicht über ein integratives Verständnis von Bildung und Qualifikation, verfolgt das Paradigma des pädagogischen Realismus im Sinne von Eigenverantwortung sowie Selbststeuerung und der Steigerung der Bedeutung des außerfachlichen Lernens.[1136] Das Handlungsfeld der Betriebspädagogik soll zu einer Weiterentwicklung der Organisationskultur durch die (Weiter-)Entwicklung einer Lernkultur beitragen.

Schlüsselqualifikationen[1137] sind somit beispielsweise nicht in klassischem Seminarstil vermittelbar. Ebenso sind Bereiche der Arbeitsstrukturierung und Karriereplanung[1138] von dem Konstrukt der Lernenden Organisation erfasst.

[1133] vgl. Dittmar, J.; Ostendorf, A. (1998), S 42
[1134] vgl. Rickenbacher, U. (1995), S 587f
[1135] vgl. dazu auch die Ausführungen in Kapitel 2.2.2.
[1136] vgl. Arnold, R. (1994c), S 284ff
[1137] vgl. dazu die Ausführungen in Kapitel 4.2.4.
[1138] vgl. dazu die Ausführungen in Kapitel 4.2.3.4.

Eigenverantwortung, Individua-lisierung,[1139] flache Hierarchien, ein Auflösen bestehender Organisationsformen, steigende Bedeutung der individuellen Handlungsfähigkeit oder Teamorganisation sind Orientierungsrichtungen in diesem Zusammenhang. Auch wird in Zukunft nicht mehr die Organisation der Arbeit von Menschen, sondern das Leistungsmanagement bzw. die Produktivität der Wissensarbeiter im Mittelpunkt des Managements stehen.[1140] Traditionelle Karriereplanung mit dem Festlegen der organisationsinternen Aufstiegsschemata ebenso wie Arbeitsteilung in tayloristischem Sinne oder das Festlegen von Leitungsspannen und klare, tiefe hierarchische Strukturen werden im Ansatz der Lernenden Organisation aufgehoben oder stark eingeschränkt bzw. durch die Anforderungen der Lernenden Organisation determiniert.

Erweiterung geplanter Weiterbildung durch ungeplante Weiterbildung

Eine zentrale Frage der Personalentwicklung, die verstärkt mitarbeiterorientiert ausgerichtet werden muss, da Personalbeschaffung und -einsatz längst zu wenig sind[1141], ist der Bereich der Kompetenzentwicklung, d. h. die Weiterentwicklung der beruflichen Handlungskompetenz der Mitarbeiter. Die Weiterentwicklung der beruflichen Handlungskompetenz ist in direktem Zusammenhang mit allen drei Teilbereichen der Personalentwicklung (Weiterbildung, Arbeitsstrukturierung und Karriereplanung) zu sehen. Personalentwicklung muss aber auch immer im Kontext der organisationalen Veränderung gesehen werden, wobei hier in Bezug auf die Lernende Organisation im Besonderen die Blickrichtung auf die organisationale Transformation gerichtet wird.

Es gilt hier nochmals darauf hinzuweisen, dass immer nur geplante Entwicklungs- und Veränderungsprozesse mit der Personalentwicklung sowie Organisations-

---

[1139] vgl. Buck, B. (1996), S 114
[1140] vgl. Drucker, P. (1999), S 38

veränderung angesprochen werden und der gesamte Bereich des selbstgesteuerten, nicht geplanten sowie auch nicht organisierten Lernens der Mitarbeiter nicht zum Ansatz kommt. Dem klassischen Management einer Organisation geht es grundsätzlich um die zielgerichtete Nutzung und Weiterentwicklung von Fertigkeiten und Fähigkeiten der Mitarbeiter.[1142] Das soziale System Organisation ist aber zu komplex, um darin alles gestalten und lenken zu können – Weiterbildung und die Entwicklung einer Lernkultur *geschehen*. Anstelle des Anspruchs der vollständigen Planbarkeit der Weiterbildung sowie der Illusion der pädagogischen Machbarkeit ist hier ein Ermöglichen bzw. Zulassen von Weiterbildung notwendig, wo es gilt, die Voraussetzung zu schaffen, damit sich eine evolutionäre systemorientierte Lernkultur in einer Organisation entwickeln kann.[1143] Dieses Ermöglichen und Zulassen ist letztendlich die Voraussetzung dafür, dass auch die Organisation „fortschrittsfähige und lernbereite Einstellungen und Verhaltensweisen honoriert und systemisch entwickelt"[1144] und somit auch ungeplante Weiterbildung der Mitarbeiter für die organisationale Weiterentwicklung sowie Entwicklung zur Lernenden Organisation nutzen kann.

Erweiterung der Fach- und Sozialkompetenz durch Selbstkompetenz
Betrachtet man nun in diesem Zusammenhang die Darstellungen zur beruflichen Handlungskompetenz[1145], so ist ein wesentlicher Teilaspekt darin die Selbstkompetenz, d. h. versteht man die Weiterentwicklung der beruflichen Handlungskompetenz[1146] im umfassenden Begriffsverständnis als ein wichtiges

---

[1141] vgl. Arnold, R. (1997), S 98
[1142] vgl. Probst, G.; Raub, S.; Romhardt, K. (1998), S 45
[1143] vgl. Arnold, R. (1994c), S 288f
[1144] Arnold, R. (1994c), S 288
[1145] vgl. dazu die Ausführungen in Kapitel 4.2.4.
[1146] Auch Arnold betont in diesem Zusammenhang mit Verweis auf Kade (1983), dass im Zusammenhang mit der beruflichen Bildung ebenso Prozesse der Persönlichkeitsbildung stattfinden, die nicht auf spätere Anwendungssituationen im Berufsfeld abgestimmt sind. Dies gilt auch dann, wenn diese didaktisch konzipierten Veranstaltungen nur auf berufliches Lernen und

Aufgabenfeld der Personalentwicklung, dann zielt man hier bereits mit der Entwicklung der Selbstkompetenz auf die Persönlichkeitsentwicklung im Speziellen ab. Betrachtet man ferner die Definition von Baitsch in Bezug auf Persönlichkeitsentwicklung, so wird für ihre „theoretische Fassung ... das Konstrukt der Kompetenz vorgeschlagen"[1147], wobei die Entwicklung der Kompetenzen immer einer Manipulation (Veränderung) der psychischen Tätigkeit entspricht. Dies bedeutet sinngemäß, dass die Veränderung im Regelfall über das nach außen sichtbare praktische Tun erfolgt und sich in den Interaktionen eines Individuums mit seinem Umfeld zeigt, seien diese nun andere Individuen oder Aufgaben.[1148] In diesem Wortverständnis der Kompetenzen wird immer auf eine Form der Persönlichkeitsentwicklung Bezug genommen, denn jede Veränderung im Umfeld, sei sie nun personal, interpersonal oder apersonal, bewirkt auch in irgendeiner Weise eine Anpassungsreaktion bzw. Veränderung eines Individuums.

Bezieht man diese Veränderung auf eine Organisation, so kann jede Veränderung, unerheblich ob absichtlich oder unabsichtlich verursacht und unerheblich ob personal, interpersonal oder apersonal bezogen, im übertragenen Sinne als Personalentwicklung verstanden werden.[1149] Wird beispielsweise eine Produktionsmaschine ausgetauscht, so erfordert dies ein Anpassungsverhalten der betroffenen Mitarbeiter; wird ein Teammitglied ersetzt, so erfordert dies ebenso Anpassungsverhalten der restlichen Teammitglieder, oder ändert sich die Zusammensetzung der Führung, so sind Anpassungsreaktionen im personalen wie auch im interpersonalen Bereich erforderlich.

---

insofern ausschließlich auf den Erwerb von beruflichen Qualifikationen abgestimmt sind. vgl. Arnold, R. (1997), S 134
[1147] Baitsch, C. (1993), S 53
[1148] vgl. Baitsch, C. (1993), S 53
[1149] vgl. Neuberger, O. (1991), S 13

Erweiterung der Personalentwicklung durch Persönlichkeitsentwicklung

Persönlichkeitsentwicklung soll hier noch weitgreifender verstanden werden. Die Persönlichkeit ist definitorischer Bestandteil der Sozialisation[1150], wobei im Rahmen der Sozialforschung in Bezug auf Persönlichkeitsentwicklung einerseits darauf fokussiert wird, was den einzelnen Menschen letztendlich zum Mitglied einer sozialen Gemeinschaft macht, und andererseits, wie diese Mitgliedschaft zu einer sozialen Gemeinschaft aufrechterhalten und weiterentwickelt werden kann,[1151] d. h. es geht um den Entwicklungsprozess der sozial relevanten Verhaltens- und Erlebensformen eines Individuums im aktiven Umgang mit anderen Menschen[1152]. Im Kontext dieses Begriffsverständnisses kann somit grundsätzlich zwischen Sozialmachung und Sozialwerdung unterschieden werden. Die Sozialmachung wird durch die verschiedensten Sozialisationsinstanzen[1153] bestimmt, welche das Verhalten sowie Erleben von Menschen verändern bzw. beeinflussen. Sozialwerdung bezieht sich auf die Sichtweise des einzelnen Menschen in Bezug auf seine Sozialisation und seinen Fokus auf den Veränderungsprozess seines Erlebens und Verhaltens.[1154] Ganz wesentlich in diesem Zusammenhang ist die bereits oben angesprochene Reflexionsfähigkeit, mit der das Individuum nicht nur Veränderungen in seinem Erleben und Verhalten

---

[1150] Sozialisation ist in Bezug auf die Aufgaben der Wissensmanipulation in einer Organisation neben der Aus- und Weiterbildung ein wesentlicher Bereich. Es kann darunter vor allem ein Vertrautmachen mit Werten, Normen, Verhaltensweisen sowie bestehenden Rollenerwartungen verstanden werden, wobei dies durch informellen Austausch, gezielte Seminare oder Workout-Programme sowie auch durch Mentoring oder Coaching erfolgen kann. vgl. Probst, G.; Raub, S.; Romhardt, K. (1998), S 235

[1151] vgl. Felsch, A. (1999), S 128

[1152] vgl. Brunner, R.; Zeltner, W. (1980), S 200

[1153] Sozialisationsinstanzen sind in der primären Phase vor allem die Familie und in der sekundären Phase im Bereich der vorberuflichen Sozialisation beispielsweise Schule, Universität, Akademie und/oder Fachhochschule, im Bereich der betrieblichen Sozialisation die Organisation, in der der Mensch einen Beruf erlernt oder die sein Arbeitsumfeld ausmacht. Ebenso sind Massenmedien als Sozialisationsinstanzen zu verstehen. vgl. Felsch, A. (1999), S 128

[1154] vgl. Brunner, R.; Zeltner, W. (1980), S 200

feststellen kann, sondern auch das *Warum* für diese Veränderungen erkennen und sich somit weiterentwickeln bzw. sein Verhalten situationsadäquat sowie zielgerichtet verändern kann. Das Individuum ist im Sinne eines double-loop learnings[1155] zu umfassendem Lernen fähig, bei dem nicht nur Verhalten verändert wird, sondern bei dem bei der Reflexion auch die Ziele in den Reviewprozess mit einbezogen werden.

Neben der Entwicklung der Kompetenzen, bei der hier vor allem die Selbstkompetenz betrachtet wird, sollen unter der Persönlichkeitsentwicklung auch all jene Bereiche verstanden werden, die nichtgeplant und -strukturiert sowie außerbetrieblich und -fachlich ablaufen. Persönlichkeitsentwicklung soll hier um das nichtorganisierte selbstgesteuerte Lernen erweitert sowie als ein Weiterentwickeln der individuellen Handlungskompetenz verstanden werden. Der gesamte informale Weiterbildungs- und Entwicklungsbereich der Mitarbeiter wird somit in dieses Begriffsverständnis mit einbezogen.

Persönlichkeitsentwicklung in diesem Sinne schafft in Kombination mit der beruflichen Handlungskompetenz das Fundament für organisationales Lernen, wo selbstbewusste, verantwortungsbewusste, zur Selbstorganisation und -steuerung fähige sowie dialog-, interpretations- und gestaltungsfähige Mitarbeiter[1156] ein

---

[1155] vgl. dazu die Darstellungen in Kapitel 3.3.4.

[1156] Hierbei wird von dem Grundansatz ausgegangen, dass Menschen von ihrem gesamten Organismus her auf Aktivität ausgelegt sind und es nicht dem Normalzustand eines Individuums entspricht, nur auf Grund äußerer Zwänge seine Inaktivität zu unterbrechen. Insofern gilt, dass „bei jeder auch nur halbwegs gelungenen Sozialisation davon ausgegangen werden kann, daß der Mensch nicht nur unmittelbar egozentrische Ziele verfolgt und zur Kooperation mit anderen befähigt ist" (Wottawa, H.; Gluminski, I. (1995), S 216), sondern dass damit auch alle Voraussetzungen geschaffen sind, dass Menschen dazu fähig sind, eine produktive Arbeit ohne externe Motivation anderer zu erbringen. Menschen sind keinesfalls nur von außen zur Arbeit manipulierte *Reflexbündel,* sondern sie verfügen vielmehr über ausreichend inneren Antrieb, um ihre Arbeit mit Freude zu verrichten. vgl. Wottawa, H.; Gluminski, I. (1995), S 216

richtungsbestimmender Faktor für den gesamten Entwicklungs- und Veränderungsprozess einer Organisation sind. Individualisierung sowie individuelle Lernprozesse sind im Kontext der Lernenden Organisation wesentlicher Bestandteil des Transformationsprozesses einer Organisation. Das Handlungsfeld der Betriebspädagogik im Sinne eines Integrationsmodells kann dafür den Rahmen schaffen und die Mitarbeiter auch beim Erwerb dieser für das Individuum und die Organisation zukünftig richtungweisenden Fähigkeiten bzw. Kompetenzen unterstützen. Einer evolutionären, integrativen und systemorientierten Betriebspädagogik kann auch gerade deshalb ein so bedeutendes Aufgabenfeld auf dem Weg zur Lernenden Organisation zugeschrieben werden, weil diese als generische Managementaufgabe verstanden werden kann, bei der das Zulassen, die Unterstützung, das Ermöglichen und die Koordination des Lernens von Individuen, Gruppen und Organisation einerseits fokussiert wird und andererseits alle *Beteiligte* und nicht nur *Betroffene* sind – Lernen, Bildung und Weiterentwicklung sind in einer Organisation Anliegen *aller*.

Gerade für den Teilbereich der Persönlichkeitsentwicklung, der auf die selbstgesteuerte, nichtgeplante, nichtfachliche und nichtstrukturierte Entwicklung und Veränderung des Individuums abgestimmt ist, gilt es in der Organisation dafür Freiräume zu schaffen, um diese Prozesse zu ermöglichen. Ebenso verhält es sich auch für geplante Veränderungsprozesse, denn der klassische Seminar- und Vortragsstil ist für selbstorganisiertes Lernen bzw. vor allem aber für die Weiterentwicklung der Sozial- und Selbstkompetenz nicht mehr ausreichend respektive schlichtweg ungeeignet. Auch hier kann es ein zentrales Aufgabenfeld der integrativen Betriebspädagogik sein, *Entwicklungsräume* zu schaffen. Der

---

Warum aber dieser Sichtweise in der Arbeitswelt noch immer meist andere Denktraditionen entgegenstehen und ein Bild der erzwungenen und entfremdeten Arbeit richtungweisend ist, soll im folgenden Abschnitt 5 diskutiert werden.

Betriebspädagoge ist Berater[1157], Coach, Supervisor, Betreuer bzw. *Entwicklungshelfer* der Lernprozesse der Individuen sowie der gesamten Organisation mit dem Ziel der Bildung und Höherführung sowie Weiterentwicklung von Mitarbeitern und Organisation.

An dieser Stelle soll nochmals kurz auf die Unterscheidung zwischen Personal- und Persönlichkeitsentwicklung eingegangen werden, um entsprechende Schlussfolgerungen für das Handlungsfeld der Betriebspädagogik zulassen zu können. So muss in Zusammenhang mit der Persönlichkeitsentwicklung der Ansatz von Neuberger[1158] kritisiert werden, in dem Menschen lediglich nur als *Personal* (Menschen, bei denen nicht die Person als solche gesehen wird, sondern nur die Möglichkeit ihrer Nutzbarmachung und Funktionalität) betrachtet werden, die im Rahmen ihrer beruflichen Tätigkeit ihre Individualität aufzugeben haben, um zum funktionierenden Bestandteil im Gesamtgefüge der Organisation zu werden. „Der einzelne muß ersetzbar sein, seine Potenzen müssen für beliebige alternative Zusammensetzungen verfügbar sein."[1159] Diese Sichtweise ist als gegenläufig und kontraproduktiv für die Entwicklung zur Lernenden Organisation abzulehnen. Vielmehr gilt, den Menschen ganzheitlich zu begreifen sowie den *produktiven Wert* der Individualisierung am Arbeitsplatz zu nutzen. Insofern gibt es Bestrebungen, beispielsweise durch einen entsprechenden Führungsstil[1160], durch Arbeitsstrukturierung[1161] und Arbeitsumfeldfaktoren den Arbeitsplatz angenehm und entwicklungsfreundlich zu gestalten, und es wird immer mehr

---

[1157] Rickenbacher weist in seinen Ausführungen darauf hin, wie schwierig es eigentlich ist, diesen Rollenwandel zu vollziehen. So ist beispielsweise die Entwicklung von Lehrenden zum Berater davon gekennzeichnet, dass man immer wieder in alte Rollenmuster verfällt und das Anspruchsniveau an den Berater ein unvergleichlich höheres ist. vgl. Rickenbacher, U. (1995), S 591

[1158] vgl. Neuberger, O. (1991), S 8ff

[1159] Neuberger, O. (1991), S 11

[1160] vgl. dazu die Ausführungen in Kapitel 3.2.4.2.

[1161] vgl. dazu die Ausführungen in Kapitel 4.2.3.4.

berücksichtigt, dass vielen Menschen „ihre Arbeit Freude macht, daß sie daraus einen wichtigen Teil ihres Selbstbewußtseins, ihrer Identität und ihres sozialen Ansehens und nicht zuletzt auch ihres Lebensunterhaltes beziehen"[1162]. Die Erwerbsarbeit hat insofern eine fundamentale soziale Bedeutung, als sie in erheblichem Maße die Einstellungen und Verhaltensweisen der Menschen mitbestimmt, wobei durch die immer stärker werdende Individualisierung die gemachten Erfahrungen nicht isoliert betrachtet werden können, sondern die Wirkung der gemachten Erfahrungen am Arbeitsplatz auch wesentlichen Einfluss auf andere Lebensbereiche wie Familie und Freizeit der Mitarbeiter haben.[1163]

Betriebspädagogik als Integrationsansatz soll die drei dargestellten Wirkungsfelder Organisationsveränderung, Personal- und Persönlichkeitsentwicklung im Sinne der Erweiterungen vernetzen und somit auch ein transdisziplinäres Zusammenspiel der Erziehungswissenschaft und der Wirtschaftswissenschaft ermöglichen. Einerseits wird bei klassischem Verständnis der Betriebspädagogik[1164] der betriebswirtschaftliche Verwertungsgedanke der Bildung und der Bildungsarbeit in einer Organisation bzw. des Lernens kritisiert. Hier steht das Individuum und seine persönliche Weiterentwicklung im Vordergrund. Andererseits wird aus der Perspektive des klassischen Personalmanagements heraus der Anspruch der Bildung nach alleiniger Höherführung des Menschen ohne ökonomischen Verwertungsnutzen grundsätzlich abgelehnt. Im Gesamtaufgabenfeld des Personalmanagements ist die Bildung meist nur ein kleiner Teilbereich und soll aber betrieblichen Nutzen bringen, verbunden mit der Messbarkeit des Nutzens der betrieblichen Bildungsarbeit.

[1162] Giesecke, H. (1997), S 137
[1163] vgl. Giesecke, H. (1997), S 137f

Die Messbarkeit des Nutzens bzw. die Erfolgskontrolle der betrieblichen Bildungsarbeit findet ihren Niederschlag im Bereich des *Bildungscontrollings*[1165], wobei diesem Themenbereich in der Literatur seit Beginn der 90er Jahre hohe Aufmerksamkeit geschenkt wird. Bildungscontrolling kann grundsätzlich als ein „umfassendes Planungs-, Beratungs- und Massnahmensystem zur Koordinierung, Steuerung und Verbesserung ganzer Bildungssysteme oder einzelner Bildungsprozesse im Hinblick auf vorgegebene Ziele"[1166] definiert werden. Als zentrale Aufgabe des Bildungscontrollings ist die Verbesserung der Qualität der Bildungsmaßnahmen anzuführen, wobei es gilt, die Effizienz und Effektivität dieser zu steigern. Ein zentraler Aspekt für das Bildungscontrolling ist, dass zwischen strategischem Bildungscontrolling (Zielsetzungsfunktion und Dispositions- sowie Allokationsfunktion) und operativem Bildungscontrolling (Rückkoppelungsfunktion und Kosten- sowie Nutzenfunktion) unterschieden wird. Allzu oft wird aber in der Literatur und Praxis primär nur der operative Bereich fokussiert und hier im Speziellen die Kosten- und Nutzenfunktion, die aber gerade im Zusammenhang mit Bildung sehr schwer[1167] bzw. nicht überprüfbar ist.[1168] So fällt es den rein betriebswirtschaftlich orientierten Entscheidungsträgern in Organisationen meist schwer, einen Nutzen der betrieblichen Bildungsarbeit zu erkennen, wenn er nicht *rechenbar* ist.[1169] Unter diesem Blickwinkel ist für das Bildungscontrolling trotz seiner Modernität in der Literatur festzustellen, dass sich der Nutzen betrieblicher Bildungsarbeit eben

---

[1164] vgl. dazu auch die Ausführungen in Kapitel 3.1.1.

[1165] Dazu sei hier beispielsweise auf die Ausführungen bei vgl. Decker, F. (1995), S 212ff, vgl. Dubs, R. (1995a), S 2ff, vgl. Mildenberger, J. (1991), S 150ff, vgl. Niegemann, H. (1994), S 400ff, Landsberg, von G.; Weiß, R. (Hrsg.) (1995), vgl. Becker, M. (1999), S 9ff, vgl. Becker, F. (1994), S 102, vgl. Beyer, H. (1991), S 107, vgl. Keßler, H. (1991), S 143ff, Merk, R. (1998), S 370ff oder vgl. Baldin, K. (1991), S 161 verwiesen.

[1166] Dubs, R. (1995a), S 3

[1167] Der Output der Bildungsmaßnahmen müsste so in Geldeinheiten gemessen sowie die Bildungsmaßnahmen als einzige beeinflussende Variable festgelegt werden können.

[1168] vgl. Dubs, R. (1995a), S 4f

[1169] vgl. Götz, K. (1997), S 28

nicht direkt in der Erfolgsrechnung einer Organisation abbilden lässt,[1170] vielmehr muss er daran gemessen werden, „ob eine kompetentere Bewältigung der Aufgaben am Arbeitsplatz erreicht werden konnte"[1171]; und dies birgt bei der multikausalen Wirksamkeit von Bildungsmaßnahmen[1172] noch hohes Entwicklungspotential. In der Praxis ist auch vermehrt festzustellen, dass Organisationen, „die ihre Bildungsarbeit zunehmend strategisch konzipieren und steuern, einer zentralen und systematischen Erfolgskontrolle keine dominante Bedeutung mehr zumessen. An die Stelle der Erfolgskontrolle tritt vielmehr ein allgemeines, auch die Weiterbildung integrierendes Erfolgsbewußtsein aller beteiligten Instanzen."[1173] In diesem Begriffsverständnis hat das Bildungscontrolling für das Handlungsfeld der Betriebspädagogik einer Organisation auf dem Weg zur Entwicklung einer Lernkultur zur Weiterentwicklung der Organisationskultur eine untergeordnete Bedeutung.

Die drei Teilbereiche des Integrationsmodells könnten nun den einzelnen Disziplinen zugeordnet werden, wobei die gemeinsamen Schnittmengen dann genau zu diesen, oben nochmals kurz angesprochenen, disziplinären Differenzen führen. Diese Disziplinendiskussion bzw. -zuordnung erscheint aber nicht sehr fruchtbringend für die gemeinsame Zielsetzung der Weiterentwicklung von Menschen und Organisationen. Hingegen erscheint es aber weitaus zielführender, dass man den Ansatz verfolgt, dass Wissen in den Köpfen der Menschen nur durch Lernen entstehen kann, die Bildung in engem Zusammenhang mit Lernen steht und die Kompetenzen der Mitarbeiter letztendlich ihre Qualifikation durch Bildung widerspiegeln. Pädagogische Überlegungen im Kontext des Lernens in Organisationen bieten zukünftig ein reiches Handlungsfeld. Betrieblicher

---

[1170] vgl. Niegemann, H. (1994), S 400
[1171] Cramer, G. (1991) zitiert nach Niegemann, H. (1994), S 400
[1172] vgl. Dubs, R. (1995a), S 2
[1173] Arnold, R. (1994c), S 294

Nutzengedanken ist keinesfalls abzulehnen und auch nicht gegenläufig zu pädagogischen Zielsetzungen zu verstehen, vor allem wenn man den Gesamtfokus auf Kompetenzen im Sinne der Persönlichkeitsentwicklung nach Baitsch[1174] richtet. Das transdisziplinäre Zusammenspiel der Erziehungswissenschaft und der Wirtschaftswissenschaft ist unverzichtbar für die Lernende Organisation und somit geradezu eine Herausforderung und Chance für das Handlungsfeld einer evolutionären Betriebspädagogik, hier den Entwicklungsprozess einer Organisation proaktiv mitgestalten und selbstgesteuerte und eigenverantwortliche Weiterentwicklung ermöglichen zu können.

Unter diesem transdisziplinären Fokus schafft die Betriebspädagogik somit den Rahmen bzw. das Handlungsfeld, wo eine Verschränkung von Organisationsveränderung, Personalentwicklung und Persönlichkeitsentwicklung möglich ist. Aus struktureller Sicht einer Organisation ist es für eine Neupositionierung der Personalentwicklung im Gesamtgefüge der Betriebspädagogik erforderlich, die klassische Personalabteilung aus ihrer oft gegebenen *Stabsstellenfunktion* herauszulösen. Das Handlungsfeld der Betriebspädagogik ist eine generische Managementfunktion und kann im Sinne einer *Wissenszentrale* verstanden werden. Organisationales Lernen kann nicht durch eine Stabsstelle gemanagt werden. Für das organisationale Lernen muss ein Rahmen auf allen Managementebenen und in allen Bereichen der Organisation geschaffen werden. Diese Forderung bedeutet, wie bereits in Kapitel 3.2.8. dargestellt, dass Betriebspädagogik einerseits als funktional-dynamischer Teilaspekt einer Organisation als Gesamtes und andererseits als generische Managementfunktion verstanden werden muss.[1175] Dies erfordert das volle

---

[1174] vgl. Baitsch, C. (1993), S 53ff

[1175] Durch eine funktional-dynamische Einbettung können die Agenden der Betriebspädagogik in der funktional gegliederten Organisation verankert werden. Diese funktional-dynamische Gliederung kann aber nur dann zielführend sein, wenn Betriebspädagogik ebenso als generische

Kommitment des Managements sowie ein aktives Vorleben dieser und ebenso bedarf es einer Verankerung in der Philosophie, einer Vision einer Organisation respektive einer entsprechenden Organisationskultur als normatives Konzept[1176] einer Organisation.

Das Integrationsmodell für eine evolutionäre und systemorientierte Betriebspädagogik erscheint als eine sinnvolle Strukturierung im Feld der individuellen, personellen und organisationalen Weiterentwicklung. In der Praxis zeigt sich dies aber keineswegs als wohlstrukturiertes Problem bzw. als klare Herausforderung, bei dem, wie die vorangegangenen Ausführungen schon bewiesen haben, eindeutige Lösungsmöglichkeiten gegeben sind. Vielmehr ist dieses Modell als *Spielfeld* für Prozesse der Selbstorganisation und Eigenverantwortung aller Beteiligten zu verstehen, die eigenverantwortlich und selbstorganisativ in die real offene Zukunft gehen wollen, denn letztendlich ist jeder selbst für seine Bildung verantwortlich. Dies gilt einerseits für jeden Mitarbeiter und andererseits aber auch im übertragenen Sinne für jede Organisation, um Beschäftigungsfähigkeit der Mitarbeiter einerseits und Wettbewerbsfähigkeit der Organisation andererseits gewährleisten zu können.

Managementfunktion begriffen wird und Lernen sowie Bildung ein integratives Anliegen auf allen Ebenen und in allen Funktionsbereichen wird. vgl. dazu auch die Ausführungen in Kapitel 3.2.8.
[1176] vgl. dazu die Ausführungen in Kapitel 5.3.

5. Die beschleunigenden sowie integrierenden Agenden der Betriebspädagogik auf den einzelnen Managementebenen

> *„Wenn du ein Schiff bauen willst, so trommle nicht Männer zusammen, um Holz zu beschaffen, Werkzeug vorzubereiten, Aufgaben zu vergeben und die Arbeit zu erleichtern, sondern lehre die Männer die Sehnsucht nach dem endlosen weiten Meer."*
> *Antoine de Saint-Exupéry*

An dieser Stelle erscheint ein Rückblick für den weiteren Fortgang der Arbeit angebracht. In den bisher dargestellten Abschnitten wurde in einem ersten Schritt auf die für die vorliegende Arbeit bestimmenden Referenzwissenschaften eingegangen. So wurde das ökonomische Modell der Wirtschaftswissenschaften in Kapitel 2.2.1. und das pädagogische Modell der Erziehungswissenschaft in Kapitel 2.2.2. ausführlich diskutiert. In Kapitel 2.3. wurde dann der Ansatz der Transdisziplinarität zwischen Betriebswirtschaft und Erziehungswissenschaft entwickelt. Im dritten Abschnitt wurde bereits das Management in unterschiedlichen Betrachtungswinkeln und in Bezug auf das Handlungsfeld der Betriebspädagogik ausgearbeitet sowie im Kapitel 3.3. die Lernende Organisation bzw. das organisationale Lernen als Impulsgeber für die Transdisziplinarität zwischen den beiden Referenzwissenschaften ausführlich dargestellt. Im vierten Abschnitt erfolgte die Erarbeitung der Betriebspädagogik als Integrationsmodell von organisationaler Veränderung, Personal- und Persönlichkeitsentwicklung sowie den sich daraus ergebenden Erweiterungen.

Aufbauend auf diese bereits erfolgten Darstellungen soll nun im fünften Abschnitt die Betriebspädagogik in Bezug auf die unterschiedlichen Managementdimensionen und auf ihre möglichen Handlungsfelder in den einzelnen Ebenen hin durchleuchtet werden. Es gilt hier zu diskutieren, wie und in welcher Form das Handlungsfeld der Betriebspädagogik in das Handlungsfeld des gesamten Managements einer Organisation mit Blickrichtung auf die Entwicklung zu einer Lernenden Organisation integriert werden kann bzw. welche Bedeutungshöfe assoziierbar und in welchen Bereichen gemeinsame Schnittmengen gegeben sind. Management[1177] soll hier als ganzheitliches und integratives Aufgabenfeld in einer Organisation verstanden werden, in dem einerseits eine externe Harmonisierung im Sinne eines unverzichtbaren Fließgleichgewichts zwischen Organisation und Umwelt verfolgt wird und das andererseits im Sinne einer internen Harmonisierung die Management-Handlungsfelder umspannt, die auch als originäre Managementaufgaben (Integration und Koordination) bezeichnet werden und aus welchen sich die derivativen Managementfunktionen (Lokomotion, Motivation und Kohäsion) ableiten lassen[1178]. Im Kontext der Einbettung der Betriebspädagogik soll im Betrachtungswinkel des integrativen gesamtheitlichen Managements auch auf institutionale und funktionale Sichtweisen in gegebenen Anlassfällen Bezug genommen werden.

Als Fundament für die hier angesprochenen Managementebenen wird der integrative Managementansatz der St. Galler Schule herangezogen. Die Basis für dieses St. Galler Management-Modell bildet die systemorientierte Managementlehre von Ulrich[1179], wobei 1971 erstmals das *St. Galler*

[1177] Management ist grundsätzlich alles, was die Leistungen und Ergebnisse einer Organisation betrifft. Es soll an dieser Stelle auch noch darauf hingewiesen werden, dass sich ein organisationaler Wandel generell nicht managen lässt, sondern dass Wandel eine Aufforderung an eine Organisation ist. vgl. Drucker, P. (1999), S 64 und 109. – Und es ist ebenso noch klarzustellen: „Veränderungen sind beschwerlich und riskant. Doch wir müssen sie als Aufforderung an die Organisation verstehen, Wegbereiter des Wandels zu sein. Denn nur dann wird die Organisation ... überleben können." Drucker, P. (1999), S 109
[1178] vgl. dazu die Ausführungen in Kapitel 3.1.2. und auch in Kapitel 3.2.7.
[1179] vgl. Ulrich, H. (1970)

Management-Modell[1180] veröffentlicht und dieses in der Folge zu einer *Anleitung zum ganzheitlichen Denken und Handeln*[1181] weiterentwickelt wurde. Theorie und Praxis sowie die Anforderungen an Organisationen und ihr Umfeld haben sich im Zeitablauf seit der Entwicklung dieses Managementkonzeptes verändert und brachten die Notwendigkeit der Weiterentwicklung im Sinne einer bedarfsentsprechenden Neukonzipierung des Modells mit sich. Bleicher[1182] hat in der konsequenten Verfolgung des ursprünglichen Gedankengutes und in Hinblick auf erkennbare Veränderungen in der Managementtheorie und -praxis das Konzept des integrierten Managements entwickelt. Mit diesem neuen Managementansatz erfolgt eine wesentlich stärkere Positionierung der normativen und strategischen Managementdimension und es werden, wie bereits angesprochen, integrative Managementansätze verfolgt.[1183]

„Operatives, strategisches und normatives Management sind funktionell und institutionell aufs engste miteinander verwoben. Doch das arbeitsteilig strukturierte und damit institutionalisierte Verhalten der Mitglieder schafft systembedingt die Gefahr von Desintegrationstendenzen."[1184]

Diesen systembedingten Desintegrationstendenzen soll mit dem neuen Managementansatz entgegengewirkt werden. Das Ziel des *St. Galler Management-Modells*, welches als evolutionäres, anspruchsvolles und integriertes Managementmodell[1185] beschrieben werden kann, ist es, ein gedankliches

---

[1180] vgl. Ulrich, H.; Krieg, W. (1974)

[1181] vgl. Ulrich, H.; Probst, G. (1995)

[1182] Im Zusammenhang mit dem von Bleicher neu konzipierten St. Galler Management-Konzept sei hier schwerpunktmäßig einerseits auf das Buch „Das Konzept Integriertes Management" (1999) und andererseits auch auf das Buch „Normatives Management" (1994) neben einer Vielzahl diesbezüglicher Veröffentlichungen von ihm in diesem Bereich verwiesen.

[1183] vgl. Bleicher, K. (1999), S 16

[1184] Bleicher, K. (1994), S 20

[1185] vgl. Zehender, K. (1998), S 106, vgl. Müller-Stewens, G.; Fischer, T. (1995), S 553

Ordnungssystem zu konzipieren, das auch einen engen Bezug zur betrieblichen Praxis aufweist. Es soll allerdings für die Praxis keine Lösungen in unterschiedlichen, sich laufend verändernden Problemfeldern anbieten, sondern eine gesamthafte Sichtweise der Zusammenhänge und Interdependenzen in einer Organisation ermöglichen bzw. erleichtern.[1186] In diesem Kontext sollen auch die in der Folge dargestellten Ansätze der Integration der Betriebspädagogik in das Gesamtfeld des Managements verstanden werden.

[1186] vgl. Bleicher, K. (1999), S 16f

5.1. Rahmenparameter für das Konzept eines integrativen Managements

Im Verlauf der vorliegenden Arbeit wurde die Dynamik und Veränderbarkeit der Gegenwart schon mehrmals angesprochen. Traditionelle Ansätze und Managementmodelle mit beispielsweise klaren Aufbau- und Ablauforganisationen,[1187] steilen Hierarchien und langen Dienstwegen, starren Zielsetzungen, deterministischen Vorwärtsbewegungen sowie einer mechanistischen bzw. tayloristischen Sichtweise der Aufgaben- und Arbeitsstrukturierung ermöglichen es einer Organisation nicht mehr, sich Veränderungen anzupassen respektive wettbewerbsfähig zu bleiben oder gar proaktiv in Bezug auf Veränderungstendenzen zu agieren. Die Globalisierung der Märkte, der Wertewandel, technologische Entwicklungen oder das Ende der Nationalstaaten einerseits und organisationaler Netzwerke andererseits, Allianzen, Fusionierungswellen, Joint Ventures aller Art oder virtuelle Organisationen sind Beispiele[1188] für die Notwendigkeit bzw. auch für die Unvermeidbarkeit der Auseinandersetzung mit Veränderungen sowohl in Organisationen selbst als auch in deren Umfeld. Neue Entwicklungen sowie laufende Veränderungen sind eine Gegebenheit unserer Zeit und es stellt sich für eine Organisation nicht die Frage, Veränderung ja oder nein?, sondern es stellt sich vielmehr die Frage, was soll verändert werden und was soll bewahrt bleiben?[1189] Flexibilität und Stabilität, stabile Flexibilität oder flexible Stabilität – dies mag zwar paradox erscheinen, spiegelt aber die Möglichkeiten und Anforderungen der Gegenwart und Zukunft

---

[1187] vgl. Mentzel, K. (1997), S 32

[1188] Die Aufzählung beinhaltet sowohl Beschreibungen wie auch Folgen des Wandels, wobei diese oft schwer auseinander zu halten sind, da Veränderungen fließend ineinander übergreifen und Gegebenheiten unserer Zeit sind.

[1189] vgl. Eckardstein, von D.; Kasper, H.; Mayrhofer, W. (1999), S 2

wider, denen sich das Management einer Organisation stellen muss, um langfristig überleben zu können.

Dynamik und Wandel gehören somit schon zum Alltag einer Organisation, wobei viele Organisationen aber zu kostenintensiv, inflexibel und langsam arbeiten sowie durch Formalisierung und Bürokratisierung der Abläufe in ihrer Reaktionsfähigkeit fast versteinert sind, um Risiken und Chancen[1190] im Umfeld der Organisation zeitgerecht wahrnehmen zu können.

In den folgenden Punkten soll nun auf den Paradigmenwechsel in der Managementtheorie eingegangen werden, und es soll die grundsätzliche Konzeption des St. Galler Management-Modells dargestellt werden. In einem weiteren Schritt werden dann die Handlungsebenen in Bezug auf Aufbau, Prozess und Individuum beleuchtet.

5.1.1. Betriebspädagogik im Kontext von Wandel und Paradigmenwechsel

Wie für die Praxis gilt der Wandel auch für die angewandte Wissenschaft der Managementlehre. So haben sich Anforderungen an das Management mit der Dynamik der betrieblichen Praxis verändert und neue Denkansätze in der Managementtheorie sind erforderlich, um diesen Wandel in den Anforderungen auch in die Theorienbildung einfließen zu lassen. Im Zusammenhang mit wissenschaftlichen Denkansätzen und Normsystemen spricht man von

---

[1190] vgl. Mentzel, K. (1997), S 32

Paradigma[1191], wobei Kuhn[1192] Folgendes zum Begriff Paradigma festhält:
„Insbesondere war ich überrascht von der Zahl und dem Ausmaß der offenen
Meinungsverschiedenheiten unter den Sozialwissenschaftlern über das Wesen der
gültigen wissenschaftlichen Probleme und Methoden. ... Der Versuch, die
Ursachen jener Differenzen zu enthüllen, führte mich dazu, die Rolle dessen in
der wissenschaftlichen Forschung zu erkennen, was ich seitdem ‚Paradigmata'
nenne. Von diesen glaube ich, daß sie allgemein anerkannte wissenschaftliche
Leistungen sind, die für eine gewisse Zeit einer Gemeinschaft von Fachleuten
Modelle und Lösungen liefern."[1193] Kuhn schlägt in seinen Ausführungen
verschiedene Definitionen des Paradigmas[1194] vor, wobei bei diesen Definitionen
grundsätzlich zwischen sehr spezialisierten und allgemeineren Paradigmen
unterschieden wird.[1195] Diese Differenzierungen haben wesentlichen Einfluss auf
den Geltungsbereich[1196] eines Paradigmas.

Im Sinne des oben dargestellten Begriffsverständnisses bzw. daraus abgeleitet
definiert Bleicher ein Paradigma folgendermaßen: „Unter einem Paradigma wird
in der wissenschaftlichen Auseinandersetzung ein Denkmuster, eine Art <Super-
theorie> verstanden, die grundlegende Probleme und Methoden weiter Bereiche

---

[1191] Etymologisch definiert heißt Paradigma „Muster, Klasse, wissenschaftliche Richtung", Kluge,
F. (1999), S 612 und bedeutet sinngemäß auch vorzeigen bzw. sehen lassen bzw. als Beispiel
hinstellen. vgl. Kluge, F. (1999), 612, vgl. Brockhaus-Wahrig (1983), S 54, vgl. Duden (1994b), S
2483, vgl. Basler, O. (1942), S 329f
[1192] Kuhn hat den Begriff des *Paradigmatas* in die Wissenschaftstheorie eingeführt. vgl. dazu
Kuhn, T. (1973), vgl. Kuhn, T. (1974), S 223ff
[1193] Kuhn, T. (1973), S 10f
[1194] Masterman hat die Arbeiten von Kuhn zum Paradigma analysiert und in ihrer Arbeit 21
verschiedene Bedeutungen herausfiltriert, die sie in den von ihr gebildeten drei Hauptgruppen
metaphysische Paradigmen (Metaparadigmen), *soziologische Paradigmen* und *künstlich erzeugte
Paradigmen* (konstruierte Paradigmen) zusammenfasst. vgl. Masterman, M. (1974), S 61ff
[1195] vgl. Gasser-Steiner, P. (1977), S 254
[1196] Zum Geltungsbereich eines Paradigmas kann Folgendes festgehalten werden: „Da sich die
Grenzen der wissenschaftlichen Gemeinschaft aus der Reichweite ihrer Paradigmen bestimmen,
führen die Schwierigkeiten bei der Abgrenzung von Paradigmen zu einer Unbestimmtheit der
Größe wissenschaftlicher Gemeinschaften." Gasser-Steiner, P. (1977), S 254

eines Fachs definiert und das Weltbild einer Zeit prägt."[1197] Der Paradigmenwechsel in der Managementtheorie, d. h. der Wandel vom technokratischen Managementparadigma hin zum humanistischen Managementparadigma wurde bereits in Kapitel 3.2.6. dargestellt, wobei ein immenses Spannungsverhältnis[1198] in dieser *paradigmatischen Transitions-periode*[1199] besteht. Stellt man hier die Beziehung zum Aufgabenfeld der Betriebspädagogik her, so liegt ein wichtiger Aspekt für den Paradigmenwandel in der veränderten Wahrnehmung planender, entwickelnder und transformierender personalwirtschaftlicher Agenden durch das Management. Ebenso ist der Paradigmenwechsel in der Pädagogik vom Paradigma der *pädagogischen Machbarkeit* hin zu einem Paradigma der *Ermöglichungsdidaktik* richtungweisend für eine evolutionäre und systemische Betriebspädagogik.[1200] Gerade was Lernen in Organisationen anbelangt, ist ein erhebliches Umdenken erforderlich, um eine Entwicklung zu organisationalem Lernen zu ermöglichen.

Die Zukunft liegt für Organisationen in ihrer Kreativität und Innovationsfähigkeit sowie in ihrem Wissen und ihrer Veränderungsfähigkeit, weniger in der bisher propagierten Kostenführerschaft. Wissen und Geist bzw. Denkvermögen sowie Persönlichkeit und Lernen stehen vor traditionellen Produktionsfaktoren, selbstorganisierende und -lernende Fähigkeiten einer Organisation werden heute zur Notwendigkeit für ihr Überleben. Kernkompetenzen sind ein Schlüssel-

---

[1197] Bleicher, K. (1999), S 20

[1198] vgl. dazu auch die Ausführungen und grafischen Darstellungen in Kapitel 3.2.6., wo auf dieses Spannungsverhältnis durch den Paradigmenwechsel in Bezug auf Strategie, Struktur und Kultur einer Organisation eingegangen wurde.

[1199] vgl. Bleicher, K. (1999), S 64

[1200] Betriebspädagogik in diesem Sinne bedeutet integratives Verständnis von Bildung und Qualifikation, Eigenverantwortung sowie Selbststeuerung und fachliches ebenso wie außerfachliches Lernen. Betriebspädagogik fokussiert somit nicht nur die Höherführung des Individuums, sondern das Handlungsfeld der Betriebspädagogik soll ebenso zur Weiterentwicklung der Organisationskultur durch die Weiterentwicklung der Lernkultur beitragen. vgl. dazu auch die Ausführungen in Kapitel 2.2.2.

parameter für die Wettbewerbsfähigkeit einer Organisation. Kreativität, Wissen und Geist können primär durch das Schaffen von Freiräumen für ein ganzheitliches, kontinuierliches, selbstgesteuertes und eigenverantwortliches Lernen auf allen Ebenen gefördert und entwickelt werden.

Diese selbstorganisative Form des Lernens wurde bereits als eine mögliche Art und Weise des qualitätsvollen Lernens angeführt[1201], wofür folgende Qualitätsaspekte beispielgebend dargestellt wurden: *Selbstgesteuertes Lernen, kreatives Lernen, expressives Lernen, Gefühlslernen, Online-Lernen, kontinuierliches Lernen und reflexives Lernen.* Die Berücksichtigung dieser Aspekte bei der Theorienbildung des Managements sind erforderlich, um beispielsweise Selbstbestimmung, Individualisierung, Eigenverantwortung, Kreativität, Reflexion oder Kontinuität als gesellschaftliche Trends einerseits und als Grundbedingungen für das Modell der Lernenden Organisation andererseits ermöglichen zu können. Das Handlungsfeld der Betriebspädagogik soll dazu beitragen, die kreativen Potentiale der Mitarbeiter einer Organisation zu fördern und die Entwicklung neuer organisatorischer Strukturen zu ermöglichen.[1202] Lernen soll in diesem Zusammenhang die Anspruchsvielfalt der gegenwärtigen und zukünftigen Organisationsanforderungen erfüllen können, aber auch die grundlegende Lebensform des Individuums widerspiegeln sowie als Ziel die individuelle Handlungsfähigkeit der Mitarbeiter einer Organisation haben.

Paradigmenwechsel in der Managementtheorie resultiert ebenso aus der Veränderung der Managementaufgaben. Während traditionelle Management-aufgaben in der Planung, Entscheidung, Organisation und Kontrolle bestehen, sind gegenwärtige respektive zukünftige Managementaufgaben verstärkt im

---

[1201] vgl. zu den Aspekten des qualitätsvollen Lernens auch die Ausführungen in Kapitel 3.3.5.
[1202] vgl. Arnold, R. (1989), S 16

Bereich der Entwicklung, Steuerung, Gestaltung und Ermöglichung zu finden. Manager der Zukunft sind in diesem Sinne beispielsweise vielmehr Gestalter, Berater, Entwickler, Ermöglicher, Supervisor, Coach und/oder Transformator. Klassische Führungsaufgaben treten immer mehr in den Hintergrund. Führung in der Zukunft heißt verstärkt Verantwortung für die Weiterentwicklung der Mitarbeiter übernehmen. Coaching bedeutet somit die Entwicklung der Mitarbeiter zu Spitzenkräften respektive die Unterstützung der Mitarbeiter in ihrer Weiterentwicklung zu Spitzenleistungen für die Organisation. Die Beratung wird dabei zu einer Schlüsselqualifikation im Prozess der Führung.

Diese neuen Aufgabenfelder können durch das Management aber nicht mehr ohne Mithilfe der Mitarbeiter bewerkstelligt werden, denn nur mit den Mitarbeitern gemeinsam sind Entwicklung, Steuerung, Gestaltung und ebenso Ermöglichung sinnvoll machbar. Veränderung im Sinne von Lernen ist richtungweisend für das Aufgabenfeld des Managements, wobei hier zentrale Orientierungsparameter der partnerschaftliche Umgang mit Mitarbeitern und das Wahrnehmen strategischer Agenden sind.

Diese zentralen Parameter bei der Ausrichtung der Agenden des Managements sollen nun an folgendem Praxisbeispiel verdeutlicht werden:

In einem Zweigwerk von Proctor & Gamble in Lima/Ohio[1203] werden seit 25 Jahren mit einem Teamsystem bzw. im Sinne einer Lernorganisation[1204] die

---

[1203] vgl. zu den folgenden Ausführungen Waterman, R. (1996), S 69ff

[1204] Lernorganisation ist gleichbedeutend mit Lernender Organisation. In der hier beschriebenen Organisation sind Wandel und Lernen eng miteinander verwoben, wobei folgende Ansätze verdeutlichen sollen, was für diese Organisation Lernen bedeutet: Jeder Mitarbeiter muss zum Wandel und Lernen willens und fähig sein; Mut zum Risiko bzw. auch zum Misserfolg ohne Gefährdung des Bestandes der gesamten Organisation ist ein weiterer Faktor; die Transparenz und Ausgeglichenheit der Gehaltsstruktur trägt zur Lernwilligkeit bei; die Fähigkeit, komplexe Aufgaben in gut verständliche Teilschritte aufzugliedern, bedeutet ebenso Lernen; Lernen meint

Geschäfte sehr erfolgreich geführt. Mitarbeiter und Manager sind gleichberechtigt und nach außen hin kaum zu unterscheidende Partner. Folgende Grundsätze sind Basis für die *Lima-Kultur*:

1. „Wir glauben an ein Umfeld, in dem es den Menschen erlaubt ist und von ihnen erwartet wird, ihren Beitrag als Unternehmenseigner[1205] zu maximieren und selbstverständlich zum Erfolg des Unternehmens beizutragen. ...

2. Eine Kultur ohne Barrieren, die es jedem einzelnen ermöglicht, einen sinnvollen Beitrag zu leisten, wird wirtschaftlich am erfolgreichsten sein. ...

3. Wir glauben, daß die Fähigkeit der Organisation, sich rasch zu verändern, an unsere individuelle Fähigkeit und an unsere Bereitschaft zum Wandel geknüpft ist. ...

4. Die langfristigen Bedürfnisse und der langfristige Erfolg des Unternehmens und seiner Mitarbeit sind untrennbar miteinander verbunden. Das Unternehmen braucht langfristig Gewinne. Die Mitarbeiter brauchen physische und psychische Sicherheit, Wachstum, Anerkennung und Einkommen. ...

5. Für den Erfolg des Unternehmens und seiner Mitarbeiter ist es unerläßlich, daß alle ihren Gedanken und Ideen offen und konstruktiv Ausdruck verleihen können und gleichzeitig ein offenes Ohr für abweichende Meinungen haben.

6. Ein hohes Selbstwertgefühl und eine hohe Wertschätzung für andere ist für den Erfolg des Unternehmens ausschlaggebend.

7. Menschen, die dafür ausgebildet, motiviert und belohnt werden, das Unternehmensziel zu erreichen, werden die Unternehmensergebnisse maximieren.

8. Achten Sie auf die Werkssicherheit, und seien Sie ein guter <Bürger des Unternehmens> – damit erreichen Sie die besten wirtschaftlichen Erfolge.

9. Organisatorische Effektivität erzielen wir am ehesten, wenn wir uns die Vielfalt und Kreativität unserer Belegschaft zunutze machen, um bessere Lösungen zu erzielen.

10. Um den Erfolg des Unternehmens und seiner Mitarbeiter zu gewährleisten, gibt es in einem gesunden Unternehmen auf allgemein bekannten Grundsätzen beruhende Grenzen[1206], die, falls sie als unpassend empfunden werden, mittels bestimmter Verfahrensnormen geändert werden können."[1207]

---

auch motiviert zu sein, Verhaltensweisen zu verändern, und Lernen heißt auch Vorbild zu sein – die Manager verstehen sich hier vielmehr als Trainer und Coach, als dass sie die Rolle eines Bosses wahrnehmen. vgl. Waterman, R. (1996), S 91ff

[1205] Alle Mitarbeiter besitzen Procter & Gamble Aktien. Unternehmenseigner ist hier aber in dem Sinne zu verstehen, als sich alle Mitarbeiter so verhalten sollen, als ob ihnen das Unternehmen gehören würde. vgl. Waterman, R. (1996), S 70

[1206] Dieser Grundsatz besagt lediglich, dass die Mitarbeiter des Unternehmens, auch wenn sie in mancher Hinsicht sehr autonom sind, nicht völlig nach ihrem eigenen Gutdünken handeln können, d. h. es gibt einen gewissen Rahmen, innerhalb dessen sie ihren eigenen Arbeitsstil frei entwickeln können. vgl. Waterman, R. (1996), S 71

[1207] Waterman, R. (1996), S 69ff

Die Aufgaben des Managements in dieser Organisation werden ebenso wie das Berufsbild eines Managers anders als in traditioneller Weise verstanden, denn es gibt zwei wesentliche Aktivitäten: einerseits der Umgang und die Arbeit mit Menschen und andererseits strategische Aufgaben. Für das Werk in Lima stehen keine fest geschriebenen Regeln im Vordergrund, sondern die Grundsätze[1208] des Lima-Werkes. Dies ist für das Management mitunter frustrierend, aber in jedem Fall interessanter, anspruchsvoller und menschlicher als das Einhalten von Bestimmungen aus Regelbüchern. Bei der Beschreibung der eigenen Tätigkeit benutzen die Manager der Niederlassung von P&G in Lima immer wieder Wörter wie: *„zuhören, trainieren, begegnen, treffen* (mit einzelnen Mitarbeitern und kleinen Gruppen) *oder Beziehungen aufbauen"*[1209]. Hier ist es nicht Aufgabe des Managements, Anweisungen zu erteilen, sondern das Führen respektive Beeinflussen der Mitarbeiter mit etwas Fingerspitzengefühl ist zentraler Aufgabenbereich. Ebenso ist das Aufbauen von ehrlichen, starken und vertrauensvollen Beziehungen mit Einzelnen bzw. mit Gruppen ein entscheidender Faktor für die Führung der Mitarbeiter.[1210]

Dieses oben dargestellte Beispiel soll verdeutlichen, welche Rolle Lernen und somit das Handlungsfeld der Betriebspädagogik im Gesamtgefüge des Managements einnimmt. Die Integration der Betriebspädagogik führt so zu einem pädagogischen Mitgestalten[1211] einer Organisation. Im Vordergrund stehen bei diesem Mitgestalten die drei integrativen Bestandteile des Handlungsfeldes der Betriebspädagogik[1212], organisationale Veränderung, Personalentwicklung und

---

[1208] vgl. dazu die oben dargestellten zehn Grundsätze des Lima-Werkes – sie sind allen Mitarbeitern und den Managern bekannt und unterliegen auch der laufenden Überarbeitung und Verbesserung.

[1209] Waterman, R. (1996), S 89

[1210] vgl. Waterman, R. (1996), S 89f

[1211] vgl. Arnold, R. (1997), S 31

[1212] vgl. dazu die Ausführungen in Kapitel 4.3.

Persönlichkeitsentwicklung. Es soll damit klargestellt werden, dass letztendlich nur durch eine Integration der Betriebspädagogik in alle Dimensionen des Managements das Hinführen einer Organisation zu einer Lernenden Organisation bzw. die Weiterentwicklung in Richtung eines selbstorganisierenden, lernenden Systems gelingen kann.

5.1.2. Handlungsebenen des integrativen Managements

In der Folge sollen nun ganz allgemein die einzelnen Handlungsebenen des integrativen St. Galler Management-Modells und der grundlegende Bezugsrahmen zur Betriebspädagogik dargestellt werden.

Bleicher[1213] sieht das Hauptproblem des Managements im Versuch der isolierten Betrachtung der komplexen und oft interdisziplinären Aufgabenbereiche des Managements. Diese erfolgt nicht nur im Bereich der Eingliederung der organisatorischen Maßnahmen in den Komplex Management, sondern auch bei der organisatorischen Strukturierung an und für sich. Eine mögliche Lösung dafür ist das integrierte Management, welches in der Folge kurz charakterisiert werden soll: Das *integrative Management* gliedert sich in die folgenden drei[1214] Bereiche

> ➢ normatives Management
> ➢ strategisches Management
> ➢ operatives Management.

[1213] vgl. zu den folgenden Ausführungen Bleicher, K. (1991), S 3ff

[1214] In der Literatur findet man auch die Unterteilung in vier Stufen. Hier wird zwischen dem strategischen und operativen Management noch die Stufe des taktischen Managements eingefügt. vgl. dazu beispielsweise Voigt, K. (1997), S 58f – In der vorliegenden Arbeit soll auf dieses taktische Management nicht weiter eingegangen werden, da es zur Beziehungsklärung zwischen dem Management und dem Handlungsfeld der Betriebspädagogik nicht wesentlich beitragen kann.

379

Bei diesen drei Dimensionen des Managements lässt sich eine bestimmte geschichtliche Entwicklung insofern nachvollziehen, als das operative Management jene Ebene ist, die am frühesten[1215] wissenschaftlich analysiert und rationalisiert wurde, gefolgt von Ansätzen für das strategische Management in den 60er Jahren. Zur dritten Ebene gibt es erst seit Beginn der 80er Jahre wissenschaftliche Ansätze.[1216]

Die folgende Übersicht stellt die drei Dimensionen des Managements gegenüber. Es werden hier parallel dazu auch die zentralen Ansatzpunkte sowie Problemlagen der einzelnen Handlungsebenen des Managements schlagwortartig formuliert.

| **Normatives Management** |
| Aufbau organisationspolitischer Verständigungspotentiale |
| Legitimationsproblem: Konflikt zwischen Interessengruppen |
| **Strategisches Management** |
| Aufbau strategischer Erfolgspotentiale |
| Problem der Steuerung: Ungewissheit, Veränderung und Komplexität der Marktbedingungen |
| **Operatives Management** |
| Aufbau organisationsbezogener Produktivitätspotentiale |
| Effizienzproblem: Knappheit der Produktionsfaktoren |

Abbildung 78: Handlungsfelder des Managements[1217]

[1215] Hier kann auf die Pionierarbeiten von F. Taylor (1911) in Bezug auf wissenschaftliche Rationalisierung und Effizienzsteigerung verwiesen werden. vgl. Ulrich, P.; Fluri, E. (1992), S 19
[1216] vgl. Ulrich, P.; Fluri, E. (1992); S 19ff
[1217] in Anlehnung an Ulrich, P.; Fluri, E. (1992), S 19

Das *normative Management* ist durch das Aufstellen genereller Ziele, Regeln und Normen für eine Organisation gekennzeichnet, die die Basis für das Bestehen und die Weiterentwicklung dieser bilden, d. h. Einstellungen, Überzeugungen, Wertvorstellungen und -strukturen finden hier ihren Niederschlag in Form der Managementphilosophie. Hauptaufgabe des *strategischen Managements* sind Aufbau und Aufrechterhaltung von Strukturen und Programmen, d. h. es werden hier Ziele und Leistungspotentiale einer Organisation definiert. Beide zusammen finden im Bereich des *operativen Managements*, speziell im operativen Leistungs- und Kooperationshandeln, ihre Umsetzung. Für das operative Management sind zwei Orientierungsrichtlinien von wesentlicher Bedeutung, nämlich einerseits ihre wirtschaftliche Effizienz und andererseits ihre Effektivität des Verhaltens der Individuen einer Organisation, d. h. Maßnahmen der Führungskräfte im Bezug auf Mitarbeiter bzw. Kooperation und Kommunikation auf sozialer Ebene. Operatives Management ist generell die Organisation sowie Lenkung der laufenden Aktivitäten einer Organisation.[1218]

Die erforderliche Integration aller drei Ebenen erfolgt durch Vorgaben, durch Strukturen und durch Verhalten. Mit Hilfe der folgenden Struktur soll diese kurze Charakterisierung des gesamtheitlichen integrativen St. Galler Management-Modells nochmals[1219] verdeutlicht werden.

[1218] vgl. Probst, G, (1983), S 324, vgl. Bleicher, K. (1991), S 3ff, vgl. Ulrich, P.; Fluri, E. (1992), S 19ff, vgl. Bleicher, K. (1999), S 74ff
[1219] Aus Gründen der Übersichtlichkeit soll hier nochmals das St. Galler Management-Modell grafisch dargestellt werden.

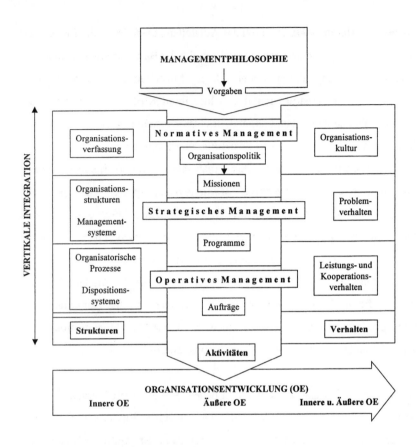

Abbildung 79: St. Galler Management-Modell[1220]

Die dargestellte Grafik zeigt die horizontale Integration in Form der einzelnen Dimensionen des integrierten Managements und ebenso auch die vertikale Integration. Letztere soll in einem nächsten Schritt genauer betrachtet werden.

[1220] vgl. auch die Darstellungen und Ausführungen in Kapitel 3.2.5.1. und Abbildung 31

5.1.3. Handlungsebenen in Bezug auf Aktivität, Struktur und Verhalten

Wie in der vorangegangenen Grafik ersichtlich gemacht wurde, werden die drei Dimensionen des integrativen Managements (normative, strategische und operative Managementebene) in vertikaler Sicht durch die Parameter Aktivitäten, Strukturen und Verhalten durchzogen. Durch alle drei Aspekte wird eine vertikale Integration der einzelnen Managementdimensionen bewirkt. Aktivitäten und Strukturen dienen über den dimensionalen Blickwinkel hinaus letztendlich aber der *Manipulation* des menschlichen Verhaltens, wobei diese im gegenseitigen Wechselspiel zwischen Werthaltungen und strategischem Denken sowie Lernen und auch der operativen Umsetzung abläuft.[1221]

Im Folgenden werden nun die einzelnen vertikalen Integrationsebenen *Aktivitäten*, *Strukturen* und *Verhalten* dargestellt[1222], um dann auf betriebspädagogische Aspekte eingehen zu können.

Aktivitäten

Die vertikale Integration durch Aktivitäten erfolgt in dem Sinne, als unter dem Blickpunkt der Handlungsaufforderung[1223] aus der normativen Managementdimension heraus organisationspolitische Missionen zu entwickeln sind, die als Vorgabe für strategisches und operatives Vorgehen dienen und zur Zweckerfüllung der Organisation führen sollen. Diese Missionen können auch als

---

[1221] vgl. Bleicher, K. (1999), S 81, vgl. Zehender, K. (1998), S 113

[1222] vgl. zu den folgenden Darstellungen der drei Aspekte der Managementdimensionen (Aktivitäten, Strukturen und Verhalten) die Ausführungen bei Bleicher, K. (1999), S 81ff

[1223] Argyris bezeichnet Handlungsaufforderungen auch als Aktion, wobei erst durch Handlungen dem Leben Sinn gegeben wird. „Das Wort Aktion beschwört Bilder von Personen herauf, die etwas tun, ausführen und implementieren. (Denn durch) Aktion schaffen wir gesellschaftliche Strukturen, die dazu dienen, die gesellschaftliche Ordnung herauszubilden und zu erhalten, dank derer unser Leben, unsere Organisationen und unsere Gesellschaften" erst wirklich funktionieren können. Argyris, C. (1997), S 12

Leitlinien, Policies oder als *Auftrag* der Organisation bezeichnet werden. Die Missionen gelten grundsätzlich langfristig und umfassen eine Vielzahl an Teilaspekten zu Aufbau, Nutzung und Pflege der strategischen Erfolgspositionen. In der operativen Dimension des Managements werden die aus diesen Programmen ableitbaren Einzelaktivitäten in Form von Aufträgen handlungs- auffordernd konkretisiert. Bleicher sieht bei seinem Ansatz im Bereich der Aktivitäten das Integrationsproblem dahingehend, als das Erfordernis der gegenseitigen Abstimmung zwischen dem missionarischen sowie organisations- politischen Wollen, den strategischen Programmen und den operativen Aufträgen nicht gegeben ist bzw. vom *operativ Machbaren* getragen wird.

Strukturen

Die vertikale Integration durch Strukturen zeigt, dass das Managementhandeln in der normativen Dimension des Managements von der Verfassung einer Organisation (Unternehmensverfassung) legitimiert und kanalisiert wird. In der strategischen Dimension wird der strukturelle Aspekt durch Organisationsstrukturen und Managementsysteme konkretisiert. In der operativen Dimension kommen die strukturellen Aspekte durch Prozessabläufe zum Ausdruck, wobei diese zeitlich und räumlich gebunden sind und durch Dispositionssysteme gesteuert werden. Entsprechend den Darstellungen bei Bleicher erfolgt die strukturelle Integration durch eine wechselseitige Gestaltung der Normen der Verfassung einer Organisation, der Aufbauorganisation und der Managementsysteme sowie der operativen Ausrichtung von Prozess- organisationen und Dispositionssystemen.

Verhalten

Die vertikale Integration durch Verhalten zeigt, dass die durch die Vergangenheit geprägte Kultur einer Organisation in der normativen Dimension des Managements bestimmt, wie das Zukunftsverhalten der Mitarbeiter im

384

strategischen und operativen Handeln gestaltet wird. In der normativen Dimension steht die Begründung für das Verhalten der Organisationsmitglieder im Mittelpunkt der politischen Prozesse einer Organisation. In der strategischen Dimension wird das angestrebte Verhalten in Hinblick auf die Rollen der Träger sowie auf ihr Problemverhalten konkretisiert, d. h. die zentrale Aufgabe des strategischen Managements ist es, in diesem Zusammenhang verhaltensleitend auf die Mitarbeiter zu wirken. In der operativen Dimension, die verhaltensrealisierend wirken soll, wird das Verhalten im Arbeitsprozess in Bezug auf Leistung und Kooperation bestimmt, wobei dies durch die Führung gefördert werden soll. Ebenso wie bei den Aktivitäten und Strukturen gilt auch beim Verhalten, dass die Integration des Verhaltens über alle drei Ebenen des Managements hindurch herbeizuführen ist.

Die dargestellten Ausführungen zu Aktivitäten, Strukturen und Verhalten zeigen einerseits das Bestreben der vertikalen Integration des Managements. Andererseits ist aber auch eine horizontale Integration der normativen, strategischen und operativen Management-dimension zu verfolgen. Im Sinne eines integrativen Managements ist weiters eine interne und externe Integration des Managements zu berücksichtigen, wobei externe Integration auf die externe Harmonisierung[1224] im Sinne des unverzichtbaren Fließgleichgewichtes zwischen Umwelt und Organisation abzielt, und die interne Integration auf die interne Harmonisierung gerichtet ist, wo durch Integration, Koordination (originäre Managementfunktionen), Lokomotion, Motivation und Kohäsion (derivative Managementfunktionen) ein produktives, lebensfähiges, selbstorganisierendes, veränderungsfähiges System sichergestellt werden kann.

[1224] vgl. dazu die Darstellungen in Kapitel 3.1.2. und 3.2.7.

5.2. *Bildungsziele und Vision im Blickpunkt der Menschenbilder*

Nachdem die einzelnen Rahmenparameter in Form der drei Dimensionen des integrierten Managements und der drei Aspekte, die die Dimensionen durchziehen, im vorangegangenen Kapitel abgesteckt wurden, stellt sich die Frage, wie das Handlungsfeld der Betriebspädagogik in diesem Konzept verankert ist bzw. wie vor allem auch der Aspekt der Weiterbildung im Hinblick auf die Entwicklung zu einer Lernenden Organisation positioniert werden kann. In diesem Kapitel gilt es nun in einem ersten Schritt einen Überblick zu geben, um dann im Kapitel 5.3. spezifisch auf die einzelnen Dimensionen eingehen zu können. Nach dem einleitenden Überblick soll im Kapitel 5.2.1. auf den Aspekt der Managementphilosophie nochmals eingegangen werden, denn sie bildet das Fundament für die Ausrichtung des gesamten Managements einer Organisation. Die Managementphilosophie einer Organisation ebenso wie der Stellenwert der Weiterbildung müssen immer im Kontext zu Menschenbildern gesehen werden, an denen das Verhalten und die Strukturen einer Organisation ausgerichtet sind. Mögliche Modelle der Menschenbilder sollen in der Folge dargestellt werden. In einem weiteren Schritt sollen in diesem Kapitel 5.2.2. die Rolle von Leitbild und Vision im Kontext der Managementphilosophie dargestellt und der Zusammenhang zwischen Lernen und Vision aufgezeigt werden.

5.2.1. Lernen in den drei Dimensionen des integrierten Managements

Greift man den zentralen Aspekt der Bildung im Handlungsfeld der Betriebspädagogik heraus, so zeigt sich, dass für eine vertikale Integration auf allen drei Ebenen des Managements der Aspekt des Lernens (der Bildung) verankert sein

386

muss. Betrachtet man Bildung in Bezug auf die horizontale Integration, so muss Bildung auch in alle drei Aspekte integriert werden. Bildungsziele im Sinne von bewussten Aussagen über zu bewahrende und aufzubauende Kompetenzen (individuelle berufliche Handlungskompetenz der Mitarbeiter)[1225] sind im Hinblick auf die organisationale Veränderung und Weiterentwicklung als notwendige Konstanten zu betrachten. Strategische Bildungsziele können aber nur dann ihre Wirkung voll entfalten, wenn sie in einen entsprechenden Kontext der Organisation auf der Ebene der normativen Bildungsziele durch eine Verankerung in der Verfassung, Politik und Kultur einer Organisation eingebettet sind und wenn sie durch eine konsequente operative Übersetzung der Bildungsziele unterstützt werden.

Ohne diese Verankerung der Bildungsziele in den drei Dimension ist eine vertikale Integration nicht möglich. Es muss im Interesse der Organisation und ihres Managements liegen, dass Bildung in Normen und Werten, der Kultur, Verfassung und Politik einer Organisation verankert ist und dass daraus auch entsprechend in den anderen Ebenen strategische sowie operative Zielsetzungen abgeleitet und kommuniziert werden.

Die Problematik besteht allerdings darin, dass traditionelle Systeme meist noch in einem funktionsorientierten arbeitsteiligen Weltbild verankert sind und Humanzentrierung sowie Mitarbeiterorientierung meist nur Schlagworte bleiben. So sind unsere traditionellen Systeme durch ein Misstrauen gegenüber den Mitarbeitern in Bezug auf ihre Fähigkeiten geprägt, wo

> ➢ Kreativität sowie eigenverantwortliches und selbstgesteuertes Handeln erst mit aufsteigender Hierarchie gefordert wird;

[1225] vgl. dazu die Ausführungen in Kapitel 4.2.4.

➢ in den einzelnen Prozessen und Abläufen solche Fähigkeiten und Eigenschaften nicht erwünscht sind, sondern vielmehr durch die Hierarchie unterdrückt werden;

➢ Mitarbeiter, die hoch spezialisiert sind, streng weisungsgebunden die ihnen vorgeschriebenen Aufgaben und Tätigkeiten einfach nur abarbeiten.[1226]

Diese Sichtweise der Mitarbeiter führt auch dazu, dass betriebliche Bildung bzw. der Aufgabenbereich der Betriebspädagogik – wenn überhaupt vorhanden – in der betrieblichen Praxis bisher meist nur auf der operativen Ebene integriert ist, so dass sich diesbezüglich das Problem der vertikalen Integration in einer Organisation noch nicht ergeben hat. Auch ist die Frage der Integration auf horizontaler Ebene meist nicht gegeben. Diese Tatsache in der Praxis bedeutet aber, dass betriebspädagogische Anliegen und Aufgabenbereiche über keine festen ideologischen, politischen, verfassungsmäßigen und kulturellen Verankerungen verfügen und oftmals die Weiterbildungsabteilung einen Teilbereich der Personalabteilung in einer Organisation bildet. Es wird primär auf Anforderungen der einzelnen Fachbereiche reagiert bzw. ein Bildungsprogramm mit Inhalten zusammengestellt, die eben *en vogue* sind respektive gegenwärtig eine Konzentration auf technologische Ausrichtung zeigen. Keinesfalls kann aber von der Entwicklung einer Lernkultur zur Weiterentwicklung der Organisationskultur die Rede sein, und der beschriebene Paradigmenwechsel[1227] im Bereich des Managements ebenso wie der Pädagogik bleiben *graue Theorie*.

Bedarfsorientierte Anpassungsweiterbildung, um die Qualifikation der Mitarbeiter zu erhalten, eine eher quantitative Orientierung der Maßnahmen in der

---

[1226] vgl. Mentzel, K. (1997), S 42
[1227] vgl. dazu die Ausführungen in Kapitel 5.1.1.

Personalentwicklung, klassischer Vortrags- und Seminarstil bzw. funktions- und hierarchiebezogene Methoden sowie Inhalte und ein reaktiver Charakter der Weiterbildungsarbeit sind Beispiele für gängige Merkmale im betrieblichen Weiterbildungsalltag. Erwachsenenpädagogische[1228] Aspekte bzw. eine grundsätzliche Pädagogisierung sowie soziale Ausgeglichenheit[1229] der betrieblichen Weiterbildung und der Ansatz einer Ermöglichungsdidaktik fehlen weitgehend. In diesem Sinne kann keinesfalls von einer evolutionären und systemischen Betriebspädagogik mit Ausrichtung auf die Entwicklung zu einer Lernenden Organisation gesprochen werden.

Ergänzend soll hier auch noch angeführt werden, dass im Bereich der betrieblichen Weiterbildung ein beachtliches Missverhältnis zwischen Konzept und Umsetzung besteht. Es ist eine paradoxe Situation, dass in einem Bereich, in dem so viel an praxisorientierten Ausarbeitungen wie Checklisten, Rastern, Planungshilfen, Evaluationsbögen etc. vorhanden ist, die Durchführung und Umsetzung eher sporadisch, ohne klares Konzept oder ohne Zielsetzung erfolgen. So existiert für die betriebliche Weiterbildung[1230] zwar eine Vielzahl an ausgearbeiteten Konzepten und Handreichungen für die Bedarfsermittlung, Planung des Weiterbildungsprogramms, Budgetierung sowie Evaluierung und Qualitätssicherung, diese finden jedoch in den meisten Organisationen keine Anwendung[1231]. So haben Untersuchungen des *Bundesinstitutes für Berufsbildung in Deutschland* gezeigt, dass, abgesehen von einer meist sporadischen,

---

[1228] vgl. dazu die Ausführungen bei Schulz, M. (1996), S 188ff

[1229] Der hier dargestellte Weiterbildungsalltag in einer Organisation bezieht sich nicht auf die Weiterbildung von Führungskräften. „Betriebliche Weiterbildung trägt ... aufgrund ihrer sozialen Selektivität auch nur für die bereits privilegierte Gruppe der Führungskräfte den Ansprüchen einer auf Ausweitung der sozialen Kompetenz, Förderung der beruflichen Autonomie bzw. Selbstverwirklichung sowie auf ‚produktive Teilhabe und Verantwortung' ... gerichteten Erwachsenenbildung Rechnung." Arnold, R. (1997), S 173

[1230] vgl. dazu auch die Ausführungen in Kapitel 4.2.3.4.

[1231] vgl. Becker, M. (1999), S 45

ungeplanten, ziel- und konzeptlosen Durchführung der betrieblichen Weiterbildungsmaßnahmen, maximal ein Viertel der Organisationen (und das sind grundsätzlich nur große Unternehmungen) auch die Weiterbildungsbedürfnisse ihrer Mitarbeiter erheben.[1232] Die Erhebung der Bedürfnisse ist aber Grundvoraussetzung, um diese dann bei der Planung und Umsetzung von Maßnahmen überhaupt berücksichtigen zu können.

Diese Situationsspiegelung der betrieblichen Praxis in Bezug auf die betriebliche Weiterbildung zeigt, dass weder ein systematisches, ganzheitliches und geplantes Vorgehen bei der betrieblichen Weiterbildung verankert ist, noch dass die individuellen Bedürfnisse der Mitarbeiter weder in der Konzeption noch in der Umsetzung der betrieblichen Weiterbildungsmaßnahmen ausreichend beachtet bzw. integriert werden. Als ein Grund für dieses Missverhältnis kann die fehlende Verankerung und schlüssige Kommunikation über die einzelnen Ebenen des Managements angeführt werden. Bildungsarbeit wird gemacht, aber es fehlen normative, strategische und oft auch operative Zielsetzungen im Sinne einer vertikalen Integration. Gleich verhält es sich aber auch, wenn Lernen in ein Leitbild oder Lernende Organisation in eine Vision einer Organisation hineingeschrieben wird, diese aber nur im Sinne einer *Visionserklärung* geschrieben wird und jegliche *Zündkraft* fehlt sowie der Transfer in vertikale sowie horizontale Richtung völlig ausbleibt. In solchen Fällen handelt es sich um leere Lippenbekenntnisse im Leitbild, denen kein *Leben*, keine Umsetzung folgen kann.

Von Gestaltungsmöglichkeiten und Selbstorganisation der betrieblichen Bildung sowie einer Integration des Handlungsfeldes der Betriebspädagogik in das Managementgefüge kann sinnvoll nur dann gesprochen werden, wenn diese

---

[1232] vgl. Arnold, R. (1997), S 166f

bereits in den Leitlinien einer Organisation festgelegt und dann auch entsprechend auf die anderen Ebenen kommuniziert werden. Die Veränderungsbereitschaft und –fähigkeit von Organisationen sind wesentliche Überlebensfaktoren dieser in der Zukunft. Organisationale Veränderung ist letztendlich der „Lern- und Entwicklungsprozeß der in der Organisation tätigen Menschen"[1233], wobei es einer Verankerung in der Vision der Organisation bedarf, damit es nicht nur beim Lippenbekenntnis bleibt. Ob und in welcher Form dies geschieht, hängt ganz wesentlich von der Sichtweise des Managements über seine Mitarbeiter ab.

Ein Menschenbild, das sich zunehmend in westeuropäischen Ländern herauskristallisiert hat, ist durch folgende Merkmale charakterisiert:[1234]

➢ Mitarbeiter verfügen grundsätzlich über eine gute Ausbildung und ebenso gute Qualifikation.

➢ Mitarbeiter tendieren immer stärker zu individualisierenden Verhaltensweisen.

➢ In den Verhaltensweisen zeichnet sich ein bipolarer Prozess zwischen beruflicher Tätigkeit und Beschäftigung in der Freizeit ab: Bei ihrer beruflichen Tätigkeit arbeiten Mitarbeiter hauptsächlich weisungsgebunden und mechanistisch, ohne sich für ihre Arbeit verantwortlich zu fühlen. In der Freizeit und bei Nebentätigkeiten nutzen sie hingegen ihre Kreativität und streben nach eigenständigem sowie selbstverantwortlichem Handeln.

Es stellt sich in diesem Zusammenhang die Frage, wie diese Fähigkeiten auch durch die Organisation nutzbar gemacht werden können respektive warum Mitarbeiter diese Verhaltensstrukturen aufweisen. Zentrale Faktoren für diese

---

[1233] Arnold, R. (1997), S 83
[1234] vgl. Mentzel, K. (1997), S 42f

Fragestellung sind das Menschenbild und die sich daraus ableitenden Strukturen und Verhaltensweisen in einer Organisation sowie die Verhinderung durch noch immer vorherrschende traditionelle Systeme[1235], so dass Mitarbeitern jede vorhandene intrinsische Motivation genommen wird, ihr diesbezügliches Leistungsvermögen einzubringen.

Das Human Resources Modell[1236] ist ein Ansatz, der den heutigen Anforderungen gerecht werden kann, wobei hier der Mitarbeiter „als eine Art verborgener Schatz des Unternehmens gesehen wird. Die meisten Mitarbeiter ... können viel kreativere und verantwortungsvollere Aufgaben übernehmen, als die heutigen Organisationsmodelle erlauben. Daher besteht die zentrale Aufgabe des Managers darin, diese verborgenen Schätze zu heben und zum Glänzen zu bringen."[1237]

5.2.2. Vision als Leitlinie für ein integriertes Management

Die in Kapitel 5.1. dargestellte vertikale, horizontale ebenso wie interne und externe Integration bedarf einer gemeinsamen Ausrichtung respektive einer Leitidee, die die Einstellung sowie das Verhalten der Organisation gegenüber der Gesellschaft kennzeichnet. An dieser Leitidee orientieren sich die normativen, strategischen und operativen Dimensionen eines Managements, welche durch die Wahl von Aktivitäten, Strukturen und Verhalten zum Ausdruck gebracht werden.

[1235] Mit traditionellen Systemen sind Unternehmungen angesprochen, die nach wie vor dem mechanistischen Weltbild verhaftet sind, wo ausgeprägte Hierarchien, Arbeitsteilung u. ä. im Vordergrund stehen.
[1236] vgl. dazu die Ausführungen in Kapitel 4.2.1.
[1237] Kienbaum, J. (1992), S 4

Eine Leitidee im Sinne einer Managementphilosophie ist die Summe aller Einstellungen, Werte, Wertungen und Normen,[1238] die durch symbolisches oder aber auch substanzielles Verhalten des Managements gelebt und dadurch für alle an der Organisation beteiligten und interessierten Personen greifbar und nachvollziehbar wird[1239]. In diesem Sinne beruht eine Managementphilosophie „auf einer Reihe von Annahmen, auf die sich die Arbeit einer Organisation bezieht, darauf, welche Ziele sie verfolgt, wie sie Ergebnisse definiert, wer ihre Kunden sind und was diese Kunden für wertvoll erachten und wofür zu bezahlen sie bereit sind"[1240].

In Kapitel 3.2.6. der vorliegenden Arbeit wurden die Grundlagen zur Managementphilosophie ausführlich dargestellt, so dass an dieser Stelle darauf verwiesen werden soll. Ziel dieses Kapitels ist es, basierend auf den Ausarbeitungen in Kapitel 3.2.6., die Position der Managementphilosophie im Zusammenhang mit dem integrierten Management zu bestimmen. In einem weiteren Schritt soll in pädagogischer Blickrichtung, nach Darstellung unterschiedlicher Menschenbilder, die Frage des Leitbildes, der Vision und Mission im Kontext der Betriebspädagogik diskutiert werden.

In jeder Organisation hat das Management grundsätzlich implizite (beispielsweise über Unternehmensphilosophie, -vision und -mission) und explizite (beispielsweise über Grundsätze, Satzung oder Statuten) Vorstellungen und Auffassungen über aktuelle und zukünftige Verhaltensweisen der Organisation und der in ihr tätigen Individuen. Diese Vorstellungen des Managements sollen über die Veranlassung der Gründung sowie Art und Weise der gegenwärtigen und

---

[1238] vgl. Ulrich, H. (1995), Sp 799, vgl. Probst, G. (1983), S 322
[1239] vgl. Staehle, W.; Sydow, J. (1992), Sp 1287
[1240] Drucker, P. (1999), S 67

393

zukünftigen Ausrichtung, Organisation und Führung informieren.[1241] Die Managementphilosophie dient somit primär der Verdeutlichung der paradigmatischen Grundlagen für das Handeln aller am Managementprozess beteiligten und interessierten Personen, das heißt Kern einer Managementphilosophie sind „*grundlegende Annahmen über Werte und ein ihnen entsprechendes Verhalten*"[1242].

Eine Managementphilosophie beruht immer auf bestimmten Vorstellungen (Bilder/Leitbilder/Menschenbilder) von den in sie eingebundenen Objekten[1243]. Insofern sind diese Leitbilder notwendigerweise immer bezogen auf:

> Menschen

> Organisation

> Technik sowie

> Gesellschaft und auch Wirtschaft

und bilden somit den unverzichtbaren Bezugsrahmen für die umfassenden Wertvorstellungen und Grundannahmen einer Organisation,[1244] denn letztendlich schafft die Philosophie einer Organisation als Gesamtes „überhaupt erst das normative Fundament einer durchdachten, klaren und dauerhaft tragfähigen Managementkonzeption"[1245].

In Wissenschaft und Praxis entstehen wechselwirksam Bilder von Technik, Organisation, Gesellschaft und Wirtschaft sowie Menschen, die in zeitlicher Perspektive auch immer einem Wandel unterliegen.[1246]

[1241] vgl. Staehle, W.; Sydow, J. (1992), Sp 1286f
[1242] vgl. Bleicher, K. (1999), S 89
[1243] *Objekt* ist hier als unmittelbarer Bestandteil oder im Kontext mit einer Organisation zu verstehen.
[1244] vgl. Ulrich, H. (1995), Sp 800f, vgl. Ulrich, P.; Fluri, E. (1992), S 53
[1245] Ulrich, P.; Fluri, E. (1992), S 53
[1246] vgl. Ulrich, H. (1995), Sp 801

So beinhalten Technikbilder klare Vorstellungen über ihre Aufgabe und Funktionsweise in der Organisation sowie in Wirtschaft und Gesellschaft, und insofern vergegenständlicht sich „das modernisierungspositivistische Technikbild ... mit einem possessionistischen Naturbild, einem expertokratischen Wissensbild und zum Teil auch mit einem der Theorie X ähnlichen Menschenbild"[1247] in konkrete Technik.[1248]

Vereinfacht dargestellt kann das Bild der Organisation technologisch[1249], wirtschaftlich[1250], menschenorientiert[1251] und komplex ausgeprägt sein.[1252] Insofern beinhaltet das Bild über die Organisation je nach Ausrichtung der Sichtweise „deskriptive und normative Annahmen über Beziehung von Mensch und Technik ... sowie von Menschen untereinander"[1253]. Diese Bilder variieren je nach Individuum, Ausprägung und Herkunft[1254] derjenigen, die diese Bilder generieren.

Menschenbilder haben von jeher eine hohe Bedeutung im Bereich des Managements bzw. ist es ein allgemeines Bestreben, „das Wesen des Menschen zu erfassen"[1255], und es existieren in der Literatur eine Vielzahl an Beschreibungen über die dualistische respektive bipolare Sichtweise von Menschen[1256] ebenso wie mehrdimensionale Typologien der Menschenbilder. Der

---

[1247] Staehle, W.; Sydow, J. (1992), Sp 1290
[1248] vgl. Staehle, W.; Sydow, J. (1992), Sp 1290
[1249] Die Organisation wird als Produktionsapparat verstanden, vgl. Kapitel 2.2.1. und 3.1.2.
[1250] Die Organisation als Wirtschaftssubjekt steht im Mittelpunkt der Betrachtungen (Ansatz homo oeconomicus), vgl. Kapitel 2.2.1. und 3.1.2.
[1251] Die Organisation wird im Sinne der verhaltensorientierten Ansätze verstanden, der Mensch steht als Wirtschaftssubjekt im Mittelpunkt, vgl. Kapitel 2.2.1. und 3.1.2.
[1252] vgl. Ulrich, H. (1995), Sp 801
[1253] Staehle, W.; Sydow, J. (1992), Sp 1290
[1254] vgl. Staehle, W.; Sydow, J. (1992), Sp 1290
[1255] Ulrich, H. (1995), Sp 802
[1256] vgl. Staehle, W.; Sydow, J. (1992), Sp 1289f

wohl bekannteste Vertreter der bipolaren Sichtweise ist *McGregor* mit seiner X und Y Theorie. *Schein* mit seinen vier verschiedenen Menschenbildern ist der bekannteste Vertreter einer mehrdimensionalen Klassifikation. In den folgenden Ausführungen soll stellvertretend auf diese zwei bedeutendsten Darstellungen von Menschenbildern genauer eingegangen werden.

Bezogen auf die dualistischen Modelle über den Menschen bezüglich dessen grundsätzlichen Charakter und zentralen Merkmale können folgende Ansätze gegenübergestellt werden:

Maslow 1954	*Argyris* 1957	*Herzberg* 1959	*McGregor* 1960	*Inglehart* 1977
Wachstums-motive	Reife Persönlichkeit	Motivationsfaktoren	Theorie X	Postmaterialisten
Defizit-motive	Unreife Persönlichkeit	Hygienefaktoren	Theorie Y	Materialisten

Abbildung 80: Vergleich von unterschiedlichen Modellen des Menschen[1257]

McGregor vertritt einen dualistischen Ansatz von Menschenbildern, in dem mit Theorie X und Theorie Y zwei konträre Menschenbilder beschrieben werden. Diesem Ansatz wird die Annahme unterstellt, dass sich jede Entscheidung des Managements auf eine Folge von Hypothesen über menschliches Verhalten respektive die menschliche Natur zurückführen lässt. In diesem Sinne werden traditionelle Managementansätze unter der Theorie X und idealtypische Managementansätze unter der Theorie Y zum Ausdruck gebracht. In diesem Ansatz wird davon ausgegangen, dass die Ineffizienz einer Organisation dadurch

---

[1257] in Anlehnung an Staehle, W. (1991), S 174

ausgelöst wird, dass die Ziele und Bedürfnisse der Mitarbeiter durch ihre berufliche Tätigkeit nicht befriedigt werden.[1258]

Die folgende Auflistung zeigt die grundlegenden Hypothesen dieser beiden Menschenbilder:[1259]

Theorie X	Theorie Y
Der Mensch hat eine angeborene Abscheu vor der Arbeit und versucht, sie so weit wie möglich zu vermeiden.	Der Mensch hat keine angeborene Abneigung gegen Arbeit, im Gegenteil, Arbeit kann eine wichtige Quelle der Zufriedenheit sein.
Deshalb müssen die meisten Menschen kontrolliert, geführt und mit Strafandrohung gezwungen werden, einen produktiven Beitrag zur Erreichung der Organisationsziele zu leisten.	Wenn der Mensch sich mit den Zielen der Organisation identifiziert, sind externe Kontrollen unmöglich; er wird Selbstkontrolle und eigene Initiative entwickeln.
Der Mensch möchte gerne geführt werden, er möchte Verantwortung vermeiden, hat wenig Ehrgeiz und wünscht vor allem Sicherheit.	Die wichtigsten Arbeitsanreize sind die Befriedigung von Ich-Bedürfnissen und das Streben nach Selbstverwirklichung.
	Der Mensch sucht bei entsprechender Anleitung eigene Verantwortung. Einfallsreichtum und Kreativität sind weit verbreitete Eigenschaften, werden jedoch kaum aktiv.

Abbildung 81: Zentrale Annahmen der X und Y-Theorie nach McGregor (1960)[1260]

In der neueren Literatur findet man einen Ansatz, in dem das dualistische Menschenbild von McGregor um die Theorie Z[1261] erweitert wird. Dieses Konzept wurde von Ouchi Anfang der 80er Jahre entwickelt und stellt einen der bedeutendsten Ansätze im Bereich der kulturvergleichenden Managementforschung zwischen Japan und den USA dar. Folgt man den

---

[1258] vgl. Thommen, J.; Achleitner, A. (1998), S 575ff, vgl. Staehle, W. (1991), S 173f
[1259] vgl. McGregor, D. (1973), S 33ff
[1260] Staehle, W. (1991), S 173
[1261] vgl. zu den folgenden Ausführungen zur Theorie Z Staehle, W. (1991), S 472ff

Ausführungen von Staehle, so ist bei genauerer Analyse dieses Ansatzes festzustellen, dass sich die Theorie Z als normatives Führungsmodell auf gleiche normative Inhalte und Theorien wie die Theorie Y nach McGregor stützt. Einziger feststellbarer Unterschied ist, dass in der Theorie Z nicht mehr das Individuum bzw. die Kleingruppe als zentraler Ansatzpunkt für die Leistungssteigerung angesehen wird, sondern hier rückt vielmehr der industrielle Clan mit seinem gemeinsamen Wertesystem in den Mittelpunkt. In diesem Sinne ist die Theorie Y „eher individuum- und gruppenorientiert, Theorie Z eher institutionsorientiert und organisationsweit ausgerichtet"[1262] und soll in der vorliegenden Arbeit nicht weiter verfolgt werden.

[1262] Staehle, W. (1991), S 474

Schein unterscheidet in seiner Typologie der Menschenbilder vier Gruppen von Hypothesen, zusammengefasst in den *managerial assumptions about humans*:

Menschenbilder	Konsequenzen für die Organisation
Rational-economic man - Primär durch monetäre Anreize motiviert; - Passiv, wird primär von der Organisation motiviert, manipuliert und kontrolliert; - Vermeidet eher Verantwortung; - Handeln ist rational; * Theorie X wird angenommen	- Klassische Managementfunktionen: Planen, Motivieren, Organisieren, Kontrollieren; - Organisation und ihre Effizienz stehen im Mittelpunkt; - Organisation hat irrationales Verhalten zu neutralisieren und zu kontrollieren
Social man - Primär durch soziale Bedürfnisse motiviert; - Soziale Beziehungen am Arbeitsplatz sind Ersatz für Sinnentleerung der Arbeit; - Stärkere Lenkung durch soziale Normen der Arbeitsgruppe als durch Anreize und Kontrolle des Managements; * Human Relations Bewegung annehmen	- Aufbau und Förderung von Gruppen; - Soziale Anerkennung der Mitarbeiter; - Bedürfnisse nach Identität, Anerkennung, Zugehörigkeitsgefühl müssen befriedigt werden; - Gruppenanreizsysteme ersetzen individuelle Anreizsysteme
Self-actualizing man - Hierarchische Ordnung der menschlichen Bedürfnisse ist möglich; - Autonomiestreben besteht; - Selbstmotivation und -kontrolle bevorzugt; - Selbstverwirklichung und organisationale Zielerreichung sind nicht gegensätzlich; * Theorie Y wird angenommen	- Manager ist Förderer und Unterstützer; - Delegation von Entscheidungen; - Fachautorität geht über Amtsautorität; - Wechsel von extrinsischer zu intrinsischer Motivation; - Mitbestimmung am Arbeitsplatz
Complex man - Äußerst wandlungsfähig; - Dringlichkeit der Bedürfnisse unterliegt dem Wandel; - Mensch ist lernfähig, erwirbt neue Motive; - Bedeutung der Motive ist systemabhängig; * Situationstheorie wird angenommen	- Manager ist Diagnostiker der Situation; - Manager müssen Unterschiede erkennen und Verhalten situationsgerecht variieren können; - Es existiert keine generell richtige Organisation

Abbildung 82: Menschenbilder nach Schein[1263]

Wie die Darstellung zeigt, führen unterschiedliche Hypothesen bezüglich Motivations- und Bedürfnisstruktur eines Menschen zu unterschiedlichen

---

[1263] in Anlehnung an Schein, E. (1980), S 50ff

Organisations- und Managementstrategien. Mit diesem Ansatz erfolgt eine Überwindung des dualistischen Ansatzes sowie ein Brückenschlag hin zu organisationstheoretischen Ansätzen bzw. zu organisationalen Konsequenzen.[1264]

Ein positives Menschenbild[1265] im Sinne der Theorie Y nach McGregor oder des self-actualizing man nach Schein prägt einen entscheidungstheoretischen, systemtheoretischen, verhaltenstheoretischen, ressourcenbasierenden, kulturtheoretischen und ebenso einen integrierenden Ansatz in der Organisations- und Managementlehre[1266]. Diese Sichtweise führt zu neuen Konzeptionen der Personalentwicklung[1267] von heute bzw. im weiteren Sinne bildet sie das Fundament für das betriebspädagogische Integrationsmodell[1268], bei dem der selbstverantwortliche, selbstorganisierende und eigenständige sowie selbstmotivierte und lernfähige und -willige Mitarbeiter die Basis bildet. Gerade die Selbst- und Sozialkompetenz im Gesamtgefüge der Handlungskompetenz der Mitarbeiter ist die Grundvoraussetzung, dass sich eine Organisation zur Lernenden Organisation[1269] entwickeln kann. Sieht man den Mitarbeiter im Sinne eines Wissensarbeiters[1270], der selbst über seine Produktionsmittel verfügt, dann ist für diese Weiterentwicklung mehr als nur fachliche Kompetenz der Mitarbeiter erforderlich.

[1264] vgl. Staehle, W. (1991), S 175f

[1265] Diese Menschenbilder nach McGregor oder Schein können prinzipiell nur die Basis für die Ausrichtung des Managementansatzes bilden, wobei sie aber keinesfalls zu einer Vereinheitlichung der Sichtweise über die Mitarbeiter führen dürfen, sondern nur als Orientierungsrahmen dienen sollen. In der Praxis existiert kein allgemein gültiger Ansatz, da unterschiedliche Menschen letztendlich auch immer ein unterschiedliches Management brauchen. vgl. Maslow, A. (1998)

[1266] vgl. zu den einzelnen Ansätzen die Ausführungen in Kapitel 2.2.1.

[1267] vgl. dazu die Ausführungen in Kapitel 4.2.

[1268] vgl. dazu die Ausführungen in Kapitel 4.3.

[1269] vgl. dazu die Ausführungen in Kapitel 3.3.

[1270] vgl. dazu die Ausführungen in Kapitel 2.3.

Menschenbilder, Technikbilder, Organisationsbilder, Gesellschafts- und Wirtschaftsbilder können aber nicht losgelöst voneinander gesehen werden, die Sichtweisen bedingen sich wechselseitig bzw. sind stark aufeinander bezogen.[1271] Somit kann folgender Zusammenhang mit der Managementphilosophie hergestellt werden:

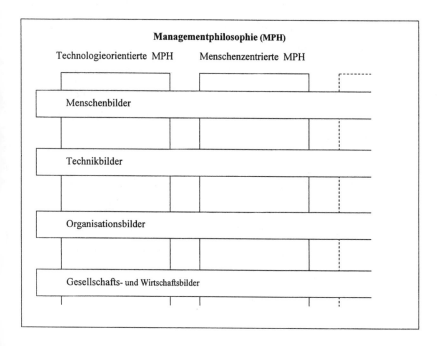

Abbildung 83: Zusammenhang zwischen Managementphilosophie und Bildern über den Menschen, die Technik, die Organisation, Wirtschaft und Gesellschaft

Zeitgemäße Managementphilosophien tendieren zu einer Vorstellung über die Organisation als komplexe, vielschichtige, gesellschaftliche Institution und einem Bild von ihren Mitarbeitern als komplexe, Sinn suchende Individuen, welche der

---

[1271] vgl. Staehle, W.; Sydow, J. (1992), Sp 1290

Vielfalt und Unterschiedlichkeit menschlichen Verhaltens gerecht werden,[1272] [1273] wonach ein interdisziplinärer Ansatz respektive die Vorstellung der im Kapitel 2.3. diskutierten Transdisziplinarität mit unterschiedlichsten Perspektiven als einzig zielführend erscheint.

Insofern ist in der heutigen Zeit eine zentrale Frage der Managementphilosophie die Stellung von Mitarbeitern und Organisation. Je offensichtlicher es für das Management ist, welche Stellung die Mitarbeiter als wichtigste Ressource in der Organisation haben[1274] respektive je bewusster ihnen die Abhängigkeit der normativen und strategischen Ausrichtung der Organisation von den in ihr tätigen Individuen ist, desto proaktiver wird die Weiterentwicklung der Mitarbeiter sowie Veränderung von Organisationen sein.

Letztendlich verliert die Managementphilosophie an Wert bzw. dieser wird stark eingeschränkt, wenn nicht darauf geachtet wird, dass entsprechend ihren Prinzipien eine Umsetzung auf normativer, strategischer sowie operativer Ebene erfolgt. Eine Trennung zwischen einer ganzheitlichen Integration von Werten und Vorstellungen in die Managementphilosophie und einer Chance zur Sinnfindung der Mitarbeiter einer Organisation[1275] führt die Managementphilosophie ad absurdum.

Es stellt sich im Zusammenhang mit der Managementphilosophie aber noch die Frage, wie diese an alle Beteiligten transportiert werden kann und welche Rollen

---

[1272] Ulrich, H. (1995), Sp 802f

[1273] Bei aller wissenschaftlichen Erörterung und dem Aufstellen unterschiedlicher Menschenbilder ist der Mensch letztendlich immer als Ganzes zu erfassen, d. h. der Fokus muss sich immer auf den ganzen Menschen mit all seinen Stärken und Schwächen sowie seinen Begabungen und Fehlern richten. vgl. Kleemann, J. (1990), S 24

[1274] vgl. Wächter, H. (1992), Sp 2204

[1275] vgl. Bleicher, K. (1999), S 90

in diesem Zusammenhang *Leitbild, Vision*[1276] und *Mission* einer Organisation einnehmen.

Die mit der Managementphilosophie transparent gemachten richtungweisenden und verhaltensbestimmenden Werte und Normen einer Organisation bedürfen der entsprechenden *Kommunikation,* damit eine „interpersonell, interaktive Generierung sozialethischen Verhaltens in Richtung auf zukünftige Kontexte und Situationen erfolgen"[1277] kann. Folgende Aspekte können zur erforderlichen Kommunikation der Managementphilosophie beitragen:

➤ Eine Managementphilosophie[1278], die für alle Beteiligten an einer Organisation als Orientierung dienen soll, muss, um transparent sein zu können, auf irgendeine Art und Weise festgelegt werden, wobei dieses transparente und zugängliche Dokumentieren in der betrieblichen Praxis in Form eines *Leitbildes* erfolgt. Leitbilder sollen aber keinesfalls nur „eine *Sinngebung* und *Sinnvermittlung* erstreben, sondern vor allem eine *Sinnfindung* im Tätigwerden für ein nutzenproduzierendes soziales System ermöglichen."[1279]

➤ „Das *Vorbild und Vorleben* von unternehmerischen Persönlichkeiten im Rahmen einer derart transparent gemachten Management-Philosophie stellt nicht nur die jeweils kontext- und situationsgerechte Integration der ja notwendigerweise allgemein gehaltenen Leitbilder der Management-Philosophie sicher, sondern hat auch erhebliche Ausstrahlung auf

---

[1276] vgl. zu den Ausführungen im Zusammenhang mit Leitbild und Vision Bleicher, K. (1999), S 94ff
[1277] Bleicher, K. (1999), S 94
[1278] Eine Managementphilosophie ist vom *Charakter* her eher vage, nicht explizit formuliert und auch nicht quantifizierbar. vgl. Staehle, W.; Sydow, J. (1992), Sp 1286
[1279] Bleicher, K. (1999), S 96

Identifikation und das *selbstlernende Umsetzen* der Leitlinien durch die Mitarbeiter auf allen Ebenen in deren jeweiligem Anwendungsgebiet."[1280]

➤ Die *Vision* einer Organisation ist eher innenorientiert, d. h. sie verdeutlicht die Orientierung einer Organisation für die Mitarbeiter und ermöglicht Identifikation und Motivation durch Sinnklärung des Handelns.

➤ Die *Mission*[1281] ist dahingegen eher außenorientiert, d. h. sie verdeutlicht Dritten gegenüber, wofür die Organisation steht, was ihr Auftrag ist, und definiert das *Warum* einer Organisation – die Sinndeutung und Interpretation des organisationalen Handelns.[1282]

Werden mit einem *Leitbild* die richtungweisenden sowie verhaltensbestimmenden Werte und Normen im Sinne einer *Leitplanke* für eine Organisation niedergeschrieben, so ist die *Vision* ein konkretes Zukunftsbild einer Organisation, welches einerseits ausreichend nahe ist, damit ihre Realisierbarkeit vorstellbar ist, andererseits aber auch ausreichend fern ist, damit die Begeisterung der gesamten Organisation für die neue Wirklichkeit geweckt werden kann.[1283] Eine gemeinsame Zukunftsvision ist die Triebfeder für jede Organisation und es ist nur schwer vorstellbar, wie eine große Organisation auf Dauer ohne gemeinsame Vision, Ziele, Wertvorstellungen und Botschaften erfolgreich sein kann.[1284]

[1280] Bleicher, K. (1999), S 96f

[1281] In der Gegenwart wird ein neues Instrument der Steuerung von Organisationen diskutiert, das als *Balanced Scorecard* von Kaplan/Norton entwickelt wurde, wobei Balanced Scorecard folgendermaßen definiert wird: „Die Balanced Scorecard übersetzt Mission und Strategie in Ziele und Kennzahlen und ist dabei in vier verschiedene Perspektiven unterteilt: die finanzwirtschaftliche Perspektive, die Kundenperspektive, die interne Perspektive und die Lern- und Entwicklungsperspektive. Die Scorecard schafft einen Rahmen, eine Sprache, um Mission und Strategie zu vermitteln." Kaplan, R.; Norton, D. (1997), S 23; vgl. auch Vorstand der Arbeitsgemeinschaft Hochschultage Berufliche Bildung (1999), S 29ff

[1282] vgl. Wunderer, R. (1997), S 208f

[1283] vgl. Boston Consulting Group, zitiert nach Bleicher, K. (1999), S 99

[1284] vgl. Senge, P. (1997). S 18

Für eine gemeinsame Vision ist es erforderlich, dass gemeinsame Bilder über die Zukunft freigelegt werden können, die nicht nur auf Zustimmung stoßen, sondern ein wirkliches Engagement und echte Teilnehmerschaft fördern, wobei eine noch so tief empfundene Vision über die Zukunft sehr kontraproduktiv wirkt, wenn sie vom Management lediglich von oben herab verordnet wird und die Mitarbeiter lediglich zu *Betroffenen,* aber keinesfalls zu *Beteiligten* macht.[1285] Die Vision ist für eine Organisation richtungweisend, denn „sie ist ‚ein klares und plastisches Bild von der Zukunft‘, die man erschaffen möchte. Sie ist ein Ziel, das man sich mit seinem Vorstellungsvermögen so anschaulich ausgemalt hat, daß es einem deutlich vor Augen steht."[1286] Eine Vision ist somit eine wichtige Orientierungshilfe für die Auswahl der normativen Konzepte und strategischen Programme im Sinne eines Selektionskriteriums, wobei daran der eigentliche Wert einer Vision zutage tritt. Folgende Funktionen (Sinnparameter) können als Messkriterium für eine wertvolle Vision herangezogen werden:[1287]

> *Fokussierungsfunktion* (wirtschaftlicher Sinn) – Die Vision soll die konzentrierte Ausrichtung auf bestimmte Spitzenleistungen im Feld des Wettbewerbs widerspiegeln, um langfristig das Überleben der Organisation sichern zu können.

> *Legitimationsfunktion* (gesellschaftlicher Sinn) – Die Vision soll einen Brückenschlag zwischen Organisation und Gesellschaft bzw. Umwelt darstellen, wobei hier die Gründe für die Sinnhaftigkeit der Austauschprozesse zwischen Organisation und Umwelt dargestellt werden sollen.

> *Identifikations- und Motivationsfunktion* (persönlicher Sinn) – Mit der Vision werden auch die Interaktionsprozesse zwischen Organisation und den Mitarbeitern angesprochen.

[1285] vgl. Senge, P. (1997), S 18f
[1286] Kienbaum, J. (1992), S 5 respektive Bonsen, zur M. zitiert nach Kienbaum, J. (1992), S 5

Bezug nehmend auf das Handlungsfeld der Betriebspädagogik und in Blickrichtung der Entwicklung zu einer Lernenden Organisation ist eine gemeinsame Vision ein wesentlicher Ansatzpunkt für die Beeinflussung des organisationalen Lernens. Existiert nämlich für eine Organisation eine echte[1288] Vision, so „wachsen die Menschen über sich selbst hinaus: Sie lernen aus eigenem Antrieb und nicht, weil man es ihnen aufträgt"[1289]. Die Vision der Organisation bietet den Mitarbeitern eine gemeinsame Identität und das Gefühl der Zugehörigkeit, wobei eine partizipative Erarbeitung der gemeinsamen Vision es begünstigt, dass die Vision von allen Mitarbeitern getragen wird.[1290] Durch die Existenz einer gemeinsamen Vision können die Mitarbeiter ihr eigenverantwortliches, selbstgesteuertes, freiwilliges Lernen danach ausrichten. Die gemeinsame Vision sowie die Verankerung des gemeinsamen Lernens in dieser Vision bildet die Basis für das betriebspädagogische Handlungsfeld einer Organisation.

Zusammenfassend kann festgehalten werden, dass Vision und Mission der Ursprung aller unternehmerischen Tätigkeiten sind und im Sinne einer generellen Leitidee in den Dimensionen des normativen, strategischen und operativen Managements zu konkretisieren und spezifizieren sind.

[1287] vgl. Rüegg-Stürm, J.; Gomez, P. zitiert nach Bleicher, K. (1999), S 101f

[1288] Der Gegensatz dazu sind Visionserklärungen von Führungskräften einer Organisation, die letztendlich keine *elektrisierende* Wirkung bzw. Faszinationskraft zeigen und oft nur leere Worthülsen sind.

[1289] Senge, P. (1997), S 18

[1290] vgl. Picot, A.; Reichwald, R.; Wigand, R. (1998), S 479f

406

5.3. Dimensionen der betriebspädagogischen Handlungsebenen im Managementgefüge

Die normative, strategische und operative Dimension bilden die einzelnen Ebenen des integrativen Managements. Jede Ebene bedingt das Vorhandensein der beiden anderen und kann bei Nichtvorhandensein durch eine andere Ebene nicht sinnvoll ersetzt werden, „weil sich Versäumnisse beim Aufbau unternehmungspolitischer Verständigungspotentiale ebensowenig durch eine starke strategische Marktposition kompensieren lassen wie das Fehlen strategischer Erfolgsvoraussetzungen allein durch ein effizientes operatives Management ausgeglichen werden könnten"[1291]. Jede Dimension ist grundsätzlich gleichrangig mit den anderen gestellt und es erscheint nur eine integrative Betrachtung und Aufgabenwahrnehmung als zielführend. Im Kontext der Dimensionen ergeben sich für jede einzelne Managementebene folgende zentrale Fragestellungen: Auf der Ebene des normativen Managements stehen die Fragen des *Warum, Weshalb* und *Wozu*[1292] etwas gemacht werden soll im Mittelpunkt; auf der Ebene des strategischen Managements geht es um die Fragen *Was* und auch *Wann* etwas gemacht werden soll; auf der Ebene des operativen Managements werden die Fragen, *Wie* und *Womit* etwas gemacht werden soll, fokussiert.[1293]

Zielsetzung des folgenden Kapitels ist es, einerseits die einzelnen Dimensionen des integrativen Managementansatzes grundsätzlich darzustellen, um dann andererseits den Bezug zum betriebspädagogischen Handlungsfeld herauszuarbeiten. Hier gilt es vor allem festzulegen, welche Möglichkeiten und

---

[1291] Ulrich, P.; Fluri, E. (1992), S 22

[1292] Es gilt hier den Zielen, Mitteln und Verfahren einer Organisation eine tiefere Begründung respektive einen Sinn zu geben. vgl. Staehle, W.; Sydow, J. (1992), Sp 1292

[1293] vgl. Staehle, W.; Sydow, J. (1992), Sp 1292

Erfordernisse in Ausrichtung auf eine Lernende Organisation aus betriebspädagogischer Sicht gegeben sein können.

Das Handlungsfeld der Betriebspädagogik umspannt den gesamten betrieblichen Bildungs- respektive Lernbereich, wobei nicht nur geplantes und fremdorganisiertes Lernen in den Mittelpunkt der Betrachtungen gerückt werden soll, sondern ebenso das ungeplante, selbstorganisierte und -gesteuerte, eigenverantwortliche Lernen der Mitarbeiter zentraler Ansatzpunkt sein soll. Betriebspädagogik ist so einerseits Anliegen und Angelegenheit aller im Sinne einer generischen Managementfunktion[1294] und zieht sich durch alle Managementebenen und -bereiche. Andererseits ist Betriebspädagogik als funktional-dynamische Managementfunktion[1295] zu begreifen, deren zentrale Zielsetzung die Weiterentwicklung der Mitarbeiter als Wissensarbeiter zum Wohle der Mitarbeiter selbst und der gesamten Organisation ist – Entwicklung einer Lernkultur für die Weiterentwicklung der Organisationskultur.

In den folgenden Ausführungen soll der Bogen von der Vision über normative und strategische hin zu operativen Bildungszielen gespannt werden. Für das betriebspädagogische Handlungsfeld gilt es ebenso wie für das gesamte Management einer Organisation, dass die Vision den Ausgangspunkt für die grundlegende unternehmenspolitische Ausrichtung sowie für alle organisationskulturellen Aspekte im Kontext des normativen Managements bildet. Strategische Bildungsziele der Organisation, die in Ausrichtung auf die Vision entwickelt werden, werden für langfristig konzipierte Programme definiert. Der Bereich der operativen Bildungsziele soll dazu beitragen, dass die Umsetzung der strategischen Programme auf der Ebene der Aktivitäten im täglichen Ablauf des

---

[1294] vgl. dazu die Ausführungen in Kapitel 3.
[1295] vgl. dazu die Ausführungen in den Kapiteln 3.1.1. und 3.2.8.

408

organisationalen Geschehens sichergestellt werden kann. Eine harmonische Integration der Betriebspädagogik ist idealtypisch dann gegeben, wenn Bildungsziele in allen drei Dimensionen des Managements stimmig ineinander übergreifen und gemeinsam zur Erreichung der Ziele einer Organisation beitragen.

5.3.1. Normative Handlungsebene der Betriebspädagogik

Veränderungs- und Entwicklungsfähigkeit im Sinne einer Selbsttransformation zeigen sich dahingehend, als Organisationen in der Lage sind, ihre Fähigkeit zu erhöhen, eigene und fremde Ansprüche zu befriedigen[1296] und sich mit Richtung auf einen positiven und sinnvollen Wandel[1297] in zeitlicher Perspektive qualifiziert zu verändern. Normatives Management setzt sich mit generellen Zielen der Organisation, mit deren Prinzipien und Normen sowie ihren Spielregeln auseinander, die darauf ausgerichtet sind, eben diese Veränderungs-, Lebens- und Entwicklungsfähigkeit einer Organisation zu ermöglichen.[1298] Ausgangspunkt des normativen Managements ist die Vision[1299] einer Organisation, zentraler Inhalt ist das unternehmenspolitische Handeln und Verhalten. Die Politik einer Organisation wird durch deren Verfassung sowie Kultur getragen, und insofern wird die Legitimität des organisationalen Handelns zum Maßstab für den Bereich des normativen Managements, wobei die Nutzenstiftung für die

---

[1296] vgl. Akkoff, R. zitiert nach Bleicher, K. (1999), S 75
[1297] vgl. dazu die Ausführungen in Kapitel 4.1.
[1298] vgl. Bleicher, K. (1999), 74
[1299] vgl. dazu die Ausführungen in Kapitel 5.2.2.

Bezugsgruppen[1300] dafür richtungweisend ist. Wie bereits in Kapitel 3.2.6. dargestellt, gilt es, mit dem normativen Management die Dimension der sinngebenden und -vermittelnden Gestaltung der Organisation zu verwirklichen. Mit dieser Zielsetzung können der normativen Ebene des Managements folgende drei, das Aufgabenfeld der normativen Managementebene begründende Parameter, sogenannte „konstitutive Tatbestände"[1301], nach gegenwärtigem Wissensstand zugeordnet werden:[1302]

An erster Stelle steht die **Politik**[1303] einer Organisation, mit der Aufgabe der Harmonisierung externer, den Zweck der Organisation bestimmender Interessen an der Organisation (Missionen) und interner Zielsetzungen der Organisation, um einen *fit*[1304] zwischen der Umwelt und der Innenwelt einer Organisation zu erreichen (externe Harmonisierung).

Die Politik einer Organisation wird einerseits von einem *harten* Gestaltungsaspekt in Form der **Verfassung** und andererseits von einem *weichen* Entwicklungsaspekt in Form der **Kultur** einer Organisation getragen.

Die **Verfassung** einer Organisation gibt die normierte und formale Rahmenordnung vor. Sie ist einerseits für die Zielfindung sowie den Interessenausgleich zwischen der Umwelt und der Innenwelt einer Organisation (externe Harmonisierung) und andererseits für die interne Auseinandersetzung bei

---

[1300] Wie bereits in Kapitel 5.2.2. im Zusammenhang mit der Vision angesprochen, sind damit das Umfeld (in Bezug auf den Wettbewerb), aber vor allem die Gesellschaft und die Mitarbeiter angesprochen.

[1301] Bleicher, K. (1999), S 147

[1302] vgl. zu den folgenden Ausführungen Bleicher, K. (1999), S 147ff

[1303] Der Begriff *Politik einer Organisation* wird synonym mit dem Begriff *Unternehmenspolitik* verwendet. Gleiches gilt in diesem Zusammenhang auch für die *Verfassung (Unternehmensverfassung)* und *Kultur (Unternehmenskultur) einer Organisation.*

[1304] Der *fit* einer Organisation ist das im Ablauf der Zeit verändernde Fließgleichgewicht. vgl. dazu die Ausführungen in Kapitel 3.2.7., wo der Verlauf der externen Harmonisierung dargestellt wurde.

der Zieldefinition und -realisation im Bereich ökonomischer und sozialer Aspekte einer Organisation (interne Harmonisierung) richtungweisend.

Die *Kultur* einer Organisation, die als weicher Entwicklungsaspekt die Politik einer Organisation *trägt*, transportiert verhaltensbezogene Normen und Werte von der Vergangenheit in die Zukunft, indem sie Perzeptionen und Präferenzen der Mitglieder einer Organisation bei der Auswahl ihrer Ziele und Maßnahmen prägt.

Was bedeuten nun diese konstitutiven Tatbestände des normativen Managements im Kontext des Handlungsfeldes der Betriebspädagogik?

Die Verankerung der Betriebspädagogik, des Lernens und der Pädagogisierung der Führung in einer Organisation erfolgt bereits mit ihrem Festlegen im Leitbild sowie in der Vision und Mission einer Organisation, denn diese bilden die Grundlage für Politik, Verfassung und Kultur bzw. den Orientierungsrahmen der gesamten Organisation. Im Leitbild muss so die Bedeutung der Bildung und des Lernens unter pädagogischen Gesichtspunkten klar formuliert werden. Damit das Leitbild auch für die Handlungen und das Verhalten der Mitarbeiter relevant[1305] ist, muss es gelingen, den Handlungsbezug der Grundsätze deutlich zu machen.

Wesentlich für die normative Verankerung des Lernens und der Bildung ist eine gemeinsame Vision für die Organisation. „Eine gemeinsame Vision ist lebenswichtig für eine Lernende Organisation, weil sie den Schwerpunkt und die Energie für das Lernen liefert. Während adaptives Lernen auch ohne Vision möglich ist, ist ein schöpferisches Lernen nur möglich, wenn Menschen nach etwas streben, das ihnen wahrhaft am Herzen liegt. Tatsächlich ist die ganze Idee

---

[1305] Relevant bedeutet in diesem Zusammenhang, dass die im Leitbild festgelegten Grundsätze als Orientierung und Anleitung für das Handeln und Verhalten aller an der Organisation Beteiligten dienen.

des generativen Lernens –‚die Ausweitung unser schöpferischen Kraft' – abstrakt und bedeutungslos, solange die Menschen sich nicht für eine Vision begeistern, die sie unbedingt verwirklichen möchten.“[1306]

In diesem Sinne gilt es als eine der wichtigsten Voraussetzungen für ein an Bildung und Lernen orientiertes Management, dass das Lernen der Mitarbeiter und der Organisation für die gesamte Organisation eine entscheidende Größe für den Erfolg dieser darstellt wird. D. h. für die Sicherung der Wettbewerbsfähigkeit braucht die Organisation das Lernen und die Bildung ihrer Mitarbeiter, um in einem weiteren Schritt auch selbst lernen und damit im Wettbewerb der Ideen, Kreativität und Innovationen sowie Veränderungsfähigkeit überleben zu können. Ist diese Sichtweise in einer Organisation nicht verankert, so wird betriebliche Bildung im *herkömmlichen Sinn*[1307] betrieben und fremdorganisiertes Lernen erfolgt in klar vorgegebenen Bahnen, keinesfalls aber selbstgesteuert, eigenverantwortlich und in Form der Realisierung der Ermöglichungsdidaktik[1308]. Das Handlungsfeld der Betriebspädagogik zielt einerseits damit auf die Höherführung des Individuums und andererseits auf die Weiterentwicklung der Organisationskultur durch die Lernkultur.

Erfolgt die Verankerung der Bildung und des Lernens unter betriebspädagogischen Gesichtspunkten auf der normativen Ebene einer Organisation, so bedeutet dies auch die Basis für eine bildungsfreundliche und - bewusste Kultur einer Organisation und schafft die Voraussetzung für bildungsorientierte Zielsetzungen auf strategischer und operativer Ebene. Versteht man die Kultur einer Organisation als „das unsichtbare Netz von

---

[1306] Senge, P. (1997), S 252
[1307] vgl. dazu die Ausführungen in Kapitel 5.2.1.
[1308] vgl. dazu die Ausführungen in Kapitel 2.2.2.

Verhaltensnormen, die die Einstellungen und Verhaltensweisen aller"[1309] an ihr beteiligten Individuen bestimmt, so stellt die Managementphilosophie, festgelegt im Leitbild der Organisation, den Kernpunkt der Kultur einer Organisation dar.[1310]

An diesem Punkt ist das oberste Management einer Organisation gefordert, denn sollen Bildung und Lernen ein *Fixstern* in der Ausrichtung einer Organisation sein, so bedarf dieser unternehmenskulturelle Aspekt einer entsprechenden Kommunikation und überzeugtes Engagement sowie Vorleben der obersten Führung einer Organisation sind Grundvoraussetzung. Eine wesentliche Voraussetzung im Kontext der Kultur einer Organisation ist es, dass die Organisationskultur flexibel, beweglich und agil sein muss und ebenso das Management, denn bürokratische Kulturen haben keine Chance auf den dynamischen Märkten in Zeiten der globalen Vernetzungen und des permanenten Wandels.[1311] Veränderung ist Lernen. Soll sich in diesem Sinne die Kultur einer Organisation zu einer Weiterbildungs- respektive Lernkultur zur Weiterentwicklung der Organisationskultur entwickeln, so müssen Begriffe wie Bildung, Lernen, Weiterbildung und Wissen, Persönlichkeit sowie Individualität einen festen Platz in der Sprache des Managements haben. Ebenso muss dies aber als ausschlaggebendes Element für Wettbewerbsfähigkeit, Innovationsfähigkeit, Kreativität und Gewinn verstanden und nicht als notwendiges Übel oder gar als überflüssiger Ballast gesehen werden. Weiterbildung und Lernen müssen als Chance für Innovation, Kreativität, Phantasie und Erfindungsgabe verstanden werden, mit denen eine Organisation im Zeitalter des *Wettbewerbes des Geistes und des Wandels* wettbewerbsfähig bleiben kann. Es ist aber genauso erforderlich, dass das Management von der Entwicklungsfähigkeit all seiner Mitarbeiter über-

---

[1309] Ulrich, H. (1995), Sp 808
[1310] vgl. Ulrich, H. (1995), Sp 807f
[1311] vgl. Geoffrey, J. (1997), S 161ff

zeugt ist. Jeserich formuliert dies folgendermaßen: „Wenn man einmal von der Grundannahme ausgeht, daß jeder Mensch entwicklungsfähig ist, wird man überrascht sein, wie viele es dann tatsächlich auch sind."[1312] Es helfen aber auch die besten Konzepte und motiviertesten Mitarbeiter nichts, wenn das Management maximal eine *wohlwollende Gleichgültigkeit* an den Tag legt. Lernen und Bildung gehen alle etwas an – Betriebspädagogik ist eine generische Managementfunktion.

Bestimmend für diese Entwicklung hin zu einem neuen Kulturverständnis sind beispielsweise das zugrunde liegende Menschenbild[1313], der Führungsstil[1314], das Rollenverständnis des Managements[1315] oder auch die angewendeten Managementansätze bzw. zugrunde liegenden Führungstheorien[1316]. Letztendlich ist es der *Kulturauftrag* einer Organisation, im Sinne der Anforderung von beispielsweise TQM, CQI, KAIZEN oder LO, andere Denkhaltungen in die Köpfe und Seelen der Menschen zu schaffen – weg von mechanistischen hin zu systemischen Sicht- und Denkweisen. Transformation[1317] im Sinne einer gemeinschaftlichen Selbsterneuerung einer Organisation bedarf einer grundlegenden Veränderung der Denk- und Verhaltensmuster. Diese Transformation ist nur dann möglich, wenn eine Veränderung der gesamten Kultur der Organisation erfolgt, d. h. die Entwicklung hin zu einer Lernkultur, damit dadurch die Fähigkeit zum Lernen und Wandel der gesamten Organisation[1318] möglich wird.

[1312] Jeserich, W. (1989), S 285
[1313] vgl. dazu die Ausführungen in Kapitel 5.2.2.
[1314] vgl. dazu die Ausführungen in Kapitel 3.2.4.2.
[1315] vgl. dazu die Ausführungen in Kapitel 3.2.3.
[1316] vgl. dazu die Ausführungen in Kapitel 3.2.4.1.
[1317] vgl. dazu die Ausführungen in Kapitel 3.3.4.
[1318] Diese Veränderung der Denk- und Verhaltensmuster und das dadurch ermöglichte Erzeugen und Steigern der Lern- und Veränderungsfähigkeit wird ja, wie bereits dargestellt, letztendlich als Lernende Organisation bezeichnet. vgl. Blumenthal, B.; Haspeslagh, P. (1994), S 104ff

In der Folge soll nun, ausgehend vom Menschenbild nach McGregor[1319] im Sinne der Theorie Y[1320] der Zusammenhang zwischen Organisationskultur, Weiterbildungskultur[1321] und Lernkultur einer Organisation dargestellt werden. Im Vergleich dazu werden auch die Faktoren der Kulturentwicklungen im Sinne der Theorie X nach McGregor aufgestellt, um die unterschiedlichen Entwicklungspotentiale aufzeigen zu können.

[1319] vgl. dazu die Ausführungen in Kapitel 5.2.2.

[1320] Mit diesem Menschenbild kann auch das Menschenbild nach Schein im Sinne des self-actualizing man verglichen werden; beide gehen von einem humanistischen Konzept aus.

[1321] Ausgehend von einer Gegenüberstellung von Arnold zwischen Unternehmenskultur und Weiterbildungskultur wurde die folgende Grafik entwickelt. vgl. Arnold, R. (1989), S 17

	Theorie X **Mechanistisches Weltbild**	**Theorie Y** **Humanistisches Weltbild**
Organisations- **kultur**	*Der Mensch:* Scheut die Arbeit Braucht Kontrolle und Zwang Erwartet Lenkung Vermeidet Verantwortung Hat wenig Ehrgeiz Wünscht sich Sicherheit	*Der Mensch:* Definiert sich über die Arbeit Braucht Fantasie Will kreativ sein Strebt Verantwortung an Sucht Selbstverwirklichung Wünscht sich Selbstständigkeit
Weiterbildungs- **kultur**	*Weiterbildung:* Ist dem Management vorbehalten Wird als *Belohnung* vergeben Ist nur verwendungsorientiert Bindet an die Organisation	*Weiterbildung:* Ist für alle offen Vereinbarung mit Mitarbeitern Ist fachlich sowie außerfachlich orientiert Fördert Mobilität
Lernkultur	*Lernen und Bildung:* Paradigma des Objektivismus Erfolgt nach dem Prinzip der Machbarkeit Ist *lästige* Pflicht Vortrag mit Seminarkonzept ist die hauptsächliche Sozialform Eindimensionales Design Förderung nur der fachlichen Kompetenz Fremdverantwortliches und fremdbestimmtes Lernen Management als klassische Führung Prinzip der Unfreiwilligkeit Lernen extrinsisch motiviert Instruktives Lernen	*Lernen und Bildung:* Paradigma des Objektivismus und Subjektivismus Erfolgt nach dem Prinzip der Ermöglichungsdidaktik Macht Spaß und Freude Sozialform orientiert sich an offenen, mehrdimensionalen, handlungs- orientierten Settings Mehrebenen-Design Förderung fachlicher, sozialer und persönlicher Kompetenz Eigenverantwortliches und selbst- gesteuertes Lernen Management als Förderer und Lernberater Prinzip der Freiwilligkeit Lernen intrinsisch motiviert Konstruktives Lernen

Abbildung 84: Verbindungslinien zwischen Organisations-, Weiterbildungs- und Lernkultur

Die Grafik zeigt kulturelle und strukturelle Merkmale in Bezug auf das Lernen in und von einer Organisation. In der Folge sollen nun diese beiden Gegenüberstellungen noch genauer erläutert werden.

Geht man von einem humanistischen Menschenbild aus, dann hat die Entwicklung einer *Weiterbildungskultur* folgende Bedeutungsparameter:[1322]

> ➢ Alle Mitarbeiter haben ein grundsätzliches Interesse an Lernen und Weiterbildung.

> ➢ Sie sind am Erhalt und der Weiterentwicklung ihrer individuellen und betrieblichen Handlungskompetenzen interessiert.

> ➢ Sie sind dazu auch bereit, diese zu erhalten bzw. weiterzuentwickeln.

> ➢ Lernen und Weiterbildung erfolgen nach dem Prinzip der Ermöglichungsdidaktik und damit auch entsprechend erwachsenenpädagogischer Gesichtspunkte freiwillig (Prinzip der Freiwilligkeit bzw. der didaktischen Selbstwahl).

> ➢ Alle Mitarbeiter haben die Möglichkeit zu lernen und an Weiterbildungs-maßnahmen teilzunehmen, d. h. Weiterbildungsmaßnahmen sind nicht speziellen Hierarchiemitgliedern vorbehalten bzw. wird der Besuch von Weiterbildungsveranstaltungen nicht als Belohnung verteilt.

> ➢ Die Weiterbildungsmaßnahmen werden immer bedürfnisorientiert mit den Mitarbeitern vereinbart (Termin, Ort, Umfang etc.).

> ➢ Es handelt sich um fachliche ebenso wie nichtfachliche Inhalte für die Kompetenzentwicklung der Mitarbeiter, um einerseits die berufliche, andererseits auch die persönliche Qualifikation zu steigern, damit ihre Mobilität und Selbstständigkeit gefördert wird.

[1322] vgl. Arnold, R. (1989), S 17

Geht man von einem humanistischen Menschenbild aus, dann hat die Entwicklung einer *Lernkultur* folgende Bedeutungsparameter:

➢ Alle Mitarbeiter können und wollen lernen.

➢ Individuelles Lernen ist die Basis für organisationales Lernen.

➢ Wenn erforderlich, darf angeleitetes Lernen nur so gestaltet sein, dass es die Kreativität des Einzelnen nicht unterdrückt.

➢ Lernen ist das *Kapital* der Organisation – d. h. ohne Lernen der Mitarbeiter gibt es keine Lernende Organisation und langfristig auch keine Überlebensfähigkeit im *Wettbewerb des Geistes, der Ideenführerschaft und des Wandels.*

➢ Ermöglichungsdidaktik ist das Paradigma des Lernens und der Bildung.

➢ Die Eigenverantwortung für den Lernprozess und den Lernerfolg steht im Mittelpunkt des Lernens – Fremdverantwortung schafft Abhängigkeit.

➢ Es gilt die oberste Prämisse, dass Lernen selbstorganisiert, selbstgesteuert, lebendig, eigenverantwortlich, lustvoll (Lernen soll Spaß machen) und lebensbegleitend sein soll.

➢ Lernen ist auch ein gemeinsames Zeichnen der Zukunftsbilder einer Organisation, mit denen Identifikation und ein damit verbundenes Engagement einhergehen kann.

➢ Aufgabe des Managements ist die Begleitung, Förderung, Beratung und das Coaching der Mitarbeiter, um ihnen die erforderliche Unterstützung im Lernprozess zu geben.

➢ Lernort ist die Arbeit selbst sowie methodisch und inhaltlich multidimensional gestaltete Lernsettings und Lernprojekte.

➢ Lernen ist fachübergreifend, Sozial- und Selbstkompetenz sind ebenso wie Persönlichkeitsbildung wesentliche Ansatzpunkte.

➢ Lernen ist aktivierend, anregend sowie konstruktiv und ermöglicht systemisch reflektierendes Denken.

Für das Handlungsfeld der Betriebspädagogik ergibt sich die Forderung, dass eine „methodisch reichhaltigere und komplexere Lernkultur, in der die qualifikatorischen Voraussetzungen für das Funktionieren der betrieblichen Selbstorganisation entstehen können"[1323], zu unterstützen ist.

5.3.2. Strategische Handlungsebene der Betriebspädagogik

Die Dimension des strategischen Managements[1324] bestimmt grundlegend die Ziele und Leistungspotentiale einer Organisation. In diesem Sinne ist das strategische Management darauf ausgerichtet, den Aufbau, die Pflege und Nutzung von Erfolgspotentialen zu gestalten und zu steuern, für die die Ressourcen eingesetzt werden[1325], und wirkt richtungweisend für die Aktivitäten einer Organisation. Betrachtet man die Abgrenzung zur normativen Managementebene, so kann eine analytische Trennung klar und deutlich beschrieben werden. Eine so gelagerte praktische Grenzziehung zwischen diesen beiden Dimensionen ist allerdings auf Grund der multidimensionalen Vernetzungen eher problematisch. Es ist aber dennoch klar, dass die von der Kultur und Verfassung einer Organisation getragene Politik einer Organisation in der Form von Missionen eine grundlegende Orientierungsrichtung sowie langfristig ausgerichtete und basisbestimmende Zielperspektiven für das strategische Management vorgibt, wobei in Bezug auf die unterschiedlichen

---

[1323] Arnold, R.; Schüßler, I. (1998), S 172

[1324] Es sei an dieser Stelle darauf hingewiesen, dass in der Literatur der Begriff *strategisches Management* sehr differenziert verwendet wird. So werden mit strategischem Management durchaus auch die Ebene und Handlungsfelder des normativen Managements bezeichnet bzw. wird nicht klar zwischen normativem und strategischem Management unterschieden; beispielsweise vgl. Thommen, J.; Achleitner, A. (1998), S 805f, vgl. Voigt, K. (1997), S 57ff, Staehle, W. (1992), S 134ff, vgl. Macharzina, K. (1995), S 8, 10, 495ff. Diesem nicht differenzierten Ansatz soll in der vorliegenden Arbeit nicht gefolgt werden.

Aspekte des strategischen Managements folgende Bereiche zu unterscheiden sind:[1326]

Strategische Programme dienen der Konkretisierung der Missionen einer Organisation. Für diese Konkretisierung der normativen Vorgaben können folgende fünf zentrale Prinzipien angeführt werden, die das Management bei der Suche nach Strategien im Sinne von langfristigen, strategischen, die Entwicklung einer Organisation bestimmenden Erfolgspotentialen leiten sollen:

> Die „*Konzentration der Kräfte* auf erfolgversprechende Aktivitäten

> die *relative Positionierung* der Unternehmung im laufenden Wettbewerbsumfeld

> die *Profilierung durch neue Geschäftssysteme* mit veränderten Wettbewerbsspielregeln

> die *Aktionserweiterung durch Partnerschaften*

> ein erstrebter *Risikoausgleich* unter Ungewißheit der Entwicklung."[1327]

Zur Erhaltung und Steigerung der Wettbewerbsfähigkeit einer Organisation ist es erforderlich, Kernkompetenzen[1328] im Sinne von strategischen Erfolgspotentialen zu entwickeln, die nicht ohne weiteres kopierbar, die für zukünftige Markt- und Umweltsituationen bedeutsam sind sowie der langfristigen Erfolgssicherung der Organisation dienen können.

Organisationsstrukturen und Managementsysteme – Damit die strategischen Programme einer Organisation realisiert werden können, bedarf es der

---

[1325] vgl. Bleicher, K. (1999), 75
[1326] vgl. für die grundlegenden Ausführungen zum strategischen Management Bleicher, K. (1999), S 276ff
[1327] Bleicher, K. (1999), S 278
[1328] vgl. dazu die Ausführungen in Kapitel 4.2.4.

Unterstützung durch die entsprechende Gestaltung der Organisationsstrukturen[1329] sowie der Unterstützung durch Managementsysteme, die dazu geeignet und bereit sind, prozessorientiert das Leistungs-, Kommunikations- und Problemverhalten der Organisation in die vorgegebene Richtung zu lenken. Die *Organisationsstruktur* spiegelt die Gesamtheit aller Ordnungskriterien in Bezug auf Arbeitsteilung und Koordination wider und lässt sich in diesem Sinne als ein Regelsystem charakterisieren, das das Verhalten der Mitarbeiter in Richtung eines übergeordneten Gesamtziels respektive mit Blickrichtung auf die Organisationsziele ausrichten soll.[1330] Diese Strukturen basieren weitgehend auf zweckgerichteten Modellvorstellungen[1331], die durch die arbeitsteiligen Gliederungen der begrenzten menschlichen Komplexitätsverarbeitungsfähigkeit gerecht werden, wobei durch schriftliche, „formal gebundene Kommunikation ein strikt vertikaler Aufbau mit zentralisierten Entscheidungen an der Spitze ... klare Strukturen der Über- und Unterordnung und eine standardisierte Prozeßgestaltung mittels hoch-arbeitsteilig differenzierter Aufgabenzuweisungen"[1332] geschaffen werden. Der ökonomische, technologische und soziale Wandel sowie seine laufende Veränderung in Bezug auf Komplexität und Dynamik machen es erforderlich, dass „sich auch die Lösungskonzepte einer zweckgerechten organisatorischen Gestaltung ändern"[1333]. Stark hierarchisch und funktional gegliederte Organisationsstrukturen müssen von hoch flexiblen, modular

---

[1329] Organisation im Zusammenhang mit Organisationsstruktur wird hier als „dauerhaft wirksame Regelung von Systemen" (Schmidt, G. (1992), Sp 1688) verstanden und nicht als Organisation im Sinne von Unternehmen, wie das sonst der Fall in der vorliegenden Arbeit ist.
[1330] vgl. Frese, E. (1992), Sp 1670f
[1331] vgl. dazu beispielsweise auch die Darstellungen zur geschichtlichen Entwicklung von Organisationsstrukturen bei Kieser, A. (1992), Sp 1648
[1332] Bleicher, K. (1999), S 319
[1333] Bleicher, K. (1999), S 319

aufgebauten und durch flache Hierarchien gekennzeichneten Strukturen[1334] abgelöst werden, um mit integrierten, kundenorientierten Prozessen in überschaubaren Einheiten[1335] die Veränderungsdynamik handhaben zu können. *Managementsysteme* tragen in Kombination mit Organisationsstrukturen zur Zielerreichung einer Organisation bei, wobei sich die Gestaltung eines Managementsystems und die organisatorischen Strukturen gegenseitig bedingen. Ein Managementsystem unterstützt und füllt den mit der Organisationsstruktur festgelegten struktur- und prozessbezogenen Gestaltungsrahmen einer Organisation, indem es die Kommunikation und Kooperation zwischen den organisatorischen Einheiten trägt. „Der Funktion nach sind alle Managementsysteme Diagnose-, Planungs- und Kontrollsysteme, welche der Formulierung strategischer Konzepte und der Kontrolle ihres operativen Vollzuges dienen." Damit ein Managementsystem diesen Funktionen entsprechen kann, bedarf es der Abbildung der Beziehungen und Verhaltensweisen der Organisation selbst und der Umwelt durch das Managementsystem. Zu diesem Bereich werden beispielsweise Informationsmanagementsysteme, Personalmanagementsysteme, Managementsysteme in Bezug auf Sach- und Nominalwerte (Controlling, Treasuring) gezählt.

Strategisch intendiertes Problemverhalten aller Organisationsmitglieder ist auf der strategischen Ebene zu entwickeln, wobei hier das Konkretisieren und Explizieren des Werte- und Normengefüges angesprochen wird, das mit der Kultur einer Organisation vorgegeben wird. „In dieser Dimension konkretisieren sich die unternehmungspolitischen Missionen zu strategischen Programmen über

---

[1334] In der Literatur findet man dazu unterschiedliche Ansätze zur Reorganisation und Neustrukturierung von Organisationen unter den Schlagwörtern *Fraktale, Segmente* oder *Module*, wobei deutliche Parallelen der Konzepte festzustellen sind. vgl. Picot, A.; Reichwald, R.; Wigand, R. (1998), S 201

[1335] vgl. Picot, A.; Reichwald, R.; Wigand, R. (1998), S 201ff

die Verhaltensentwicklung von Mitarbeitern beim Erkennen und Lösen von Problemen. Dies erfolgt innerhalb der von Unternehmungsstrukturen und Managementsystemen vorgezeichneten Rahmenbedingungen. Damit treten in der strategischen Dimension neben *Ideen und Konzepte*, wie sie in den Programmen zum Ausdruck kommen, *Gestaltungs*aspekte von Strukturen und Systemen einerseits und die *Entwicklungs*aspekte von trägerspezifischem Problemverhalten durch das Management andererseits"[1336]. Es ist für ein strategisches Verständnis in Bezug auf die Rolle des Problemverhaltens von Individuen unverzichtbar, dass davon ausgegangen wird, dass „strategische Vorhaben zugleich die Folge menschlichen Entdeckergeistes, Problembewußtseins, Beurteilungsvermögens, der Initiative, Entscheidungsfreude und Realisierungskraft sind"[1337]. Rollenverhalten, Verhaltensbegründung und Verhaltensveränderung sind wesentliche Faktoren in Bezug auf diesen Teilbereich des strategischen Managements. Welche Rolle Lernen in diesem Zusammenhang spielt, soll nun in der Folge dargestellt werden.

Ganzheitliches Denken und Handeln bedeutet für das strategische Management, die Organisation sowohl in ihrer ökonomischen als auch sozialen Dimension zu erfassen, wobei lange Zeit nur der *harte* Faktor der ökonomischen Gestaltung in den Interessenmittelpunkt des strategischen Managements gerückt wurde. Es hat sich aber gezeigt, dass eine Organisation und ihr Management langfristig nur dann erfolgreich sein können, wenn die Organisation auch als soziales System erfasst wird, in dem *weiche* Faktoren in Form des mit den strategischen Ausrichtungen korrespondierenden Problemverhaltens des Managements ebenso ihr strategisches Denken und Handeln bestimmen.

[1336] Bleicher, K. (1999), S 375f
[1337] Bleicher, K. (1999), S 376

Was bedeuten nun diese drei Bereiche des strategischen Managements im Kontext des Handlungsfeldes der Betriebspädagogik?

Die Lernkultur einer Organisation schafft die Basis für die Entwicklung entsprechender Programme auf strategischer Ebene. Das Wissen einer Organisation ist untrennbar mit dem Lernen verbunden. Bezogen auf die strategischen Zielsetzungen einer Organisation kann dies bedeuten, dass nicht nur eine positive Bilanz im Sinne der finanziellen Zuwachsrate eine Zielsetzung ist, sondern auch auf den Zuwachs des organisationalen Wissensbestandes geachtet wird respektive entsprechende Zielformulierungen erfolgen,[1338] denn der Nutzen der Bildung hängt letztendlich von den strategischen Zielsetzungen einer Organisation ab[1339]. Bildungsziele auf der strategischen Ebene können so die traditionellen Ziele einer Organisation ergänzen und wesentlich dazu beitragen, den Fähigkeiten- und Wissensbestand einer Organisation zu fördern und zum Definieren und Ausbau der Kernkompetenzen[1340] einer Organisation beitragen. In dieser Perspektive tragen Bildungsziele auf strategischer Ebene dazu bei,

➢ ein für die Zukunft angestrebtes Spektrum an Wissen und Fähigkeiten in einer Organisation zu definieren,

➢ die Kernkompetenzen einer Organisation herausfinden respektive diese in der Folge dann auch festlegen und ausbauen zu können,

➢ die Organisationsstrukturen und das Managementsystem einer Organisation entsprechend den strategischen Bildungsprogrammen auszurichten.

[1338] vgl. Probst, G.; Raub, S.; Romhardt, K. (1998), S 76
[1339] vgl. Götz, K. (1997), S 36
[1340] vgl. dazu die Ausführungen in Kapitel 4.2.4.

In Bezug zum organisationalen Lernen kann ein *magisches Viereck[1341]* der das Lernen primär beeinflussenden Faktoren[1342] aufgezeigt werden, um auf operativer Ebene auch entsprechende Maßnahmen ableiten zu können.

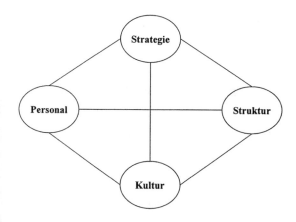

Abbildung 85: Aspekte der Förderung organisationalen Lernens[1343]

Wie wichtig die Existenz einer Lernkultur für die Entwicklung der Organisationskultur und für die Entwicklung hin zu einer Lernenden Organisation ist, wurde bereits in Kapitel 5.3.1. dargestellt. Aufbauend auf der Lernkultur als einer der wesentlichen Eckpfeiler für eine Lernende Organisation sind dafür entsprechende Strukturen und Strategien auf strategischer Ebene erforderlich, um von individuellem Lernen getragene Transformationsprozesse einer Organisation auf operationaler Ebene zu ermöglichen. Bei Projektorganisationen,

---

[1341] vgl. dazu auch die Ausführungen im Zusammenhang mit dem magischen Dreieck der Weiterbildung, wo Qualität, Kosten und Geschwindigkeit im Spannungsverhältnis zueinander dargestellt werden können. vgl. Schmid, E. (1994), S 127f
[1342] In diesem Zusammenhang kann von Kulturentwicklung, Strukturentwicklung, Personalentwicklung und Strategieentwicklung der Lernprozesse gesprochen werden. vgl. Probst, G.; Büchel, B. (1994), S 93ff, vgl. Picot, A.; Reichwald, R.; Wigand, R. (1998), S 472ff
[1343] in Anlehnung an Picot, A.; Reichwald, R.; Wigand, R. (1998), S 472

Netzwerkorganisationen oder Organisationen mit modularen Strukturen generell sind beispielsweise auf Grund ihrer quer durch alle Hierarchieebenen gehenden Zusammenarbeit Raum für Innovation und Kreativität gegeben. Reflexionsprozesse über die Arbeitsverläufe sind dadurch ebenso wie partizipative Entscheidungsfindung und ganzheitliches Lösen der Aufgabenstellungen möglich und wirken sich fördernd auf die Lernpotentiale der Organisation aus.[1344]

Auf der Ebene des strategischen Managements ist es Aufgabe des Managements, Programme und Konzepte zu entwickeln, die auf die Denk- und Verhaltensveränderung der Mitarbeiter und in übertragenem Sinn der gesamten Organisation ausgerichtet sind.

Aufgabenbereiche des strategischen Managements sind die Entwicklung von Bildungsprogrammen und -konzepten ebenso wie das Schaffen von Organisationsstrukturen, die Lernen und (Weiter-)Bildung der Mitarbeiter fördern, sowie der Einsatz von Managementsystemen, die dieses unterstützen. Vor allem ist es aber auch Aufgabenfeld des strategischen Managements, die mit der Lernkultur vorgegebenen Werte und Normen einer Organisation zu verdeutlichen, damit die Mitarbeiter in der Lage sind, ihr Verhalten danach zu orientieren und weiterzuentwickeln. Dabei ist der Kommunikationsförderung eine zentrale Bedeutung beizumessen. Folgende Aspekte sind Beispiele für mögliche Ansätze zur Förderung der Kommunikation:

> ➤ Aufbau von Bildungsnetzwerken – Netzwerkbildung
> ➤ Einrichtung von Bildungsforen
> ➤ Organisationales Empowerment
> ➤ Schaffen von Lernfreiräumen (beispielsweise durch Lernzentren oder -inseln für selbstgesteuertes eigenverantwortliches Lernen)

[1344] vgl. Picot, A.; Reichwald, R.; Wigand, R. (1998), S 472ff

Lernfeldgestaltungen, bezogen auf geplante Bildungsarbeit in einer Organisation, sind im Kontext der betrieblichen Weiterbildung, Karriereplanung und Arbeitsstrukturierung im Rahmen der Personalentwicklung[1345] Konzepte zur partizipativen, gruppenorientierten sowie auch individuell gesteuerten Lerngestaltung. Folgende Faktoren können dafür als Beispiele angeführt werden:

> lernpartnerschaftliche Beziehungen (z. B. Coaching, Mentoring)

> arbeitsplatznahe Interventionen (z. B. Projektarbeit, job rotation)

> eigenverantwortlich gestaltbare Lernfreiräume (beispielsweise Lernzentren oder Lerninseln)

> hybride Lernsituationen

> lernförderndes Neuverständnis der Führungsrolle (z. B. Manager als Berater, Coach, Supervisor, Förderer und Lernhelfer)

> selbstreferenzielle bzw. selbstreflektierende Lehr- und Lernformen (z. B. Übungsfirma als Lernfeld, um neue Denkhaltungen und Sichtweisen anwenden zu können, Rollenspiel)

> betriebliche Bildungsarbeit im Sinne einer Service-Center-Ausrichtung

> lustvolles Lernen – Lust am Lernen erfordert neue Lehr- und Lernformen, Lernen mit Spaß und Freude

> erwachsenenpädagogische und ermöglichungspädagogische Anforderungen an die Lernfeldgestaltung berücksichtigen

> Methodenvielfalt respektive Neugestaltung mehrdimensionaler Lehr- und Lernmethoden der Erwachsenenbildung

> Handlungsorientiertes Lernen und seine Methoden (z. B. künstlerische Übungen, forschend-entwickelndes Lernen, Leittext-Methode, Übungsfirma)

[1345] vgl. dazu die Ausführungen in Kapitel 4.2.3.4.

Soziale Kompetenz, Selbstkompetenz, die Subjektbezogenheit der Konzepte und Strategien ebenso wie berufliche Autonomie und Persönlichkeitsentwicklung müssen die Orientierungsrichtung des betriebspädagogischen Handlungsfeldes prägen, denn nur so kann das Lernen der Organisation in weiterer Folge sichergestellt werden.

5.3.3. Operative Handlungsebene der Betriebspädagogik

Die operative Ebene des Managements bedeutet grundsätzlich die auf normativen und strategischen Zielsetzungen basierende Organisation sowie Lenkung und Entwicklung der laufenden Aktivitäten einer Organisation.[1346] Im operativen Management sind Kommunikation, Fähigkeiten ebenso wie Ressourcen[1347] zentrale Komponenten, und es findet hier somit die Umsetzung des normativen und strategischen Managements statt, wobei an dieser Stelle nochmals darauf hingewiesen werden soll, dass die Unterscheidung zwischen normativem, strategischem und operativem Management eine rein funktional bezogene ist und diese getrennte Betrachtung nicht institutionell zu verstehen ist, denn eine Führungskraft kann und soll „institutionell in der Organisation zugleich normative wie strategische Funktionen wahrnehmen und um deren operative Durchsetzung bemüht sein"[1348]. Zentrale Aufgabenfelder im operativen Bereich des Managements sind die Lenkung des laufenden Wertschöpfungsprozesses, die

---

[1346] vgl. Probst, G. (1983), S 324

[1347] Wirtschaftliche Effizienz und Effektivität der Mitarbeiter in ihrem Verhalten im sozialen Zusammenhang sind wesentliche Aspekte. Ausdruck findet dies vor allem in der Kooperation, horizontalen und vertikalen Kommunikation von sozial relevanten Inhalten. vgl. Bleicher, K. (1999), S 77f

[1348] Bleicher, K. (1999), 435

unmittelbare Erfolgssicherung[1349] sowie die Gestaltung und Entwicklung einer Organisation. „Operatives Management ist im Kern auftragsbezogene lenkende, gestaltende und entwickelnde Willensbildung, -durchsetzung und -sicherung in Prozessen durch Projekte."[1350] Der *Willensbildung*[1351] kommt hier somit im Gesamtgefüge des Managements die Aufgabe zu, die bei der Umsetzung von Zielen[1352] auftretenden Probleme zu erkennen, zu analysieren, alternative Handlungsvarianten zu finden, diese zu bewerten sowie dann eine zielführende Lösungsmöglichkeit auszuwählen. Der Prozess der *Willensdurchsetzung*[1353] ist ein unverzichtbarer Bestandteil des gesamten operativen Managements, wo Handlungen letztendlich gesteuert, geregelt und veranlasst werden. Zwischen der Willensdurchsetzung und -sicherung liegt die eigentliche Realisation, die Durchführung der geforderten Handlungen. Die *Willenssicherung* schlussendlich ist der Prozess der Verknüpfung von Willensbildung und -durchführung sowie Realisation im Sinne eines Regelkreises – bezogen auf die organisationale Ebene und das Lernen einer Organisation kann in ausgeprägter Form in diesem Zusammenhang von deutero-learning[1354] gesprochen werden.

Was bedeuten nun aber operative Lenkung, Gestaltung und Entwicklung, in denen Kommunikation eine zentrale Rolle im Gesamtgefüge des Managements einnimmt, im Kontext des Handlungsfeldes der Betriebspädagogik?

Der operative Teilbereich des Managements ist in Bezug auf die betriebliche Bildung in der Praxis sehr ausgeprägt und hat sich in den letzten Jahren auf Grund

---

[1349] vgl. Ulrich, P.; Fluri, E. (1992), S 19f
[1350] Bleicher, K. (1999), S 438
[1351] vgl. dazu die Ausführungen in Kapitel 2.2.1. und 3.2.4.1.
[1352] Im normativen Management wird der Rahmen vorgegeben, welcher dann durch die Programme im strategischen Management konkretisiert werden muss.
[1353] vgl. dazu die Ausführungen in Kapitel 2.2.1. und 3.2.4.1.
[1354] vgl. dazu die Ausführungen in Kapitel 3.3.4.

des technologischen Wandels immens weiterentwickelt, wobei hier aber in den meisten Fällen nur von Anpassungsqualifizierung[1355] gesprochen werden kann. Lernen und Bildung im Sinne der Veränderung von Denk- und Verhaltensmustern sowie der Veränderung der gesamten Organisation im Sinne einer Transformation bedarf aber einer umfassenden und gesamtheitlichen Sichtweise des Lernens. Erfolgt eine Verankerung der Bildung und des Lernens auf normativer und strategischer Ebene, so ist es immer wieder ein Problem der Kommunikation, dass diese hier festgelegten Werte und Normen sowie definierten und ausgearbeiteten Konzepte und Strategien nicht umgesetzt werden. So wird über Lernen zwar philosophiert und auf strategischer Ebene reflektiert, aber es kommt zu keinem Implementieren auf operationaler Ebene, und Lernen verkümmert respektive bleibt auf strategischer Ebene hängen. Damit aber eine gemeinsame Vision, „der sich viele Menschen wahrhaft verschrieben haben, weil sie ihre eigene persönliche Vision widerspiegelt"[1356], auch *verfolgt* wird, bedarf es auf operativer Ebene einer konkreten Zielformulierung.

Das Problem der Bildung und des Lernens ist, dass sie nur indirekt zur Wertschöpfung einer Organisation beitragen (außer es ist eine Bildungseinrichtung, wo Lernen und Bildung der Hauptprozess und das Produkt sind). Erfolgt keine klare Zieldefinition auf operationaler Ebene, so besteht die Gefahr, dass Bildung und Lernen dem laufenden sowie zum Teil auch direkt wertschöpfenden Tagesgeschäft zum Opfer fallen. Nur wenn auch auf operativer Ebene für Bildung und Lernen in einer Organisation eine klare und ausdrückliche Zieldefinition vorgenommen wird, können Bildungs- und Lernaspekte in Bezug auf operative Projekte und konkrete Prozesse gesteuert, entwickelt und gestaltet werden.

[1355] vgl. dazu die Ausführungen in Kapitel 4.2.3.1.
[1356] Senge, P. (1997), S 252

Operative Bildungsziele müssen im Sinne eines integrativen Managements aus normativen und strategischen Bildungszielen ableitbar sein, wobei folgende Aspekte bei der Formulierung von operativen Bildungszielen einer Organisation zu verfolgen sind:

> Sie müssen zur Sicherung der Umsetzung der Aufgabenbereiche des Handlungsfeldes der Betriebspädagogik auf operativer Ebene beitragen respektive diese sicherstellen.

> Sie konkretisieren und explizieren normative Werte und strategische Programme und Konzepte in klare operationalisierte Zielsetzungen.

> Sie ermöglichen, steuern, gestalten und lenken die Lern- und Kommunikationsprozesse einer Organisation.

Durch die grundsätzliche Ausrichtung einer Organisation auf erwerbswirtschaftliche Ziele sind operative Zielsetzungen im Bereich der Bildung und des Lernens immer im Kontext mit den anderen operativen Zielformulierungen zu betrachten und es bedarf einer Ergänzung und Vereinbarung mit vorhandenen konventionellen Zielebenen. Gerade im Bereich der Mitarbeiterbildung besteht die Möglichkeit, gemeinsam mit dem Vorgesetzten in angemessenen Zeitabständen entsprechende Weiterbildungsziele zu vereinbaren respektive Ziele für die persönliche Weiterentwicklung zu formulieren. Entsprechend der möglichen Entwicklungslinien[1357] eines Mitarbeiters können für diesen beispielsweise Kompetenz- oder Wissensmeilensteine definiert werden, welche in periodischen Abständen vom Mitarbeiter selbst gemessen und gemeinsam weiterentwickelt werden können. Gerade auf der operativen Ebene der Zielformulierung bedarf es einer verstärkten Berücksichtigung der Subjektivität der einzelnen Mitarbeiter in ihrem Lernverhalten. Gewählte Methoden, die Gestaltung des Lernumfeldes,

---

[1357] vgl. dazu die Ausführungen in Kapitel 4.2.3.4.

Gruppenzusammensetzung, Beratung, Unterstützung und Begleitung durch den Vorgesetzten ebenso wie die Schaffung von Freiräumen für selbstorganisiertes und selbstgesteuertes Lernen müssen immer darauf ausgerichtet sein, dass eine Erweiterung der Kompetenzen, Handlungsfähigkeit und der Selbstständigkeit ermöglicht wird, wobei hier die Rückkoppelung zu normativen und strategischen Zielen der Organisation sichergestellt werden muss.

6. Schlussbetrachtungen

„Die Gesellschaft der Zukunft wird
eine kognitive Gesellschaft sein. "
Weißbuch der EU-Kommission

Entsprechend der Themenstellung der Arbeit wurde ein Brückenschlag zwischen den organisationsbezogenen Wirtschaftswissenschaften sowie der Managementlehre und der verhaltensbezogenen Erziehungswissenschaft mit besonderem Fokus auf Bildung und Lernen in und von Organisationen gesucht. Das Handlungsfeld der Betriebspädagogik zur Schaffung und Erhaltung der Beschäftigungsfähigkeit von Mitarbeitern sowie der Vitalität von Organisationen ist zentraler Ansatzpunkt der Ausführungen. Unschwer kann man bereits aus den definitorischen Grundlagen dieser Arbeit erkennen, dass die Handlungs-, Gestaltungs- und Interventionsspielräume, bedingt durch ihre Komplexität und die Komplexität der Rahmenbedingungen, die durch die Organisation sowie die Managementlehre und das Humankapital repräsentiert werden, vieldimensional zu sehen sind.

Auf Grund dieser Tatsache sollte in der Arbeit herausgearbeitet werden, wie die einzelnen Disziplinen gesehen werden müssen, um zusammenwirken zu können. Bewusst wurde in den einzelnen Kapiteln sehr ausführlich auf die speziellen Variationen und Besonderheiten des Managements einerseits und der Betriebspädagogik andererseits eingegangen, um daraus die Entwicklungspotentiale für Individuum und Organisation aufzeigen zu können.

Nur durch das Erkennen der Chancen in der Gegenwart für die Zukunft ist ein zielgerichtetes Vorgehen im Sinne einer Transdisziplinarität der Wirtschaftswissenschaften und Erziehungswissenschaften möglich. Diese kann aber in der Umsetzung, abhängig von den situativen Rahmenbedingungen und den individuellen Persönlichkeitsstrukturen der Beteiligten, immens differente Formen annehmen. Gestaltung und Entwicklung sind die zentralen Agenden des Managements der Zukunft im Gesamtgefüge der Organisation. Betriebspädagogik, mit dem bedeutungsvollen Aufgabenfeld der Bildung, hat Lernen als zentralen Prozess und das Schaffen der erforderlichen Rahmenbedingungen sowie das Zulassen und Fördern von Lernen und Bildung als Schlüsselkompetenz.

In den folgenden Ausführungen sollen die vorliegende Arbeit zusammengefasst sowie wesentliche Komponenten der Ansatzpunkte der Betriebspädagogik als generische Managementfunktion in pragmatischer und dennoch visionärer Form aufgezeigt und erläutert werden.

In einem ersten Schritt wurde auf die Referenzwissenschaften, die Wirtschaftswissenschaften und die Erziehungswissenschaften, eingegangen. So erfolgte eine metatheoretische Analyse der Betriebspädagogik als wissenschaftliche Disziplin, wobei eine ausführliche Diskussion des ökonomischen Modells der Wirtschaftswissenschaften und des pädagogischen Modells der Erziehungswissenschaft durchgeführt sowie der Ansatz der Transdisziplinarität zwischen Betriebswirtschaft und Erziehungswissenschaft aufgebaut wurde. In diesem Sinne konnte eine Standortbestimmung der Betriebspädagogik innerhalb der disziplinären Matrix erfolgen, wobei die Transdisziplinarität als Prinzip zur *Öffnung der Grenzen* zwischen den Referenzwissenschaften herangezogen wurde. In der Argumentationskette für das transdisziplinäre Prinzip wurde deutlich dargestellt, dass beide Wissenschaftsbereiche und auch die Praxis bereits erkannt haben, dass ein wissenschaftlicher Monismus und eine enge Sichtweise auf die eigene Disziplin bereits ihre Grenzen in Theorie und Praxis erreicht haben.

In einem nächsten Schritt wurde das Management in unterschiedlichen Betrachtungswinkeln und in Bezug auf das Handlungsfeld der Betriebspädagogik diskutiert sowie die Lernende Organisation bzw. das organisationale Lernen als Impulsgeber für die Transdisziplinarität zwischen den beiden Referenzwissenschaften ausführlich dargestellt. Als Leitgedanke diente hier das Bestreben, die Betriebspädagogik als integrativen Organisationsbestandteil zu definieren. In diesem Sinne wurden Ansätze der Implementierung der Betriebspädagogik in einer Organisation aufgezeigt und somit das Verhältnis der Betriebspädagogik zu anderen betrieblichen Funktionsbereichen des Managements dargestellt. Die Sichtweise der Betriebspädagogik als funktional-dynamischer Teilaspekt einer Organisation als Gesamtes sowie der Betriebspädagogik als generische Managementfunktion wurde als Ansatz entwickelt, um das Handlungsfeld der Betriebspädagogik umfassend in einer Organisation einbetten zu können. Einer evolutionären, integrativen und systemorientierten Betriebspädagogik kann auch gerade deshalb ein so umfassendes Leistungspotential auf dem Weg zur Lernenden Organisation zugeschrieben werden, da diese als generische Managementfunktion verstanden werden soll, bei der das Zulassen, die Unterstützung, das Ermöglichen und die Koordination des Lernens von Individuen, Gruppen und Organisation einerseits fokussiert wird und andererseits alle *Betroffenen* auch *Beteiligte* sind, denn Lernen und Bildung tangieren letztendlich alle.

Die Entwicklung der Betriebspädagogik als Integrationsmodell von organisationaler Veränderung, Personal- und Persönlichkeitsentwicklung erfolgte in einem weiteren Schritt. Durch das Integrationsmodell wurde das Potential der Betriebspädagogik beim Mitgestalten des dynamischen sowie komplexen Systems Organisation zum Ausdruck gebracht. Weiters sollte damit deutlich gemacht werden, dass die Betriebspädagogik im Verantwortungsbereich aller an einer Organisation Beteiligten liegt, wobei es gilt, eine Kultur zu schaffen, die ein eigenverantwortliches sowie selbstgesteuertes und schöpferisches Lernen ermöglicht – sowohl zum Nutzen der Individuen selbst als auch zum Nutzen der Organisation. Den Ausgangspunkt für die Betriebspädagogik als ein dynamisches Integrationsmodell von Organisationsveränderung sowie Personal- und Persönlichkeitsentwicklung bildete die Sichtweise, dass nicht nur Individuen lernen, sondern dass die Organisation als Ganzes als bildungsfähiges Lernsubjekt zu verstehen ist. Auf diesem Ansatz wurden folgende Erweiterungen in den einzelnen Teilbereichen des Integrationsmodells der Betriebspädagogik analysiert: Erweiterung der Organisationsveränderung durch Personalentwicklung, Erweiterung geplanter Weiterbildung durch ungeplante Weiterbildung, Erweiterung der Fach- und Sozialkompetenz durch Selbstkompetenz und Erweiterung der Personalentwicklung durch Persönlichkeitsentwicklung.

Im Anschluss an dieses Integrationsmodell wurden die beschleunigenden sowie integrierenden Agenden der Betriebspädagogik auf den einzelnen Management-ebenen analysiert, wobei die Verknüpfung betrieblicher und menschlicher Belange in einer Organisation als Orientierungslinie dienten. Als Fundament für die angesprochenen Managementebenen wurde der integrative Managementansatz der St. Galler Schule herangezogen. Anhand dieses Modells wurde die Betriebspädagogik in Bezug auf die unterschiedlichen Managementdimensionen und auf ihre möglichen Handlungsfelder in den einzelnen Ebenen durchleuchtet. Es wurde dargestellt, wie und in welcher Form das Handlungsfeld der Betriebspädagogik in das Handlungsfeld des gesamten Managements einer Organisation mit Blickrichtung auf die Entwicklung zu einer Lernenden Organisation integriert werden kann, wobei auf institutionale und funktionale Sichtweisen im Anlassfall Bezug genommen wurde.

Im Sinne der Zusammenfassung und eines Ausblicks lässt sich Folgendes für die vorliegende Arbeit festhalten:

Die Zeit der deterministisch vorgegebenen Aufgaben- und Handlungsfelder gehört der Vergangenheit an, denn die Gesellschaft, die gesamte Wirtschaft und jede einzelne Organisation entwickeln sich selbstorganisativ in einer real offenen Zukunft. Laufende Veränderung ist Maxime unserer Zeit und Stillstand bedeutet Rückschritt. Ein ausschließliches Festhalten an Bewährtem sowie ein Festklammern an gemachten Erfahrungen oder auch ein stereotypes Wiederholen alter Lösungen nach dem Motto *mehr von demselben* sind keineswegs geeignet, den Entwicklungspotentialen und Herausforderungen der Zukunft gewachsen zu sein.

Auch bringt es der Wandel der beruflichen Anforderungen mit sich, dass *lebenslanges Lernen* längst keine leere Worthülse mehr ist, sondern immer bedeutender für die Wettbewerbsfähigkeit einer Organisation im Gesamten als auch für die Sicherung der Beschäftigungsfähigkeit des einzelnen Mitarbeiters selbst wird. Ökonomische Zielsetzungen haben im Gesamtgefüge einer Organisation nicht an Wichtigkeit verloren, es ist nur die Form ihrer Ausschließlichkeit, die für die Zukunft nicht haltbar erscheint, denn nur ein Miteinander von harten und weichen Faktoren bei der Ausrichtung einer Organisation kann richtungweisend auf dem Weg zu einer *Lernenden Organisation* sein. In diesem Sinne sind nur lernfähige Organisationen künftig wettbewerbsfähig, d. h. Lernfähigkeit bzw. Selbstransformation sind der Schlüssel zu Wettbewerbsvorteilen in der Zukunft, wobei die Lernfähigkeit einer Organisation aber im Wesentlichen immer von der Lernfähigkeit und -willigkeit ihrer Mitarbeiter und ihres Managements abhängt.

Die vorliegende Arbeit zeigt, dass die Betriebspädagogik einerseits einen funktional-dynamischen Teilbereich einer Organisation bildet und andererseits als eine generische Managementfunktion ganzheitlich vernetzend aufzufassen ist. Betriebspädagogik darf nicht als etwas Zusätzliches zum bereits Bestehenden begriffen werden, sondern muss Anliegen jeder Ebene einer Organisation werden. Im Sinne einer generischen Managementfunktion umspannt das betriebspädagogische Handlungsfeld somit die gesamte Organisation. Die systemische Sichtweise, das Denken und Handeln in Regelkreisen, ist basisbildend.

Aus dieser Perspektive erscheint es nicht ausreichend, wohl aber notwendig, zu den bereits vorhandenen Managementfunktionen eine weitere, eben eine pädagogische Managementfunktion zu fordern, um die Agenden der Betriebspädagogik wahrnehmen zu können. Zu dieser dynamisch-funktionalen Verankerung der Betriebspädagogik ist aber immer eine integrative Betrachtungsweise erforderlich, wodurch erst ein kontinuierlicher Lernprozess aller Mitglieder der Organisation eingeleitet werden kann, um eigenverantwortliche und selbstgesteuerte Wissensaneignung und -erschließung zu ermöglichen. Bildung und Qualifikation sowie Kompetenz sind integrativ zu erfassen. Nur so kann eine evolutionär systemorientierte, auf kulturtheoretischem Ansatz beruhende Betriebspädagogik verwirklicht werden, die dazu beitragen kann, langfristige Wettbewerbsfähigkeit einer Organisation sicherzustellen. Das Handlungsfeld der Betriebspädagogik kann so zu einer Weiterentwicklung der Organisationskultur durch die (Weiter-)Entwicklung einer Lernkultur beitragen.

Die Zukunft für Organisationen liegt in ihrer Kreativität und Innovationsfähigkeit sowie in ihrem Wissen und ihrer Veränderungsfähigkeit, weniger in der bisher propagierten Kostenführerschaft. Wissen und Geist bzw. Denkvermögen sowie Persönlichkeit und Lernen sind gegenüber traditionellen Produktionsfaktoren vorrangig, selbstorganisierende und -lernende Fähigkeiten einer Organisation werden heute zur Notwendigkeit für ihr Überleben. Kernkompetenzen sind ein Schlüsselparameter für die Wettbewerbsfähigkeit einer Organisation. Kreativität, Wissen und Geist der Mitarbeiter können primär durch das Schaffen von Freiräumen für ein ganzheitliches, kontinuierliches, selbstgesteuertes und eigenverantwortliches Lernen auf allen Ebenen gefördert und entwickelt werden.

Eigenverantwortung, Individualisierung, ein Auflösen bestehender Organisationsformen, steigende Bedeutung der individuellen Handlungsfähigkeit oder Teamorganisation sind Orientierungsrichtungen für Organisationen. Auch wird in Zukunft nicht mehr die Organisation der Arbeit von Menschen, sondern das Leistungsmanagement bzw. die Produktivität der Wissensarbeiter im Mittelpunkt des Managements stehen. Gerade im Blickwinkel der Lernenden Organisation und des allgemeinen sowie organisationalen Wandels rücken Aspekte wie lebenslanges Lernen, Förderung der Fähigkeiten, Fertigkeiten und Anlagen der Mitarbeiter oder die Qualifizierung in den Mittelpunkt der Betrachtungen einer Organisation. Der *Wettbewerb des Geistes* ist ein Gesetz der Zukunft. Bildung im Sinne eines ganzheitlichen, kreativen Lernens ist ein Ansatz, der zur Handhabung der gegenwärtigen und zukünftigen Herausforderungen einer Organisation einen entscheidenden Beitrag leisten kann. Dies erfordert aber intensive Entwicklungsarbeit und bedarf der Akzeptanz der Transdisziplinarität zwischen Wirtschaftswissenschaft und Erziehungswissenschaft.

„Die einzige Konstante im Leben ist Wandel. "
Alvin Toffler

7. Literaturverzeichnis

ABRAHAM, K. (1953): Der Betrieb als Erziehungsfaktor – Die funktionale Erziehung durch den modernen wirtschaftlichen Betrieb, Verlagsgesellschaft Rudolf Müller Köln-Braunsfeld

ACKERMANN, K.; ROTHENBERGER, P. (1987): Zukunftsorientierte Aus- und Weiterbildung von Führungskräften, Gabler Verlag Wiesbaden, in: Gaugler, E. (Hrsg.) (1987), S 9 - 43

ALBRECHT, F. (1993): Strategisches Management der Unternehmensressource Wissen: Inhaltliche Ansatzpunkte und Überlegungen zu einem konzeptionellen Gestaltungsrahmen, Dissertation, Frankfurt am Main

ALLAIRE, Y.; FIRSIROTU, M. (1985): How to Implement Radical Strategies in Large Organizations, in: Sloan Management Review, Spring 1985, S 19 - 34

ANDERSECK, K. (1995): Berufliche Bildung und Personalentwicklung, DEUGRO Esslingen, in: Sommer, K. (Hrsg.) (1995), S 342 - 362

ANGER, H. (1969): Hauptformen des sozialen Lernens, Colloquium Verlag Berlin, in: Haseloff, W. (Hrsg.) (1969), S 84 - 92

ARGYRIS, C. (1957): Personality and Organization, Harper Torchbooks, New York

ARGYRIS, C. (1965): Organization and Innovation, Richard D. Irwin Inc. Homewood

ARGYRIS, C. (1996): On Organizational Learning, 2. Auflage, Blackwell Publishers Ldt Oxford

ARGYRIS, C. (1997): Wissen in Aktion (Orig. Knowledge for Action. A Guide to Overcoming Barriers to Organizational Change), (1996), Klett-Cotta Stuttgart

ARGYRIS, C.; SCHÖN, D. (1974): Theory in Practice, Jossey-Bass Inc. San Francisco

ARGYRIS, C.; SCHÖN, D. (1978): Organizational Learning: A Theory of Action Perspective, Addison-Wesly Publishing Company, Inc. Massachusetts

441

ARGYRIS, C.; SCHÖN, D. (1996): Organizational Learning II. Theory, Method, and Practice, Reprint with corrections Reading, Addison-Wesly Publishing Company, Inc. Massachusetts

ARGYRIS, C.; SCHÖN, D. (1999): Die Lernende Organisation: Grundlagen, Methode, Praxis. Klett-Cotta Stuttgart (Übersetzung von Organizational Learning II)

ARNOLD, R. (1989): Von der Unternehmenskultur zur Weiterbildungskultur, in: Lenfeld Betrieb, 5/1989, S 16 - 18

ARNOLD, R. (1994a): Berufsbildung: Annäherung an eine evolutionäre Berufspädagogik, Baltmannsweiler Schneider-Verlag Hohengehren

ARNOLD, R. (1994b): Schlüsselqualifikation und Selbstorganisation in Betrieb und Schule, Feldhaus Verlag Hamburg, in: Beiler, J.; Lumpe, A.; Reetz, L. (Hrsg.) (1994), S 45 - 64

ARNOLD, R. (1994c): Unternehmenskulturentwicklung – eine zentrale Aufgabe für Bildungsmanagement, Peter Lang Verlag Frankfurt am Main, in: Geißler, H.; Bruch von, T.; Petersen, J. (Hrsg.) (1994), S 283 - 298

ARNOLD, R. (1995): Bildungs- und Systemtheoretische Anmerkungen zum Organisationslernen, Erich Schmidt Verlag Berlin, in: Arnold, R.; Weber, H. (Hrsg.) (1995), S 13 - 27

ARNOLD, R. (1997): Betriebspädagogik, 2. Auflage, Erich Schmidt Verlag Berlin

ARNOLD, R.; KRÄMER-STÜRZL, A. (1999): Berufs- und Arbeitspädagogik: Leitfaden der Ausbildungspraxis in Produktions- und Dienstleistungsberufen, 2. Auflage, Cornelsen Verlag Berlin

ARNOLD, R.; SCHÜSSLER, I. (1998): Wandel der Lernkulturen, Wissenschaftliche Buchgesellschaft Darmstadt

ARNOLD, R.; WEBER, H. (Hrsg.) (1995): Weiterbildung und Organisation, Erich Schmidt Verlag Berlin

ASCHENBRÜCKER, K. (1991): Wirtschaftspädagogische Theorie und Personalentwicklung: Strukturen ganzheitlicher Persönlichkeitsbildung, Deutscher Universitäts-Verlag Wiesbaden

442

BAITSCH, C. (1993): Was bewegt Organisationen?: Selbstorganisation aus psychologischer Perspektive, Campus Verlag Frankfurt am Main

BALDIN, K. (1991): Bildungscontrolling in der Weiterbildung, Gabler Verlag Wiesbaden, in: Papmehl, A.; Walsh, I. (Hrsg.) (1991), S 161 - 172

BANDURA, A. (1979): Sozial-kognitive Lerntheorien, Klett-Cotta Stuttgart

BASLER, O. (1942): Deutsches Fremdwörterbuch, begonnen von Hans Schulz, Zweiter Band L-P, Walter de Gruyter & Co Berlin

BASS, B.; STEYRER, J. (1995): Transaktionale und transformationale Führung, Schäffer-Poeschel Verlag Stuttgart, in: Kieser, A.; Reber, G.; Wunderer, R. (Hrsg.) (1995), Sp 2053 - 2062

BAUER, W. (1996): Lernen und Bildung, Deutscher Studien-Verlag Weinheim, in: Geißler, H. (Hrsg.) (1996), S 119 - 141

BEA, F.; DICHTL, M.; SCHWEITZER, M. (Hrsg.) (1992): Allgemeine Betriebswirtschaftslehre, Band 1: Grundfragen, 6. Auflage, Gustav Fischer Verlag Stuttgart Jena

BECK, J. (1990): Ist Bildung machbar? Zum Problem der Institutionalisierung von Bildungsprozessen, Universität Bremen, in: Drechsel, R.; Gerds, P.; Körber, K., Twisselmann, J.; Voigt, B. (Hrsg.) (1990), S 197 - 221

BECKER, F. (1994): Lexikon des Personalmanagements, Verlag C. H. Beck München

BECKER, F. (1996): Personalentwicklung, Schäffer-Poeschel Verlag Stuttgart, in: Kern, W.; Schröder, H.; Weber, J. (Hrsg.) (1996), Sp 1371 - 1381

BECKER, M. (1993): Personalentwicklung: die personalwirtschaftliche Herausforderung der Zukunft, Verlag für Unternehmensführung Dr. Max Gehlen, Bad Homburg von der Höhe

BECKER, M. (1999): Bildung als Investition. Ihre Bedeutung für die strategische Unternehmensführung und Personalentwicklung, Kieser Verlag Neusäß, in: Vorstand der Arbeitsgemeinschaft Berufliche Bildung, S 9 - 46

BEILER, J.; LUMPE, A.; REETZ, L. (Hrsg.) (1994): Schlüsselqualifikation, Selbstorganisation, Lernorganisation: Dokumentation des Symposions in Hamburg am 15./16.09.1993, Feldhaus Verlag Hamburg

BERGER, U.; BERNHARD-MEHLICH, I. (1999): Die Verhaltenswissenschaftliche Entscheidungstheorie, Verlag W. Kohlhammer Stuttgart, in: Kieser, A. (Hrsg.) (1999), S 133 - 168

BERTHEL, J. (1995): Personal-Management, 4. Auflage, Poeschel Verlag Stuttgart

BEYER, H. (1991): Personallexikon, 2. Auflage, Oldenbourg Verlag München Wien

BIEKER, J. (1991): Von der Personal- zur Persönlichkeitsentwicklung, Gabler Verlag Wiesbaden, in: Papmehl, A.; Walsh, I. (Hrsg.) (1991), S 44 - 54

BIETHAHN, J. (1998): Ganzheitliches Informationsmanagement, in: WiSt – Wirtschaftswissenschaftliches Studium, Jg. 27, Heft 8, S 412 - 414

BIRKENBIHL, V. (1997): Lebenslanges Lernen, Gabler Verlag Wiesbaden, in: Wieselhuber Dr. & Partner (Hrsg.) (1997), S 77 - 88

BITZ, M. et al. (Hrsg.) (1993): Kompendium der Betriebswirtschaftslehre, 1. Band, Verlag Franz Vahlen München

BITZ, M. et al. (Hrsg.) (1998): Kompendium der Betriebswirtschaftslehre, 1. Band, 4. Auflage, Verlag Franz Vahlen München

BLAKE, R.; MOUTON, J. (1968): Verhaltenspsychologie im Betrieb, Econ Verlag Düsseldorf Wien

BLANCHARD, K.; JOHNSON, S. (1990): Der Minuten Manager, Rowohlt Verlag Reinbek bei Hamburg

BLANKERTZ; H. (1975): Berufsbildungstheorie und berufliche Ausbildungs-konzeptionen, Kiepenheuer & Witsch Köln, in: Stratmann, K.; Bartel, W. (Hrsg.) (1975), S 284 - 299

BLEICHER, K. (1991): Organisation, 2. Auflage, Gabler Verlag Wiesbaden

BLEICHER, K. (1993): Führung, Schäffer-Poeschel Verlag Stuttgart, in: Wittmann, W. et al. (Hrsg.) (1993), Sp 1270 - 1284

BLEICHER, K. (1994): Normatives Management, Campus Verlag Frankfurt/Main New York

BLEICHER, K. (1999): Das Konzept Integriertes Management, 5. Auflage, Campus Verlag Frankfurt/New York

BLÖSCHL, L. (1969): Die Lehre vom bedingten Reflex und ihre Weiterentwicklung, Colloquium Verlag Berlin, in: Haseloff, W. (Hrsg.) (1969), S 26 - 33

BLOOM, B. (1971): Stabilität und Veränderung menschlicher Merkmale, Verlag Julius Beltz Weinheim Berlin Basel

BLUMENTHAL, B.; HASPESLAGH, P. (1994): Toward a Definition of Corporate Transformation, in: Sloan Management Review, Spring 1994, S 101 - 106

BOCH, D.; ECHTER, D.; HAIDVOGL, G. (1997): Wissen – die strategische Ressource, Deutscher Studien-Verlag Weinheim

BÖHRS, H. (1980): Leistungslohngestaltung mit Arbeitsbewertung, Persönlicher Bewertung, Akkordlohn, Prämienlohn, 3. Auflage, Gabler Verlag Wiesbaden

BORWICK, I. (1990): Systemische Beratung von Organisationen, Edition Humanistische Psychologie Köln, in: Fatzer, G.; Eck, C. (Hrsg.) (1990), S 363 - 387

BREZINKA, W. (1971): Über Erziehungsbegriffe, Eine kritische Analyse und ein Explikationsvorschlag, in: Zeitschrift für Pädagogik, Jg. 17, Nr. 5, S 567 - 615

BROCKHAUS-WAHRIG (1982): Deutsches Wörterbuch, Wahrig, G.; Kraimer, H.; Zimmermann, H. (Hrsg.), Band 4 K-OZ

BROCKHAUS-WAHRIG (1983): Deutsches Wörterbuch, Wahrig, G.; Kraimer, H.; Zimmermann, H. (Hrsg.), Band 5 P-STD

BRUNNER, R.; ZELTNER, W. (1980): Lexikon zur Pädagogischen Psychologie und Schulpädagogik, Ernst Reinhardt Verlag München Basel

BRYNER, A.; MARKOVA, D. (1998): Die lernende Intelligenz, 2. Auflage, Jungfermann Verlag Paderborn

BUCK, B. (1996): Subjektkonstitution und Handlungsfähigkeit in neueren Organisationskonzepten, W. Bertelsmann Verlag Bielefeld, in: Weilnböck-Buck, I.; Dybowski, G.; Buck, B. (1996) (Hrsg.), S 99 - 131

BURGHARDT, A. (1979): Einführung in die Allgemeine Soziologie, 3. Auflage, Verlag Franz Vahlen München

CASSIRER, E. (1973): Philosophie der Symbolischen Formen Bd. 1 (Auszug), Kapitel IV, Die Sprache als Ausdruck des begrifflichen Denkens. Die Form der sprachlichen Begriffs- und Klassenbildung, Darmstadt 1973 http://www.uni-essen.de/sesam/geschichte/theorie/cassierer1.html (Stand Mai 2000)

CHEN, R. (1998): The Eighth Stage of Information Management, in International Forum on Information and Documentation, Vol. 23, Nr. 1 Jänner/März 1998, S 18 - 24

CONRADI, W. (1983): Personalentwicklung, Ferdinand Enke Verlag Stuttgart

CRAINER, S. (1999): Managementtheorien, die die Welt verändert haben (Orig. Key Management Ideas, 1998), Falken Verlag Niedernhausen/Ts.

CUBE, VON F. (1965): Kybernetische Grundlagen des Lernens und Lehrens, Ernst Klett Verlag Stuttgart

CYERT, R.; FEIGENBAUM, E.; MARCH, J. (1990): Verhaltenstheoretische Modelle der Unternehmung, Gabler Verlag Wiesbaden, in: March, J. (Hrsg.) (1990), S 43 - 69

CYERT, R.; MARCH, J. (1995): Eine verhaltenswissenschaftliche Theorie der Unternehmung, 2. Auflage, Schäffer-Poeschel Verlag Stuttgart

DAMMERMANN-PRIESS, G. (1999): Team-Lernen in der Führungskräfteentwicklung, Ueberreuter Wien Frankfurt, in: Papmehl, A.; Siewers, R. (Hrsg.) (1999), S 264 - 287

DECKER, F. (1995): Bildungsmanagement für eine neue Praxis: Lernprozesse erfolgreich gestalten, pädagogisch und betriebswirtschaftlich führen, budgetieren und finanzieren, Lexika Verlag Rumpf München

DEDERING, H. (1998): Pädagogik der Arbeitswelt, Deutscher Studien-Verlag Weinheim

DEHNBOSTEL, P.; ERBE, H.; NOVAK, H. (Hrsg.) (1998): Berufliche Bildung in lernenden Unternehmen, edition sigma reiner bohn verlag Berlin

DEISER, R. (1984): Individuelles Lernen – Organisationslernen: Ein Integrationsversuch, in: Zeitschrift der Gesellschaft für Organisationsentwicklung, (OE), Jg. 3, Heft 1, S 13 - 24

DEISER, R. (1996): Vom Wissen zum Tun und zurück. Die Kunst des strategischen Wissensmanagements, Frankfurter Allgemeine Zeitung Frankfurt am Main, in: Schneider, U. (Hrsg.) (1996), S 49 - 76

DELHEES, K. (1995): Führungstheorien – Eigenschaftstheorie, Schäffer-Poeschel Verlag Stuttgart, in: Kieser, A.; Reber, G.; Wunderer, R. (Hrsg.) (1995), Sp 897 - 906

DICHTL, E.; ISSING, O. (Hrsg.) (1987): Vahlens Großes Wirtschaftslexikon, Band 1 und 2, Verlag Franz Vahlen München

DIETZEL, H.; GARBSCH-HAVRANEK, C. (Hrsg.) (1990): Personalmanagement: Die neue Praxis, Manz Verlag Wien

DITTMAR, J.; OSTENDORF, A. (1998): Personalentwicklung im Kontext des Diskurses um die ‚lernende Organisation‘, Münchner Texte zur Wirtschaftspäda-gogik, Heft 9, Ludwig-Maximilians-Universität, Institut für Wirtschafts- und Sozialpädagogik München

DOMSCH, M. (1991): Personalplanung und -entwicklung für Fach- und Führungskräfte, Schäffer Verlag Stuttgart, in: Rosenstiel, von L.; Regnet, E.; Domsch, M. (Hrsg.) (1991), S 339 - 351

DOMSCH, M. (1998): Personal, Verlag Fanz Vahlen München, in: Bitz, M. et al. (Hrsg.) (1998), S 411 - 473

DRECHSEL, R. (1987): Widersprüche im Bildungsbegriff und wie man mit ihnen in der beruflichen Bildung umgeht, Universität Bremen, in: Drechsel, R.; Gerds, P.; Körber, K., Twisselmann, J.; Voigt, B. (Hrsg.) (1987), S 111 - 130

DRECHSEL, R.; GERDS, P.; KÖRBER, K., TWISSELMANN, J.; VOIGT, B. (Hrsg.) (1987): Ende der Aufklärung? Zur Aktualität einer Theorie der Bildung, Band 6 in der Forschungsreihe des Forschungsschwerpunkts <Arbeit und Bildung>, Universität Bremen

DRECHSEL, R.; GERDS, P.; KÖRBER, K., TWISSELMANN, J.; VOIGT, B. (Hrsg.) (1990): Das Allgemeine in der Bildung, Band 15 in der Forschungsreihe des Forschungsschwerpunkts <Arbeit und Bildung>, Universität Bremen

DRUCKER, P. (1996): Umbruch im Management: Was kommt nach dem Reengineering? (Orig.: Managing in a time of great change), Econ Verlag Düsseldorf Wien

DRUCKER, P. (1999): Management im 21. Jahrhundert (Orig. Management Challengers for the 21st Century), Econ Verlag – Verlagshaus Goethestraße GmbH & Co. KG München

DUBS, R. (1990): Lernprozesse in Unternehmungen beschleunigen. Zur Transferproblematik in Unternehmungen, in: Die Unternehmung, 44. Jg., Nr. 3, S 154 - 163

DUBS, R. (1993): Stehen wir vor einem Paradigmawechsel beim Lehren und Lernen?, in: Zeitschrift für Berufs- und Wirtschaftspädagogik, 89. Band, Heft 5, S 449 - 454

DUBS, R. (1994): Management-Ausbildung: ein altes Thema erneut betrachtet, Versus Verlag Zürich, in: Hasenböhler, R.; Kiechl, R.; Thommen, J. (Hrsg.) (1994), S 15 - 40

DUBS, R. (1995a): Evaluation im Bildungswesen – Bildungscontrolling. Neue Schlagwörter oder sinnvolle Absichten?, in: Schweizerische Zeitschrift für kaufmännisches Bildungswesen, 89. Jg., S 2 - 7

DUBS, R. (1995b): Die Suche nach einer neuen Lehr-Lern-Kultur. Ein weiteres Schlagwort oder ein sinnvolles Bemühen?, in: Schweizerische Zeitschrift für kaufmännisches Bildungswesen,. 89. Jg., S 174 - 180

DUBS, R. (1995c): Konstruktivismus: Einige Überlegungen aus der Sicht der Unterrichtsgestaltung, in: Zeitschrift für Pädagogik, 41. Jg., S 889 - 903

DUBS, R. (1995d): Die Suche nach einer neuen Lehr-Lern-Kultur, in: Zeitschrift für Berufs- und Wirtschaftspädagogik, 91. Jg., S 567 - 572

DUBS, R. (1997a): Human Resource Management, Verlag Industrielle Organisation Zürich, Schäffer-Poeschel-Verlag Stuttgart, Manz-Verlag Wien, in: Siegwart, H.; Dubs, R.; Mahari, J. (Hrsg.) (1997), S 13 - 30

DUBS, R. (1997b): Drängt sich für die betriebliche Ausbildung ein Paradigmawechsel auf?, Luchterhand Verlag Berlin, in: Klimecki, R.; Remer, A. (Hrsg.) (1997), S 69 - 84

DUDEN (1994a): Das große Wörterbuch der deutschen Sprache, in acht Bänden, 2. Auflage, Band 4: Hex-Lef, Dudenverlag Mannheim u.a.

DUDEN (1994b): Das große Wörterbuch der deutschen Sprache, in acht Bänden, 2. Auflage, Band 5: Leg-Pow, Dudenverlag Mannheim u.a.

DÜRR, W. (1987): Erfahrungen und neues Bewußtsein, in: Zeitschrift für Berufs- und Wirtschaftspädagogik, Jg. 83, Heft 7, S 645 - 659

ECKARDSTEIN, VON D.; KASPER, H.; MAYRHOFER, W. (Hrsg.) (1999): Management: Theorien – Führung – Veränderung, Schäffer-Poeschel Verlag Stuttgart

EMPSON, L. (1999): The challenge of managing knowledge, in Financial Times, 4.10.99, S 8 - 10

EVANS, M. (1995): Führungstheorien – Weg-Ziel-Theorie, Schäffer-Poeschel Verlag Stuttgart, in: Kieser, A.; Reber, G.; Wunderer, R. (Hrsg.) (1995), Sp 1075 - 1092

FAIX, W.; LAIER, A. (1996): Soziale Kompetenz: Wettbewerbsfaktor der Zukunft, 2. Auflage, Gabler Verlag Wiesbaden

FATZER, G. (1998): Ganzheitliches Lernen, 5. Auflage, Junfermann Verlag Paderborn

FATZER, G.; ECK, C. (Hrsg.) (1990): Supervision und Beratung, Edition Humanistische Psychologie Köln

FELD, F. (1936): Betriebsgemeinschaft und Erziehung: Eine wirtschaftspädagogische Untersuchung, Beltz Langensalza Berlin

FELSCH, A. (1999): Personalentwicklung und Organisationales Lernen, 2. Auflage, Erich Schmidt Verlag Berlin

FIEDLER, F. (1967): A theory of leadership effectiveness, McGraw-Hill New York

FREISITZER, K.; HALLER, R. (Hrsg.) (1977): Probleme des Erkenntnisfortschritts in den Wissenschaften, Verlag Verband der wissenschaftlichen Gesellschaften Österreichs Wien

FRENCH, W.; BELL, C. (1990): Organisationsentwicklung, 3. Auflage, Verlag Paul Haupt Bern Stuttgart

FRESE, E. (1992): Mehrdimensionale Organisationsstrukturen, Poeschel Verlag Stuttgart, in: Frese, E. (Hrsg.) (1992), Sp 1670 - 1688

FRESE, E. (1993): Grundlagen der Organisation, 5. Auflage, Gabler Verlag Wiesbaden

FRESE, E. (Hrsg.) (1992): Handwörterbuch der Organisation, Poeschel Verlag Stuttgart

FRITSCH, M. (1985): Führungskräftefortbildung bei innovationsorientierter Unternehmungsführung. Determinanten und Aktionsfelder innovationsorientierter Fortbildung, Lang Verlag Frankfurt am Main Bern New York

FRÖHLICH, W. (1997): Personalmanagement und Führung. Visionen zur Gestaltung eines erfolgreichen Human Resources Management, Luchterhand Verlag Berlin, in: Klimecki, R.; Remer, A. (Hrsg.) (1997), S 301 - 318

FUCHS-WEGNER, G. (1975): Management-Prinzipien und -Techniken, Poeschel Verlag Stuttgart, in: Grochla, E.; Wittmann, W. (Hrsg.) (1975), Sp 2571 - 2578

GABELE, E. (1982): Betriebliche Bildung im Wandel, in: WiSt – Wirtschaftswissenschaftliches Studium, Jg. 11, Heft 7, S 307 - 313

GABELE, E.(1992): Führungsmodelle, Poeschel Verlag Stuttgart, in: Gaugler, E.; Weber, W. (Hrsg.) (1992), Sp 948 - 965

GAPPMAIER, M. et al. (1998): Einführung, Universitätsverlag Rudolf Trauner Linz, in: Gappmaier, M.; Heinrich, L. (Hrsg.) (1998), S 19 - 44

GAPPMAIER, M.; HEINRICH, L. (Hrsg.) (1998): Geschäftsprozesse mit menschlichem Antlitz, Universitätsverlag Rudolf Trauner Linz

GASSER-STEINER, P. (1977): Wissenschaftliche Gemeinschaften als Bezugs- und Mitgliedschaftsgruppen, Verlag Verband der wissenschaftlichen Gesellschaften Österreichs Wien, in: Freisitzer, K.; Haller, R. (Hrsg.) (1977), S 248 - 288

GAUGLER, E. (1987): Zur Vermittlung von Schlüsselqualifikationen, Gabler Verlag Wiesbaden, in: Gaugler, E. (Hrsg.) (1987), S 69 - 84

GAUGLER, E. (1999): Schlüsselqualifikationen und Personalentwicklung, Rainer Hampp Verlag München Mering, in: Martin, A.; Mayrhofer, W.; Nienhüser, W. (Hrsg.) (1999), S 3 - 20

450

GAUGLER, E. (Hrsg.) (1987): Betriebliche Weiterbildung als Führungsaufgabe, Gabler Verlag Wiesbaden

GAUGLER, E.; WEBER, W. (Hrsg.) (1992): Handwörterbuch des Personalwesens, 2. Auflage, Poeschel Verlag Stuttgart

GEBERT, D. (1974): Organisationsentwicklung, Verlag W. Kohlhammer Stuttgart

GEBERT, D. (1993): Organisationsentwicklung, Schäffer-Poeschel Verlag Stuttgart, in: Wittmann, W. et al. (Hrsg.) (1993), Sp 3007 - 3018

GEBERT, D. (1995): Führung im MbO-Prozeß, Schäffer-Poeschel Verlag Stuttgart, in: Kieser, A.; Reber, G.; Wunderer, R. (Hrsg.) (1995), Sp 426 - 436

GECK, L. (1953): Soziale Betriebsführung, 2. Auflage, Girardet Essen

GEFFROY, E. (1999): Der Kunde stört, Interview von mm mit Edgar K. Geffroy, in: managermagazin, Mai 1999, S 152 - 154

GEISSLER, H. (1991): Organisations-Lernen. Gebot und Chance einer zukunftsweisenden Pädagogik, in: Grundlagen der Weiterbildung, 2. Jg., S 23 - 27

GEISSLER, H. (1994a): Wie Betriebe und Schulen (nicht) lernen, Feldhaus Verlag Hamburg, in: Beiler, J.; Lumpe, A.; Reetz, L. (Hrsg.) (1994), S 96 - 121

GEISSLER, H. (1994b): Bildungsmanagement: Ein konzeptioneller Aufriß, Peter Lang Verlag Frankfurt am Main, in: Geißler, H.; Bruch von, T.; Petersen, J. (Hrsg.) (1994), S 9 - 23

GEISSLER, H. (1995): Organisationslernen – zur Bestimmung eines betriebspädagogischen Grundbegriffs, Erich Schmidt Verlag Berlin, in: Arnold, R.; Weber, H. (Hrsg.) (1995), S 45 - 73

GEISSLER, H. (Hrsg.) (1995): Organisationslernen und Weiterbildung: Die strategische Antwort auf die Herausforderungen der Zukunft, Luchterhand Verlag Berlin

GEISSLER; H. (Hrsg.) (1996): Arbeit, Lernen und Organisation, Deutscher Studien Verlag Weinheim

GEISSLER; H. (Hrsg.) (1997): Weiterbildungsmarketing, Luchterhand Verlag Berlin

451

GEISSLER, H.; BRUCH VON, T.; PETERSEN, J. (Hrsg.) (1994): Bildungsmanagement, in der Reihe: Erfahrungen und Visionen, Band 5, Peter Lang Verlag Frankfurt am Main

GEISSLER, K.; ORTHEY, F. (1996): Schwindelige Etiketten – von der „lernenden Organisation", in: Berufsbildung, Jg. 50, Heft 39, S 2

GEOFFREY J. (1997): Digitale Elite – 34 Management-Strategien für das 21. Jahrhundert, Midas Management Verlag St. Gallen Zürich

GEORG, W.; GRÜNER, G.; KAHL, O. (1995): Kleines berufspädagogisches Lexikon, Bertelsmann Verlag Bielefeld

GIESECKE, H. (1997): Einführung in die Pädagogik, 4. Auflage, Juventa Verlag Weinheim München

GOLEMAN, D. (1999): >>Emotionale Kompetenzen kann jeder erwerben<<, ein Gespräch der Personalwirtschaftsredakteurin Lorey, S. mit Goleman, D., in: Personalwirtschaft, Heft 8/99, S 28 - 30

GÖTZ, K. (1997): Management und Weiterbildung: Führen und Lernen in Organisationen, in der Reihe: Grundlagen der Berufs- und Erwachsenenbildung, Band 9, Hrsg. Arnold, R., Schneider Verlag Hohengehren

GRAEN, G.; UHL-BIEN, M. (1995): Führungstheorien, von Dyaden zu Teams, Schäffer-Poeschel Verlag Stuttgart, in: Kieser, A.; Reber, G.; Wunderer, R. (Hrsg.) (1995), Sp 1045 - 1058

GRAF, J. (1999): Benchmarking: Echt starke Vorbilder, in: managerSeminare, Heft 38, September/Oktober 99, S 28 - 34

GROCHLA, E.; WITTMANN, W. (Hrsg.) (1975): Handwörterbuch der Betriebswirtschaft, 4. Auflage, Band I/2, Poeschel Verlag Stuttgart

GROOTHOFF, H. (Hrsg.) (1979): Die Handlungs- und Forschungsfelder der Pädagogik. Differentielle Pädagogik Teil 2, Athenäum Verlag Königstein/Ts.

GRUBER, E. (1997): Bildung zur Brauchbarkeit? Berufliche Bildung zwischen Anpassung und Emanzipation, 2. Auflage, Profil Verlag München Wien

GÜLDENBERG, S. (1997): Wissensmanagement und Wissenscontrolling in lernenden Organisationen, Deutscher Universitätsverlag Wiesbaden

GÜLDENBERG, S. (1999): Wissensmanagement, Schäffer-Poeschel Verlag Stuttgart, in: Eckardstein, von D.; Kasper, H.; Mayrhofer, W. (Hrsg.) (1999), S 521 - 547

GUTENBERG, E. (1951): Grundlagen der Betriebswirtschaftslehre, Band 1: Die Produktion, Springer Verlag Berlin – 24. Auflage 1983

HÄFELE, W. (1996): Systemische Organisationsentwicklung: eine evolutionäre Strategie für kleine und mittlere Organisationen, 3. Auflage, Peter Lang Verlag Frankfurt am Main

HANDY, C. (1993): Im Bauch der Organisation: 20 Einsichten für Manager und alle anderen, die etwas bewegen wollen (Orig. Inside Organizations, 1990), Campus Verlag Frankfurt/Main New York

HANSMANN, K. (Hrsg.) (1997): Management des Wandels, Schriften zur Unternehmensführung, Band 60, Hrsg. Jacob, H. et al., Gabler Verlag Wiesbaden

HARTKEMEYER, M.; HARTKEMEYER, J.; FREEMAN DHORITY, L. (1998): Miteinander Denken: das Geheimnis des Dialogs, Klett-Cotta Stuttgart

HASELOFF, W. (Hrsg.) (1969): Lernen und Erziehung, Colloquium Verlag Berlin

HASENBÖHLER, R; KIECHL, R.; THOMMEN, J. (Hrsg.) (1994): Zukunftsorientierte Management-Ausbildung, Versus Verlag Zürich

HAUSER, E. (1991): Qualifizierung von Mitarbeitern, Schäffer Verlag, Stuttgart, in: Rosenstiel, von L.; Regnet, E.; Domsch, M. (Hrsg.) (1991), S 352 - 375

HECKMAIR, B. (2000): Konstruktiv lernen: Mit Kopf, Herz und Hand, in: managerSeminare, Heft 41, März/April 2000, S 70 - 76

HEINEN, E. (1968): Einführung in die Betriebswirtschaftslehre, 9. Auflage 1985, Gabler Verlag Wiesbaden

HEINEN, E. (1985): Unternehmenskultur, in: Zeitschrift für Betriebswirtschaft, 1985, Jg. 55, S 980 - 991

HEINRICH, L. (1993): Informationsmanagement, Schäffer-Poeschel Verlag Stuttgart, in: Wittmann, W. et al. (Hrsg.) (1993), Sp 1749 - 1759

HEINRICH, L. (1999): Informationsmanagement, 6. Auflage, Oldenbourg Verlag München Wien

HEINTEL, P. (1993): Personalentwicklung in der Spannung von Organisation, Funktion und Person, Manz Verlag Wien, in: Laske, S.; Gorbach, S. (Hrsg.) (1993), S 19 - 40

HENNEMANN, C. (1997): Organisationales Lernen und die lernende Organisation: Entwicklung eines praxisbezogenen Gestaltungsvorschlages aus ressourcenorientierter Sicht, Rainer Hampp Verlag München Mering

HERRMANN, T. (1979): Psychologie als Problem: Herausforderungen der psychologischen Wissenschaft, Klett-Cotta Stuttgart

HERZBERG, F.; MAUSNER, B.; SNYDERMAN, B. (1959): The motivation to work, 2. ed. Wiley New York

HEYMANN, H.; MÜLLER, K. (1982): Betriebliche Personalentwicklung, in: WiSt – Wirtschaftswissenschaftliches Studium, Jg. 11, Heft 4, S 151 - 156

HEYSE, V.; ERPENBECK, J. (1997): Der Sprung über die Kompetenzbarriere: Kommunikation, selbstorganisiertes Lernen und Kompetenzentwicklung von und in Unternehmen, Bertelsmann Verlag Bielefeld

HIERDEIS, H. (Hrsg.) (1986): Taschenbuch der Pädagogik, Pädagogischer Verlag Burgbücherei Schneider GmbH Baltmannsweiler

HILGARD, E.; BOWER, G. (1970): Theorien des Lernens I, Ernst Klett Verlag Stuttgart

HILGARD, E.; BOWER, G. (1973): Theorien des Lernens II, 2. Auflage, Ernst Klett Verlag Stuttgart

HINZ, W. (1994): SELIK (Selbstverantwortung, Eigeninitiative, Lernbereitschaft, Identifikation, Kooperation), Die menschliche Komponente in der Unternehmensführung, Wirtschaftsverlag Langen Müller/Herbig München

HODEL, M. (1995): Organisationales Lernen: Eine Prozess- und Produktbetrachtung, Verlag des Schweizerischen Kaufmännischen Verbandes Zürich, in: Metzger, C.; Seitz, H. (Hrsg.) (1995), S 563 - 583

HODEL, M. (1998): Organisationales Lernen und Qualitätsmanagement: eine Fallstudie zur Erarbeitung und Implementation eines visualisierten Qualitätsbildes, Peter Lang Verlag Frankfurt am Main

HOFF, H. (1987): Führungsstil, Verlag Franz Vahlen München, in: Dichtl, E.; Issing, O. (Hrsg.) (1987), S 651 - 652

HOFMANN, M. (1988): Einführende und grundsätzliche Überlegungen zum funktionalen Management, Springer-Verlag Berlin Heidelberg New York, in: Hofmann, M.; Rosenstiel, von L. (Hrsg.) (1988), S 7 - 37

HOFMANN, M.; ROSENSTIEL, VON L. (Hrsg.) (1988): Funktionale Managementlehre, Springer Verlag Berlin Heidelberg New York

HOFSTÄTTER, P. (1995): Führungstheorien, tiefenpsychologisch, Schäffer-Poeschel Verlag Stuttgart, in: Kieser, A.; Reber, G.; Wunderer, R. (Hrsg.) (1995), Sp 1035 - 1043

HOLLANDER, E. (1995): Führungstheorien – Idiosynkrasiekreditmodell, Schäffer-Poeschel Verlag Stuttgart, in: Kieser, A.; Reber, G.; Wunderer, R. (Hrsg.) (1995), Sp 926 - 940

HOLZKAMP, K. (1995): Lernen: subjektwissenschaftliche Grundlegung, Campus Verlag Frankfurt am Main

HOPFENBECK, W. (1989): Allgemeine Betriebswirtschafts- und Managementlehre, 2. Auflage, verlag moderne industrie Landsberg am Lech

HÖRANDTNER, A. et al. (1998): OL-Dimensionen, Universitätsverlag Rudolf Trauner Linz, in: Gappmaier, M.; Heinrich, L. (Hrsg.) (1998), S 45 - 71

HORVÁTH, P. (1996): Controlling, 6. Auflage, Verlag Franz Vahlen München

HOUSE, R.; SHAMIR, B. (1995): Führungstheorien – Charismatische Führung, Schäffer-Poeschel Verlag Stuttgart, in: Kieser, A.; Reber, G.; Wunderer, R. (Hrsg.) (1995), Sp 878 - 897

HUB, H. (1990): Unternehmensführung, 3. Auflage, Gabler Verlag Wiesbaden

INNREITER-MOSER, C. (1995): Personalentwicklungs-Controlling, Schäffer-Poeschel Verlag Stuttgart, in: Kieser, A.; Reber, G.; Wunderer, R. (Hrsg.) (1995), Sp 1715 - 1724

JÄGER, W.; STRAUB, R. (1999): Wissensressource nutzen – Ergebnisse einer Umfrage, in: Personalwirtschaft, Heft 7/99, S 20 - 23

JAGO, A. (1995): Führungstheorien – Vroom/Yetton-Modell, Schäffer-Poeschel Verlag Stuttgart, in: Kieser, A.; Reber, G.; Wunderer, R. (Hrsg.) (1995), Sp 1058 - 1075

JANK, W.; MEYER, H. (1994): Didaktische Modelle, 3. Auflage, Cornelsen Verlag Scriptor Berlin

JESERICH, W. (1989): Top-Aufgabe. Die Entwicklung von Organisationen und menschlichen Ressourcen, Hanser Verlag Wien München

JOCHMANN, W. (Hrsg.) (1995): Personalberatung intern: Philosophien, Methoden und Resultate führender Beratungsunternehmen, Verlag für Angewandte Psychologie Göttingen

JUNG, H. (1999): Personalwirtschaft, 3. Auflage, Oldenbourg Verlag München

KAISER, F. (1997): Wirtschaftspädagogik, Julius Klinkhardt Bad Heilbrunn, Handwerk und Technik Hamburg, in: Kaiser, F.; Pätzold, G. (Hrsg.) (1999), S 573 - 576

KAISER, F. (1999): Wirtschaftspädagogik, Gemeinschaftsverlag Julius Klinkhardt Bad Heilbrunn, Handwerk und Technik Hamburg, in: Kaiser, F.; Pätzold, G. (Hrsg.) (1999), S 394 - 396

KAISER, F.; PÄTZOLD, G. (Hrsg.) (1999): Wörterbuch der Berufs- und Wirtschaftspädagogik, Gemeinschaftsverlag Julius Klinkhardt Bad Heilbrunn, Handwerk und Technik Hamburg

KAPLAN, R.; NORTON, D. (1997): Balanced scorecard: Strategien erfolgreich umsetzen (Orig. The Balanced Scorecard. Translating Strategy into Action, 1996), Schäffer-Poeschel Verlag Stuttgart

KASPER, H. (1982): Innovation und Organisation, WiSt – Wirtschaftswissenschaftliches Studium, Jg. 11, Heft 12, S 573 - 579

KASPER, H. (1995): Kontrolle und Führung, Schäffer-Poeschel Verlag Stuttgart, in: Kieser, A.; Reber, G.; Wunderer, R. (Hrsg.) (1995), Sp 1358 - 1386

KASPER, H.; MAYRHOFER, W. (Hrsg.) (1993): Personal, Reihe Management-Seminar Personal Führung Organisation, Ueberreuter Verlag Wien

456

KERN, W.; SCHRÖDER, H.; WEBER, J. (Hrsg.) (1996): Handwörterbuch der Produktionswirtschaft, 2. Auflage, Schäffer-Poeschel Verlag Stuttgart

KESSLER, H. (1991): Bildungserfolg transparent machen, Gabler Verlag Wiesbaden, in: Papmehl, A.; Walsh, I. (Hrsg.) (1991), S 143 - 149

KIENBAUM, J. (1992): Einführende Gedanken zum visionären Personalmanagement – Der Visionär hat Kraft für andere, Poeschel Verlag Stuttgart, in: Kienbaum, J. (Hrsg.) (1992), S 1 - 13

KIENBAUM, J. (Hrsg.) (1992): Visionäres Personalmanagement, Poeschel Verlag Stuttgart

KIESER, A. (1992): Historische Entstehung von Organisationsstrukturen, Poeschel Verlag Stuttgart, in: Frese, E. (Hrsg.) (1992), Sp 1648 - 1670

KIESER, A. (1999a): Managementlehre und Taylorismus, Verlag W. Kohlhammer Stuttgart, in: Kieser, A. (Hrsg.) (1999), S 65 - 99

KIESER, A. (1999b): Der Situative Ansatz, Verlag W. Kohlhammer Stuttgart, in: Kieser, A. (Hrsg.) (1999), S 169 - 198

KIESER, A. (Hrsg.) (1999): Organisationstheorien, 3. Auflage, Verlag W. Kohlhammer Stuttgart

KIESER, A.; KUBICEK, H. (Hrsg.) (1978): Organisationstheorien, Band 1 und 2, Kohlhammer Stuttgart

KIESER, A.; KUBICEK, H.(1992): Organisation, 3. Auflage, Walter de Gryter Berlin New York

KIESER, A.; REBER, G.; WUNDERER, R. (Hrsg.) (1987): Handwörterbuch der Führung, Poeschel Verlag Stuttgart

KIESER, A.; REBER, G.; WUNDERER, R. (Hrsg.) (1995): Handwörterbuch der Führung, 2. Auflage, Schäffer-Poeschel Verlag Stuttgart

KIPP, M. (1999): Arbeitspädagogik, Gemeinschaftsverlag Julius Klinkhardt Bad Heilbrunn, Handwerk und Technik Hamburg, in: Kaiser, F.; Pätzold, G. (Hrsg.) (1999), S 23 - 24

KIRSCH, W; MAASSEN, H. (1990): Einleitung: Managementsysteme, Verlag Barbara Kirsch München, in: Kirsch, W. Maaßen, H. (Hrsg.) (1990), S 1 - 20

KIRSCH, W; MAASSEN, H. (Hrsg.) (1990): Managementsysteme, Verlag Barbara Kirsch München

KIRSCH, W.; RINGLSTETTER, M. (1995): Die Professionalisierung und Rationalisierung der Führung von Unternehmen, Luchterhand Verlag Berlin, in: Geißler, H. (Hrsg.) (1995), S 220 - 249

KLEEMANN, J. (1990): Personalmanagement und Menschenbilder, Manz Verlag Wien, in: Dietzel, H.; Garbsch-Havranek, C. (Hrsg.) (1990), S 21 - 26

KLIMECKI, R.; REMER, A. (Hrsg.) (1997): Personal als Strategie: Mit flexiblen und lernbereiten Human-Ressourcen Kernkompetenzen aufbauen, Luchterhand Verlag Berlin

KLUGE, F. (1999): Etymologisches Wörterbuch der deutschen Sprache, 23. erweiterte Auflage (1999, unveränderter Nachdruck der 23. Auflage von 1995), Walter de Gruyter Berlin New York

KOJALEK, K. (Hrsg.) (1999): Volksbildung in der Steiermark 1819 - 1979; Joanneische Wege in bewegten Zeiten – eine Dokumentation, Herausgegeben vom Steirisches Volksbildungswerk – Graz, Steiermärkische Landesdruckerei Graz

KÖNIG, E. (1986): Erziehungswissenschaft, Pädagogischer Verlag Burgbücherei Schneider GmbH Baltmannsweiler, in: Hierdeis, H. (Hrsg.) (1986), S 180 - 199

KRÄMER, K. (1985): Organisationskultur und Supervisionsfokus, in: Supervision, Heft 7, Juni 1985, S 75 - 93

KRAPP, A.; WEIDENMANN, B. (1999): Entwicklungsförderliche Gestaltung von Lernprozessen – Beiträge der Pädagogischen Psychologie, Hogrefe Verlag Göttingen Bern Toronto Seattle, in: Sonntag, K. (Hrsg.) (1999a), S 77 - 98

KRASENSKY, H. (1952): Betriebspädagogik: Die erzieherische Gestaltung der zwischenmenschlichen Beziehungen im Betriebe, Manz Verlag Wien

KRCMAR, H. (1997): Informationsmanagement, Springer Verlag Berlin Heidelberg

KRELL, G. (1998): Geschichte der Personallehren, in: WiSt – Wirtschaftswissenschaftliches Studium, Jg. 27, Heft 5, S 222 - 227

KREN, P. (1994): Bildungsaufgabe für eine gelingende Zukunft: Die ganzheitliche Managerpersönlichkeit, Versus Verlag Zürich, in: Hasenböhler, R.; Kiechl, R.; Thommen, J. (Hrsg.) (1994), S 179 - 210

KRON, F. (1999): Wissenschaftstheorie für Pädagogen, Ernst Reinhardt Verlag München Basel

KRÜGER, W.; HOMP, C. (1998): Kernkompetenzen, in: WiSt – Wirtschaftswissenschaftliches Studium, Jg. 27, Heft 10, S 529 - 531

KUHN, A. (1987a): Führungstheorien, Verlag Franz Vahlen München, in: Dichtl, E.; Issing, O. (Hrsg.) (1987), S 654 - 655

KUHN, A. (1987b): Führungssysteme, Verlag Franz Vahlen München, in: Dichtl, E.; Issing, O. (Hrsg.) (1987), S 652 - 653

KUHN, A. (1987c): Management by Objectives (MbO), Verlag Franz Vahlen München, in: Dichtl, E.; Issing, O. (Hrsg.) (1987), S 88

KUHN, T. (1973): Die Struktur wissenschaftlicher Revolutionen (Orig. The Structure of Scientific Revolutions), Suhrkamp Verlag Frankfurt am Main

KUHN, T. (1974): Bemerkungen zu meinen Kritikern, Friedrich Vieweg & Sohn Verlagsgesellschaft Braunschweig, in: Lakatos, I.; Musgrave, A. (Hrsg.) (1974), S 223 - 269

KÜPPER, H. (1995): Steuerungsinstrumente von Führung und Kooperation, Schäffer-Poeschel Verlag Stuttgart, in: Kieser, A.; Reber, G.; Wunderer, R. (Hrsg.) (1995), Sp 1995 - 2005

KYTZLER, B.; REDEMUND, L. (1992): Unser tägliches Latein, Lexikon des lateinischen Spracherbes, Verlag Philipp von Zabern Mainz am Rhein

LAKATOS, I.; MUSGRAVE, A. (Hrsg.) (1974): Kritik und Erkenntnisfortschritt (Orig. Criticism and the Growth of Knowledge), Friedrich Vieweg & Sohn Verlagsgesellschaft Braunschweig

LAMBERT, T. (1998): Management Praxis – Konzepte und Erfolgsmodelle für die Unternehmensführung, Midas Management Verlag St. Gallen Zürich

LANDSBERG, VON G.; WEISS, R. (Hrsg.) (1995): Bildungs-Controlling, 2. Auflage, Schäffer-Poeschel Verlag Stuttgart

LASKE, S. (1987): Personalentwicklung als Führungsmittel, Poeschel Verlag Stuttgart, in: Kieser, A.; Reber, G.; Wunderer, R. (Hrsg.) (1987), Sp 1655 - 1668

LASKE, S.; GORBACH, S. (Hrsg.) (1993): Spannungsfeld Personalentwicklung: Konzeptionen – Analysen – Perspektiven, Manz Verlag Wien

LASZLO, E. (1992): Evolutionäres Management: Globale Handlungskonzepte, Paidia Verlag Fulda

LAUR-ERNST, U. (1990): Schlüsselqualifikationen bei der Neuordnung von gewerblichen und kaufmännischen Berufen – Konsequenzen für das Lernen, Feldhaus Verlag Hamburg, in: Reetz, L.; Reitmann, T. (Hrsg.) (1990), S 36 - 55

LECHNER, K.; EGGER, A.; SCHAUER, R. (1999): Einführung in die Allgemeine Betriebswirtschaftslehre, 18. Auflage, Linde Verlag Wien

LEFRANCOIS, G. (1994): Psychologie des Lernens, 3. Auflage, Springer Verlag Berlin

LEOPOLD-WILDBURGER, U. (1977): Der Modellbegriff im Aufbau und Vergleich von Theorien, Verlag Verband der wissenschaftlichen Gesellschaften Österreichs Wien, in: Freisitzer, K.; Haller, R. (Hrsg.) (1977), S 216 - 247

LEVY, A.; MERRY, U. (1986): Organizational transformation, approaches, strategies, theories, Praeger New York

LIPSMEIER, A. (1975): Vom Beruf der Berufspädagogen, Kiepenheuer & Witsch Köln, in: Stratmann, K.; Bartel, W. (Hrsg.) (1975), S 242 - 270

LISOP, I. (1976): Die Berufs- und Wirtschaftspädagogik in Wissenschaft und Praxis, Scriptor Verlag Kornberg/Ts., in: Lisop, I.; Markert, W.; Seubert, R. (Hrsg.) (1976), S 3 - 64

LISOP, I.; MARKERT, W.; SEUBERT, R. (Hrsg.) (1976): Berufs- und Wirtschaftspädagogik, Scriptor Verlag Kornberg/Ts.

LITTLE, A. (1995): Management der Lernprozesse in Unternehmen, Gabler Verlag Wiesbaden

LOEBERT, M. (2000): Interne Dienstleister: Was sie alles können müssen, in: Harvard Business manager, 22. Jg., 3/2000, S 49 - 57

LOITELSBERGER, E. (1993): Begriffe, Bereiche und Bedeutung der ABWL, in : Journal für Betriebswirtschaft, Jg. 33, Heft 2, S 66 - 86

LORSCH, J. (Hrsg.) (1987): Handbook of organizational behavior, Prentice-Hall Englewood Cliffs NJ

LUHMANN, N. (1997): Die Gesellschaft der Gesellschaft, Erster Teilband, Kapitel 1 - 3, Suhrkamp Verlag Frankfurt am Main

LUNZER, E. (1974): Gesetze des Verstehens, Ernst Klett Verlag Stuttgart

LUTHANS, F.; ROSENKRANTZ, S. (1995): Führungstheorien – Soziale Lerntheorie, Schäffer-Poeschel Verlag Stuttgart, in: Kieser, A.; Reber, G.; Wunderer, R. (Hrsg.) (1995), Sp 1005 - 1021

MACCOBY, M. (1979): Die neuen Chefs: Die erste sozialpsychologische Untersuchung über Manager in Großunternehmen (Orig. The gamesman. The new corporate leaders, 1976), Rowohlt Reinbek bei Hamburg

MACHARZINA, K. (1995): Unternehmensführung: Das internationale Managementwissen, 2. Auflage, Gabler Verlag Wiesbaden

MAIER, K. (Hrsg.) (1978): Pädagogisches Taschenbuch, Wolf Verlag Regensburg

MALIK, F. (1996): Strategie des Managements komplexer Systeme, 5. Auflage, Verlag Paul Haupt Bern Stuttgart

MALIK, F. (1999): Management-Perspektiven: Wirtschaft und Gesellschaft, Strategie, Management und Ausbildung, 2. Auflage, Verlag Paul Haupt Bern Stuttgart Wien

MARCH, J. (Hrsg.) (1988): Decisions and Organizations, Basil Blackwell Ltd Oxford

MARCH, J. (Hrsg.) (1990): Entscheidung und Organisation: kritische und konstruktive Beiträge, Entwicklungen und Perspektiven, Gabler Verlag Wiesbaden

MARCH, J.; OLSON, J. (1990): Die Unsicherheit der Vergangenheit: Organisatorisches Lernen unter Ungewißheit, Gabler Verlag Wiesbaden, in: March, J. (Hrsg.) (1990), S 373 - 398

MARQUARDT, M.; REYNOLDS, A. (1994): The global learning organization, Richard D. Irwin Inc. Burr Ridge New York

MARR, R. (1993): Betrieb und Umwelt, Verlag Fanz Vahlen München, in: Bitz, M. et al. (Hrsg.) (1993), S 47 - 114

MARTIN, A.; BARTSCHER, S. (1995): Führungstheorien – Entscheidungstheoretische Ansätze, Schäffer-Poeschel Verlag Stuttgart, in: Kieser, A.; Reber, G.; Wunderer, R. (Hrsg.) (1995), Sp 906 - 915

MARTIN, A.; MAYRHOFER, W.; NIENHÜSER, W. (Hrsg.) (1999): Die Bildungsgesellschaft im Unternehmen? Festschrift für Wolfgang Weber, Rainer Hampp Verlag München Mering

MASLOW, A. (1998): Maslow on management, Abraham H. Maslow with Deborah C. Stephens and Gary Heil, Wiley New York

MASTERMAN, M. (1974): Die Natur eines Paradigmas, Friedrich Vieweg & Sohn Verlagsgesellschaft Braunschweig, in: Lakatos, I.; Musgrave, A. (Hrsg.) (1974), S 59 - 88

MATURANA, H.; BUNNELL, P. (1998): Biosphere, Homosphere, and Robosphere: what has that to do with Business? Zusammenfassung des Vortrages von Maturana vor der Society for Organizational Learning, Juni 1998, Amherst, USA http://www.sol-ne.org/res/wp/maturana/index.html (Stand Mai 2000)

MATURANA, H.; VARELA, F. (1987): Der Baum der Erkenntnis, Scherz Verlag Bern München

MAY, H. (Hrsg.) (1997): Lexikon der ökonomischen Bildung, 2. Auflage, R. Oldenbourg Verlag München Wien

MAYERHOFER, H. (1999): Qualifikationsmanagement, Schäffer-Poeschel Verlag Stuttgart, in: Eckardstein, von D.; Kasper, H.; Mayrhofer, W. (Hrsg.) (1999), S 489 - 520

MAYRHOFER, W. (1993): Personalentwicklung, Ueberreuter Verlag Wien, in: Kasper, H.; Mayrhofer, W. (Hrsg.) (1993), S 153 - 218

McGREGOR, D. (1973): Der Mensch im Unternehmen (Orig. The human side of enterprise), 3. Auflage, Econ Verlag Düsseldorf Wien

MEIER, H.; UHE, E. (1990): Perspektiven zur Realisierung von Schlüsselqualifikationen in Betrieb und Schule, Feldhaus Verlag Hamburg, in: Reetz, L.; Reitmann, T. (Hrsg.) (1990), S 274 - 279

MENTZEL, K. (1997): Unternehmensführung im Wandel, Gabler Verlag Wiesbaden, in: Hansmann, K. (Hrsg.) (1997), S 29 - 53

MERK, R. (1998): Weiterbildungsmanagement: Bildung erfolgreich und innovativ managen, 2. Auflage, Luchterhand Verlag Berlin

MERRIAM-WEBSTER'S COLLEGIATE DICTIONARY AND THESAURUS: http://www.suchfibel.de/4spez/4frame2.htm (Stand Mai 2000)

METZGER, C.; SEITZ, H. (Hrsg.) (1995): Wirtschaftliche Bildung: Träger, Inhalte, Prozesse, Schriftenreihe für Wirtschaftspädagogik, Band 22, Verlag des Schweizerischen Kaufmännischen Verbandes Zürich

MILDENBERGER, J. (1991): Controlling in der Berufsausbildung, Gabler Verlag Wiesbaden, in: Papmehl, A.; Walsh, I. (Hrsg.) (1991), S 150 - 160

MILLER, L. (1990): Die sieben Leben des Managers: Vom jungen Wilden zur grauen Eminenz, Econ Verlag Düsseldorf Wien

MITCHELL, T. (1995): Führungstheorien – Attributionstheorie, Schäffer-Poeschel Verlag Stuttgart, in: Kieser, A.; Reber, G.; Wunderer, R. (Hrsg.) (1995), Sp 847 - 861

MÜLLER, K. (1975): Entwicklung und Problemstand der Betriebspädagogik, Kiepenheuer & Witsch Köln, in: Stratmann, K.; Bartel, W. (Hrsg.) (1975), S 164 - 186

MÜLLER-STEWENS, G.; FISCHER, T. (1995): Voraussetzung zur Schulung von Management-Konzepten, Verlag des Schweizerischen Kaufmännischen Verbandes Zürich, in: Metzger, C.; Seitz, H. (Hrsg.) (1995), S 543 - 561

MÜNCH, J. (1995): Die lernende Organisation – eine Weiterentwicklung des lernorttheoretischen Ansatzes?, Erich Schmidt Verlag Berlin, in: Arnold, R.; Weber, H. (Hrsg.) (1995), S 84 - 97

NADLER, D. (1987): The effective management of organizational change, Prentice-Hall Englewood Cliffs NJ, in: Lorsch, J. (Hrsg.) (1987), S 358 - 368

NEUBERGER, O. (1991): Personalentwicklung, Ferdinand Enke Verlag Stuttgart

NEUBERGER, O. (1995a): Führungstheorien – Rollentheorie, Schäffer-Poeschel Verlag Stuttgart, in: Kieser, A.; Reber, G.; Wunderer, R. (Hrsg.) (1995), Sp 979 - 993

NEUBERGER, O. (1995b): Führungstheorien – Machttheorie, Schäffer-Poeschel Verlag Stuttgart, in: Kieser, A.; Reber, G.; Wunderer, R. (Hrsg.) (1995), Sp 953 - 968

NEUGEBAUER, U. (1995): Unternehmensethik – eine vergleichende Analyse, DEUGRO Esslingen, in: Sommer, K. (Hrsg.) (1995), S 400 - 412

NEUWEG, G. (1997): Berufspädagogik, R. Oldenbourg Verlag München Wien, in: May, H. (Hrsg.) (1997), S 88 - 90

NIEDERMAIR, G. (1997): Duales System der Berufsausbildung, R. Oldenbourg Verlag München Wien, in: May, H. (Hrsg.) (1997), S 153 - 155

NIEGEMANN, H. (1994): Transferwirksamkeit betrieblicher Weiterbildung: Methodische Probleme und Lösungsansätze, Peter Lang Verlag Frankfurt am Main, in: Olechowski, R.; Rollett, B. (Hrsg.) (1994), S 400 - 405

NOER, D. (1998): Die vier Lerntypen: Reaktionen auf Veränderungen im Unternehmen (Orig. Breaking Free. A Prescription for Personal and Organizational Change, 1997), Klett- Cotta, Stuttgart

NUSSBAUM, A.; NEUMANN, B. (1995): Jede Entwicklung geht vom Menschen aus – Human Resources Management als unternehmerische Aufgabe, Verlag für Angewandte Psychologie Göttingen, in: Jochmann, W. (Hrsg.) (1995), S 121 - 142

OECHSLER, W. (1992): Personal und Arbeit: Einführung in die Personalwirtschaft, 4. Auflage, Oldenbourg Verlag München Wien

OLECHOWSKI, R. (1994): Das Theorie-Praxis-Problem in der empirisch-pädagogischen Forschung, Peter Lang Verlag Frankfurt am Main, in: Olechowski, R.; Rollett, B. (Hrsg.) (1994), S 14 - 23

OLECHOWSKI, R.; ROLLETT, B. (Hrsg.) (1994): Theorie und Praxis: Aspekte empirisch-pädagogischer Forschung – quantitative und qualitative Methoden, Peter Lang Verlag Frankfurt am Main

PAPMEHL, A. (1999): Wer lernt, ist dumm! Stolpersteine auf dem Weg zur Wissensorganisation, Ueberreuter Wien Frankfurt, in: Papmehl, A.; Siewers, R. (Hrsg.) (1999), S 228 - 249

PAPMEHL, A.; SIEWERS, R. (Hrsg.) (1999): Wissen im Wandel: die lernende Organisation im 21. Jahrhundert, Ueberreuter Wien Frankfurt

PAPMEHL, A.; WALSH, I. (Hrsg.) (1991): Personalentwicklung im Wandel: Weiterbildung-Controlling, Coaching, Personalportfolio, Gabler Verlag Wiesbaden

PÄTZOLD, G. (1995): Handlungsorientierung in der beruflichen Bildung – Auf dem Wege vom Lernen nach dem Paradigma des Bewerkens zum Lernen nach dem Paradigma der Praxis, in: Zeitschrift für Berufs- und Wirtschaftspädagogik, 91. Jg., S 573 - 590

PÄTZOLD, G. (1999): Berufspädagogik, Julius Klinkhardt Bad Heilbrunn, Handwerk und Technik Hamburg, in: Kaiser, F.; Pätzold, G. (Hrsg.) (1999); S 124 - 126

PICOT, A.; REICHENWALD, R.; WIGAND, R. (1998): Die grenzenlose Unternehmung, 3. Auflage, Gabler Verlag Wiesbaden

PLEISS, U. (1982): Wirtschaftspädagogik, Bildungsforschung / Arbeitslehre, Esprint-Verlag Heidelberg

POPPER, K. (1963) / (1994): Vermutungen und Widerlegungen: Das Wachstum der wissenschaftlichen Erkenntnis (Orig. Conjectures and Refutations: The Growth of Scientific Knowledge, London 1963), Siebeck Verlag Tübingen

POSTH, M. (1992): Gestaltung des Unternehmens zu einer Learning Company, Poeschel Verlag Stuttgart, in: Kienbaum, J. (Hrsg.) (1992), S 169 - 185

PREYER, K. (1978): Berufs- und Wirtschaftspädagogik, Ernst Reinhardt Verlag München Basel

PROBST, G. (1983): Variationen zum Thema Management-Philosophie, in: Die Unternehmung, Heft Nr. 4, Jg. 37, S 322 - 332

PROBST, G. (1995): Organisationales Lernen und die Bewältigung von Wandel, Luchterhand Verlag Berlin, in: Geißler, H. (Hrsg.) (1995), S 163 - 184

PROBST, G.; BÜCHEL, B. (1994): Organisationales Lernen: Wettbewerbsvorteil der Zukunft, Gabler Verlag Wiesbaden

PROBST, G.; NAUJOKS, H. (1995): Führungstheorien – Evolutionstheorien der Führung, Schäffer-Poeschel Verlag Stuttgart, in: Kieser, A.; Reber, G.; Wunderer, R. (Hrsg.) (1995), Sp 915 - 926

PROBST, G.; RAUB, S.; ROMHARDT, K. (1998): Wissen managen: wie Unternehmen ihre wertvollste Ressource optimal nutzen, 2. Auflage, Gabler Verlag Wiesbaden

PULLIG, K.; SELBACH, R. (1992): Aus- und Weiterbildung der Ausbildner, Poeschel Verlag Stuttgart, in: Gaugler, E.; Weber, W. (Hrsg.) (1992), Sp 525 - 534

QUISKAMP, D. (1989): Möglichkeiten der Personalentwicklung in der alltäglichen Führungspraxis des Vorgesetzten: Ziele, Bereiche und Instrumente einer individuellen Mitarbeiterförderung, Band 53 der Reihe Wirtschaftswissenschaften, Centaurus-Verlagsgesellschaft Pfaffenweiler

RAFFÉE, H. (1993): Gegenstand, Methoden und Konzepte der Betriebswirtschaftslehre, Verlag Fanz Vahlen München, in: Bitz, M. et al. (Hrsg.) (1993), S 1 - 46

RAUB, S. (1998): Vom Zauber des „ultimativen Wettbewerbsvorteils"..... Ein kritischer Blick auf den Kernkompetenzen-Ansatz, in: zfo 67. Jg., 5/1998, S 290 - 293

RAUNER, F. (1987): Zur Konstruktion einer neuen Bildungsidee: „Befähigung zur Technikgestaltung", Universität Bremen, in: Drechsel, R.; Gerds, P.; Körber, K.; Twisselmann, J.; Voigt, B. (Hrsg.) (1987), S 266 - 297

REBER, G. (1989): Lernen und Planung, Poeschel Verlag Stuttgart, in: Szyperski, N. (Hrsg.) (1989), Sp 960 - 972

REBER, G. (1992a): Führungstheorien, Poeschel Verlag Stuttgart, in: Gaugler, E.; Weber, W. (Hrsg.) (1992), Sp 981 - 996

REBER, G. (1992b): Organisationales Lernen, Poeschel Verlag Stuttgart, in: Frese, E. (Hrsg.) (1992), Sp 1240 - 1255

REBER, G. (1999): Soziale Kompetenz und interkulturelle Divergenz als Quellen betrieblicher Flexibilität, Rainer Hampp Verlag München Mering, in: Martin, A.; Mayrhofer, W.; Nienhüser, W. (Hrsg.) (1999), S 21 - 45

REBMANN, K.; TENFELDE, W.; UHE, E. (1998): Berufs- und Wirtschaftspädagogik: Eine Einführung in Strukturbegriffe, Gabler Verlag Wiesbaden

REETZ, L. (1990): Zur Bedeutung der Schlüsselqualifikationen in der Berufsausbildung, Feldhaus Verlag Hamburg, in: Reetz, L.; Reitmann, T. (Hrsg.) (1990), S 16 - 35

REETZ, L. (1994): Schlüsselqualifikation – Selbstorganisation – Lernorganisation, Feldhaus Verlag Hamburg, in: Beiler, J.; Lumpe, A.; Reetz, L. (Hrsg.) (1994), S 29 - 44

REETZ, L. (1999): Kompetenz, Gemeinschaftsverlag Julius Klinkhardt Bad Heilbrunn, Handwerk und Technik Hamburg, in: Kaiser, F.; Pätzold, G. (Hrsg.) (1999), S 245 - 246

REETZ, L.; REITMANN, T. (Hrsg.) (1990): Schlüsselqualifikationen: Fachwissen in der Krise?; Dokumentation eines Symposions in Hamburg, Feldhaus Verlag Hamburg

REINMANN-ROTHMEIER, G.; MANDL, H. (1998): Lernen in Unternehmen: Von einer gemeinsamen Vision zu einer effektiven Förderung des Lernens, edition sigma reiner bohn verlag Berlin, in: Dehnbostel, P.; Erbe, H.; Novak, H. (Hrsg.) (1998), S 195 - 216

REUTER, E. (1993): Manager, Schäffer-Poeschel Verlag Stuttgart, in: Wittmann, W. et al. (Hrsg.) (1993), Sp 2663 - 2679

RICKENBACHER, U. (1995): Wandel in der Weiterbildung: Vom Lehren zum Beraten, Verlag des Schweizerischen Kaufmännischen Verbandes Zürich, in: Metzger, C.; Seitz, H. (Hrsg.) (1995), S 585 - 592

RIEKHOF, H. (1995): Personalentwicklung als Führungsinstrument, Schäffer-Poeschel Verlag Stuttgart, in: Kieser, A.; Reber, G.; Wunderer, R. (Hrsg.) (1995), Sp 1703 - 1716

RIEKHOF, H. (Hrsg.) (1989): Strategien der Personalentwicklung, 2. Auflage, Gabler Verlag Wiesbaden

RISCH, S. (1999): Der Kunde stört, Ein Interview mit Berater Edgar Geffroy, in: managermagazin, Mai 1999, S 152 - 156

RÖHRIG, P. (1990): Der klassische Bildungsbegriff und die Arbeitsbildung, Universität Bremen, in: Drechsel, R.; Gerds, P.; Körber, K., Twisselmann, J.; Voigt, B. (Hrsg.) (1990), S 157 - 179

ROW, H. (1998): The 9 Faces of Leadership, in: Fast Company, Ausgabe 13, S 52

ROPELLA, W. (1987): Führungswissenschaft, Verlag Franz Vahlen München, in: Dichtl, E.; Issing, O. (Hrsg.) (1987), S 655 - 656

ROSENSTIEL, VON L. (1999): Entwicklung von Werthaltungen und interpersonaler Kompetenz. Beiträge der Sozialpsychologie, Hogrefe Verlag Göttingen Bern Toronto Seattle, in: Sonntag, K. (Hrsg.) (1999a), S 99 - 122

ROSENSTIEL, VON L.; MOLT, W.; RÜTTINGER, B. (1988): Organisations-psychologie, 7. Auflage, Verlag W. Kohlhammer Stuttgart

ROSENSTIEL, VON L.; REGNET, E.; DOMSCH, M. (Hrsg.) (1991): Führung von Mitarbeitern: Handbuch für erfolgreiches Personalmanagement, Schäffer Verlag Stuttgart

RÜHLI, E. (1995): Führungsmodelle, Schäffer-Poeschel Verlag Stuttgart, in: Kieser, A.; Reber, G.; Wunderer, R. (Hrsg.) (1995), Sp 760 - 772

SATTELBERGER, T. (Hrsg.) (1989): Innovative Personalentwicklung: Grundlagen, Konzepte, Erfahrungen, Gabler Verlag Wiesbaden

SATTELBERGER, T. (Hrsg.) (1996): Human Resource Management im Umbruch: Positionierung, Potentiale, Perspektiven, Gabler Verlag Wiesbaden

SAUTER, E. (1994): Management-Weiterbildung: Bedürfnisse, Anforderungen und Visionen, Versus Verlag Zürich, in: Hasenböhler, R.; Kiechl, R.; Thommen, J. (Hrsg.) (1994), S 79 - 104

SCALA, K.; GROSSMANN, R. (1997): Supervision in Organisationen: Veränderungen bewältigen – Qualität sichern – Entwicklungen fördern, Juventa Verlag Weinheim München

SCHANZ, G. (1992a): Organisation, Poeschel Verlag Stuttgart, in: Frese, E. (Hrsg.) (1992), Sp 1459 - 1471

SCHANZ, G. (1992b): Wissenschaftsprogramme der Betriebswirtschaftslehre, Gustav Fischer Verlag Stuttgart Jena, in: Bea, F.; Dichtl, M.; Schweitzer, M. (Hrsg.) (1992), S 57 - 139

SCHANZ, G. (1993): Personalwirtschaftslehre, 2. Auflage, Verlag Franz Vahlen München

SCHANZ, H. (1979): Betriebliches Ausbildungswesen, Gabler Verlag Wiesbaden

SCHEIN, E. (1978): Career Dynamics: Matching Individual and Organizational Need, Addison-Wesly Publishing Company, Inc. Massachusetts

SCHEIN, E. (1980): Organisationspsychologie (Orig. Organizational psychology), Gabler Verlag Wiesbaden

SCHIERENBECK, H. (1998): Grundzüge der Betriebswirtschaftslehre, 13. Auflage, Oldenbourg Verlag München Wien

SCHMID, E. (1994): Moderne Methoden in der Management-Ausbildung, Versus Verlag Zürich, in: Hasenböhler, R.; Kiechl, R.; Thommen, J. (Hrsg.) (1994), S 107 - 137

SCHMIDT, G. (1992): Organisationstechniken, Poeschel Verlag Stuttgart, in: Frese, E. (Hrsg.) (1992), Sp 1688 - 1706

SCHMITZ, C.; ZUCKER, B. (1999): Wissen managen? Wissen entwickeln!, Verlag Ueberreuter Wien Frankfurt, in: Papmehl, A.; Siewers, R. (Hrsg.) (1999), S 178 - 203

SCHNEIDER, U. (1996): Management in der wissensbasierten Unternehmung. Das Wissensnetz in und zwischen Unternehmen knüpfen, Frankfurter Allgemeine Zeitung Frankfurt am Main, in: Schneider, U. (Hrsg.) (1996), S 13 - 48

SCHNEIDER, U. (Hrsg.) (1996): Wissensmanagement: die Aktivierung des intellektuellen Kapitals, Frankfurter Allgemeine Zeitung Frankfurt am Main

SCHNEIDER, Ul. (1999): Auf dem Weg zu einem wissensbasierten Unternehmen – das Beispiel Siemens, Ueberreuter Wien Frankfurt, in: Papmehl, A.; Siewers, R. (Hrsg.) (1999), S 204 - 227

SCHOLZ, C. (1989): Personalmanagement, Verlag Franz Vahlen München

SCHREYÖGG, G: (1995): Führungstheorien – Situationstheorie, Schäffer-Poeschel Verlag Stuttgart, in: Kieser, A.; Reber, G.; Wunderer, R. (Hrsg.) (1995), Sp 993 - 1005

SCHREYÖGG, G. (1998): Organisation, 2. Auflage, Gabler Verlag Wiesbaden

SCHREYÖGG, G.; NOSS, C. (1995): Organisatorischer Wandel: Von der Organisationsentwicklung zur lernenden Organisation, in: Die Betriebswirtschaft, Jg. 55, Heft 2, S 169 - 185

SCHULZ, H. (1913): Deutsches Fremdwörterbuch, Erster Band A-K, Verlag Karl Trübner Straßburg

SCHULZ, M. (1996): Integrative Weiterbildung: Chancen und Grenzen; konzeptionelle Überlegungen zur Integration allgemeiner, politischer und beruflicher Bildung, Luchterhand Verlag Berlin

SCHÜPPEL, J. (1995): Organisationslernen und Wissensmanagement, Luchterhand Verlag Berlin, in: Geißler, H. (Hrsg.) (1995), S 185 - 219

SCHURER, B. (1997): Betriebspädagogik, R. Oldenbourg Verlag München Wien, in: May, H. (Hrsg.) (1997), S 110 - 112

SCHWEITZER, M. (1992): Gegenstand der Betriebswirtschaftslehre, Gustav Fischer Verlag Stuttgart Jena, in: Bea, F.; Dichtl, M.; Schweitzer, M. (Hrsg.) (1992), S 17 - 56

SEIDEL, E. (1993): Führungsmodelle, Schäffer-Poeschel Verlag Stuttgart, in: Wittmann, W. et al. (Hrsg.) (1993), Sp 1299 - 1311

SENGE, P. (1997): Die fünfte Disziplin, 4. Auflage, Klett-Cotta Stuttgart

SEUBERT, R. (1976): Berufserziehung und Politik, Scriptor Verlag Kornberg/Ts., in: Lisop, I.; Markert, W.; Seubert, R. (Hrsg.) (1976), S 65 - 132

SHRIVASTAVA, P. (1983): A typology of organizational learning systems, in: Journal of Management Studies, Vol. 20, No. 1, S 7 - 28

SIEBERT, H. (1997): Didaktisches Handeln in der Erwachsenenbildung: Didaktik aus konstruktivistischer Sicht, Luchterhand Verlag Berlin

SIEDENBIEDEL, G. (1987): Mitarbeiterführung, Verlag Franz Vahlen München, in: Dichtl, E.; Issing, O. (Hrsg.) (1987), S 180

SIEGWART, H.; DUBS, R.; MAHARI, J. (Hrsg.) (1997): Meilensteine im Management, Band 6. Human Resource Management, Verlag Industrielle Organisation Zürich, Schäffer-Poeschel-Verlag Stuttgart, Manz Verlag Wien

SLOANE, P. (1997): Bildungsmarketing in wirtschaftspädagogischer Perspektive, Luchterhand Verlag Berlin, in: Geißler, H. (Hrsg.) (1997), S 36 - 54

SLOANE, P.; TWARDY, M.; BUSCHFELD, D. (1998): Einführung in die Wirtschaftspädagogik, Verlag Ferdinand Schöningh Paderborn

SOETARD, M. (1987): Johann Heinrich Pestalozzi: Sozialreformer – Erzieher – Schöpfer der modernen Volksschule – Eine Bildbiographie, http://pestalozzi.hbi-stuttgart.de/gesamtbiographien/soetard.html (Stand Mai 2000)

SOMMER, K. (Hrsg.) (1995): Problemfelder der Berufs- und Wirtschaftspädagogik, DEUGRO Esslingen

SONNTAG, K. (1999): Ermittlung tätigkeitsbezogener Merkmale: Qualifizierungsanforderungen und Voraussetzungen menschlicher Aufgabenbewältigung, Hogrefe Verlag Göttingen Bern Toronto Seattle, in: Sonntag, K. (Hrsg.) (1999), S 157 - 180

SONNTAG, K. (Hrsg.) (1999): Personalentwicklung in Organisationen, 2. Auflage, Hogrefe Verlag Göttingen Bern Toronto Seattle

SONNTAG, K.; SCHAPER, N. (1999): Förderung beruflicher Handlungskompetenz, Hogrefe Verlag Göttingen Bern Toronto Seattle, in: Sonntag, K. (Hrsg.) (1999), S 211 - 244

STAEHLE, W. (1991): Management, 6. Auflage, Verlag Franz Vahlen München

STAEHLE, W. (1992a): Führungstheorien und -konzepte, Poeschel Verlag Stuttgart, in: Frese, E. (Hrsg.) (1992), Sp 655 - 676

STAEHLE, W. (1992b): Funktionen des Managements, 3. Auflage, Verlag Paul Haupt, Bern Stuttgart

STAEHLE, W.; SYDOW, J. (1992): Management-Philosophie, Poeschel Verlag Stuttgart, in: Frese, E. (Hrsg.) (1992), Sp 1286 - 1302

STEGMÜLLER, W. (1970): Beobachtungssprache, theoretische Sprache und die partielle Deutung von Theorien, Probleme und Resultate der Wissenschaftstheorie und Analytischen Philosophie, Band II, Theorie und Erfahrungen, Studienausgabe Teil C, Springer Verlag Berlin Heidelberg New York

STEIN, VON J. (1993): Gegenstand der Betriebswirtschaftslehre, Schäffer-Poeschel Verlag Stuttgart, in : Wittmann, W. et al. (Hrsg.) (1993), Sp 470 - 482

STEINLE, C. (1992a): Führungsstil, Poeschel Verlag Stuttgart, in: Gaugler, E.; Weber, W. (Hrsg.) (1992), Sp 966 - 980

STEINLE, C. ((1992b): Führungsstil, Poeschel Verlag Stuttgart, in: Gaugler, E.; Weber, W. (Hrsg.) (1992), Sp 736 - 750

STEWART, T. (1998): Der vierte Produktionsfaktor: Wachstum und Wettbewerbsvorteile durch Wissensmanagement (Orig. Intellectual Capital – The New Wealth of Organizations, 1997), Hanser Verlag München Wien

STIEFEL, R. (1978): Erfolgreiche Management-Schulung im Unternehmen: Beiträge zur Theorie und Praxis der betrieblichen Management-Andragogik, Hanstein Verlag Königstein

STIEFEL, R. (1991): Innovationsfördernde Personalentwicklung in Klein- und Mittelbetrieben: Lernen vom Großbetrieb oder eigene Wege gehen?, Luchterhand Verlag Neuwied Berlin Kriftel

STIHL, H. (1998): Lernen in der Wirtschaft, Gabler Verlag Wiesbaden, in: Dr. Wieselhuber & Partner (Hrsg.) (1998), S 17 - 20

STOCK, A.; KOJALEK, K. (1999): Instruktion für die Errichtung, Organisation und Leitung eines Betriebs-Bildungswerkes, Steiermärkische Landesdruckerei Graz, in: Kojalek, K. (Hrsg.) (1999), S 479 - 494

STOCKHAUSEN, A.; HABICH, J. (1999): Kompetenz-Management – Lerne von deinen High Performern, in: Personalwirtschaft, Heft 8/99, S 22 - 26

STRATMANN, K. (1979): Berufs- und Wirtschaftspädagogik, Athenäum Verlag Königstein/Ts., in: Groothoff, H. (Hrsg.) (1979), S 285 - 334

STRATMANN, K.; BARTEL, W. (Hrsg.) (1975): Berufspädagogik, Kiepenheuer & Witsch Köln

STRENBERG, R. (1996): Erfolgsintelligenz ... Warum wir mehr brauchen als EQ + IQ, Lichtenberg Verlag München

SZYPERSKI, N. (Hrsg.) (1989): Handwörterbuch der Planung, Poeschel Verlag Stuttgart

TANNENBAUM, R.; SCHMIDT, W. (1958): How to Choose a Leadership Pattern, in: Harvard Business Review, Vol. 36, Heft 2, S 95 - 101

TAYLOR, F. (1911): The Principles of Scientific Management, New York

TEICH, I. (1998): Lernende Organisation, in: WiSt – Wirtschaftswissenschaftliches Studium, Jg. 27, Heft 2, S 79 - 80

TILCH, H. (1999): Betriebspädagogik, Gemeinschaftsverlag Julius Klinkhardt Bad Heilbrunn, Handwerk und Technik Hamburg, in: Kaiser, F.; Pätzold, G. (Hrsg.) (1999), S 141 - 142

THOM, N. (1992a): Organisationsentwicklung, Poeschel Verlag Stuttgart, in: Frese, E. (Hrsg.) (1992), Sp 1477 - 1491

THOM, N. (1992b): Personalentwicklung und Personalentwicklungsplanung, Poeschel Verlag Stuttgart, in: Gaugler, E.; Weber, W. (Hrsg.) (1992), Sp 1676 - 1690

THOM, N. (1993): Personalentwicklung, Schäffer-Poeschel Verlag Stuttgart, in: Wittmann, W. et al. (Hrsg.) (1993), Sp 3075 – 3091

THOM, N.; WINKELMANN, E. (1984): Personalentwicklung in der mittelständischen Wirtschaft, in: WiSt – Wirtschaftswissenschaftliches Studium, Jg. 13, Heft 7, S 361 - 366

THOMMEN, J.; ACHLEITNER, A. (1998): Allgemeine Betriebswirtschaftslehre, 2. Auflage, Gabler Verlag Wiesbaden

TREBESCH, K. (1982): 50 Definitionen der Personalentwicklung – und kein Ende. Oder: Würde Einigkeit stark machen?, in: Zeitschrift der Gesellschaft für Organisationsentwicklung, (OE), Jg. 1, Heft 2, S 37 - 62

TROEGER, W. (1986): Erziehungsziel, Pädagogischer Verlag Burgbücherei Schneider GmbH Baltmannsweiler, in: Hierdeis, H. (Hrsg.) (1986), S 189 - 199

TRUMMER, M. (1995): Das Projektmanagement und seine potentiellen Konfliktherde – die Supervision als Regulativ, Dissertation

TÜRK, K. (1989): Neuere Entwicklungen in der Organisationsforschung. Ein Trend-Report, Ferdinand Enke Verlag Stuttgart

ULICH, E. (1999): Lern- und Entwicklungspotentiale in der Arbeit – Beiträge der Arbeits- und Organisationspsychologie, Hogrefe Verlag Göttingen Bern Toronto Seattle, in: Sonntag, K. (Hrsg.) (1999), S 123 - 156

ULRICH, H. (1970): Die Unternehmung als produktives soziales System, 2. Auflage, Verlag Paul Haupt Bern Stuttgart – 1. Auflage 1968

ULRICH, H. (1995): Führungsphilosophie und Leitbilder, Schäffer-Poeschel Verlag Stuttgart, in: Kieser, A.; Reber, G.; Wunderer, R. (Hrsg.) (1995), Sp 798 - 808

ULRICH, H.; KRIEG, W. (1974): Das St. Galler Management-Modell, 3. Auflage, Paul Haupt Verlag Bern u.a.

ULRICH, H.; PROBST, G. (1995): Anleitung zum ganzheitlichen Denken und Handeln: Ein Brevier für Führungskräfte, 4. Auflage, Verlag Paul Haupt Bern Stuttgart Wien

ULRICH, P.; FLURI, E. (1992): Management, 6. Auflage, Verlag Paul Haupt Bern Stuttgart

ULSAMER, L. (1995): Sprachlosigkeit überwinden – Information und Kommunikation im Unternehmen, DEUGRO Esslingen, in: Sommer, K. (Hrsg.) (1995), S 275 - 295

VAILL, P. (1998): Lernen als Lebensform: Ein Manifest wider die Hüter der richtigen Antworten (Orig. Learning as a Way of Being, 1996), Klett-Cotta Stuttgart

VESTER, F. (1978): Unsere Welt - ein vernetztes System, Ernst Klett Stuttgart

VOIGT, K. (1997): Kulturbewußtes Management – Wandel von Unternehmensstrategie und Unternehmenskultur, Gabler Verlag Wiesbaden, in: Hansmann, K. (Hrsg.) (1997), S 55 - 77
VORSTAND DER ARBEITSGEMEINSCHAFT BERUFLICHE BILDUNG (Hrsg.) (1999): Hochschultage Berufliche Bildung 1998, Workshop Kosten, Finanzierung und Nutzen beruflicher Bildung, Kieser Verlag Neusäß

WÄCHTER, H. (1992): Träger der Personalarbeit, Poeschel Verlag Stuttgart, in: Gaugler, E.; Weber, W. (Hrsg.) (1992), Sp 2202 - 2209

WAGNER, D.; NOLTE, H. (1995): Reflexives Management und Managementbildung – Möglichkeiten und Grenzen, Luchterhand Verlag Berlin, in: Geißler, H. (Hrsg.) (1995), S 250 - 268

WALTER, J. (1999): Bildung der Zukunft: Für Nachhaltigkeit in Bildung und Gesellschaft, 2. Auflage, Peter Lang Verlag Wien Berlin u.a.

WATERMAN, R. (1996): Die Suche nach Spitzenleistungen – Erfolgsunternehmen im 21. Jahrhundert (Orig. What America Does Right, 1994), Econ Verlag Düsseldorf

WEICK, K. (1985): Der Prozeß des Organisierens, Suhrkamp Verlag Frankfurt am Main

WEILNBÖCK-BUCK, I.; DYBOWSKI, G.; BUCK, B. (Hrsg.) (1996): Bildung – Organisation – Qualität: zum Wandel in den Unternehmen und den Konsequenzen für die Berufsausbildung, W. Bertelsmann Verlag Bielefeld

WEITBRECHT, H.(1992): Individuelle Karriereplanung, Poeschel Verlag Stuttgart, in: Gaugler, E.; Weber, W. (Hrsg.) (1992), Sp 1114 - 1126

WELGE, M. (1992): Führungskräfte, Poeschel Verlag Stuttgart, in: Gaugler, E.; Weber, W. (Hrsg.) (1992), Sp 937 - 947

WELLENHOFER , W. (1978): Lernen, Wolf Verlag Regensburg, in: Maier, K. (Hrsg.) (1978), S 237 - 239

WELSCH, W. (1995): Vernunft: Die zeitgenössische Vernunftkritik und das Konzept der transversalen Vernunft, Suhrkamp Verlag Frankfurt am Main

WIDMAIER, S. (1991): Wertewandel bei Führungskräften und Führungsnachwuchs: Zur Entwicklung einer wertorientierten Unternehmensgestaltung, Konstanzer Schriften zur Sozialwissenschaft, Hrsg. Baier, H.; Wiehn, E., Hartung-Gorre Verlag Konstanz

WIEGAND, M. (1996): Prozesse Organisationalen Lernens, Dissertation, Gabler Verlag Wiesbaden

WIESELHUBER DR. & PARTNER (Hrsg.) (1997): Handbuch Lernende Organisation, Gabler Verlag Wiesbaden

WIESER, I. (1986): Berufsbildung, Pädagogischer Verlag Burgbücherei Schneider GmbH Baltmannsweiler, in: Hierdeis, H. (Hrsg.) (1986), S 48 - 58

WILDEMANN, H. (1994): Organisation und Projektabwicklung für das Just-In-Time-Konzept in F&E und Konstruktion (Teil I), in: zfo, 63. Jg., 1/1994, S 27 - 33

WILLMANN-INSTITUT (Hrsg.) (1969): Der Lernprozess, Verlag Herder Freiburg im Breisgau

WILLKE, H. (1995): Systemtheorie III: Steuerungstheorie, Gustav Fischer Verlag Stuttgart Jena

WILLKE, H. (1996): Systemtheorie I: Grundlagen, 5. Auflage, Lucius & Lucius Verlag Stuttgart

WILLKE, H. (1998): Wissensmanagement als Basis organisationalen Lernens, edition sigma reiner bohn verlag Berlin, in: Dehnbostel, P.; Erbe, H.; Novak, H. (Hrsg.) (1998), S 243 - 262

WISWEDE, G. (1992): Gruppen und Gruppenklima, Poeschel Verlag Stuttgart, in: Frese, E. (Hrsg.) (1992), Sp 735 - 754

WISWEDE, G. (1995): Führungsrollen, Schäffer-Poeschel Verlag Stuttgart, in: Kieser, A.; Reber, G.; Wunderer, R. (Hrsg.) (1995), Sp 826 - 839

WITTMANN, W. et al. (Hrsg.) (1993): Handwörterbuch der Betriebswirtschaftslehre, 5. Auflage, 3 Teilbände, Schäffer-Poeschel Verlag Stuttgart

WITTWER, W. (1999): Evaluation als Selbstläufer – Eine Provokation, Peter Lang Verlag Frankfurt am Main, in: Wittwer, W. (Hrsg.) (1999) S 9 - 15

WITTWER, W. (Hrsg.) (1999): Transfersicherung in der beruflichen Weiterbildung, Peter Lang Verlag Frankfurt am Main

WÖHE, G. (1990): Einführung in die Allgemeine Betriebswirtschaftslehre, 17. Auflage, Verlag Franz Vahlen München

WOTTAWA, H.; GLUMINSKI, I. (1995): Psychologische Theorien für Unternehmen, Verlag für Angewandte Psychologie Göttingen

WUNDERER, R. (1993): Führungstheorien, Schäffer-Poeschel Verlag Stuttgart, in: Wittmann, W. et al. (Hrsg.) (1993), Sp 1323 - 1340

WUNDERER, R. (1995): Unternehmerische Personalentwicklung, Verlag des Schweizerischen Kaufmännischen Verbandes Zürich, in: Metzger, C.; Seitz, H. (Hrsg.) (1995), S 505 - 526

WUNDERER, R. (1997): Führung und Zusammenarbeit, 2. Auflage, Schäffer-Poeschel Verlag Stuttgart

ZABECK, J. (1992): Die Berufs- und Wirtschaftspädagogik als erziehungswissenschaftliche Teildisziplin, Band 24 der Schriftenreihe Wirtschaftsdidaktik, Berufsbildung und Konsumentenerziehung, Schneider-Verlag Hohengehren Baltmannsweiler

ZALESNY, M.; GRAEN, G. (1995): Führungstheorie – Austauschtheorie, Schäffer-Poeschel Verlag Stuttgart, in: Kieser, A.; Reber, G.; Wunderer, R. (Hrsg.) (1995), Sp 862 - 877

ZIELINSKI, J. (1969): Bildungstheorie des Lernberufs, Verlag Herder Freiburg im Breisgau, in: Willmann-Institut (Hrsg.) (1969), S 321 - 343

ZEHENDER, K. (1998): Unternehmensführung in fraktalen Unternehmungen: Aufgaben, Architektur und Funktionsweise, Band 48 in: Schriften zur Unternehmensplanung, Hrsg. Bea, F.; Zahn, E., Peter Lang Verlag Frankfurt am Main u.a.

8. Abbildungsverzeichnis

9. Anhang

Die folgende Geschichte handelt von den Beziehungstierchen der Rundkultur und den Sachfragenfressern der Rechteckkultur nach Klaus Krämer[1358]:

Variation I:
phantasy and science fiction

Auf einem großen, blauen Planeten (ziemlich in unserer Nähe!) liegt ein Kontinent, der durch einen breiten Fluß geteilt wird. Auf der linken Seite dieses Flusses erhebt sich eine große, moderne Stadt, mit breiten Straßen und sehr hohen Häusern. Auf der rechten Seite dieses Flusses liegt ein unermeßlich großer, grüner Urwald mit undurchdringlichen Wäldern und geheimnisvollen tiefen Seen und Höhlen, die direkt bis zur Erdmitte zu reichen scheinen.

Vor einiger Zeit (ca. vor 80 - 90 Jahren) unternahmen es einige mutige Pioniere, den Fluß zu überqueren und das Wesen des Urwaldes zu ergründen. Seit dieser Zeit gibt es Annahmen, Hypothesen und Theorien, daß auch von dort her Beiträge zum Heil der Planetenbewohner zu gewinnen seien.

Angeregt durch die Berichte und Erfolge dieser Pioniere machten sich immer mehr, vorwiegend junge Planetenbewohner auf, den Fluß zu überqueren und sich am Rande des Urwaldes anzusiedeln. Es wurden mehr und immer mehr, und so entstand allmählich ein zwar noch kleines, aber doch stattliches Völkchen, das der Beziehungstierchen. Obwohl sie nur am Rande des Geheimnisses siedelten und von dort aus eher bescheidene Exkursionen in die Undurchdringlichkeit

---

[1358] Krämer, K. (1985), S 85ff

unternahmen, ließen sie es sich nicht nehmen, das gesamte Gebiet zu ihrem Eigentum zu erklären und nannten es: Heimat.

Voller Verachtung sprechen sie heute vom Leben drüben in der Großstadt und erst recht von deren Bewohnern, die nach ihrer Meinung die Gefahren und Chancen scheuen, die diese Seite des Kontinents mit sich bringt, und denen sie – die Beziehungstierchen – sich ständig ausgesetzt ,fühlen'.

Sie finden die Lebensart der anderen, sich mit absolut rechteckigen Häusern und rechtwinkligen Straßen zu umgeben und so zu schützen, die Regelung der notwendigen Lebensalltäglichkeiten ausgeklügelter und beziehungsloser Technik zu überlassen, ,völlig unmöglich' und wider die Natur der Natur.

Sie nennen jene entfremdet, krank, mitunter sogar oft tot, auf jeden Fall aber vom ,eigentlichen' Leben abgeschnitten, dem wiederum sie selbst sich nahe, wenn nicht gar in dessen Besitz ,fühlen'.

Die regelmäßigen Versorgungsschiffe von drüben (beladen mit Geld, Arzneien, Fußballergebnissen ebenso wie Rentenzahlungen oder Forschungsberichten aus dem Bereich der Grenzwissenschaften) werden eher stillschweigend, mit einem leisen Gefühl von Peinlichkeit und Ironie empfangen. Manchmal erscheint es ihnen nötig, einige kurze, selbstbestätigende Worte über ihre historische und sozioökonomische Berechtigung ihrer Versorgungsansprüche zu wechseln.

Drüben, in der schon beschriebenen großen Stadt, lebt das Volk der Sachfragenfresser. Auf dieser Seite des Flusses scheint alles klar: übersichtlich die Umgebung, geordnet der Tagesablauf, gesichert das – jeweils gültige – Recht. Die Sachfragenfresser leben in Ruhe und Regelmäßigkeit: Fragen werden durch Statistiken beantwortet, Strukturen sind übersichtlich und regeln die

Ordnungsnotwendigkeiten, Sachexperten versichern überzeugend die Funktionalität und die Sicherheit der getroffenen Entscheidungen (Energieversorgung, Verteidigungsbereitschaft, Rentensicherheit) wie der geplanten Maßnahmen (Wahrung des Besitzstandes, Ausbau der ökonomischen Verflechtungen, Verbesserung des hochtechnisierten „Kommunikationsnetzes "...).

Mögliche und mitunter auftretende Irritationen (hier eine kleine Explosion, dort ein wenig Giftausfluß) werden durch stetige Verfeinerung des bewährten Kontrollsystems und durch die mediengerechte Aufbereitung des „Themas" rasch aus der Welt geschafft.

Mitunter fällt der Blick eines oder mehrerer Sachfragenfresser (es sollen in letzter Zeit eher mehr Blicke geworfen werden!) aus dem Fenster des jeweiligen Hochhauses hinüber auf jenen dunkel-grünen Teil jenseits des Flusses: man weiß, daß sich da Wesen aufhalten, mit denen die eigene Spezies, wenn nicht sogar man selbst, irgendwie verwandt sein soll, wenigstens versichern dies die eigenen Wissenschaftler – Genetiker und Historiker – unisono und überzeugend.

Da sie das Gefühl der Verachtung nicht zu kennen vorgeben, sprechen sie mit Distanz und leiser Neugierde mitunter von jenem Volk der Beziehungstierchen, nennen sie normgemäß oder aus eigenem Antrieb „Spinner" und „Exoten" und versuchen verzweifelt, ihre eigenen Kinder von Fragen abzulenken und erst recht von – immer wieder vorkommenden – Flußüberquerungen abzuhalten.

Sie selbst hingegen nehmen nicht ungern die Gelegenheit wahr, an Deck der Versorgungsschiffe anzuheuern und – für eine einmalige Hilfsaktion, versteht sich! – das dortige Völkchen zu besuchen. Es ist nicht ohne Reiz – bei eigener Linientreue –, ein wenig mit den Beziehungstierchen zu plaudern oder zu diskutieren: man ist ja auf deren Schmähungen und emotionale Eruptionen

485

vorbereitet und weiß die anderen durch strenge Sachlichkeit und Nüchternheit seinerseits zu treffen.

*Zurückgekehrt, gibt es im Kreise der Freunde und Bekannten reges Interesse an dieser Art von Abenteuerbericht: interessant, was die da drüben so erzählen, wie die sich aufregen können, welch merkwürdige Umgangsformen (Küssen, Umarmen, Duzen in aller Öffentlichkeit und mit **jedem** und **jeder**) die haben. Manchmal bringt der eine oder die andere sogar etwas mit: selbstgemachten Schmuck oder Kuchen, Kleidung, Worte – mitunter sogar einen Gedanken oder eine Idee.*

Auf diese Weise leben Beziehungstierchen und Sachfragenfresser nebeneinander her und gegeneinander hin. Natürlich bleibt es nicht aus, daß das eine oder andere voneinander abgeguckt und übernommen wird: versorgt wird eben nicht nur die eine Seite, auch die andere profitiert, wenn auch unmerklicher: so ändert sich leise die Mode, die Literatur, auch die Autoren der Sachfragenfresser versuchen in ihren Sachbüchern, die Einfälle und die bunten Ideen der Beziehungstierchen in eine logisch-überzeugende und rational-brauchbare Abhandlung zu transformieren, um sie so der eigenen Organisationskultur akzeptabel zu machen.

Auch kennen beide Seiten mittlerweile die Gilde der Berater, nur benutzen sie jeweils andere Namen, um den Unterschied der Kulturen nur ja nicht zu verwischen: Guru, Therapeut, Analytiker oder Teamberater hier, Wissenschaftler, Experte, Fachmann oder Unternehmensberater dort (diese Liste ist beliebig zu erweitern). Mit jeweiligen Kurzurlauben versuchen diese Haus-Berater, die jeweils andere Kultur wenigstens soweit kennen- und verstehen zu lernen, daß sie bei etwaigen Fragen oder Diskussionen in ihrer Heimatkultur nicht ins

486

Hintertreffen geraten und damit an Image (das in beiden Kulturen hochgeschätzt wird) einbüßen.

Imageeinbuße spricht sich nämlich in jeder der beiden Kulturen schnell herum, naturgemäß mit jeweils anderem Zungenschlag („Verliert allmählich an systemischem Denken, ist unseren FK's so nicht mehr zuzumuten" dort etwa, während es auf der anderen Seite tönt: „Kannste doch nicht mehr hingehen, viel zu viel Kopf, was willst'n da noch für Dein Wachstum raushole?!"). Solch üble Nachreden sind gefährlich, nicht greifbar und doch sehr wirksam. Das wissen die Hausberater genau und halten sich dran: Beratung heißt, dem System das zu geben, was es braucht. Gefühle, Interpretationen, Deutungen – gemischt mit ein wenig Mystik – hier, Analysen, Strategieplanung und angewandte (will heißen: sauber durchstrukturierte) Gruppendynamik dort – gemixt mit ein paar Überflieger-Bemerkungen zu „Gödel, Escher, Bach" (D.R. Hofstadter, Stuttgart 1985); den zitieren natürlich auch die von der anderen Seite, aber eben anders. Viel verändert sich also nicht durch diese Kurzurlaube, aber immerhin weiß man voneinander, auch wenn es schwierig ist aus Gründen des Broterwerbes, inhaltlich Veränderungen am eigenen Haus-Programm vorzunehmen.

So scheint schließlich alles beim alten zu bleiben; warum auch nicht. Hausberater sind – in den Augen der Auftraggeber – schließlich dazu da, einem zu zeigen, wie man das, was man macht, noch besser und vielleicht noch richtiger (analog lies: noch intensiver und vielleicht noch dichter) machen kann, aber doch nicht zur Weltveränderung.

Der Urwald:

➢ *Für die Sachfragenfresser eine große Gefahr, eine zu große vielleicht: die Angst, die Kontrolle zu verlieren, an Orientierung einzubüßen, nicht mehr zu wissen, wo einem der Kopf steht vor lauter Unbewußtem.*

Sie merken noch nicht, wie sie sich durch ihren Überschutz nicht nur von ihren Kindern, sondern mehr noch von sich selbst entfernen, entfremden, wissen nicht, daß die Reise weniger nach Manila oder auf den Mond, sondern eher zum Vollmond und über den Fluß führen sollte.

➢ *Dieser Platz, an dem sich die Beziehungstierchen niedergelassen haben, ist aber auch für sie nicht ohne Gefährdung: zwar nennen sie ihn ihre ‚Heimat', doch kennen sie ihn kaum. Kein Wunder, daß ein Großteil ihrer Kräfte sich erschöpft in dem Versuch, das Halbverstandene zu verdauen, daß Jargon die Sprache regeln muß, daß Unbegriffenes (Unbegreifbares?!) behandelt werden muß wie Besitz: es scheint sicherer zu werden, scheint aber nur; ein solch lieblicher und harmloser Platz ist unser Unbewußtes mit Sicherheit nicht, auch im Urwald lauern genügend Gefahren, wer weiß das nicht.*

Die Stadt

➢ *Für die Beziehungstierchen besetzt mit Angst vor der Wiederholung, der Ort, an dem sie geradegebogen werden sollen wie schon einmal; eine ständige Gefährdung für ihre Wünsche und Sehnsüchte, für ihre Ideen und Ideale. Nur: nicht alles dort ist Zwang, so manches liegt im erhellenden Licht des Bewußtseins, Rationalität ist nicht Rationalisierung. Es ist auch der Platz großer Namen in der gemeinsamen Geschichte, Mathematiker und Architekten waren und sind hier zu Hause; auch Freud, Jung und die anderen sind von hier aus aufgebrochen und immer wieder hierher zurückgekehrt.*

➢ *Die Sachfragenfresser wiederum haben sich hier auf eine Weise eingemauert, die ihnen die Luft für Neues zu nehmen droht. Ihre ständige Berufung auf Tradition und Rechtmäßigkeit wirkt staubig und traurig zugleich: so weiter zu leben, gewährleistet die Katastrophe, innen wie außen.*

In ihren Träumen wird schon kaum noch gesprochen, Unordnung und Chaos beherrschen die Bilder. Musik, Spiel und Tanz sind ihnen fremd geworden, es gibt sie noch, doch nur als Veranstaltung.

Das, von dem sie nichts wissen wollen, schleicht sich ein, sucht sie heim – auf eine Weise, die die Gewalt und das Feuer – die so gern gesehene Apokalypse – aus den Kino-Sälen in die Wirklichkeit zu holen droht.

Variation II:
phantasy and sience fiction

Eine Gruppe auf jenem Planeten allerdings gibt es, die sich auf beiden Seiten des Flusses – in der großen Stadt ebenso wie am Rande des Urwaldes – auskennt: die Besatzung der regelmäßigen Versorgungsschiffe.

Wo diese Fahrensleute denn nun eigentlich zu Hause sind, läßt sich schwer ausmachen. Viel Zeit verbringen sie an Bord der Schiffe, unterwegs also. Durch ihre Arbeit ergibt es sich aber auch mit notwendiger Regelmäßigkeit, gerade dort zu bleiben und zu übernachten, wo das Schiff gegen Abend anlegt. Daß sie dort unwillkommen seien, läßt sich nicht erkennen oder behaupten, allerdings so richtig dazugehören: das wiederum auch nicht.

Man scheint sich auf ihren Besuch und ihr zeitweiliges Bleiben zu freuen, gibt ihnen Herberge: Zeit und Muße genug, zusammenzusitzen, einen zu trinken – ein Glas Malventee hier, einen Manhattan dort –, zu erzählen, zu fragen und zuzuhören. Und da die Besatzung ihre Arbeit doch schon einige Zeit versieht, ist man mittlerweile ganz gut miteinander bekannt.

So ergibt es sich, daß die abendlichen Gespräche allmählich vertrauter, intensiver, persönlicher werden; mitunter kann sogar wie unter guten Freunden produktiv miteinander gestritten werden: hier eher logisch, dort eher psychologisch, allemal aber sind es anregende Gespräche für alle Beteiligten. Die Themen sind zwar vielfältig, aber auf eine geheimnisvolle, merkwürdige Weise kreisen sie stets – je später der Abend, desto intensiver – um die rechte bzw. linke Art, das Leben zu leben, um die Art des jeweils anderen sich zurechtzufinden und zurechtzukommen (pardon: zulinkzufinden und zulinkzukommen).

Die Fahrensleute merken natürlich, daß sie in keiner der beiden Kulturen wirklich mithalten können, wenn es um Beziehungskisten oder Logisterei geht: da sind ihnen die Experten – und dafür hält sich jeder und jede – auf beiden Seiten weit voraus.

So haben sie es sich angewöhnt, sich darauf zu beschränken, nur von den Dingen und Lebensgewohnheiten der jeweils anderen Seite zu berichten, die sie selbst als vernünftig/lebenswert betrachten und mit denen sie selbst bei der Gestaltung und Bewältigung des eigenen Lebens sinnvolle Erfahrungen gemacht haben – und zwar relativ unabhängig davon, auf welcher der beiden Uferseiten.

Es bleibt auch nicht aus, daß sie an diesen Abenden und während solcher Gespräche auch den Kummer, die Sorgen und die alltäglichen Trübungen des Glücks zu hören bekommen und kennenlernen, von denen sonst nicht so leicht –

490

und schon gar nicht im Beisein von Offiziellen – geredet wird. Sie wissen nur zu gut, welche Schwierigkeiten es den Sachfragenfressern bereitet, allzeit vernünftig und sachlich zu bleiben, besonders im eigenen Heim. Auch bleibt ihnen nicht verborgen, wie sehr der ständige Druck, unentwegt spontan und emotional zu sein, viele Beziehungstierchen an den Rand ihrer Kraft bringt, besonders in der Öffentlichkeit.

Auf diese Weise wird ihr Rat oder ihre Meinung zunehmend gesucht, verfehlt der eine oder andere Ratschlag bzw. die eine oder andere Bemerkung ihre Wirkung nicht. Beide Völkchen spüren, daß sie mit der ständigen Wiederholung, die Probleme zu lösen, nicht immer zu Rande kommen und unzufrieden bleiben.

Trotz aller Herzlichkeit und Gastfreundschaft verhalten sich die Fahrensleute eher vorsichtig und distanziert. Allmählich mit den Denkgewohnheiten und Vorgehensweisen beider Seiten vertraut, hören sie sich die Fragen und Probleme ruhig an, fragen geduldig nach und beraten sich dann miteinander. Und erst, wenn sie glauben, recht genau zu wissen, worin denn der ‚springende Punkt‘ des Falles liegen könnte, sagen sie etwas dazu. Da kommt es nicht selten vor, daß sie den Beziehungstierchen empfehlen, die eine oder andere eckige Denkweise kennenzulernen und auszuprobieren; ebenso wie sie den Sachfragenfressern eine stärkere Beachtung und Erprobung der runden und träumerischen Erlebnisweisen und Vorgehenssprünge nahelegen. Während sie dort nicht selten aufschreiben, Diagramme und Verlaufspläne zeichnen oder Denkfolgen und -folgerungen zu Papier bringen, regen sie dort Gesang, Tanz und Spiele ebenso an wie Gespräche miteinander statt übereinander.

Auf beiden Ufern versuchen sie mit Vorsicht und Behutsamkeit, den Urwald und seine noch unerforschten mitsamt der vielleicht unerforschbaren Geheimnisse zu erwähnen; sie warnen ebenso vor abtötender Vorsicht wie vor allzu leichtfertiger

491

Annäherung – immer in der stillen Hoffnung, es könne sich eines Tages ereignen, daß beide Lager gemeinsam ihre Aufmerksamkeit, ihre Anstrengungen und ihre jeweiligen Fähigkeiten auf ihn und seine Tiefen richten. Aber von diesem Wunsch sprechen sie nicht gerne, auch untereinander nicht.

Das alles ist nicht immer leicht, weder die Auswahl des für die jeweilige Situation gerade angemessenen Ratschlages noch das Ertragen des überall gleichen ironischen Lächelns. Manchmal werden sie stumm und fühlen sich überfordert oder alt; mitunter kann es schon vorkommen, daß der eine oder andere ausmustert, sich an einem Ufer niederläßt; sei es, weil sich ein Gefühl von Voreingenommenheit und Verbissenheit gegenüber einer der beiden Seiten einstellt, sei es, weil der Wunsch nach Dazugehörigkeit und einem festen Platz übermächtig wird.

Aber solange sie noch hin- und herfahren und an dem, was sie ihre Aufgabe nennen, weiterarbeiten, richten sie sich nach Niederlagen oder Niedergeschlagenheiten gegenseitig mit einer Liedzeile wieder auf:

> *„Nennt es, wie ihr wollt, es ist okay:*
> *für mich ist es Rock'n Roll!"*